世界风云政治家

Lincoln
林肯 传

[德] 埃米尔·路德维希 ◎ 著
李　妍 ◎ 译

中国书籍出版社
China Book Press

图书在版编目（CIP）数据

林肯传/（德）路德维希著；李妍译.—北京：中国书籍出版社，2016.5
ISBN 978-7-5068-5567-9

Ⅰ.①林… Ⅱ.①路…②李… Ⅲ.①林肯，A.（1809～1865）—传记
Ⅳ.① K837.127=41

中国版本图书馆 CIP 数据核字 (2016) 第 106281 号

林肯传

（德）路德维希　著，李妍　译

图书策划	武　斌　崔付建
责任编辑	刘文利　成晓春
责任印制	孙马飞　马　芝
出版发行	中国书籍出版社
地　　址	北京市丰台区三路居路 97 号（邮编：100073）
电　　话	（010）52257143（总编室）（010）52257140（发行部）
电子邮箱	eo@chinabp.com.cn
经　　销	全国新华书店
印　　刷	三河市华东印刷有限公司
开　　本	710 毫米 ×1000 毫米　1/16
字　　数	367 千字
印　　张	22.5
版　　次	2016 年 8 月第 1 版　2016 年 8 月第 1 次印刷
书　　号	ISBN 978-7-5068-5567-9
定　　价	38.00 元

版权所有　翻印必究

前　言

提到林肯，人们自然而然会想到奴隶制。似乎他的一生，都和这几个字紧密相连。毫无疑问，林肯是美国历史中非常优秀的总统之一。他一生最大的成就，就是让美利坚合众国成为一个统一的整体，并在重重的压力下，让奴隶制从此消失于美国。哲学家爱默生曾经这样评价他说："林肯是上帝派来拯救美国的天使，他对美国的贡献，谁也无法比肩。"

然而纵观林肯的一生，他几乎一直都与厄运相伴。生于贫寒之家的他，早早就承受了生活的艰辛。为生活所迫，他们连续搬了两次家。还不到十岁的他，就亲眼看到病魔夺去了母亲的生命，而他却无能为力。一生渴求知识的他，在成为最棒伐木工的同时，也不忘读书。22岁做生意失败的他，负债累累，之后竞选州议员也宣告失败，再次踏入生意圈的他，依然没能摆脱厄运。27岁时，他一度精神土崩瓦解，在床上躺了半年之久，最失意时身上连一把刀都不敢带，生怕会一时想不开。

即便走进婚姻的围城，他也没能和幸福结缘。他的妻子玛丽不但脾气暴躁，而且喜怒无常，为人十分挑剔，林肯的日常生活可想而知。另一方面，妻子玛丽是个有野心有抱负的人，也正是在她的大力鼓动下，林肯几次三番去参加竞选，终于一步步攀上事业的顶峰。对此，他个人也曾这样自嘲，"这条路本身就是不平坦的，我只是滑了几跤而已。可是我不会泄气，我会爬起来继续走。"

真诚的林肯早些年一直热衷于法律事业，他风趣的语言，不羁的个性让他受到平民百姓的热捧。他相信每个人生而平等，所以他一直致力于这项事业，并为此奋斗终生。不管是在身为律师的日子里，还是在总统之路上，他始终不曾忘记初心。很早就亲眼目睹残酷奴隶制的他，一直想要通过一种和平方式来解除奴隶制。在这条道路上，他一直孜孜不倦地努力着。

历经艰难，终于当上总统的他，一上任就面临着南北分裂的大难题。南北双方因为在奴隶制的立场上截然不同，互不相让，终于爆发了一场内战。林肯为此背负了巨大的精神压力。面对内阁成员的不团结，他发挥自己的才智，让自己成为说一不二的领袖。在战争中，他一直坚持学习，甚至比战场上的将领都还要出色。他始终坚持用和平的方式来废除奴隶制，不想因为激进和暴力而失去任何一方的支持。

虽然战争危机四伏，可是他依然没有放弃作为一个总统的使命。即便困难重，压力大，他也依然坚持在痛苦中前行。即便身心俱疲，他仍保持着自己谦卑、品德高尚的形象。他那敢于直面挫折、坚韧不拔的精神一直鼓励着跟随者昂然前行。

四年以后，他再次以高票当选美国总统，他的演讲让竞争对手都为之折服。南北终于和谈了，内战终于结束了，美利坚合众国又成为了一个整体。在林肯的有生之年，他终于看到了奴隶制被废除的这一天。在黑人心目中，他是不折不扣的英雄，是令人爱戴的国民之父。可是，在这短暂的安宁之后，他却被人暗杀了，为自由献出了自己宝贵的生命。当时，林肯年仅五十六岁。

纵观林肯的一生，千难险阻无处不在，可是他始终没有放弃自己心中的理想。相信读完这本书，每一个人会陷入深深的思索与回味之中……

目 录

第一部
雇工林肯（1809—1836）

一、贫寒之家 / 001
二、搬家 / 003
三、新生活 / 007
四、长大（一）/ 011
五、长大（二）/ 014
六、新奥尔良之行 / 019
七、离开家乡 / 023
八、新奥尔良的发现 / 026
九、雇工 / 030
十、纽萨勒姆村的经历 / 035

十一、州议员林肯 / 040

十二、安娜之死 / 044

十三、议会里的政治斗争 / 045

十四、爱的尝试 / 049

第二部分
公民林肯（1836—1849）

一、律师 / 053

二、斯普林菲尔德的日常生活 / 056

三、写给玛丽·欧文斯的信 / 060

四、与道格拉斯的论争 / 064

五、玛丽·托德（上） / 067

六、情感纠葛 / 072

七、玛丽·托德（下） / 075

八、诚实的林肯 / 080

九、婚后的生活 / 082

十、竞选助手 / 086

十一、当选国会议员 / 089

十二、坚持正义 / 092

十三、国会斗争 / 096

十四、失落 / 100

第三部

奋斗不息（1849—1861）

一、重返法律界 / 102

二、杰出的辩护律师 / 107

三、忧国 / 112

四、家庭生活 / 118

五、家乡 / 122

六、忧郁 / 126

七、信仰 / 130

八、国家现状 / 133

九、骂声一片的"人民主权论" / 136

十、人人平等 / 140

十一、风起云涌 / 143

十二、新的斗士 / 146

十三、阿姆斯特朗案 / 150

十四、大辩论（上）/ 153

十五、大辩论（下）／ 161

十六、名声大振 ／ 168

十七、继续前进 ／ 171

十八、总统候选人 ／ 176

十九、当选总统 ／ 179

二十、动荡不安 ／ 185

二十一、新联邦 ／ 189

二十二、前往首都 ／ 195

二十三、任职演讲 ／ 201

第四部

解放奴隶宣言 (1861—1863)

一、燃烧着的南方 ／ 205

二、南北战争爆发 ／ 208

三、兄弟之战 ／ 212

五、非凡的总统 ／ 220

六、外交 ／ 223

七、兵败波托马克 ／ 226

八、北方的统帅 ／ 229

九、学习战争 / 234

十、朋友的疏与合 / 237

十一、白宫的女主人 / 241

十二、关于废奴 / 244

十三、麦克莱伦 / 247

十四、准备 / 250

十五、南方的领袖 / 254

十六、等待（上）/ 258

十七、等待（下）/ 263

十八、决心 / 267

十九、混乱 / 269

二十、签署《解放奴隶宣言》/ 271

第五部
战争与献身（1863—1865）

一、格兰特将军 / 274

二、势如破竹 / 278

三、法兰狄甘 / 283

四、复杂的战争 / 288

五、解放奴隶 / 291

六、欢乐的聚会 / 295

七、纷繁时世 / 298

八、连任 / 302

九、重建 / 307

十、葛底斯堡演讲 / 311

十一、痛苦中的第一夫人 / 316

十二、宽容之心 / 320

十三、结尾 / 323

十四、和谈 / 325

十五、走访 / 328

十六、获胜 / 331

十七、刺杀阴谋 / 333

十八、献身 / 336

林肯年表 / 340

第一部
雇工林肯（1809—1836）

一、贫寒之家

凛冽的寒风呼呼地刮着，大树的枝干伴随着"嘎吱"一声被无情地吹断了。一间简陋的小木屋在寒风肆虐的侵袭下发出吱吱呀呀的响声。风透过缝隙灌进木屋，屋内的温度瞬间降到了零度以下。或许对于常人来说，这样的环境难以成眠。可是对于这样的贫寒之家来说，如此情形太过平常了。他们辛苦劳作了一整天，再恶劣的天气也难以阻止他们呼呼大睡。

可是，一个刚满4岁的小男孩却被寒风刮醒了。只听一声巨响，壁炉上的砖头被风刮起来狠狠地砸在墙上，小男孩吓得一愣。他本来和姐姐正依偎在墙边睡觉，他们紧紧靠在一起，合盖着爸爸打猎得来的一张狐狸皮，寒冷的天气冻得人瑟瑟发抖，姐姐使劲将狐狸皮往自己身上拉。小男孩争不过姐姐，只有紧紧靠着墙。壁炉里的炭火摇曳着与他做伴。

在这忽明忽暗的光线中，他仿佛看见什么闪着金光的东西，就像妈妈故事中耀眼的奇珍异宝一样。小男孩一个激灵，发现原来是妈妈打水用的大铁桶。可是，还有一个发光的东西，原来是爸爸砍树用的斧头。听说那个斧头很锋利，只需轻轻一下就可以砍掉一根指头。爸爸和妈妈就睡在那把斧头下面，爸爸还打着好响的呼噜。

看着看着，小男孩就想睡在妈妈身边，那该是多么暖和啊，他期盼极了。可是他明白，这是不可能的。他觉得越来越冷，可是这个时候是不能吵醒爸爸妈妈的，他只有自己想办法。幸运的是，他看到自己上面挂着一条围巾。

他踮起脚取了下来,将透风的墙壁堵住了。之后他快速钻进那张狐狸皮里面,马上就觉得暖和多了,没过多久,他又迷迷糊糊地睡着了。

第二天,天刚蒙蒙亮,小男孩睁开眼就看到妈妈在生炉子。炉子里的火迅速燃烧起来,屋子里也温暖如春了。妈妈正在往炉子上的牛奶锅里加热水,这是因为家里仅有的三头奶牛,前几天死了一头。对于家里的一切,小男孩都了然于心,因为他有一双善于观察的眼睛。妈妈总在忙碌,小男孩只有默默地坐在旁边。

小男孩穿上皮裤子、夹克、鞋。他们全家的衣服都是由妈妈用水牛皮缝制而成的。没过多久,牛奶开始冒热气了,小男孩想,喝下去一定暖暖的。他很想拿旁边的铁皮桶玩一会儿,可是爸爸妈妈不同意。爸爸准备将这个铁桶改造成锉床,用来磨树根。妈妈说,孩子们可以玩木头,因为这里木头很多。

男孩终于忍不住了,对妈妈说,"今天是星期天吧?"妈妈摸摸小男孩的头,笑了,妈妈当然明白小男孩为什么这样问。因为只有星期天,他们才有白面包吃。看到小男孩充满希望的眼神,妈妈拿出最后一块面包,递给了小男孩一小块。小男孩一手端着牛奶,一手拿着面包,非常小心地将面包泡到牛奶里面。看到如此乖巧的孩子,妈妈忍不住在小男孩的额头上亲了一下。可是没多大工夫,男孩把面包吃完了,他还想再吃,这时妈妈忍不住轻轻啜泣了起来。小男孩想知道为什么,可是他不敢问,因为他怕妈妈会哭得更伤心。

妈妈走到了桌子的另外一边。这张桌子是用树干做成的,虽然看起来很光滑,可是如果不小心还是会扎到手。小男孩想,如果真发生了那样的事情,爸爸会毫不留情地骂他的。

姐姐萨拉也起床后,姐弟俩就会被妈妈派去棚子里拿木头。时间长了,两人都对木头了如指掌,还会把粗壮的树枝折断。两人一趟趟地来回搬树枝,很快,树枝就堆成了一座小山。之后他们又抱来几大捆野草。只见妈妈在上面架上一口大锅,她准备做饭了。他们这里很难买到盐,因为他们居住的地方是肯塔基州的中部,这里很落后,土地还没有被开发出来,水资源也非常稀缺。

正是由于环境所限,父亲改行做了猎人,他原本是个手艺精湛的木匠。而打猎更能让人获得满足感,经常能有不小的收获。等候在门口的孩子们一听到狗的叫声,就知道是爸爸回来了。他们欣喜地迎接着父亲的归来,只见父亲一个肩膀上扛着猎枪，另外一个肩膀上挂满了各种小猎物，比如野兔什么的。父亲身材魁梧，微胖，还蓄着大胡子。父亲将战利品搁置在一边后，就开始坐在炉火旁吃饭。这时，小男孩突然感觉到，比起经常在外打猎的父亲，整日在家里劳碌的母亲似乎还要累一些。

二、搬家

父亲不是一个甘于平凡的人，因此在男孩五岁的时候，他们一家人就搬到了美国东北部。他们以前是居住在肯塔基州的，他们搬到美国东北部是因为这里的土地相当肥沃，植物的长势都很好。他们的新家靠近河边，有条美丽的小河流经，特别是在夏天的时候，居住在这里会非常惬意。新家可以为他们挡风避寒，而且房子的周围还有大森林，猎物也很多，他们再也不用挨饿受冻了。

有一条通往易斯维尔城和维斯维尔城的马路就在新家的附近，男孩常常会到马路上玩耍，因为在马路上可以看见很多以前没有见过的东西。日积月累，男孩的视野宽阔了很多，也明白了很多道理。马路上车来车往，人流量很大，这些车马大多都是向西而去的，只是路经此地。很多孩子和女人们坐在马车里，有时还会有从城里出来的人骑着马驮着玉米，还有些人会带着一些不让大家知道的东西进城。在这条道路上也时常能看见来来往往的士兵。男孩从父亲那里知道，这些人刚打完仗，他们可能要回家见自己的父母妻儿。男孩听妈妈说曾经有一位路人和父亲对周围的森林进行了一番谈论，那个人穿着光鲜亮丽，他主要是想知道那片森林有多少价值。

孩子们不能一直在马路上嬉戏打闹，玩得久了，他们就会被家长叫回去，然后到菜园干点力所能及的活儿，例如锄草、采蘑菇和采草莓。这些采回来的水果和蔬菜都会被妈妈洗干净，然后在太阳底下晾干。到冬天的时候，这些干蔬菜就是全家人的主要食物。在男孩六七岁的时候，父亲就让他去干农活，他不能一天到晚只知道玩耍，也需要帮父亲分担一些事情了。例如他可以很熟练地帮父亲播撒种子，播种是需要方法和技巧的，他做起来非常认真。播种需要一行深一行浅，所以干起来也比较辛苦，可是男孩要强的性格使他想把每件事情都做得完美，所以他做每件事情都很仔细。男孩每天帮父亲干农活，姐姐萨拉白天在家帮母亲挤牛奶，晚上会和母亲一起纺线。

　　一家人会在星期天的晚上一起坐在家门前，妈妈会给他们唱悦耳动听的民谣，有时也会给他们讲故事，这些故事都是《圣经》上的。妈妈虽然不识字，但是记忆力都很好，《圣经》上优美的诗歌和动人的故事她都能记得很清楚。

　　在男孩的心里，《圣经》上的赞美诗就和妈妈那悦耳慈爱的声音一样，他认为妈妈就是那圣洁温暖的天使，只有在每个星期天的晚上，男孩才能把妈妈的一颦一笑都看得清清楚楚。每当男孩仔细地打量妈妈，看到妈妈那有着岁月印记的脸庞，看到妈妈那日渐失去光泽的皮肤，以及黯淡无光的悲伤神色时，总是会感到动容。男孩总是在心里纳闷，妈妈为何看起来如此哀伤呢？

　　每次家庭聚会的时候，大家都很高兴，男孩的父亲也不例外，虽然他看起来不像是一个懂音乐的人，更像一个粗人。可是每当妈妈给孩子们讲故事和唱歌的时候，父亲总是显得很高兴。不同的是，爸爸不会像妈妈那么活跃，那不是他的风格，他更习惯于坐在旁边，默默地抽上一根烟，静静地不露声色。这样一来，男孩总会自然地把妈妈和爸爸做一个对比，他的心里更倾向于年轻温柔的妈妈，可是他总是不明白妈妈为什么总是那么忧伤。

　　但是，妈妈的另一面却在一次宴会上被男孩看到了，那一次的妈妈和往常很不同。在村子里举办的舞会上，妈妈表现得很快乐，一直在跳舞、欢笑，好像都不会感觉到累。这一幕让男孩看得目瞪口呆，这样快乐的妈妈他真的是头一次看见，这也是他长这么大以来第一次发现一个人转变得这么快，从哀伤到快乐的转变，快乐到极致。这使男孩很害怕，在他小小的心灵里突然感觉到，以前的妈妈好像一直把自己的情感压抑在心里。

　　想到这些，男孩的恐惧感就越发强烈了。他的第六感告诉他，将会有一些重大的事情发生。

　　男孩家周围有很多有钱人居住，他们的庄园很豪华，妈妈和爸爸都在里面工作。妈妈做针线活，爸爸做家具，以此来赚取家用，爸爸总是想着攒足够的钱去买一匹马。

　　有时候，男孩也会被妈妈带进庄园里。他会在妈妈忙着工作的时候，在庄园里到处看看。这么壮观的房子他还是第一次见，一栋一栋的楼房很漂亮，就连这里的一个厨房都要比男孩家的整个房子大。在这个时候，男孩的心里就会产生很多很多的疑问：妈妈为什么会在这里工作呢？原来，她要赚取生活费；庄园的主人为什么会这么富有呢？为什么我们这么穷呢？……许多问题萦绕在男孩的心头，他感到困惑。

就是因为这些问题一直困扰着男孩，因此他对身边的人和事情观察得比以前更加仔细，更加用心。

他对爸爸妈妈的童年生活也充满了好奇。但是妈妈很少会提，她只透露男孩的外公在很远的地方生活。男孩从妈妈的嘴里得知，外祖父很善良，有着很虔诚的宗教信仰。但是每当男孩问起外祖母时，妈妈就有意地回避，男孩对此很困惑。但是爸爸就和妈妈不同，爸爸总是会很高兴地把自己的童年生活讲述给男孩听。

爸爸曾经说过，在很久以前，我们一家是从弗吉尼亚搬来肯塔基州的。这里很贫穷，我的家族是白人，包括我的妻子，我们和南方都沾不上边。在那个时候印第安人和白人之间相处得很糟糕，印第安人对白人充满了敌意，还常常监视白人的一举一动，并且表现得很大胆。记得我像你这个年纪的时候，发生了一件很恐怖的事情，使我终生难忘。一天，我和兄弟在家周围干活，父亲老亚伯拉罕就在我们附近，突然一声枪响，父亲就倒在了地上，满身是血，陷入了昏迷。事情发生得太突然，我们完全没有预料，兄弟们都跑回小屋去找人帮忙，只有我一个人站在原地，亲眼看着父亲死去。我害怕极了，压根就反应不过来。这时从灌木丛里走出来了一个印第安人，看起来凶巴巴的，他拿枪指着我，吼着让我走开。原来是他杀害了我的父亲。幸运的是，哥哥们及时赶到，他们拿着枪和印第安人交战，趁这个机会，我逃开了。

父亲在讲述这个故事的过程中，男孩一直都是十分惊恐的，原来自己现在的名字是从爷爷那里得来的。对于父亲当时面临的情景，男孩不敢想象。他在心里想，这样的场面或许父亲经历了很多很多。虽然这些故事男孩听起来觉得很可怕，但是父亲却表现得很淡定。在讲这些故事的时候，他总是一副满不在乎的神情，就像他打猎时的那种状态一样。父亲笑着对男孩说："那都是过去的事情了，现在时代不同了。"

母亲平时唱的古老的歌谣和讲述的《圣经》故事让男孩着迷，同时父亲的故事也引起了他很大的兴趣，这些经历多么惊心动魄！虽然父母不认识字，但他们的故事都很有意思。

母亲以前一直让父亲去读书认字,可是父亲总不放在心上,在他的思想里,那是根本没有必要的,一个男人只需要种地,做家具赚钱,伐木,能上山打猎,可以养活一家老小就行了,读书不是多此一举吗?虽然父亲对读书没有兴趣,但是男孩却非常渴望读书。

男孩没多久就达成了心愿。学校离家有4英里的路程,那是一间和男孩家差不多大小的木头房子,很简陋,比家里多的就是两扇窗户,还是纸糊的,还有一个大壁炉。教书的是一位牧师,在上课的时候他会让孩子们把印着字母的课本传阅着看,然后再教他们认识这些字母和朗读,然后再反复训练。在男孩看来,还是听故事有趣得多。

男孩的家在这一年里改变了很多。父亲在街道上当了管理员,这样就为男孩了解外面的世界创造了更多机会。父亲去上班的时候,男孩总会跟着去,因为在那里可以听城里人讲述很多有趣的事情。男孩对周围的事物都很留心,他听到人们一连几天都在讨论西部印第安发生的大事情,并且向西迁移的人们也总是在大街上出现。男孩从人们口中得知,那块土地非常富饶。

再后来,父亲成了一名警察。父亲很喜欢这个差事,他不用满城巡视的时候,经常会和一帮人聚在一起,把自己的故事讲给他们听。

有一天,男孩跟着父亲到了霍金威尔城,父亲要去监狱巡视。他告诉男孩,里面关的都是犯人。男孩不明白什么是犯人,于是他就问父亲。

父亲告诉他:"那些蹲在监狱里,手脚上都戴着镣铐铁链的混蛋就是犯人!"父亲一打开霍金威尔的监狱大门,一群凶神恶煞的犯人就望着他,好像充满了怨气和仇恨,甚至还要做垂死的挣扎,但都白费力气。当父亲巡视完,关上监狱大门的时候,犯人们又带着失望的心情回到自己的角落去了。

这一次巡视监狱给男孩带来了很大的震撼,从开始到结束,他一直充满了恐惧,这是他生平第一次明白什么是犯人和知晓犯人是什么样的情形。男孩在回家的路上没有说一句话,因为他还在想着那些犯人。他才明白:原来还有这样一群人生活在这个世界上,他们只能待在监狱里,手脚都要受镣铐的束缚,没有自由,没有人身权利,他们什么都没有……男孩不禁想到了那些富有的庄园里的人,为什么他们那么富有,可以生活得很自在,而那些犯人却要受这样的折磨呢?

男孩在这个夏天经历了很多不可思议的事情，了解了很多以前没有接触过的事情，也对这个复杂的世界有了初步的了解。

有一天，父亲把家里的大刀磨得很锋利，几棵粗壮的大树一会儿就被砍倒了。男孩不解地问父亲："你砍树干什么呢？我们有房子呀。"父亲的答案更令男孩不解，他说砍树是为了做木筏。可是木筏是什么东西呢，男孩不知道。父亲耐心地解释说："木筏就和船一样，可以漂在大海上，你坐在上面可以到世界各地旅游。"男孩又问："大海在什么地方呢？"父亲说："它在南方，你会看到的。"男孩又增长了一点见识，他很高兴地帮父亲做"木筏"。因为他希望能够在木筏做成之后坐着它去大海上。但是木筏完工之后，男孩有点不高兴了，因为父亲没有带他去航海的打算，而是准备坐上它去俄亥俄河。父亲在为这件事情忙碌的时候，母亲总是表现得很哀伤。后来，父亲的实际想法才被全家人明白，他们又要搬去另一个地方，这次他们去的就是印第安纳，那个人们梦中富饶的地方。

一个清晨，木筏在男孩和父亲的合力之下被推进了小河里，听说这条小河就是通往俄亥俄河的，印第安纳就在河流的尽头。一切都准备好之后，父亲出发了，乘着自己做的木筏，一直到看不到他的身影，母子三人才回去。父亲在几天之后就回来了，他很高兴地向大家宣布那是一个很好的地方，父亲看上去信心十足。他们是在夏天将要结束的时候开始往印第安纳迁移的。

父亲把家里的房子和地都卖了，20美元和10桶威士忌酒是他换取的资产。父亲为了新生活破釜沉舟，印第安纳的新生活充满了诱惑力，到那开始新生活是父亲的目标。

与所有西迁的人没有什么区别，男孩一家人把家里的东西都收拾整齐，骑着马开始了迁移的路程。五天之后，他们抵达了印第安纳。

三、新生活

印第安纳有一条河流叫鸽子河，他们的新家就在这条河边。没多长时间，男孩的叔叔一家人也来了，每个人都把希望寄托在这里。尤其是父亲，他好像已经看到了自己在这里过着富有的生活。他很兴奋，因为他又干回了他的

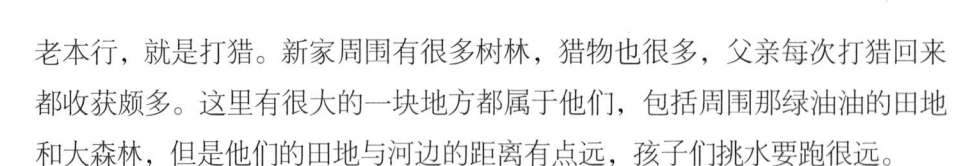

老本行，就是打猎。新家周围有很多树林，猎物也很多，父亲每次打猎回来都收获颇多。这里有很大的一块地方都属于他们，包括周围那绿油油的田地和大森林，但是他们的田地与河边的距离有点远，孩子们挑水要跑很远。

那一年，男孩已经八岁了。他住在顶楼，父亲还亲自给他做了一架梯子以方便他上楼，男孩每天晚上上楼睡觉都要依靠这架梯子。但是在男孩看来，这是很有意思的，爬梯子时那种晃荡的感觉让男孩很享受。

接着，男孩的外公外婆也来印第安纳了，他们姓斯帕罗，母亲也是。18岁的丹尼斯·汉克斯是和他们一起来的，他是外祖父收养的孩子。这些亲人都很友好，在小男孩看来，他们就像妈妈一样和蔼可亲。

尽管一开始没有什么困难，一切都那么顺利，但是生活并没有那么美好。最初的印第安纳还没有被开发出来，一片荒芜，有很多的野兽，在这片土地上，要想生存就必须团结。

那时候人们总是在小男孩的家门口烧一堆大火，火光把周围照得很亮。听说这样一来可以把野兽吓走，二来可以达到净化空气的目的，周围浓浓的沼气都可以被驱赶走。要知道，沼气过浓的话是会让人和牲畜死亡的。那个时候的印第安纳到处充斥着沼气，而且人还时常遭受疟疾的威胁，家长们就经常采摘一些能够防治疟疾的草药给孩子们吃。用这种草药熬出来的汤药很难喝，孩子们都很不喜欢。可是大人们总是逼着他们喝，他们只好服从。时间一长，孩子们就对这个地方很恐惧。相比较来说，他们更喜欢去森林里，因为在那里他们可以帮助父亲干一些农活。小男孩已经长得很高大了，他可以帮助家里干活了。白天的时候他和父亲一起在地里播种，晚上就会和妈妈一起喂猪、挤牛奶，把柴火劈好、挑水。生活每天都这样重复着，一天天，一年年，农忙结束就是冬季。在寒冷的天气下，人们就会烧上一堆火，坐在一起抽烟、聊天，有的女人也会抽烟，他们还常常讲一些从来没有听说过的事情和一些听起来让人害怕的故事。生活一直都这样重复着。

但是，不幸很快就降临了。当秋季来临的时候，生活在印第安纳的人们本来期待着大丰收，但是大草原上的牛群把不祥的预兆传递给了人们。不知道是牛吃了什么坏的东西还是疟疾的原因，它们接连不断地病倒，直至死亡。家里的动物也开始受影响，很快就转移到人们的身上。

人们被疾病传染，身体很虚弱，只剩最后一口气，躺在简陋的床上等死。

这里的医生只有一位，他是人们唯一的希望。尽管医生夜以继日地为大家诊治，可是还是对这么多在死亡边缘挣扎的病人无能为力。

病魔侵袭了这片土地，邻居也死了几个。后来，小男孩的外公外婆也死去了。

因为这场灾难，平静的生活被彻底破坏了。人们期望的大丰收也成为了泡影，特别是男孩的父亲，面对这一切，心情糟糕透了，对生活也失去了希望。家里的一切重任都由母亲一个人来承担，母亲本来身体就不好，加上心情的郁结，终于也倒下了。

肺结核这种要命的病缠绕在男孩的母亲身上，母亲整个人都憔悴了，已经瘦得不成人形，死神已经离她很近很近了。父亲因此也一夜之间老了十几岁，他常常站立在母亲的病床前，呆呆地看着，不说一句话。小男孩还不满十岁，看着与死神抗争的母亲，他又害怕又惊奇，他不知道什么是死亡。

最后，男孩的母亲还是被死神带走了，离开了丈夫和孩子。父亲看起来非常悲伤，但表现得很镇静，默默地给母亲准备棺材，他做棺材的声音在别人听来很心痛，但是小男孩没有感觉。当母亲被放进棺材的时候，小男孩看着沉睡的母亲还表现得很好奇，他对父亲说："你看，妈妈睡得好香啊。"

母亲去世后的第一天就是在这种气氛下度过的，母亲到底发生了什么，男孩全然不知。

但是，当母亲被埋葬完毕之后，男孩和大家一起回到家里，看到床上不再有母亲的身影时，感觉到强烈的孤独。他突然觉得，母亲已经不会再回来了，他再也见不到母亲了，母亲那慈爱的面庞他再也看不见了，母亲那动听的歌声和亲切的话语他再也听不到了。男孩感觉到了以前从来没有过的恐惧和孤独，他第一次明白心里空荡荡的是什么滋味。他还有好多好多话想对母亲说，想和母亲分享自己的愿望，想和母亲一起快乐地生活，想帮母亲做家务。可是这些都没有办法实现了，母亲不在了。林肯一直在很多年后都还忘不了对母亲的那种思念和哀伤之情，并且随着时间的流逝，他越是压抑，这种感觉就越是强烈。对林肯来说，母亲离去的那种哀伤之情是难以用言语表达的，小林肯在经历这件事情后就再也没有以前快乐了。

母亲去世已经一年了，有一天，父亲给孩子们带回来一位继母。继母带了三个孩子，分别叫约翰、马蒂尔德和萨拉。起初，林肯和姐姐对这种境况还很不习惯。每次和继母碰面，他们总是会用抗拒的眼神盯着她。林肯是个聪明的孩子，何况他已经十一岁了，他早就听说了继母们的恶毒。林肯的继母感觉到这种隔阂之后，就试图改变这种状况。

继母也叫萨拉，她体型丰满，气色很好，性格也很开朗。她带来的约翰告诉林肯，自己的父亲和林肯妈妈去世的时间都是在秋天。林肯在心里琢磨约翰的话，他觉得父亲和这位继母很早就认识了，那他们认识的时间有多长呢？这跟自己的妈妈有关联吗？林肯想要知道个究竟。

继母表现得和传说中的继母们不一样，她并不凶残，对林肯心底的抵抗情绪她很快就轻易地化解了，并且还赢得了林肯的欢心。这主要是因为继母支持孩子们上学。

在那个阶段，林肯开始学习写字，聪明的他一学就会，但是他的知识不多，特别是听到知识渊博的神父和律师们谈话的时候，他更加觉得自己的知识很有限，所以在学校里林肯学习比谁都刻苦，他不断学习的动力就是想要探索渊博的知识，所以他的成绩一直很突出。纸和笔在那个时候是价格不菲的，为了把字练得漂亮，林肯常常用烧黑了的木条当作笔在地上或者墙上写字，等到自己满意了，才用纸写。就这样，林肯的字很快就写得很工整漂亮，但是手指因为干重活而变得很粗糙。

那时候的家是很贫穷的，而且急需要劳动力，这样就不能让男孩坚持上学了。身体强壮的男孩是父亲最好的帮手，父亲在林肯11岁的时候就安排他干重活了。何况他现在已经14岁了，是家中的主力，家里没有他不行。父亲希望林肯将来成为一个优秀的木匠，和自己一样，所以在他十几岁的时候，父亲就教他伐木，做家具，还有打猎。所以在家里有困难的时候，林肯会暂停一段时间不去上学，要想在这荒凉的西部生活，斧头要比读书有用。

父亲外出打猎的时候常常会把林肯带上，他希望儿子也可以成为一名出色的猎手。林肯很聪明，在父亲演示几回之后，他就掌握了要领。有一次，父亲把枪给了林肯，让他开枪。他们发现草丛中藏着一只火鸡，林肯看准之后就毫不犹豫地开了枪。火鸡死了，父子俩去收获猎物，父亲很高兴，可是林肯看到死去的火鸡之后，一种罪恶感油然而生，这种感觉很危险，林肯感到恐惧。以前在家里吃着打猎回来的野味时，他会很开心，可是这一回，他没有任何高兴的感觉，他觉得自己很可耻；他想起了小时候看见的那些犯人，把自己和那些犯人作比较，一种负罪的惆怅感在心里挥之不去。但是父亲就不一样了，他很骄傲自己的儿子枪法这么准，他不知道从此之后，林肯再也没有开过枪。假如父亲知道这些，肯定会觉得很遗憾。那天，林肯把枪还给父亲之后就没有说一句话，父亲从他的表情中看不出什么。

四、长大（一）

那段时间林肯对很多事情都充满了好奇。他喜欢去磨坊，因为总是有很多人在那排着长长的队伍。他们靠在马车上，悠然地等待着前面的人把玉米和麦子磨完。那些来磨坊的人都很爱聊天，林肯总是靠近他们，听他们谈话。他们谈到竞选新总统，推断谁会当选；他们讨论奴隶制度，甚至会为此争执，因为一部分人认为这个国家会由奴隶制来统治，而另一部分人却不赞成。林肯从人们的谈话内容中了解到，那些信奉基督新教卫斯理派① 的教徒是渴望废除奴隶制的主要群体。林肯问父亲关于奴隶制的问题时，父亲变得很严肃。他说他们是正确的，因为随意地束缚别人的自由，压迫他们，是与宗教教义不符的。

林肯还是喜欢对生活留心，他把每个人身上的变化都看在眼里，特别是父亲。实际上，自从妈妈离开之后，林肯就极少和父亲交流了。父子之间也说不到一块去，父亲似乎更喜欢继母的那个叫约翰的孩子。有时候，父亲下班回家会对政府的土地税收政策大发感慨。他觉得如果没有自己的辛苦劳作，那些有权势的人就不可能有现在优越的生活，他对政府把他当作奴隶使唤很不高兴，觉得政府要榨干他的血汗。有时候林肯觉得父亲的做法有欠妥当，发牢骚是不能解决问题的，但是他大字不识，对现状也无能为力。但林肯对父亲在家里给他们讲的故事还是很喜欢听的。

对于父亲和继母以前的故事，约翰似乎知道得很多。林肯从约翰那里知道，在父亲和母亲结婚之前，父亲是准备和主人家的外甥女共结连理的，可是那个外甥女却嫁给了约翰斯顿，约翰斯顿是一个富家公子，就是约翰的父

---

① 也译作卫理宗，创始人是英国神学家约翰·卫斯理。

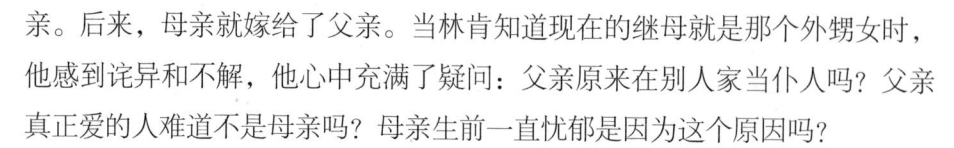

亲。后来，母亲就嫁给了父亲。当林肯知道现在的继母就是那个外甥女时，他感到诧异和不解，他心中充满了疑问：父亲原来在别人家当仆人吗？父亲真正爱的人难道不是母亲吗？母亲生前一直忧郁是因为这个原因吗？

林肯的心里很矛盾，他努力地想把这些问题理清楚，可是没有成功。就算是这样，他还是无法恨继母，因为她对每个孩子都很好，对每个孩子都一视同仁。

林肯的家里包括叔叔一家在内是八口人，由于人太多，时常会吃不饱。有一次，父亲在吃午饭之前做祷告，林肯突然说："爸爸，没有什么需要感谢的！"因为林肯的食物仅仅只有一块小土豆和小面包。现在的林肯已经和以前不一样了，他对生活的讽刺已经可以用自己的方式来表达了，他对宗教的讽刺也很多。

林肯一直有着强烈的求知欲望，迫切地想要学习。他不是想要成为学问家，他也不想成为某个学科的专家，他只想了解更多的知识，从各个方面去认识这个世界，通过对书本的学习来了解社会、了解世界、最终了解自己。林肯读了很多书，有的书他读了好几遍，有的他都能背诵下来。实际上他每天只有很少的时间可以用来读书，他有很多的活要做，虽然他对这些体力活并不感兴趣。林肯总是抓住一切时间从书中获取知识，晚上回到家，家里很黑，也没有钱买灯芯，他就拿着书坐在火堆旁读。等火灭了之后，他又会重新烧起，只要光亮能够让他看得见书上的字就可以了。很多人看他这样都认为他中邪了，他们不知道林肯读的书都是些什么内容。在他们的脑海里，一个乳臭未干的孩子读的那些东西都是没用的。

林肯生活的西部地区很闭塞。当然了，有时也会有人来到这片土地上，带来新的事物和知识，也会有一些书籍，这些都是林肯喜欢的，它们就好比是一股微风从天堂里吹来，让林肯的心灵得到启迪，他心智的大门被打开了。

林肯在那时读了很多书籍，这些书给他打下了很好的基础，书上的知识对他的思想和观点都产生了一定的影响。林肯从《朝圣者的路》中学会了自省，他喜欢《圣经》中那优美的诗句和故事。《鲁滨逊漂流记》林肯也读过，但是读完之后，林肯对鲁滨逊有自己的见解。他读的《伊索寓言》是从一位路人那里得到的，《伊索寓言》给了林肯很大的启发，从那些寓言故事中他看到了人类的缺点，促使他自省，更清楚地认识自己。《华盛顿和富兰克林的故事》引起了林肯强烈的好奇心,他想要了解美国的历史风云和战争记忆,那些过往的记忆让他明白留在人们记忆深处的到底会是什么,从而使得林肯对父亲的那些小故事也渐渐模糊了。另外,W.斯科特写的《演讲术》也是一本内容很精彩的书,林肯在这本书中学会了如何生动地演讲。《肯塔基的老师》这本书使林肯兴奋,因为这本书对自由、平等、义务和责任、奴隶制度以及解放妇女等方面都做了很好的阐述,林肯的心被彻底打动了。

在那个时期里,只要是有文字的东西林肯都感兴趣,甚至人们从城里买东西用的包装纸他都要拿过来看一看,希望能从中得到一点点社会上的新鲜事。只要进城,他就会仔细地阅读商店里的报纸,任何一个角落都不会放过。他最关注竞选新闻,从那些报纸中,他得知一位受人民拥戴的代表叫杰斐逊,人们一点都不拥护南方的奴隶主们。

到冬天的时候,人们都会在教堂里聚会,点燃火炉,牧师会给他们朗诵《圣经》,人们悠闲地唱着、祷告着,希望上帝可以保佑他们。这些情愫在林肯心中已经扎根了,但是他对人们的内心世界更感兴趣。那时候的林肯身上散发着诗人的味道,实际上他真的在作诗,甚至还把自己写的诗读给朋友们听,有时也会背诵书中的诗,他有非常好的记忆力。他的朋友曾经说:林肯演讲和表达的天赋在那时候已经崭露头角了。

虽然家里的困境对林肯的发展产生了阻碍,令他没有机会扩展自己的视野,但是他的知识领域却很宽广。他时常会骑着马去俄亥俄河边,有各种各样的人聚集在那里,他们来自不同的地方,有的是商人,有的是农夫,有的是富人,也有的是贫困潦倒的船员。他们聚在一起聊着天南海北的事情,从他们的谈话中,林肯也能了解到一些国家发生的大事。这条河每天都有船只来往,有的还会在这里停留,外面的消息大多都会带到这里。

那些船上装的大多是往南方运的食品和日用品,听船员说,他们要到达那里,然后再经过密西西比河,最后到达大海。因为运送的这些东西在那里都是很受欢迎的,能卖得很好。船员们说:"那里以种植棉花为主,农场主们非常贪婪,他们让很多的奴隶为他们劳动。"这些话让林肯对南方的生活充满了好奇和想要了解的欲望。但是林肯发觉,每当人们在提到南方的时候,都表现得很害怕和内疚。

五、长大（二）

十六岁时，林肯已经长大成人了，"最棒的伐木工"是人们对他最亲切的称呼。又过了一年，林肯的身高已有六英尺四英寸，相当挺拔了。那时的林肯还在求学，不过他经常换学校，最近他只在就读的学校待了几个月，仅仅学会了一些基本礼仪。没办法，因为是家里的主要劳力，他不得不边上学边干活，总共在学校的时间还不到一年。他的手已长满了老茧，和一个成年农夫的手没有区别。唯一值得炫耀的是，他的字写得非常好看。

对于所有的农具，他都运用娴熟，特别是斧子。在西部的草原和森林地带，如果不会用斧子，你就很难生存下去。林肯力气过人，又会使用斧子，砍起树来干脆利落。邻居都喜欢请他帮忙，而父亲也很愿意他这样做，并叮嘱他，每次要让别人给他20美分作为酬谢。对于这样的事情，林肯总会陷入思考。是想起了辛苦为别人做针线活的母亲？还是监狱里的犯人？还是父亲曾经说请别人帮自己干活，再付给别人工钱，其实是一种对他人的奴役。可是现在，父亲不也一样吗？

这些问题一直困扰着林肯，他总是不由自主地陷入思索中。对于他来说，这是很有意思的一件事情。虽然这个过程可以说是单调、乏味的，可是他却从中体验到了不一样的快乐。因为经过长时间的思考，很多问题已经迎刃而解了。

在林肯看来，思考带给他的是精神上的快乐，而重复的体力劳动无法让他的脑筋活动起来。由于连续几年的辛苦劳动，再加上营养不良和疾病的侵袭，林肯成长了一个虽然身材高大却并不怎么健康的年轻人。他身材消瘦，皮肤暗淡无光，还有点含胸。周围的邻居都这样评价他，就连他的父亲，也说他是一根没有被修整好的树枝。可是，这些注重外貌的人，有谁真正了解过这个男孩的内心世界呢？他们戏谑他突出的额头，却并不知道那里面蕴含了多少聪慧的思想；也许他们只看到了他脏兮兮的鼻子，有谁知道正是这挺拔的鼻子彰显了他的英俊；也许他们只看到了他没有血色的嘴唇，有谁真正了解过这张嘴一直不开启的原因是什么；也许他们只看到了他略显暗淡的眼睛，却并没有真正了解过那令人心痛的眼神中散发出来的正是他对一切事物了然于胸的能力。

大家都说，这个十七岁的年轻人非常奇怪，和周围的环境格格不入。譬如，大家好好地在一起干农活，他会突然丢下农具，从身上取出一本书来大声朗读。刚开始，大家会用怪异的眼光看着他，不知道他为什么这样做。而且，林肯读书的声音非常大，经常会吸引很远的农民们的眼光，这就是林肯想要的结果。他称自己的这种行为为"演讲"，而这些农民就是他的听众。更有时，林肯会让大家聚在一起，和他一起聊天。那些大人们一开始还纳闷，觉得他是一个毛头小伙，跟他没什么可聊的。可是实践表明，林肯非常善于辞令，人们可以从他那得知一些新鲜事儿，像选举、大河、历史、战争以及南方的一些事情。虽然这样，大家还是会嘲笑他，认为这些故事只是他偶尔听说的而已。可是林肯无所谓，他依然坚持自己的言行。有一次，他还模仿教堂里牧师的讲话，大家听了乐不可支。林肯非常高兴，他觉得他的目的达到了，他的"演讲"需要听众给出反应，哪怕这种反应只是善意的嘲讽。

这一年，在林肯身上发生的事情还不少，这些也从各个方面构筑了林肯的性格。有一次，林肯看到几个小孩子在一只幼小的乌龟壳上点火，他非常气愤，上前怒斥了这几个孩子，将他们赶跑了。回家以后，他还写了一篇文章，内容就是批评人类残杀小动物。这应该是林肯第一次和写作亲密接触。在这之后，他又写了几篇指责过度饮酒的文章，他觉得自己在写作方面是有一定特长的。他将写好的文章拿给村里的长辈看，那些见多识广的老年人都觉得他的文章写得不错，还表扬他是一个非常有爱心，知道爱惜小动物的人。

林肯也确实喜欢路见不平，拔刀相助。如果他在外面看到有强者欺负弱者，他都会挺身而出，当然有时还会为自己带来麻烦，最后必须用暴力来解决问题。这个身材高大的年轻人并不害怕，不管是摔跤还是跑步，他都是佼佼者，别人只能甘拜下风。所以，没有人愿意和他为敌。很多人开始暗暗钦佩这个年轻人。而且，他不仅有一大把力气，还有聪明的头脑，字也写得十分漂亮。很多人都会找他帮忙代写书信，这时，林肯也会一口答应，然后努力用最华丽的辞藻和最体面的形式，让那些经他手写出来的信被人交口称赞。

有一次，一个叫布莱克维治的律师让林肯深受启发。

我们要了解这样一个事实，那就是，在过去的十七年间，在林肯的身上发生了太多不公平的事件。正是由于他自己的这些亲身经历，他变得乐于助人，尤其是帮助弱者。他竭尽所能地帮助他们，印第安人也不例外。邻村有一家活动法庭，林肯是那里的常客。也正是在那里，林肯用自己的生活经验、聪明的头脑来判断什么是对的，什么是错的。有时，他也会听一些旁观者的见解，看看他们的评判标准又是什么。有时，林肯也不知道自己的判断是不是对的。有时，林肯非常同情一个犯了罪的弱者，可是法庭却判处他死刑。这让林肯不得不思考一下，他的评判标准是否正确。

有一次，林肯很幸运听到了一个叫布莱克维治的律师的精彩辩论。他的语调铿锵有力，语速很快，所有的听众都对他赞不绝口，纷纷点头认同他的观点。这让林肯很受触动，他希望有朝一日，他也可以成为这样的人。辩论结束以后，林肯主动上前和这位律师握手。谁会想到，三十五年以后，他们会再次相遇。自此以后，林肯找来了印第安纳州的法律书籍，开始真正了解法制国家的含义。

林肯一直想赚更多的钱来维持生计。

可是，林肯发现，强壮的身体和繁重的体力劳动依然是他挣钱的主要方式，他没办法依靠他会写字的手来挣钱。可他凭借丰富的经验，可以比别人挣得多。有一次，他在短短一个小时里挣了一枚银币，这在当时来说相当于半个美元，是一笔不菲的收入。这次经历让他内心风起云涌，原来天上掉馅饼的美事真的在他身上发生了。

林肯的姐姐萨拉比他大两岁，当时已经十九岁了，到了婚嫁的年龄。而此时的林肯，对祖父母及父母的婚姻有了一探究竟的兴趣，因为这里面有很多谜团。当然，最重要的一点是，他想从这里剪不断理还乱的事实中得知自己的确切身世。原来他和堂兄们也一起讨论过，得到的结论是，他们的上一辈、上上一辈的身世有很多的谜团。空闲时，他就在家里找物证，尤其是可以证明身份的东西。功夫不负有心人，林肯发现一个问题，为什么萨拉的亲生母亲叫南希·汉克希斯，而他们的外祖父却姓斯拜罗。林肯带着疑问去问自己的斯拜罗姨婆，姨婆显然没料到他会问这个问题，神情非常紧张，林肯觉得这里面肯定有什么难言之隐。最后，他终于发现了事情的真相。原来林肯的外祖母是他亲生母亲的姨妈，而斯拜罗姨婆才是自己真正的外祖母。事情真正已经被挖掘到这个地步,更激发了林肯进一步探究下去的决心:这中间到底发生了什么事?

真相终于被林肯调查出来了。原来自己的亲生母亲是外祖母汉克斯的私生女。当时他的外祖母,也就是现在的斯拜罗姨婆和一位南方的弗吉尼亚人谈恋爱,并不慎怀了孕,母亲出生了。可是外祖母的家庭非常传统,不会允许这样的事情发生,外祖母被驱逐了出去。正好当时外祖母的姐姐婚后一直没有生育,所以就将这个可怜的孩子收养了。这个孩子长大以后和林肯的父亲成了婚,她就是林肯的亲生母亲南希·汉克希斯。而母亲的姓从始至终都没有改变,一直沿用汉克希斯这个姓。除此以外,林肯还知道了,自己的亲生外祖母最后改嫁给了一个姓斯拜罗的男人,还育有几个孩子。

虽然林肯知道了自己亲生母亲和亲生外祖母的身世,可是对于亲生外祖父,他依然一无所知。后来,林肯从别人的口中听说,亲生外祖母和亲生外祖父是在战争结束后的弗吉尼亚交好的,虽然没有人知道具体是怎么回事,可是从《华盛顿传奇》中,我们大概可以了解到一些当时的社会背景,那时士兵和冒险家齐聚到这里,而一个生性开朗的女孩和他们交好并怀孕也没有什么好惊奇的,如果这个女子日后成了这个男人的老婆,一切也都不是问题了。可是,对于林肯的外祖母来说,那个让她怀孕的男人却没有娶她,而是人间蒸发了,这样情况就不太好了。

对于亲生外祖父,林肯知道的信息为零。他想象他会是个什么样子,也许是个士兵,也许是个绅士,也许是奴隶主,也许什么都不是。总之,一切都有可能。

虽然林肯知道了自己的确切身世,可是他却一点都高兴不起来,反而越来越迷茫。虽然很多问题得到了解决,可是新一轮的问题又来了,他陷入了无穷尽的思考过程中。

后来,林肯向他的好朋友吐露,说自己性格中有很大一部分都缘于那位素未谋面的外祖父。这件事件结束以后,他产生了强烈的失落感,他的忧伤情绪与日俱增。林肯认为,世界上所有的事情都很难掌控,是变化莫测的,有太多不确定的因素。这种感觉让林肯的心灵又笼罩了一层阴影。外祖父和外祖母都不是和自己有血缘关系的亲人,而姨婆才是自己亲生外祖母;自己的母亲竟然是从小就没有父亲的私生女,她一生都郁郁寡欢,早早去世了。

虽然继母对自己也不差，可不管怎么说，她不是自己的亲生母亲。虽然父亲和母亲成亲了，或许他们并不相爱，而父亲也从来没有娶得自己心中所爱……这一切都让林肯觉得，生活就像一团烂棉花，剪不断理还乱。

现在，萨拉也要嫁作他人妻了，她要嫁的家庭姓格里斯贝。虽然对方家境殷实，可是林肯通过和他们接触，发现这家人非常没有礼貌，自命不凡，这种感觉让林肯很是气愤。可是不管怎么样，萨拉还是会嫁过去，林肯不禁对姐姐的命运有了一点担心。即便如此，林肯还是为他们的婚礼创作了一曲新婚颂，希望他们和和美美。可是内心里，林肯却是担心的，他不知道姐姐以后该如何面对这样一些虚假、高傲的面孔。

事情之后的发展也印证了林肯的预感。新婚没多长时间，萨拉就像婆婆家的佣人一样，整天累死累活，家务活全被她承包了，这对于刚娶进门的媳妇来说是不公平的。萨拉也终于积劳成疾，第二年，便在临产之前死去了。

萨拉的死讯传来，林肯非常受打击，也再次陷入了长时间的愤怒情绪中难以自拔，并第一次对自己的人生观产生了怀疑。这时的林肯虽然已经十九岁，可是接连失去母亲和姐姐，也让他觉得自己太过于形单影只了。再加上和父亲的关系一直不好，自己的身世也是一团乱麻。也因为此，他和父亲以及许多亲戚的关系都变得不那么亲近。抛开眼前的不说，过往的一切又像电影片段一样在他眼前浮现，他内心不平的情绪又升上来：为什么有钱人可以欺负穷人，而穷人只有听天由命或任富人欺凌，帮他们干活；为什么有钱人就可以肆无忌惮地欺负压榨自己的儿媳，直到她丢了性命；为什么有钱人可以欺负穷人家的好女孩，然后不负一点责任？

不久以后，姐夫家要同时为两兄弟举办婚礼，可是林肯这个小舅子却并没有在邀请之列。这让林肯极为恼火，看来格里斯贝家是有意想让他丢人的。愤怒之火一升上来就难以熄灭，林肯想报复他们。他的头脑里很快酝酿出一个很好的报复计划，因为是第一次，他显得很是兴奋。在朋友的帮助下，在婚礼的当天晚上，林肯上演了一场小闹剧，将两个新娘互换了，好戏上演了。当天晚上，大哥和弟弟分别进错了洞房。等到宾客离开，外婆才发现此事。他急忙冲进小儿子的新房大叫："鲁宾，你这个浑蛋，里面是你嫂子！"

这件事很快就传扬开去，整个村子里的人都因为林肯导演的闹剧而笑得停不下来，格里斯贝家本来是双喜临门的大好事，最后却变成了闹剧，还在村里人面前抬不起头来。事后，林肯还不罢休，专门写了一篇嘲讽此事的文章，名字就叫《鲁宾的故事》，周围的人都看到了，几乎每个人都对事情的来龙去脉一清二楚。林肯就是想让他们家也看到这篇文章，所以在文章中，他极尽可能对他们家进行嘲讽，将他们家掀了个底朝天。

关于这篇文章的风格，我们也需要重点提一下，他是仿照《圣经》的风格写的。他文笔犀利、用词尖酸刻薄，故事内容荒谬但趣味横生，人们争相传阅这篇文章。很多年以后，在印第安纳州，依然还有人在饶有兴致地讲这个故事，让更多人知道了这个故事。后来人们还回忆说，其实从那时开始，我们就发现亚伯拉罕是个不一样的人物。

六、新奥尔良之行

青年时期的人，往往会理想大于实际，而林肯此时正处于这一时期。当时的林肯只有19岁，正是爱幻想的年龄，他也相当有诗人的潜质，经常会梦见自己超然物外。一场大雨过后，路上泥泞不堪，一辆马车突然倒了，人们七手八脚地将它搬到林肯家的维修店前，请林肯的父亲帮忙修理。那时，车上坐着一位妇女和几个年轻的女孩儿。在林肯父亲工作的间隙，一个女孩儿引起了林肯的注意，她长着一双闪亮的眸子，嘴唇灵动，皮肤白皙，还有一头乌黑的长发。虽然他们离得很远，可是林肯依然嗅到了她身上美妙的味道。这是林肯头一回倾心于一个女孩，以至于在此后很长一段时间，林肯的脑海中一直会出现那个女孩的倩影。后来，林肯还为这次心动编造了一段非常唯美浪漫的故事。虽然这只是一厢情愿，而且还是叙述给旁人听的，可是从这其中，我们可以看出林肯的诗人气质。

后来，他是这样向别人讲述他和那个女孩之间的美好情愫的：

一个风和日丽的早晨，我为那个美丽的女孩子朗诵了一首非常美妙的诗歌。在诗歌中，我极尽所能地用最华丽的辞藻去赞扬她的美好，姑娘听后也深深陷了进去，她难为情地跑开了。我骑着父亲的马，一路跟过去。刚开始女孩子还心存芥蒂，可是经过一路热情的交流，女孩子彻底拜倒在我的口才下。她将头轻轻依偎在我的肩膀上，然后轻轻哼唱着一首欢快的乡间音乐。

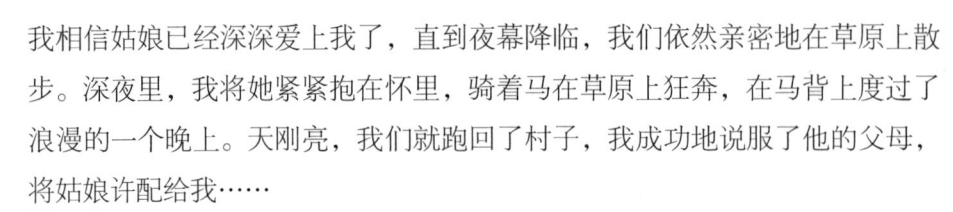

我相信姑娘已经深深爱上我了，直到夜幕降临，我们依然亲密地在草原上散步。深夜里，我将她紧紧抱在怀里，骑着马在草原上狂奔，在马背上度过了浪漫的一个晚上。天刚亮，我们就跑回了村子，我成功地说服了他的父母，将姑娘许配给我……

从林肯讲述的这个故事中，我们可以明显地看出，当时他的内心深处已经充满了美好的想象。可事实上，林肯特别害怕和女孩子接触，人们不知道这是为什么。后来，这个地方流传着很多和林肯有关的故事，可是没有一个是和女孩子相关的。有可能是过去的女孩子给林肯留下了不好的印象，也有可能是女性曾经粗野地对待过他。有这样一个故事，说是一个女孩子暗恋林肯，于是趁他砍树时，像印第安姑娘一样趴到了他的背上。林肯吓得够呛，失手用斧子砍破了女孩的脚。林肯非常愧疚，帮她包扎伤口，并送她回了家。

年轻人总是对这个世界充满了好奇，富有理想的年轻人总希望可以有一番作为。在俄亥俄河畔，林肯因为拥有强健的身体、过人的胆识以及无人能及的水性，成长为一名人人夸赞的水手。也正是因为他拥有的这项本领，他才有机会走出自己的家园，去到更广阔的天地上。这时机会来了，一个有钱的庄园主要让林肯和他的儿子一起送一批货物到南方。林肯听到这个消息，高兴坏了，他一直梦想着可以离开这里，去南方，去大海，去到更远的地方，所以一口答应了。他们将木筏放进俄亥俄河，将玉米和家畜都赶到上面。他们准备将这批货物拉到南方出售，然后再带回来一些棉花、烟草和糖。

新的旅程对于林肯来说，一切都是新鲜的，这是他第一次离开自己的家园。等木筏到达俄亥俄河流入密西西比河的入口时，河水如瀑布一样倾泻直下的气势让林肯大感振奋。顺着密西西比河往下，这中间他们看到了海滩、海浪、岩石，还有沿途陌生的人们、动物、植物，在途中，他们和黑人还发生过争斗。事情经过是这样的：当时，天眼看就要黑了，他们在一家农场留宿。夜半时分，一群以抢夺为生的黑人攻击了他们，想要抢走他们的财物和木筏。被吵醒的林肯捡起一根木棍就打向那群黑人，他强悍的样子把他们吓得魂飞魄散，慌忙逃走。可是林肯却并没有善罢甘休，对他们紧追不舍，直到后来满身是血，才回到了木筏上。

当木筏最终到达新奥尔良港口时，林肯头一回见到了这个港口一片繁忙的景象：随处可见船只和木筏，要么是出港，要么是进港。岸边还有很多船只，有的是从上游来，有的是要往下游去，它们全部汇聚在这里，整个新奥尔港港口一点空隙也没有。港口旁边还林立着很多大仓库，里面是层层叠叠的面粉口袋，它们都来自于北方。烟雾盘旋在港口上方，轮船的汽笛声不绝于耳。岸边还专门修建了一条运输铁轨，路的两边堆着满满当当的货物，有的口袋已经裂开了，白色的团状物露出了一角。林肯凑近一看，原来是一直耳闻却从来没有见过的产自南方的棉花。

卸完货物后，他们又来到了新奥尔良城，这里的景象让林肯再一次震惊了。新奥尔城中穿梭着各色人流，不仅有白人、黑人，还有混血人和奇怪的欧洲人。妇女们身穿漂亮的裙子，手拿宽边小纸扇轻笑而过，这里的每个人看起来都神色匆匆，就好像生活在天堂里一样。可是林肯脑海里涌现的却是南方奴隶的身影，他们被公开售卖"本人愿意花大价钱买进黑奴，交易方式可以是拍卖，数量越多越好，急。"在旁边是另外一个广告，上面写着"本府有一名年轻男奴逃走，愿出赏金100美元将他捉回来。他的名字叫萨姆，头发是浅色的，皮肤发红，眼睛是蓝色的。"很快，林肯就发现，在这座城市，大大小小的广告很多。以前他住在西部时，只是从别人或父亲的口里听说过，也从报纸上看到过类似的信息。可是这一次，他亲眼见到了这样的消息，而且比他想象的还要可怕。徘徊在这座城市，一开始的新鲜感已经荡然无存了。林肯只觉得害怕，他从内心同情这些人的遭遇。他们就像砧板上的鱼肉一样任人宰杀，他们干着最辛苦的活，长期被关押着，就好像死刑犯一样，还要受到无休止的折磨。想到这里，林肯的内心备受煎熬，他不由自主地来到一个黑奴交易市场。在这里，他亲眼见到了黑奴悲惨的情景：

这是一间有着铁皮屋顶的大厅，正中间放着一个宽大的舞台，上面闪耀着灯光，非常刺眼，可以清楚地看到大厅里每个人的表情。这里熙熙攘攘，什么样的人都有，他们都尽情等待着接下来的黑奴交易，并随时准备欢呼。坐在前台的是几个衣着讲究的南方绅士，他们兴味盎然地坐在那儿，手里拿着香槟，脸上带上虚伪的笑容和来客相互敬酒。这些人是真正的黑奴买主，因为他们有足够的实力，有宽阔的土地和丰厚的家产，同时，他们的生活也相当豪奢。在座的这几位绅士一会儿放声大笑，一会儿开心交谈，似乎无比享受。在他们旁边，坐着几个有钱人，他们可能很明白自己的身份，一直保持着沉默，安静地写着什么。这些南方的绅士和林肯以前所了解的西部暴发户不一样，虽然后者也很有钱，可是他们却依然保有勤劳者的本色，而且极具有开拓精神，可是这些南方的绅士所继承的只不过是前辈留下来的财产，一代代传下来，他们完全不知道创业的艰辛，所以他们对这些黑奴没有丝毫的同情之心，也不觉得自己的做法有什么不妥。

在绅士面前还有一位大声叱责的卖家，眼前这些黑奴都归他所有。这个家伙手里拿着皮鞭，大声训斥着台上展示的黑奴，如果有谁敢不听指挥，身上马上就会挨几鞭子。那些可怜的黑奴身上到处是铁链，一丝不挂地站在一起，像商品一样向别人展示。在这群黑奴中间，有一个混血的女奴吸引了所有人的目光，他们睁大了双眼，紧盯着她丝毫没有遮掩的身体。卖主大声训斥着她，要求她摆出各种诱惑的姿势，在绅士面前尽情展现自己。看上去，她应该还是个处女，长得很乖巧，所以她的价格被不断抬高，最后她以一个很高的价格被卖给了一位绅士。

交易就这样一直进行着，不知道什么时候才会结束。林肯的心被这样的场景伤到了。就是因为他是一个热血青年，所以他会无比同情地去观察女奴美丽的身体。也正是因为他是饱含正义之心的农民子弟，所以他会对这样的场景感到由衷的愤慨。可是，林肯又是一个和女性没什么接触的正统青年，而且富有诗人的浪漫之心，所以当他直视这一切时，他的心中不免七上八下。林肯过去曾受不了少苦，心中还总会浮现对外祖父母和父母们回忆，甚至还人闪现出那个从来没有见过面的亲生外祖父的影子，那是一个来自南方的陌生人。他在心里假设，当时的他肯定就像这些南方绅士一样，冷酷无情。想到这，他那颗本来因为自己身世问题而伤痕累累的心再一次难过起来。他善恶分明、疾恶如仇，对那些买卖黑奴的人们感到非常气愤，而对于那些处境糟糕的黑奴们，则饱含了恻隐之心。

看完黑奴买卖之后的几天，林肯就启程了。他是带着一颗受伤的心离开那个看似繁华实则吃人的地方的。3个月以后，他又重新回到家乡。经过这次旅行，他有了很大变化，无论是知识还是经验都有所增长，而且这次去南方，还给他带来了24美元的收入。

七、离开家乡

林肯回到家乡后，发现家乡也有了变化。人们纷纷传言，说从西部的伊利诺伊州传来消息说，那里的发财机会更多，更适合殖民者居住。很多对印第安丧失信心的殖民者开始举家搬迁，很多印第安殖民者也蠢蠢欲动。

林肯的父亲托马斯永远都是一个好动的人，只要听闻哪里有发财的机会，他是肯定不会错过的。而且托马斯在伊利诺伊州还有一些亲朋好友。更重要的是，他在印第安这片土地上辛苦耕作了十几年，却依然没有什么改善。因此，当听说伊利诺伊州是个尚待发掘的处女地时，托马斯毅然决然地卖掉了所有的财产，当然也包括他妻子前夫的所有家产，就出发了，和十几年前他们离开肯塔基州一样。虽然传言中新的目的地前途一片光明，可是没有人确切知道，他们终将迎来什么。这一次他们举家迁至伊利诺伊州时，带的东西比以往任何一次都要多，不仅有六口人，还有衣服、牲畜、粮食等等，所以他们驾驶了两驾马车，其中一架由林肯当车夫。那时，林肯比以前更加现实，他知道哪些东西那边没有，所以他将自己辛苦积攒下来的30多美元全部花光，购置了刀具、针线、松紧带等一些生活必需品。他非常清楚，在远方的伊利诺伊州，这些东西供应非常紧张。

一切收拾停当以后，他们就出发了。当所有人最终到达迪凯特这座小城时，时间已过去了半个月。

在经历了一场大雪以后，这里的天气逐渐变暖和。林肯当时已21岁，当仁不让地承担起了给全家人盖房子的重任。每天，他都会带上大斧子去森林里砍树，然后把砍倒的树放到牛背上驮回家。然后，他再把砍回来的木头一点点地变成各种有用的木材，有的用来盖房子，有的用来做房梁，有的可以烧火，还有的用来做围墙。总之，林肯精确计算着每块木头的用处，像个设计师一样布置自己的新家。除了林肯以外，这个家的其他成员最需要的就是一个可以遮风挡雨的地方，也就是房子，这是他们心中最朴实的愿望。可是林肯的想法更多，他不仅需要房子，对于教育、自由、感情、选举之类的事情，他一直都有自己的想法。只不过，在这里，他没办法宣泄这些，也没有人可以和他产生共鸣。这时，心灵寂寞的林肯只好通过不断地劳动来填补。虽然林肯有强健的身体，做这些活丝毫不在话下，可是从内心来说，他是不愿意这样做的。

当房子最终呈现在大家眼前时，所有人都高兴坏了，因为这意味着他们有了栖息之地，成为了本土的居民，与流浪者有了本质的区别。可是这对林肯来说，显然意义还不够。他只是认为，在伊利诺伊州盖新房和在肯塔基、印第安盖房子一样，唯一不同的是地点，就好像他和他的家庭一样。林肯经常会问自己这样一个问题，到底哪里才是自己的家乡？像林肯这样刚满二十岁的青年人，却已经漂泊了好几个地方，他怎么可能会有故乡的感觉呢？也许，我们只能笼统地说，美国是他的故乡。

新房子建成以后，林肯和他的表兄约翰·汉克斯一起又开辟出十五亩的土地，还将建房时多余的木料弄成木条，做起了围墙。现在这些工作几乎都是由林肯一个人完成的。很明显，虽然林肯刚过二十岁，可是他的能力已经超过了年纪越来越大的父亲，开始成为家里的顶梁柱。

林肯为人们称道的不仅是他强健的体力，还有他的智慧。他才来到这块陌生的土地没多久，就成了一个远近闻名的人物。来这里的第一个星期，他就凭借自己的力气打败了这里最强壮的人。所以，林肯在这里有了很多发财的机会，因为很多地方都需要身体强健的劳动力。

这里还住着一位老少校，在独立战争期间，他曾经在军队服役。林肯给他筑起了新的围墙，他很高兴，送给林肯几条蓝裤子。虽然和林肯的劳动量相比，这有点太微不足道了，可是林肯却格外开心，因为老少校愿意让林肯免费阅读他的藏书，而林肯一向都视书籍为挚爱。

还有一回，天气非常寒冷，林肯在运输途中不小心将船弄翻了。经过了很长时间的游泳和跑步，他快要坚持不住了。幸运的是，他找到了一位以前曾经做过法官的农场主的家，并在那里住了几个礼拜。在这期间，他帮农场主干了很多活。有空时，他就会阅读农场主家里的法典书，而这部有关伊利诺伊州的法律书是林肯读到的第二部法典。

很小的时候，林肯就是一个非常独立的人，他善于思考、总结，从自己过往的经历中总结经验、教训，从而鞭策自己。首先他是从自己身上，其次才是从父母和姐姐身上学习到，如果一味依靠别人，将会产生什么样的后果。林肯一直保持着独立，不仅仅是物质上，更是精神上的。在他读了很多书，特别是了解了几部法典以后，他运用自己独立思考的能力，很快就明白了这些法律条款的意义。

让所有人都意外的是，林肯的身份角色也在发生转变，由原来的会讲故事的人变成了一个成功的演讲家。起初，他很大声地说话，只是为了记住书中读来的知识。可是后来他认识到，自己原来可以像律师一样引经据典。那时，乡镇委员会要对河流的整治进行表决，在一次农民聚会上，林肯被推举为正方代表，去反驳反方的观点。林肯对那条河流非常熟悉，那里曾留下了他翻船的痕迹，他也曾在那里救过人，还从那里一直坐船到大海，他明白那条河一定要治理。那天晚上，林肯站在一个高高的木箱上，激情洋溢地发表自己的演讲，他有力的说辞很快就让对方理屈词穷。自然，那天晚上的演讲非常成功，这个从小就爱讲故事的人已经成为一个小有名气的演说家了。同时，因为对报纸刊登的一篇有关竞选的文章有所感想，他写了一篇有关国民民主和禁止大量饮酒的文章，这篇文章得到了神父和律师的大力赞赏，并被刊登在当地的一家报纸上。

林肯再一次有了认识世界的机会，因为他活力十足、智慧超群，而且有胆有识，一位名叫奥非特的农场主愿意以每月十五美元的价格聘请他和他的表兄一起为他做事，让他们开船到南方运送货物。这一次，林肯乘坐的是一条长八十英尺、宽十八英尺的大木筏，而且运送的货物也比上次多得多。这次林肯好好打扮了一番，穿上了比较好的裤子和马甲，还戴上了一顶帽子，潇洒地准备向南方进发。在出发之前，父亲试图让林肯放弃这次出行计划，留下来帮助他，可是林肯一心想要出去闯世界，怎么可能轻易罢手呢？

那是一个春意盎然的季节，林肯乘坐的木筏沿着江水一直向下，那座他亲手修建的木屋在他的视线中慢慢地越来越远，一直到消失不见。也正是从那时起，林肯永远告别了那块土地，告别了他生命中的最后一间小木屋，从此远离了他的农民和伐木工生活。

八、新奥尔良的发现

林肯的木筏行驶没多久就触礁了，被卡在河中间的一条狭窄的河道里，进退两难。那个地方水流很急，浪也很大，木筏承受不了这样的压力，开始慢慢往水下沉，眼看就要淹到林肯的脚了。周围的人都大叫着围拢过来，不停地说着什么，可是一点忙也帮不上。这时，还是林肯沉着冷静，他找来一条小船，让它尽量离木筏近一点，然后将木筏上的所有货物都装到小船上，这样做不仅可以让货物不被淹没，还可以让木筏再次漂起来。然后，林肯在木筏卡住的地方用力撞出一个大口子，这样，水就可以从这里流出，木筏也终于摆脱了险境。林肯再次将货物装好，顺着水流的方向前行。很快，有关林肯如何运用自己的智慧脱险的故事在纽萨勒姆岸边的村子里传播开去，大家纷纷对他竖起大拇指。林肯当然不清楚，就是因为这样一件事，他在这个村子里赢得了极高的声誉。他更不会想到，这些将对他以后的生活产生非常重要的影响。

木筏顺利抵达了新奥尔良，在这一个月的时间里，处理完日常工作，林肯就利用闲暇时间用心去了解这座城市。也正是在这期间，林肯充分履行了一个调查员的角色，到处去走访民情，近距离观察社会，了解制度，终于在南方的问题上有了自己思考的结果。这也正是林肯这样一个善于思考的青年独立考察的结果。在这座充满诱惑的城市，一个没什么社会经验的农民子弟是很容易走向歧途的，他们天生感性，通常经受不住南方这些有钱人的唆使，所以很容易堕落。可是对于林肯来说，情况则不一样，他从小就历经生活磨难，意志非常坚定。贫穷的出身让他养成了艰苦朴素的生活作风，以及他独立思考的高贵品质，这些都足以让他有力地抵制那些外来的诱惑，时刻保持清醒的头脑。所以，经过这一个月的调查和思考，林肯非但没有沾染庸俗富人的享乐主义习气，反而善恶分明的情绪更加强烈。林肯强烈地感受到，在这座城市，占据高位的依然是那些贪婪的暴发户。

在这里，林肯尽可能多地去了解奴隶们的悲惨生活和奴隶主们荒淫无道的生活。在这里，他看到的是一个乌烟瘴气的世界，没有公平，没有人性，没有关怀，只有压迫。利欲让一部分人失去了最基本的道德，可是另外一部分人却在异乡承受着难以言说的痛苦，为别人创造财富，自己却受尽屈辱。

在新奥尔良，林肯发现了一个非常怪异的情景，这里的商店和酒馆的服务员基本都是黑人，几乎不见白人的踪影。他们不讲话，也面无表情，看上去与世无争。可是，试想一下，又有谁会愿意舍弃掉尊严来做一些低贱的活儿呢？对于黑人奴隶来说，他们有苦难言。可是，那些奴隶主却给这种奴役戴上了最绚丽的帽子，他们声称黑奴是得到了上帝的回馈。听，这个理由多么拙劣，也只有他们才会以上帝的名义来行苟且之事，还会有谁会将自己比作上帝的代言人，用如此正义的借口来掩盖黑奴的悲惨命运呢？

奴隶主们始终相信，奴隶制是这个国家最完美的制度，是顺应天意和自然的。看，这些奴隶主为了避开名声极坏的奴隶制，竟然用我们的制度来代替，这是正儿八经的"假正经"，也只有这群奴隶主才会厚着脸皮干出这种事。奴隶们很少谈论有关奴隶自由的问题，那是他们的忌讳。他们觉得，如果奴隶获得了自由，天下就会大乱。不仅如此，他们还认为，北方那些身体看起来并不怎么强健的白人们还在地里辛苦干活，在森林里砍树，在工厂里操控机器，在办公室伏案疾书，这些多么单调乏味啊。他们应该知道他们完全可以不用这样做，他们的祖先留给他们的财富远远不是这些，而是奴隶制，奴隶制才是北方最聪明的选择。奴隶主还用充分的事实来证明奴隶制给这个国家带来了多少好处：就是因为黑人种植的棉花，美利坚合众国才更加兴旺发达，这都要归功于奴隶制；正是因为奴隶制下生产出来的大量棉花被送往英国的工厂，美国的那些贵族们才能在英国人面前气宇轩昂。南方的热带植物需要由热带人来种植，在这里，他们可以过上比他们的先辈们好几百倍的生活，要知道，先辈们一直在非洲大森林里生活。在这里，他们不仅可以喝威士忌，还可以到教堂朝拜，才能让死后的灵魂进入天堂。

当林肯听到奴隶主们这些无耻的言论时，他心里在想，这里面有多少是真实的呢？可是林肯此时一定不能发表任何意见，因为这里的人不允许任何人对这种制度提出质疑。事实上，北方人和西部人都不被南方奴隶主所信任，他们有时甚至和奴隶们一样，被看作敌人或必须小心防范的人。奴隶主们对这一制度非常谨慎，而事实上，已经有很多人发表了不同的观点，这说明奴隶主们已经了解了这种情况，感到非常害怕。也许，他们恐惧某一天奴隶们获得自由后会一起来反抗他们，恐怖的圣多明哥的起义已经很明显地昭示了这一点。他们明白，必须时刻对那些表面温顺的奴隶们严加看管。

　　在这里，林肯也没有看到多少农民，大部分人都是矿工和栅栏工。在一座小山上，林肯还看到了一座南方奴隶主的家园，四周全部是高高的城墙，里面是老式的花园。花园里有一张长方形的非常华美的餐桌，上面堆满了美味的面包和从欧洲运来的果酒，少年们打猎回来，时不时和美丽的女仆调笑。小姐们则一派无所事事的样子，学着英国贵族的做派，摇着小纸扇。林肯开始思考这样一个问题，他们是如何维持这样的生活的呢？一般情况下，他们必须依赖农作物，特别是棉花和稻米的出口，来获得巨大的差价，因为这些农作物不仅经济效益可观，而且还不用为奴隶们付工钱。因此，他们肯定非常愿意拥有更多的奴隶，来为他们免费干活。即便是这样，奴隶主们还是会一个劲地诉苦，说这些黑奴简直太没用了，不是身体素质不好，就是过于短命，有的还只想逃跑，有的女奴还生不了更多的孩子，就算再抽打他们，也改变不了现状。对于奴隶主来说，奴隶们总是不够多的，只有少数几个大庄园的奴隶主拥有十万名以上的奴隶。而政府在十几年前就明令禁止从非洲非法贩卖人口，所以奴隶主们为了扩充自己的势力，只能从弗吉尼亚和南卡罗来纳购买黑奴。这两个地区是黑人集中地，他们在这里大量生存、繁育后代，也就产生了更多的劳动力资源。在那儿，到处可以见到黑奴的买卖，方式有时也相当残忍。为了利益，有人甚至将自己的亲生骨肉卖做奴隶，而且这样的事例还不少。

　　在南方，奴隶的买卖更加猖獗。奴隶主们将奴隶大批量推向市场，对外出租，从中赚取巨额利益。有的男奴被租去从事重体力活，相貌好看的女奴则被迫从事色情服务。也正是从他们身上，奴隶主们榨干了他们的血汗钱。

　　这一切都是林肯亲眼看见，亲身经历的。他经常一个人骑着一匹马到奴隶主庄园去考察，并独立思考，得出自己的结论。有时碰到当地的法官、牧师或律师，他还会和他们倾心交谈，将话题委婉地引向奴隶制，以了解他们的真实想法。令林肯大为震惊的是，从交谈中，林肯发现，他们非常坚定地维护奴隶制度，每次提及这个问题，林肯总会听到这样言辞犀利的回答：

　　看看那些来自于非洲的黑人奴隶们，他们之前肯定想不到自己会来到这块富饶的土地上，他们应该回想一下，如果他们现在还在非洲丛林里，他们将会过着人与人之间相互厮杀的生活。他们应该感谢我们，是我们让他们脱离苦海，来到美利坚合众国。他们应该跪谢上帝，他们可以在这里安居乐业，过上有尊严的生活。如果他们生病了，我们还会给他们提供药物。就算是他们犯了天大的错误，我们顶多用鞭子鞭打他们几下，以示惩戒。而且，如果他们因为小偷小摸被关了起来，就会更加不想做事了。瞧，你们这些人难道就是这样假装清高的吗？实际上，北方人常会将他们从祖先那继承过来的奴隶带到这里，然后将他们卖掉。看看他们那满足的笑，惺惺作态地扮作基督徒那样忠诚地离开这里，实际上他们的口袋已经装满了用别人的血汗换来的钱。不要提什么自由，你看，当一个老奴隶被你释放，获得自由时，你猜他会怎样，他会跪下来请求你把他留下来，你只需要给他一点点食物和白酒，他就相当满足了。

这些人对奴隶制的维护，林肯是带着重重疑虑听完的。他扪心自问，难道事实真的如此吗？于是，林肯决定更认真地考察黑奴们的生活情况。在奴隶主庄园开阔的土地上，一间间简陋的、低矮的茅草房紧紧挨在一起，那里就是黑奴们住的地方。门口，老年女奴们正在用一口破旧的锅熬玉米粥。他们的食物和贵族老爷们比起来，简直是一个天上，一个地下。这和贵族享用的山珍海味简直区别太大了。当然，林肯也看到有些黑奴家里有好一点的白酒，这些都是那些身体强壮的男奴们拼命加班加点挣回来的。可是这种有酒喝、有咖啡品的生活实在太少见了。他们偶尔会将自己种的蔬菜拿到集市上去换一点咖啡或糖，可是这种时候对于他们来说太少了，就像过年一样。

在庄园的土地上，所有的黑奴都被迫辛苦地干着活，林肯则在一旁仔细观察他们。这些人全身一丝不挂，身上还拴着铁链，顶着如火的骄阳，每天要连续工作十四个小时以上，困到极点的黑奴们拖着疲惫的双腿，不停地劳作，这些高强度的体力活已经让他们的身体不堪重负。特别是在冷飕飕的冬天，他们每天还要工作十几个小时。这些黑奴经常不分白天黑夜地干活，只有中午时分，才可以稍微休息一会儿。不仅如此，他们还要忍受皮鞭打在身上的痛苦，稍微有所懈怠，他们就会挨一顿皮鞭。奴隶们受不了这样的体罚，经常将身子缩在一起，痛苦地嚎叫着。可就算如此，那些手拿长鞭的监工们也不会有一丝一毫的怜悯之情。他们的鞭子不停地落在黑奴的身上，直到那些黑奴不得不再次站起身，重新进行高强度的体力活。

当太阳下山，夜晚来临时，奴隶们才拖着快要散架的身体从田里收工，他们一个挨着一个，身上的铁链不时发出低沉的声音，就好像有人在呜咽。他们就像没有灵魂的身体一样，没有一丝活人的气息，高强度的生活让他们连说话都没有了力气，以至于他们回到家，也依然提不起兴致。因为在回到自己居住的小茅舍前，他们还要被监工带到一个固定的地方。在那里，监工会将白天表现不好的黑奴叫出来当众教训，那些人使用起体罚工具来相当熟练，他们已经在假人身上试验过很多次。鞭子一落下去，犯错的黑奴就会惨叫。监工们会巧妙地避开他们的脑袋，并保证不伤害他们的骨头，照样可以将他们打得生不如死，而且第二天还可以照常出工。

这个步骤完成以后，奴隶们才可以回到自己的小屋，并在那里无精打采地享用寡淡的玉米粥。而且，他们不能点很亮的灯，也不能一直亮着灯。如果哪个男奴敢私自和不属于自己的女仆偷情，他将面临严重的惩罚。如果有谁敢逃跑，那么他将要面临更加残酷的结局。在监工中，有很多经过训练专门追逃黑奴的人。他们会像围堵猎物一样将逃跑的黑奴围在中间，然后将他逼到一个无路可逃的角落里，用最残忍的方式折磨他，最后再杀死他。

在看到那毫无人性的一幕幕后，回到住处的林肯心情非常低落、难受。透过住所的窗子向外看，他看到几个男人因为打牌而大声争吵，看门的老黑奴告诉林肯说，"那个输了的男人将自己两个黑皮肤的亲生儿子当作赌本，也输给了人家。"听到这里，林肯的心像针扎一样难受。后来汉克斯表兄说到这段历史时还说，"当时林肯的脸色非常难看，虽然他大部分时间是沉默的，可是，我知道，当时他的心在流血。也正是因为那次经历，他得出了自己对奴隶制的看法。我记得当时林肯曾经说过这样一句话：'再也不要有奴隶，更不能有奴隶主！'"

九、雇工

林肯运输货物的工作获得了庄园主奥弗特的认可，他打算让林肯去经营自己位于纽萨勒姆村的一家商店。于是，林肯先是回到了伊利诺伊州，在家里停留了一段时间，便告别了家人，踏上了新的征程。因为没有马也没有船作为交通工具，他只好靠双脚，步行穿过大草原，一个人前往纽萨勒姆村。

可是到了纽萨勒姆村后，他发现自己在这个陌生的小镇无所适从，因为这里根本就没有庄园主奥弗特许诺给他的商店。林肯只好从头开始，先找一份工作糊口。当地的一些乐于助人的人帮助了他，给他介绍了一些打零工的机会，他才得以不用饿肚子。后来，他又做过书记员的工作，还为地方政府工作过一段时间。不久以后，奥弗特终于现身了，可是他的商店还在规划中，所以林肯只好先干起了木匠活，帮他将商店一点点修葺成形，之后又建造好货架，摆上货物，于是这家名叫顿特·奥弗特的商店终于开始正式营业了。

林肯每天要将店里的商品卖给当地的农民，他的老板经常会夸赞他，"他身强力壮，这里所有的拳手都打不过他，林肯肯定会在这里一举成名的，不信你们等着看。"正是因为奥弗特不遗余力的夸奖，林肯的名声很快就传扬出去了。可是在林肯听来，他表扬自己的语气和当年买奴隶的人夸奖混血女奴时的语气一样。

不过，很快就有人心怀不满，主动找上门来了，其中有一位就是这里最厉害的拳击手。可比赛刚开始，林肯就用自己聪明的头脑将他打倒在地。当时，欢呼声和埋怨声不绝于耳，有人说林肯没有按常理出牌，可是那位被打倒在地的拳击手却友好地和林肯握手，并高声赞美他，并一再声称他对结果没有异议。后来，他们俩成了很好的朋友，在很长一段时间里都亲密无间。

对于林肯来说，这段在商店工作的日子其实还不错。白天，他除了负责商品的交易以外，就是做做店内的卫生，并将货物摆放整齐。货架上的货物品种很多，日常生活用品全部都有，在货柜下的箱子里还有暂时没摆上货架的库存商品。到了晚上，林肯就和商店里的另外一名雇工睡在商店后面的一间小棚子里面。林肯觉得非常满足，因为他终于拥有了一张自己的床。

那时，林肯看书的时间很多，只可惜商店太小，林肯颀长的身躯就显得有点过于窘迫了。不过这并没有减弱林肯读书的热情，他想出一个好办法，在柜台的一端用一卷布作为枕头，然后自己横躺在上面读书，就好像一张小床一样，很是惬意。林肯读书有个习惯，喜欢大声读出来。他说他读书的声音越大，越是能快速理解书中所讲的内容并记忆深刻。实践也表明，林肯的这种方法非常有效。只不过，如果有顾客不了解这种情况，猛然之间看到林肯横躺在柜台上会大吃一惊。不过时间长了，大家也就见怪不怪了。更多的时候他们只是会心一笑，因为他们知道林肯是个头脑聪慧又喜欢帮助人的好青年。如果有顾客到来，林肯会马上从阅读状态中释放出来，进入工作状态，很利索地帮顾客挑选商品。等到顾客走后，他才重新拿起书本。

这里的每个人都对林肯赞赏有加，说他不仅聪明能干，而且还非常热心助人，特别是非常喜欢帮别人写信。人们总是赞扬他说，现在这么好的伙计真是太难找了。他没有任何不良嗜好。虽然他身体强健，在本地无人能及，可是他却总是和小孩们疯玩在一起。孩子们也喜欢簇拥在他周围，他也一副喜笑颜开的样子。最重要的是，林肯具备非常可贵的诚实品质，人们送给他的别号是"可信赖的亚伯拉罕"。当然，林肯也并不总是热情澎湃，他也有情绪低落的时候。不过他会很好地隐藏自己，从来不会将自己的坏情绪传染给别人。就算他情绪再低落，他也会以一副微笑的面孔示人。

林肯在商店打工时，还看到了两本对他有重要意义的书，分别是英语语法书和《罗马帝国衰亡史》①。第一本书来自于他的一位顾客，他跑了一里多路才拿回来的，这也是他第一次系统地学习英语语法。第二本书是别人借给他的，除此以外，神父还给了他一本历史书。附近有所学校，是林肯经常光顾的地方。在那里，林肯不断充盈着自己的头脑。他觉得每个人身上都有值得他学习的东西。

因为林肯涉猎广泛，他的思想可以痛快地在别人面前展示出来，几乎所有人都对他广博的知识和深刻的认识而竖起大拇指。每当村里聚会的时候，林肯就会被推举上台演讲，而他也从来不推辞，总是一个箭步走上讲台，然后开始演讲。对于修建铁路一事，他发表了自己的观点，并因此得到大多数人的认可。他还建议成立一个州银行，以方便货币的稳定流通。后来，一位叫奈特雷特的人提议林肯去参加州议会的竞选，因为在当地，很难找到几个像林肯一样能力卓越的人。

奈特雷特是这个村子的创立人，也是纽萨勒姆村的第一个殖民者。林肯时常会到他的磨坊和旅店去做客，有很大一部分时间都是在晚上，这和奈特

---

① 《罗马帝国衰亡史》，作者是英国的史学家吉本，完成于1776—1788年间，这本书的问世，令该作者从此声名远播，在欧洲文史界占据了重要地位。

雷特有个18岁的女儿有很大关系。这位女孩长得很漂亮，身高很高，皮肤白皙，有一头红色头发，她大部分时间都静静地坐在那儿刺绣。林肯的心中不禁升起一种美好的向往，这种感觉让他觉得自己进入了一个美好的梦境，所以他常会在女孩面前表现得惴惴不安。不过很遗憾的是，这位女孩子已经被许配给别人了，她的未婚夫麦克是当地一位非常有钱的人。无论是社会地位，还是财富，他都不能和麦克相比。

后来，林肯还是听从了奈特雷特的劝说，不抱任何希望地参与了一次竞选。和大多数人一样，林肯既没有强硬的后台，也没有丰厚的物质基础，可是他一贫如洗的身世反而给他带来了不少优势。每当他出现在人们视野中时，认识他的人就会拍手称快，因为他们从林肯口中可以听到很多好玩的故事。林肯凭借自己的博学多才和坎坷的经历获得了人们的好感。

在当时，竞选仪式非常简单，也不需要耗费多少资金，所以林肯这个商店的伙计也可以尽情展示自己。那时，也不存在什么竞选班子或通过报纸媒体来给自己造势，他只能完全凭借自己的力量，自我介绍、自我展现。当他来到田地边，看到有农民兄弟需要帮忙，他会热情地伸出援手。他的行为非常自然，完全没有作秀的嫌疑，所以那些受到他帮助的人也不会觉得这是林肯精心设计的，想要达到什么目的。像林肯这样一个身体强壮、乐于助人、心怀天下的人，怎么可能不受人欢迎呢？虽然他只是一个二十出头，出身贫苦的小伙子，可是他成熟的演讲风格、不屈的意志和可靠的品质让很多选民都为之臣服。虽然他看上去只是一个非常落魄的年轻人，打扮上也异于常人，裤子总是要短五六英寸，一套很不合身的燕尾服牢牢箍在他的身上。可是在很多村民眼里，他已经相当具有年轻政治家所应该有的气质了。而事实上，这里的州议会官员——那些被宠坏了的达官贵人们，和林肯比起来简直差距太大，所以很多村民都宁愿投林肯一票，这也让林肯成为一名强有力的竞争对手。

西部的夜晚，酒馆可谓是门庭若市，辛苦了一天的人们都到这里来寻求放松。人们不但可以在这里观看到各种比赛，还可以在这里尽情讨论国家大事和自己感兴趣的话题。在比赛的空档，林肯就会抓住时机上台演讲。在人们讨论国家大事时，他一般是不会主动加入的，他只是在一旁静听，认真分析别人的言论。当然也并不是完全如此，在听到那些自己熟悉而且又和老百姓利益息息相关的话题时，他也会一抒己见。有一次，在他演讲时，一个人因为喝醉酒失手打伤了林肯的一位朋友，他马上从台上冲下来，将那个家伙抓起来扔了出去，然后整理着装，继续进行他的演讲。其实，林肯这样做的目的，并非是为了展示自己珍视友谊和朋友的意思，只是出于他惩强扶弱的本能。可是这种简单粗暴的行为并没有损坏他的形象，反而给他增添了很多正面力量。人们之所以喜欢听林肯演讲，很大一部分原因是因为林肯在演讲过程中总会绘声绘色地讲一些有趣的故事，人们就像等待传达上帝福音的牧师一样忠诚地期待林肯的演讲。他的声音并不是最好听的，也没有抑扬顿挫，只是拔得老高，刚开始听上去还会觉得有点犀利，可是等演讲者和听众都进入角色以后，就会觉得一切都很美妙。临近尾声的时候，林肯还会讲上几段好玩的故事。这位年轻的候选人已经非常了解如何抓住观众的心，深谙演讲的技巧，知道如何运用大众喜爱的方式来表达自己的观点，并得到别人的赞同。演讲过程中，他一贯的姿势是双手放在背后站立。当他静如处子时，他那副高大的身躯再配上那张久经风霜的脸，让他如同一块古老的木雕一样；而当他动若脱兔时，他就会将他的胳膊举起又放下，间或在空中划一道完美的弧线，紧握一下拳头。那时人们的眼睛就会跟随他的动作，而完全将演讲内容忘在一边。就算是这样，林肯也没有向煽情路线发展，他一直是严肃而鲜明地表述自己的观点，尝试着让人们觉得他的演讲风格很成熟而且相当严密。他不会轻易阐明自己的结论，只会将前因后果给你讲清楚，拿实际案例来给你生动地讲解，最后再引用一个道理来向大家说明，而不是煽动大家。他出众的口才，流利的演讲能力，让他站在舞台上的魅力丝毫不逊色于一个演员。

　　当时，对于林肯来说，是否加盟哪个政党并不重要。最早时，他称得上是一个民主派人士，可是辉格党① 作为共和党的一个分支，也深深吸引着林肯。这是因为辉格党的领袖亨利·克莱和丹尼尔·韦伯斯特② 精彩的演讲让人膜拜。辉格党的政治纲领常会让人无所适从，可是它和民主党最显著的区

---

　　① 美国历史上一个著名的政党，存在于1834—1854年间。到末期，大部分成员都加入到新成立的共和党。

　　② 美国著名政治家、演说家，曾任美国最高法院的律师，表现杰出。也曾出任过美国众议员、参议员以及美国国务卿。

别来自于个人感受，而不是客观评价。辉格党的纲领中有一点非常具体，那就是坚决拥护宪法的权威，而这也是林肯所向往的。从此以后，林肯就开始了他追求独立自主、公平公正的人生道路，并一辈子投身于此。

"我建议创立州银行稳定货币，征收保护税。如果我有幸当选，我会非常感谢大家。如果我失败了，这结果也没有什么大不了的。我出生并成长于一个西部的贫穷家庭，我没有优良的政治背景，也没有丰厚的财力作为竞选基础。既没有能人志士给我引路，也没有达官贵人举荐我，每个具有独立意识的选民都应该依靠自己聪慧的大脑，本着公平的立场来投票。如果我成功当选了，我会用自己最勤恳的努力来报答大家对我的信任。如果我失败了，这也没什么大不了的，因为在我的生命中，我经历过太多难过的事情，已经习惯了……"

这是林肯二十三岁那年，第一次参加竞选的演讲稿的结束语。他结束演讲后，直接坐到了观众席上。这是一个多么令人惊讶的结尾啊！不过这也正好展现了林肯的多重性格。一方面，他对竞选结果非常乐观，有一种不撞南墙不回头的精神。另一方面，他又害怕，在演讲过程中也透露了想要自己放弃的意思，他看问题一直都非常冷静客观，就算让自己处于被动，也不会被野心牵着鼻子走。而且，林肯说到放弃时有点自嘲的意味，这一方面坦诚讲出了贫穷的出身给他带来的劣势，另一方面也体现了林肯对自己的出身并不讳气，反而坚持不懈、勇往直前。

十、纽萨勒姆村的经历

奥弗特在纽萨勒姆的商店运营不到一年就被迫关门大吉了，还被他的竞争对手收购了，而新主人似乎不乐意让林肯继续待下去。恰好，这时河上有一艘汽船经过，为了穿越急流，必须招募一名领航员，林肯被看中了。因为这份工作，林肯挣了四十美元，在相当长一段时间内，他不用为生计担忧了。

但在这之后不久，林肯就走到了人生一个重要的十字路口。他是继续做船员，店员，还是参军，抑或是从政。刚好这时，一名印第安酋长为了抢回以前被白人掠夺去的土地，对州边境大举进攻，这让包括纽萨勒姆在内的举国上下都为之震动。而当时林肯正好没有了商店雇员的工作，竞选结果也迟迟没有出炉，他想多番尝试，就加入了军队，成为1600名自卫队志愿者中的一员，并被所在的中队推选为上尉。这一次成功当选对于林肯来说意义非凡，因为这是林肯第一次在民主选择中取得骄人的成绩。没过多久，他们就整装待发了，战士们在曲折的道路上向西走了将近一个月，一个敌人也没有遇到。虽然行军的过程枯燥乏味，可是在这一个月的时间里，林肯第一次经历了惨败。事情还要从头说起。在军队举行的一次摔跤比赛中，一个名叫汤姆森的年轻士兵一下将林肯扔了出去。在所有人的注视下，林肯觉得很没面子，这也是第一次在这样的比赛中有人敢挑战他并打败他。从此以后，虽然林肯连续两次向汤姆森发动进攻，最后都是以失败告终。这次失败的经历让林肯懂得了，人生该放弃时就要放弃，不要刻意去追求什么。可是林肯是一个始终对自己充满信心的人，经过这次失败的经历，他反而学会了抗压。之后不久，他又成了安德森少尉的手下败将，也许这两个对手压根都不会想到，三十年以后他们还会巧遇。

对林肯来说，当兵完全是一种使命感，而不是想寻求刺激，也不是为了争夺什么荣誉。对他来说，战争并不是他所爱好的，他不喜欢打打杀杀。在他看来，赤裸裸的杀害和良知、道义是完全相违背的。因此，当所有人都想置一个印第安人于死地时，林肯放走了他。林肯从来就只会救人，不会杀人。事实也的确如此。他从来没有亲手杀过一个敌人，相反，他还放走了很多敌人。依照他的这种个性，他是不可能在战场上取得赫赫战功了。

有一次，在部队前进途中，他们看到了一座废弃的军营。林肯见到了残忍的一幕：晨光照耀的小山头前，一座军营矗立于此，里面横七竖八地躺着很多士兵，每个人的脑袋上都有一个枪眼，看不出有多么深，血迹已经干涸，显然他们已经死了很长时间，这样的场景让人害怕。许多年以后，当林肯再次复述当时的场景时，他猛然停了一下，然后说，"其中有一个男人还穿着一条皮裤子，很不一般。"这就是林肯，不管身处多么险恶的环境，他善于观察的双眼还是能一眼看出其中的不同，这和林肯从小养成的快速观察事物并迅速做出反应的能力有很大关联。在他的一生中，他一直保持着这个良好的习惯。

短短一个月的行军结束以后，他们的自卫队也宣告解散。他们开始原路返回，既没有荣誉也没有勋章，因为他们几乎没怎么打过仗，也没有机会建功立业，战争就画上了句号。因为战争期间恰好也是竞选的最后时期，当林肯结束短暂的军旅生涯，重新投入到竞选过程中去时，离最后的投票时间只剩下半个月了，而要想在这么短的时间内获得更多选民的赞成票似乎有点困难。当然，更重要的是，在短短半个月的时间内，他没办法融入任何一个党派。所以，林肯的第一次竞选宣告失败。结果显示，他所在的乡村和一些民主党成员都投了林肯的票，特别是纽萨勒姆地区的208人都对林肯投了赞成票，只有三个人投了林肯竞争对手的票。就算是这样，林肯还是被淘汰出局了。不过这样的选举结果，让第一次竞选的林肯还是很知足的。

不管怎么样，竞选失败后的林肯都要着手做点什么，于是和当地一个叫伯瑞的人合伙将原来那个奥弗特商店买了下来。不幸的是，林肯和那个爱酒如命的伯瑞都对做生意不在行。商店的经营管理一直都是由林肯一个人负责，而林肯的性格也决定了他在这方面并没有特长，顾客们可以打白条买东西，所以完全看不出来这家店经营的好坏。可靠的亚伯拉罕好像也并不在乎顾客是拿现金还是打白条，他所在乎的只是顾客的一言一行，发表的不同观点以及他们眼中的世界，而对顾客手里的钱并不关心。

这家商店没坚持多长时间就关门了，不过林肯很快就开始了另一份稳定的工作——做小镇邮局的局长。很显然，并不是每个人都有幸能坐上这个位置，人们完全是出于对林肯的信任，并认为他是一个可信赖、知识广博的人，所以才推选他来做这个职位的。这个职位让林肯有了更多接触阅读的机会。因为在西部，邮局局长可以在投递报纸之前自己先大饱眼福。不仅如此，很多收信人都愿意林肯帮他们读信。虽然他们自己也认识字，可是他们依然拜托林肯，因为觉得他是一个可靠的人。每天，林肯都会将邮件放进帽子里，骑着马去送信。在这个过程中，他总会遇到不同类型的人，结交了不少朋友。

空余时间，林肯也是一门心思钻到阅读上面。除了邮局收到的各种报纸杂志，还有很多从别的地方借来的书，还有一些被人们热捧的流行小说。有一次，一位旅客带了过多的行李，于是林肯发挥自己乐于助人的本性，将其中的一个箱子买了下来。后来这个箱子就被扔在一堆废弃物中间，直到很久以后林肯才发现这个箱子，并在里面找到了一本很破旧的书，那是布莱克·斯通所写的一本评论英国法律的书。这本书让林肯的生活发生了翻天覆地的变化，林肯从里面学习到了很多法律方面的知识，而且也让他对法律知识更加热心。正是因为这样一本书的正面影响，林肯之后又看过很多这方面的法律书籍，整日将自己关在房间里，尽情地在书海中徜徉。

在这之后，林肯又从医生和流浪艺术家那里得到了很多名作，像莎士比亚和伯恩所写的文学作品。通过阅读这些著作，林肯又进入了一个绚烂多姿的文学世界。

由于阅读广泛，林肯知道了美国有很多任总统都曾经和奴隶制做过艰苦卓绝的斗争，像亚当斯、华盛顿、杰斐逊①、汉密尔顿、富兰克林②等美国几任总统和政治上的领袖人物都曾经以不同方式反对过奴隶制，书中还记载了华盛顿总统禁止追捕逃犯和给予他们言论自由，让林肯大受鼓舞。

可是，现在林肯遇到了一个大难题，导致他没有心思继续安心读书，那就是商店倒台所带来的巨额债务。那个嗜酒如命的伯瑞早已溜之大吉，偿还巨额债务的任务就全部由林肯一个人担着，这笔费用高达1100美元。林肯在邮政局上班的工资仅够维持基本生活，还债根本无从说起。警察封掉了商店，林肯必须自己想办法筹钱了。恰好这时，一位做土地测量员的朋友提议林肯去学习一些数学和仪器使用知识，地点是斯普林菲尔德附近的大城市。朋友认为，像林肯头脑这么灵活，肯定可以赚很多钱。林肯听从了朋友的劝告，一个人去了斯普林菲尔德学习土地测量技术。在停留在斯普林菲尔德的六周时间里，林肯除了完成学习任务以外，还遇到了之前在自卫部队里的少校斯图尔特。也正是从他那里，林肯得到了很多法律方面的书籍，法律知识再次得到充盈。短短六个星期的学习结束以后，林肯回到纽萨勒姆村做了一名土地测量员。这份工作非常辛苦，所幸的是工资非常高。有时，林肯在测量土地时，会顺便帮别人投递信件，这样他就可以获得两份收入。虽然土地测量工作常会让他累得直不起腰来，可是当他想到华盛顿年轻时也从事过这类工作时，他就信心倍增，心情也跟着愉悦起来。虽然并不是每个人都可以取得

---

① 华盛顿，美国历史上第一位总统、杰出的政治家和将军。亚当斯，美国第二位总统，杰斐逊是美国第三位总统，《独立宣言》就是主要由他起草的，是美国历史上有名的政治家和哲学家。美国历史上第四位总统是麦迪逊。

② 汉密尔顿，美国第一任财政部长，著名政治家。富兰克林，美国著名政治家，名望仅位于18世纪的乔治·华盛顿之后。

像华盛顿那样的成就，可是光是想想，林肯就觉得无比自豪。

虽然收入有所增加，可是要想偿还债务还是远远不足的。迫于无奈，林肯只好典当了自己的马，可是这依然没起到什么作用。没办法，他又典当了自己的马鞭和测量土地的器具。失去了心爱的马让林肯的心情一度抑郁，因为他把这匹马看作是自己的伙伴。再加上面临巨额的还款压力，林肯再一次陷入困境。朋友们打算帮他将马赎回来，可林肯不想看到陪伴自己多年的马被拍卖，拒绝去参加拍卖会。最终朋友们还是帮他将马匹赎了回来，可是林肯的生活境况依然不太好。没事时，他经常会到一个名叫阿姆斯特朗的朋友家去作客。在那里，他感受到了家的温馨。在朋友家里，林肯会帮忙干一些简单的家务，像照顾小孩、浇花、劈柴等，而朋友也常会请他吃晚饭，住宿。除开阅读不说，朋友真心的劝慰，也让林肯重新有了生活的勇气和信心。

那时，奈特雷特美丽的女儿安娜经常会出现在林肯所在的小邮局里，看看有没有她未婚夫麦克的信件。听说，麦克的父亲死于纽约，留下丰厚的遗产等着麦克前去处理。原本打算是处理完父亲的遗产后，他们就结婚。可是几个月过去了，安娜只是从他那里零星收到过几封信件，而且内容也非常少，一看就是仓促之下写成的，非常潦草。后来，人们开始疯传，说那位有钱的女婿肯定将奈特雷特的女儿抛弃了。大家劝安娜还是赶快忘记那个混蛋，重新找一个本分可靠的人。这时，林肯的心怦怦跳个不停，他曾经仰慕的对象终于重获自由了，他是不是应该开始追求她呢？可林肯的内心却一直很压抑，他不知道安娜和她的未婚夫是不是已经情缘两尽了，因为安娜看上去总是一副郁郁寡欢的样子，似乎难以平复自己的心情，很难从这段感情中走出来一样。这让林肯觉得，安娜依然对前男友念念不忘，这让林肯一度想要迈出的脚步再一次停滞了，他开始担心，自己会不会和母亲一样，成为爱人的替代品？这种假想让林肯惊恐万分，可是安娜美丽的倩影一直盘旋在他的脑海，让他辗转反侧，夜不能寐。

正在这时，又有另外一个人追求安娜，他是林肯的一个朋友，很有钱，可是却有点浮躁，名叫黑尔。人们纷纷传言，说安娜的未婚夫以前在经营土地时用的名字是假的，他是个彻头彻尾的大骗子。这些谣言让安娜差一点崩溃了，为了远离这些是非，她搬到了离家不远的一家僻静的旅馆。对安娜的向往让林肯跟了过来，他租了安娜附近的一间房子，这样让他觉得自己和安娜已经在一起了。除了林肯自己，恐怕没有人知道林肯到底有多么爱安娜。可事实上，林肯并没有采取任何手段去追求安娜，赢得安娜的心。

  本来，奈特雷特是想以女儿为筹码，牵绊住那个有钱的外地人，没想到，最后却被这个大骗子给戏弄了。其实，林肯早在测量土地时就已经发现这其中的猫腻。每次林肯给他测量土地，他都要换个新名字。一直到最后一次，他用了另外一个假名字后，从此销声匿迹。林肯虽然知道了这一切，却一直没有透露给任何人。直到最后受害人将这个骗子告到法院，出于对安娜的同情和关怀，他才将事情真相告诉了安娜。猛然听到这个噩耗，安娜经受不住打击，觉得不仅自己的家庭因此陷入贫穷，自尊也受到严重打击，只好听天由命。即使是这样，黑尔依然满怀热情地追求安娜。也许，在奈特雷特家族最可怜的时候，这种出于经济利益的婚姻可以改变家族现在的惨淡情景，可是现在奈特雷特只是一个佃户，好像并没有什么前景可言了。不过，在林肯看来，黑尔唯一强过自己的地方，就是比自己有钱，如果沦为黑尔的手下败将，他会相当不甘心的。可是就算如此，林肯还是将自己困在一种强烈的抑郁情绪中。他对女性的恐惧感比以前更甚，甚至害怕和女性近距离接触，这让他觉得很奇怪。他对女性的这种恐惧，很快上升到他对婚姻也开始忌惮。也许是过往的曲折生活让他性格偏内向，也许是天生的孤僻。总的来说，这种感觉随着岁月的流逝越来越严重。一位朋友曾经这样描述林肯的情绪起伏，"当大家都很高兴时，他也会跟着高兴，可是当他一个人独居一隅时，他就会产生难以名状的自卑感。最压抑时，他身上连小刀都不敢带，他害怕自己会因一时的情绪低落而走极端。"慢慢地，这种抑郁变成了林肯的一种自然而然的情绪，稍微有点苗头就会爆发。因此，当黑尔始终不放弃安娜时，同样面对心爱的女孩子，虽然对手不堪一击，可是林肯那极易产生挫败感的心灵依然占了上风，他除了用饱含深情的眼神注视着安娜，再无其他动作。

十一、州议员林肯

  伊利诺伊州州议会又要开始新一轮投票选举了，这一次，林肯也报名参加了。吸取第一次竞选的经验，林肯这一次顺利当选为伊利诺伊州州议员，从此一发不可收拾，连续五次当选。从他 26 岁到 34 岁的八年间，林肯的角色一直是伊利诺伊州的州议员。在他第二次竞选州议员时，很多人就林肯的宗教信仰问题发表过不同看法，指责他是一个没有任何信仰的无神论者。竞选对手公开质疑，林肯当然也不甘示弱，他是这样回答竞选对手的，也是这样简明论述他的信仰的：真心、热心、追求民主、自由、有爱心、喜欢一切生物，爱好演讲和写作。

进入政治领域以后，林肯有更多的机会去近距离观察那些有名望的政治家。亨利·克莱① 是当时极负盛名的政治家，他冷静理智，具备卓越的分析能力，这也正是林肯所向往的。林肯刚出生不久，克莱就已经是州议员了，他的奋斗目标是让美国更加繁荣富强。所以，克莱一心维护美国传统利益，也是杰斐逊的拥趸。作为一名旗帜鲜明的共和党人，克莱坚决要求保持美国国内的秩序正常，发展商业。他还亲自和英国进行过谈判，建议对进口货物征收保护税，以遏制英国的竞争优势。对待任何国际国内问题，包括奴隶制在内，他一直主张以维护美国利益为先决条件。

和克莱一样，杰斐逊也是林肯非常仰慕的政治家。在这期间，林肯看过很多记载杰斐逊事迹的书籍，他也了解到自己对杰斐逊的观点和书中的观点是多么的一致。特别是这一段话，林肯之后经常会提及，"我们始终相信，世界上有这样一条亘古不变的真理，那就是每个人生来就是平等的，上帝赐予每个人同等的生存、自由和幸福的权利。为了确保这些权利得以实现，政府才最终出现，只有得到人们拥护的政府才能履行它的义务。"在林肯眼中，自己的个性和杰斐逊更为相似。杰斐逊是一个充分了解人民意愿的人，比起庞杂的国际问题，他更善于处理国内的一些实际事务。他一直尝试为大众谋福利，让人民安居乐业，所以杰斐逊更像一个严明的操纵者而不是一个规划师。也正是杰斐逊，这样一个早期启蒙运动开始之前就出生在南方的人，对奴隶制进行了这样一番总结："奴隶主和奴隶的关系将永远是两个极端，一边是暴力统治，一边是没有尊严的被奴役。任何一个存在这种情况的国家领导人都是没有道德正义感的，当然要受到处罚。每个人生而平等，一个人如

---

① 亨利·克莱：美国著名政治家、众议员和参议员。曾经两次当选为辉格党的总统候选人，可惜最后都以失败告终。

果拥有，哪怕只有一个黑奴，他也不会再亲自劳动，而只是坐收渔利。大自然的平等是不能被破坏的，如果有谁置自然界的规律于不顾，肯定会受到相应的处罚。我们在面对奴隶制和被压迫的黑奴时，是否应该反省一下我们是否有违天赋人权、人人平等的思想。"

有关奴隶制的问题，已经成为美国国内的头等大事，正反两方争论激烈。在杰斐逊思想的熏陶下，几十年后的林肯已经成长为一名坚定不移的反奴派，他和战友一起，为了实现推翻奴隶制这一理想而进行着艰苦卓绝的斗争。可是现在，林肯与生俱来的忧郁气质和他独到的思考结果让他必须听从所有的观点，不仅包括支持派的声音，也同样包括反对派的声音。在林肯脑海中，因为深受克莱和杰斐逊思想的指引，国家利益第一的观点已经植入他的心里，并升华为一种解救所有受压迫者，希望所有人都获得自由的精神信仰。关于美国南方的奴隶制，林肯想要知道得更彻底，所以他认真研究了历史。在相关历史文献中，林肯发现，自从第一艘运奴船"五月花"号头一回将19名黑奴拉到北美大陆以后，白人和黑人之间就一直处于战争状态。而且，当时就奴隶制是否要写进宪法章程，人们也争论得异常激烈。最终，国会并没有通过这项决议，而只是在宪法中简单提到了这样一句："本国公民也应该包括占据全国60%以上的人口的在本国长期服役的人员。"这里的长期服役人员当然就是黑奴了，而且美国南方也根据这一规定，依靠更多的公民总数而取得了更多进入国会的名额，南方奴隶主据此霸占了国会的大部分席位。

在美利坚合众国初步成立时，全国只允许存在6个蓄奴州，而且宪法也明确规定，不允许再产生新的蓄奴州。可是到了林肯所在的时代，全国又新兴起了14个蓄奴州。而且，美国西北部在制定本州法律时，还明确规定，"奴隶制将在这个地区的所有州以及未来即将成立的州中被禁止。"当年，美国从法国手中重新赎回路易斯安那州那片土地时，决定将其分成几个板块，只允许在密苏里河口的那一片地区建立一个新的蓄奴州。严重的内讧一触即发，支持和反对的双方已经发展到动刀动枪的地步了，内战的阴霾一直压抑在人们心头。最后，克莱为了避免内战的爆发，公布了这样一项决议："路易斯安那北纬36°30'以北的所有地区都禁止奴隶制，除了密苏里州以外。"克莱的这项决定很明显是对密苏里州进行了妥协，而且它和宪法的精神也是相违背的。由此也可以看出，当时因为奴隶制所引起的内部矛盾是多么的激烈。

在这之后的 15 年里，奴隶制的矛盾越来越突出。那时，有很多欧洲人，特别是为数众多的德国人来到了密苏里州和其他地区。这些新移民者在新居住地上辛苦劳动，开荒耕地。他们不仅采用更加先进的机器种植棉花，而且也种植小麦和烟草，农作物的产量大大提升。在相当短的时间内，农作物的产量就翻了四番。这股新移民所代表的新兴西部力量不断发展壮大，并开始和南方的力量相抗衡。一些来自北方的国会议员趁机要求国会通过提高征收保护税额度的决议，结果争论愈演愈烈。南方的一些蓄奴州甚至扬言，如果到了必要的时刻，可以动用武力来抵制政府的行动，南卡罗来纳州甚至公开声称这一税制是不合法的。

面对国内如此纷繁复杂的内部战火，采取任何一项冒进的措施都会点燃战火，那么政府此时应该怎么办呢？难道政府就应该派遣军队到南方，将那些想要谋反的南方头目一举歼灭吗？如果真这样做了，整个国家的经济就会完全停止发展，人民也会陷入水深火热的生活中，那将是政府不想看到的局面。于是，政府再次选择了妥协，尽量减少南方的税收额度，以减少矛盾，结果是南方成了赢家，那些带头反抗的南方头目也一举成为英雄。

不可否认，无论是南方奴隶主自己这样认为，还是在北方和西部人眼中，南方人都有一种与生俱来的高高在上的感觉，无法让人忽视。也许这一点的产生是因为南方曾经诞生过多位总统，而且这些总统无一例外都偏向于南方。在当时的社会背景下，如果有谁的背景是南方显赫家族，或者只是跟南方某个显赫家族是亲戚，那么他就会格外高人一等，受到人们的敬仰。他也不用再畏惧那些整天只会喊口号的理想主义者和唯利是图的小企业主们。而且，如果没有一些了解奴隶制真相的人在那大力宣传奴隶们的生活多么悲惨的话，住在首都的居民还会认为那些看起来温文尔雅的奴隶主是多么的善良、高尚。在林肯所在的伊利诺伊州，就算全州人民都对奴隶制恨之入骨，可是当他们看到一位有钱的南方奴隶主带着一群黑人奴仆从这经过时，他们依然会品头论足一番，特别是一些女人们还会艳羡好半天。

每两年会举办一次州议会，每一次会议召开时，整座具有殖民风格的议会大楼都会被挤得水泄不通，81 名议员被分成两组，分别坐在两个大厅里开会。会议进行期间，身为律师或者政治家等不同身份的议员都会上台发表自己的施政演讲，进而要求议会通过自己的提案。作为一名年仅 26 岁的伊利诺伊州州议员，林肯在开会期间总是穿着一件刚借钱买来的崭新蓝色西装，保持沉默。在这里，他很难找到一个值得他欣赏的演说家，更没有发现有治国平天下才能的政治家，很多人的演讲都是老生常谈，没有丝毫新意。在这个正统的会议期间，林肯没有感觉到任何激情。也正是因为如此，林肯一直保持沉默，直到议员都回到休息室，展露出本来面目时，林肯才开始尽情展现自己，不过他所讲的几乎都是一些好玩的小故事和听来的稀奇古怪的事。林肯从来不敢奢望和那些没什么真正抱负的议员讨论国家大事。

也正是因为如此，很多人都对林肯投来了疑惑的目光，有些人因为被林肯的小故事所吸引，还送给他一个"酋长"的绰号。总而言之，林肯很容易就吸引了他人关注的目光，这里面也包括一个叫斯蒂芬·道格拉斯的人。道格拉斯出生于一个贫困的知识分子家庭，属于民主党派人士，比林肯还小几岁。有时他们会坐在一起聊天，可是林肯几乎没怎么关注过他。林肯是直来直去的、坦诚的，而道格拉斯却截然相反，他处事非常圆滑，能坚持到底，但也懂得适时放弃，而且他所具有的政治野心也迫使他对每一个人的动向都了如指掌。在他眼里，在座的每一个人都是他的假想敌。他的眼里只有权力和地位，所以他在心里衡量每个人将会对他造成的威胁，最终他确定，林肯不会影响他的政治生命。

十二、安娜之死

州议会会议结束以后，林肯重新回到纽萨勒姆村。此时，曾经家境良好的奈特雷特家已经彻底陷入了穷困的境地，安娜也慢慢忘记了那个曾经对她造成伤害的异乡人，重新有了生活的热情，她也开始有精力在两个追求者之间取舍。黑尔似乎不像以前那样猛烈地追求安娜了，而安娜也发现林肯是一个善良、可靠的人，发自内心地喜欢上了他。在她看来，林肯为人坦率、真诚、自立自强，所以姑娘采取了主动，这也让林肯彻底走出了抑郁和犹豫。很快，两人就订下了终身。

那年春天，林肯经常骑着马去看望安娜。虽然相守的时间总是转瞬即逝，可是因为两人心意相通，所以充分感受到了爱情的甜蜜。令人疑惑的是，林肯一生中曾经写下了很多文章，大多是回忆自己心情低落时或者遭遇挫折时，可是对于他一生中这仅有的一次美好恋爱，他却只字未提。也许，这段美好的恋爱对于林肯来说弥足珍贵，以至于他想一个人珍藏，不愿意和任何人来分享它的美好，这样它就会成为一个永远的秘密萦绕在他的心头。

只可惜，这种美好的感情只存在了短短几个月的时间就不复存在了。那年夏天，林肯的多位亲人，包括他的母亲都是死于疟疾。而这种灾难又降临在了伊利诺伊州，林肯的未婚妻安娜和他的一位好友都未能幸免。虽然林肯因为身体素质好免于这场灾难，可是他的好友最终死于这种瘟疫，眼看安娜的生命也在一步步走向消亡。

就这样，林肯和安娜阴阳两隔了。

安娜死了，林肯几乎接近于痴癫状态。这一切都来得太快了，他的耳边似乎还回响着安娜美妙动听的声音，眼前似乎还浮现着安娜美丽的脸庞和亲切的笑容，陷入情网、享受恋爱美好的时光似乎就发生在昨天，可是这种幸福很快就消失得无影无踪。林肯的精神彻底被摧毁了，经历过艰难的少年时光和坎坷的青年时代，林肯第一次找到了亲密爱人和精神慰藉，可是命运再次和他开了个大玩笑。这一次，他比以往任何时候都要难过，痛苦，他几乎丧失了生活的全部信心。安娜死后的第一个星期，林肯已经像个疯子一样，他的精神世界已经完全垮塌了。有一次，人们发现林肯一个人在河边呆坐，尝试着自杀，可最后还是被朋友们救了回来。还有一次，昏迷不醒的林肯被发现躺在安娜的墓前，幸亏人们及时将他送往医院。为了舒缓林肯精神上的压抑，朋友们可谓是各种办法都用尽了，还让林肯和他们一起下地干活。刚开始林肯也还算正常，可是到中途，他会突然大叫起来，"怎么办？我怎么能将她一个人留在那下面，雨水会渗进她的墓室里去的。"

十三、议会里的政治斗争

最后，林肯不再总想着自杀，他重拾了生活的信心。这条路非常崎岖，从幸福的巅峰跌向痛苦的深渊，再从深渊中重获新生，这并不是每个人都可以做到的。也许，林肯一生经受过太多的磨难，曲折的生活经历让他身上的

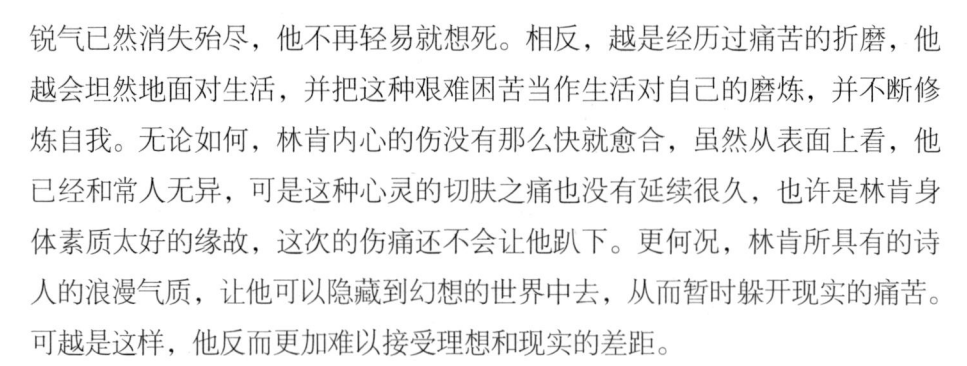

锐气已然消失殆尽,他不再轻易就想死。相反,越是经历过痛苦的折磨,他越会坦然地面对生活,并把这种艰难困苦当作生活对自己的磨炼,并不断修炼自我。无论如何,林肯内心的伤没有那么快就愈合,虽然从表面上看,他已经和常人无异,可是这种心灵的切肤之痛也没有延续很久,也许是林肯身体素质太好的缘故,这次的伤痛还不会让他趴下。更何况,林肯所具有的诗人的浪漫气质,让他可以隐藏到幻想的世界中去,从而暂时躲开现实的痛苦。可越是这样,他反而更加难以接受理想和现实的差距。

林肯 27 岁那年,开始对阅读的书籍有所规划,当然他读得最多的还是法律类和故事类的书籍。这种系统性的学习让他的知识含量越来越高,也让他的知识结构越来越完善。而且,更多的知识摄取为他再次竞选打下了良好的基础。对于这一次竞选,林肯信心十足,而且比以前更加踏实,更懂得如何在演讲中运用技巧陈述自己的意见。这一次,林肯觉得自己的竞选更加吸引人眼球,因为他提交了一份令人目瞪口呆的计划书,并写信给报社编辑,将自己的观点完整表述了一遍。他的竞选稿是这样的:"所有对国家尽忠,为人民服务的公民,他的权利都应该受到政府保护;我建议所有的白人都享有纳税、参加选举和持有个人枪支的权利,妇女也包括在内;我希望国家可以将土地拍卖款平均分给各州,这样我们在修建道路时就有了足够的财力支持。如果我有幸当选,我将不遗余力地为家乡的父老乡亲服务,还包括所有朋友们,我将用百倍的工作热忱回馈大家。"

现在的林肯对竞选非常有兴趣,而且他的口才也越发出众,变得幽默而尖刻。在一次政治聚会上,一位竞争对手对林肯进行了大肆攻击,而林肯只是不发一言地坐在听众席上。轮到他发言时,他刚开始只是用事实来反驳对方,到后来他实在没忍住,对对手进行了一番冷嘲热讽。这位出言攻击他的人是当地一位很有钱的绅士,他甚至在自家房顶上装了避雷针。那天,林肯是这样嘲讽对方的:"这位先生刚说,我是一个乳臭未干的臭小子,见识也少,还应该再历练几年再回到这里来……我明白,这位先生是想说我太过直白,不会拐弯抹角,也不会使用一些卑劣的政治手段。我承认,像我这样的年轻人,为了更好地生存,必须去追求名誉和社会地位,可是如果我真的像那位先生一样,仅仅只是为了一个年薪 3000 元的议员职位就不惜出卖自己的信仰,甚至因为心中有愧,害怕老天会来惩罚自己而不得不装上避雷针的话,那么我宁愿选择去死。"

在参选的过程中,还发生过这样一个意外:林肯的一位朋友也是候选人之一,作为竞争对手,这位朋友曾经对林肯的人品提出过质疑,并对外宣称他知道林肯一些不为人知的事情。听闻此事后,林肯给这位朋友写了这样一封信:"我听说,您声称知道我一些不为人知的事情,如果公布出来,将会让我和爱德华斯等几个同道中人陷入万劫不复的境地。我必须承认,此时此刻的我非常需要公众的拥护。而一般情况下,人们也认为我是坦诚的。可是现在我必须将公众对我的好感统统抛除在外,否则这对他们来说太不公平。如果过去我做了什么不好的事情,宣扬出去会损坏我的形象。我还是希望您将它公布出来,这样才无愧于公众对我的信任。可是有一点我必须说明,对于您所说的那些不为人知的事情,我完全不知道,也不知道是否属实,我也不想去关心。我只需要承认一点,那就是您的坦诚和您想要告诉给公众的事情都是真实的。对于您对我们之间友谊的珍惜,我深受感动。可是为了回馈公众对我的信任,我建议您不用再考虑我的感受,将所有的事情真相都公布出来吧。就算我因为这个原因而在政治上无所作为,我也不会将责任推到您头上,更不会因此而对我们的友谊产生影响。您的做法是正确的,而且我希望这封信您也可以公之于众。"这封信是林肯的第一个得意之作,他不但相信自己的品性,毕竟"可靠的亚伯拉罕"的名字不是白来的,而且他还灵活地让竞争对手的意图暴露无遗。更值得夸赞的是,自始至终,他没有说一句粗鲁的语言,没运用一个下流的手段。那么,林肯是用什么打败这位有着险恶用心的政治对手的呢?那就是他作为一个政治家的战略和身为一个绅士的修养。就是这样一封非常简单的信,既让争端消失于无形,又让林肯的公众形象再次得到提升。而他有关自己需要公众拥护和支持的言论,自然让人们对他的高尚品性更加深信不疑。我们可以想象,当林肯的朋友读到这样的信时,他的脸色会多么难看。当然,就算对手不将这封信公布出去,林肯也会将它呈现给公众。这样一来,所有的误会都会澄清,真相也会大白,而对手的沉默也会进一步验证林肯的坦诚和清白,这样一来,林肯在公众心目中的美好印象又上升了一个台阶。

同样,如果有哪位竞争对手出于好心,在路上用马车捎带了林肯一程,等到达演讲大厅后,林肯会在公众面前表示他的感谢:"你们看,我穷得连马车都买不起，是这位乐于助人的先生带我过来的。当然，如果你们愿意投我的票，我高兴还来不及。可如果你们不愿意，就请你们投这位先生一票吧，我保证他是个不错的候选人。"

竞选结果出来了，林肯和一起在辉格党的几位青年一起进入了议会，这都要功归于他们提出的新的财政规划。即使是这样，林肯依然保持他的独立作风，而没有随波逐流，就算是选举委员会时，他也只是投了个人支持票，而没有投自己所在政党的支持票。林肯很清楚，自己在议会政治里还是个新手，根本称不上行家。他曾经清晰地表达了自己的观点："我很明白政治家所具有的野心和私心，也很明白他们是如何置人民的利益于不顾而结党营私的。可以这样说，作为一个团队，他们确实和人性的善良是相违背的。"林肯在说完这段话以后，又提到说自己之所以是这个团队中的一员，那也只是为了避免伤害某个人。实际上，议会中的所有成员也只有林肯一个人不想同流合污，当然这并不是说林肯多么自命不凡，瞧不起同仁，而只是说明林肯可以更深层次地洞察每个人的用心而已。

林肯经历过很多事情，这些也让他过早地明白了这个世界的善与恶、美与丑，他也更加知道生活的不易，他比别人更加知道金钱的益处，他也自然比别人更加懂得，如果竞选成功，他会得到什么样的权益；可是，就算这样，他也不会为了达到目的不择手段，这是林肯的本性使然。

他看问题总是用辩证的观点，会从不同的角度考虑，可是他这样做并不是想要自保，而是有他自己的理解。有一个例子可以很好地说明这一点：

林肯和他的几位战友都建议将州府从现在的万达利亚搬迁至斯普林菲尔德。因为相比较而言，万达利亚过于穷困，而斯普林菲尔德的经济则更为发达，法制也比较健全，基本设施的建设也比较到位，发展的空间更大。对林肯个人来说，这也有利于他今后的政治发展。他觉得自己不能再困在一个小地方，他需要到更广阔的天地中去历练。不仅如此，他的政治活动范围也需要扩展，他必须通过自身的能力将这个圈子紧紧凝聚在自己周围。可是，林肯的这个提案触动了某些人的利益，于是他们表示坚决反对。两方各不相让，争论不休。就在这时，决定他们命运的几个核心人物组成了第三方，并宣称哪一方可以满足他们的要求，他们就投谁的票。面对政治上这一赤裸裸的诱惑，林肯给予了坚决的反击："你们大可以将我的头发烧成灰烬，或者让我的精神彻底崩溃，但是，你们休想让我臣服于不对的事情，也不要妄想我会接受这些事实。因为我从来只信奉正义和公平，并将为此奋斗终生。"

这些话是多么掷地有声，也很好地印证了林肯的性格：坚决拥护正义、精神勃发、思维严谨、为人坦诚。在这场议会斗争中，林肯取得了胜利。也正是因为他所具备的优良品格，让他可以在伊利诺伊州有一番作为。

正是林肯性格中耿直的一面，让他获得了很多朋友的支持，他们甘心团结在林肯的周围，对他无条件地信任。在议会休息场所，经常会有一大群人聚拢在林肯周围，听他讲一些有意思的事情，人们总是会捧腹大笑。当他累了，他就会让人进行一场小提琴的演奏，他则安静地坐在一旁聆听，这种感觉让他觉得美妙无比。一般这种情况出现以后，聚会便会在一个小时以后进入高潮。道格拉斯会拉几个人一起跳上桌子，来段即兴的恰恰舞。到了激动之处，甚至要将茶杯都打个粉碎。而林肯这时只会安静地坐在一旁，他不会大口喝酒，也不会像道格拉斯那样跳到桌子上舞蹈。可是，当他和周围的人做一番比较后，他就会信心十足。因此，林肯曾经对他的好友说过这样一句话："我要成为伊利诺伊州的改革先驱者！"

十四、爱的尝试

对于林肯和女性在一起相处的情景，林肯的朋友曾经这样描述：

林肯一直是对女性充满敬意的，这点我是绝对肯定的，我和他认识很久了，从未听见他说过什么蔑视女性的话，更别说在背后议论女性这样的事情了，他是绝对不会做的。而且，我们必须认可的还有一点，对女性，他是有着很好的憧憬的，虽然他身边的女性不多。记忆中林肯曾经说："女人拥有很少的权利，她们也应该有提出离婚的权利，为了自己的幸福大胆地追求。"大概这就是林肯一直不结婚的症结所在吧。但是就算是这样，还是有很多的女人想方设法接近他，可是最后都受到了冷待。

从林肯这个朋友的话中，我们能够知道他在对待女性的问题上有着十分矛盾的心理，他之所以对女性和爱情有着美好的心理，是因为他有着和诗人一样追求浪漫的情怀。而他又要压抑这种情感，是因为他不想受婚姻的束缚，而且在他的内心里，对女性又是害怕又是羞涩。因为他从来不会主动，所以他周围那些热情的女人总是会主动接近他，追求他。

在参加议会的大小会议时，林肯总是会抽点空闲时间去纽萨勒姆村小住。他常常会去村里的一家少妇家里，林肯认识这位少妇是因为自己的语法老师，也就是这位少妇的表哥。在她家里，林肯常常听她说她姐姐的事情。林肯见这位姐姐是在三年前，在这个村，在少妇的家里。少妇就要回娘家了，但是林肯却跟她开了一个玩笑，他半真半假地说自己愿意娶少妇的姐姐为妻。

"老实说，那个时刻我真的很兴奋，对少妇的建议我会欣然接受。因为林肯在三年前见过这位玛丽·欧文斯姑娘，也就是少妇的姐姐。她长得很讨人喜欢，我觉得和她白头偕老的话我会很愿意。"从此以后，这个已经流浪了很久的光棍汉就会有两个女人来照顾了。那时，每个人都推测这位姐姐一定很有教养，林肯只是一个小小的土地测量员，他们在一起应该是很合适的。对这件事，林肯一度表示赞成，也没有发表别的不同意见。

但是当玛丽来到林肯身边时，他的心里开始浮躁不安。

"她的到来很突然，我完全没有准备，和她妹妹开这个玩笑我真的很后悔。但是这种想法也只是持续了很短的时间，我决定要忘记这件事情。假如一切都顺利，这个事实我会坦然地接受。果然，我们在几天后就碰面了。再次见她，她已经和过去有了很大变化，虽然她的个子还是很高，但是现在的她却胖了，就和莎士比亚剧中的福尔泰芙一样胖。人们常常说她是个老姑娘，但是现在见到她后，我发现人们说的对也不对，玛丽不仅胖，而且脸上没有皱纹，她还没有了几颗牙齿，她的真实年龄从外表上看不出来。我猜想她大概有40多岁，不然的话她的容貌怎么会变化这么大？没有多长时间，我就发现，无论如何我都不会爱上她的。

"我该怎么处理呢？我已经在她妹妹面前做出了承诺。

"不管怎么样我都要娶玛丽，我不能违背自己的诺言，从良心和人格上我都必须这么做。后来，当我确定没有人愿意娶她的时候，我决定成为她的依靠。换句话说，就是我已经决定娶她了，不管她的外表如何，反正我没有违背自己的承诺，其他的都不管了。然后，我总是将她以我未婚妻的身份介绍给别人，不仅仅是这样，我尽自己的努力让她展现出她的优点，以掩盖她的缺点。我经常这样安慰自己，她并不是很难看，只是长得比较丰满而已，想以此来改变我对她的看法。因为这个原因，为了不伤及她的自尊心，在遇到身材好、长相好的年轻女子时，我总是有意地躲避。同时我也安慰自己说，头脑是一个人最重要的东西，外貌的美丑并不重要。而实际上，与别人相比，她是很有思想的。"

上面都是林肯曾经说的话，是他两年后写给别人的信中的内容，信是给一位女性朋友的，虽然我们可以从中看出林肯已经走出了精神的低谷，变得又和往常一样幽默风趣，可是他和玛丽之间的问题好像越来越大了。林肯在那个时候对自己的境况是无法做出评判的，在他去议会参加会议的时候，希望能够通过外界的事情来改变现状，但是回到家里后一切如旧：胖的像座山一样的玛丽坐在妹妹的旁边，喝着茶等着他。林肯对自己以后的生活都不敢想象，内心的不安越发强烈，虽然因为那个玩笑产生的坏心情已经没有了，但是这些都证明他们两个是无法在一起生活的。玛丽和她的妹妹也察觉到了这一点，但是林肯仍然坚守自己的承诺，决定不会抛弃玛丽。

"在那段生活里，我对自己随口开的玩笑深感后悔。我在向别人承诺的时候没有经过认真的思考，尽管对于和玛丽的婚姻我已经下定了决心。以前的我是一个人，来去自由，而这造就了我外表上的清高，当我回家后，却发现一切都没有变化，她和我都还和以前一样。在那时我真的很害怕，我不知道在以后漫长的日子里该怎么生活，这种尴尬的生活，这种两个人都感觉不舒服的日子什么时候是个头呢？"

但是，时间一点一点过去，玛丽也不再那么喜欢林肯了，她开始在小事情上找林肯的错处：例如她常常抱怨林肯的粗心，特别是对女人心不够细，而女人最需要的就是男人的细心。于是玛丽就天天对林肯抱怨，指责。一次，林肯和朋友们骑完马，别的男士在未婚妻下马的时候都去搀扶，但林肯却站着不动。玛丽就开始责备他，林肯回答说："你是个聪明的女人，是不需要我的帮助的。"当林肯的西装因为在沼泽地赶野猪而撕裂时，玛丽讽刺他是多此一举；当林肯遇到一位赶山路的妇女而不愿帮她抱孩子的时候，玛丽又责备他心冷。就这样日积月累，他们之间的问题越来越尖锐，等林肯出门工作了几个星期回到家里，发觉玛丽早已经走了。

林肯漂泊了已经有五年了，周围的变化很大，议会的斗争也很激烈，斯普林菲尔德成为了新的州首府。而林肯在深思熟虑之后，也走出了人生重要的一步——他决定去州首府当一个律师。就林肯而言，他有着丰富的法律知识，甚至比很多专业人士知道的都多，这都是在过去几年里他读的法律书籍的成果。他认为，做一个律师需要的不仅仅是知识，还要有丰富的社会经历和社交手段，这些都是很重要的，只懂几个法律词汇是不够的。并且，在斯普林菲尔德当律师是可以不需要考核的，申请一个资格许可证即可。林肯在过去几年里当过土地测量员，当过邮政局的局长，做过别人的雇工，也当过船夫，而且还在几次竞选州议会的议员中得到认可，在这个过程中建立了很广的人脉，他在竞选中通过演说认识了这个州大部分的选民。他出色的语言表达能力和自己对全州的了解，令他有十足的把握，这些都促使他下决心去做这项事业。就算是不能取得成功，对他来说也没有关系，因为他经历了很多次失败，再经历一次也没有什么大不了。

　　现在的林肯还是和以前一样贫穷，甚至比以前更穷了。如果他想得到一些巨额的财产可以有别的方法，比如婚姻，但是他是林肯，他不会那样做。于是，28 岁的林肯只带着 7 美元开始向他的新生活出发，当时他还背负着 1000 多元的债，而且还有那个说也不说就离开的未婚妻玛丽。

第二部分
公民林肯（1836—1849）

一、律师

在90年前，斯普林菲尔德就已经是一个小有规模的城市了。放眼整个伊利诺伊州，最繁华的地方便是这里，它拥有四家大宾馆，居民住户数量超过了1500户。虽然当时的芝加哥城同样是个大城市，并且发展形势一片大好，但是依然无法与其相比，主要是因为斯普林菲尔德是州议会的所在地，这让斯普林菲尔德拥有一般城市无法比拟的影响力。也正是因为州议会在这里，所以这个城市比一般城市的信息感知要更早，就连华盛顿发生了什么，这里的人们都能很快知道。

这座颇具知名度的城市，吸引了南部诸州的许多富人。这些富人来的时候很有派头，带了一大群的仆人，前簇后拥的。当地的市民还专门编了一个小段子来形容他们：看啊！托德家、斯图尔特家和爱特家带着一群神父、狗和仆人们来了！

富人们来到这个城市的时候并没有带来南部的黑奴和奴隶制，他们仅仅带来了财力和势力，然而仅靠这些是无法在这个大城市里立足的，更不可能像他们以前在南部时那样为所欲为。富豪们心里也明白这个道理，所以，他们也不敢冒着违抗禁令的风险在大街上驱赶运送大量牲畜，于是他们便去游说市政府的高层帮他们解决问题，毕竟那些高层官员每天也离不开这香喷喷的猪肉牛肉。如果不允许饲养牲畜，他们也不会答应的，再加上富人们的游说，于是禁令的内容被更改成"本城严禁在市中大街上驱赶未戴鼻环的牲畜"。

禁令一经更改，便经常有大批动物从街上经过，虽然有些议员对此颇有微词，却也无法指责什么。

新首府成立后，没过多久就在斯普林菲尔德举行了一次舞会，与这个城市的高层官员在舞会中进行了首次会晤，林肯也受到了舞会的邀请。也正是这次邀请，给林肯的生活带来了意想不到的变化。

林肯初来乍到时，可真是个穷小子，连住旅馆的钱都没有。好在他在这里有个经营商店的老战友，叫斯皮德，为人心地善良，性格温和，于是林肯便打算先在他这里住段时间。斯皮德和林肯一样喜欢幻想，在生活中也是个严于克己的人，不过他从小家境富裕，因此相比林肯的艰苦朴素和吃苦耐劳的品行来说，斯皮德还是比较娇贵的，看上去也有点柔弱的感觉。不过与当地汉子不同的是，他留着当地少见的金黄色络腮胡。当林肯说明来意之后，斯皮德欣然答应了，于是两人一起住在商店后的小屋里，后来他又收留了两个年轻人，四个人就这样一起挤在这个小屋中，住了很长时间。

来到斯普林菲尔德之前，林肯在纽萨勒姆村有两份工作，分别是土地测量员和邮政局长。可是因为决定留在这里，他只能放弃这两份工作，还欠了一屁股的债。为了省点钱，他经常去他的朋友巴特勒家吃饭，或者是在议会开会期间去餐馆吃免费的午餐。所幸没多久，他就找到了一份收入不错的新工作——律师。给他提供这份工作的是律师斯图尔特，林肯与他是旧识，林肯在来到这里的第三个星期遇到了他，此时斯图尔特正在竞选华盛顿的一个官职，急需一个律师助理帮他管理律师所的事情，而林肯曾向他借过法律书，两人有过接触。虽然林肯的法律知识不够丰富，但是他很欣赏林肯的品行和表达能力，于是邀请林肯加入他的律师所，助他一臂之力。这对林肯来说无疑是雪中送炭，他立刻就接受了这份新工作，律师所的牌子也换成了"斯图尔特和林肯"，林肯在这里一工作就是4年。

这个律师事务所位于斯普林菲尔德中心大街的法院大楼，办公面积不大，堆满了办公桌和落满灰尘的文件。律师的工作繁忙严谨，林肯为了做好这份工作，必须全身心地投入到紧张的工作当中，他从曾经那个四处漂泊、整日无所事事的普通人蜕变成了一个循规蹈矩、勤奋认真的办公人员，每天及时整理卷宗，准时出庭为当事人辩护。虽然工作经验不够丰富，可是他时刻都在努力地做好秘书和半个律师的工作。

刚开始工作的时候，斯图尔特总是分给他一些简单的案子，而把那些复杂有难度的案件留给自己去做。那些简单的案子很容易判断，上庭也不过就走个过场，比如一些买卖纠纷或者是因为一点小事起的口角之争等，明眼人一眼都能判断对错。这种案子做得多了，难免会让林肯觉得无聊，直到后来他接手了一件轰动了全城的案子，不仅为他赢得了名声，也让他体会到了当律师的乐趣。法律条款种类繁多，内容复杂烦琐，虽然他还没能完全理解通透，但是他始终认为律师是一份为弱者和受害者伸张正义、维护权益的工作，那些不法之徒和作恶者都应该受到法律的制裁，接受应有的惩罚。林肯还跟当议员的时候一样，始终坚持着与黑暗腐败的势力抗争到底的斗争精神。

这件让林肯声名远扬的案子是一件土地纠纷案，一位妇人原本要来城里继承过世的丈夫给她留下的地产。可是她到了城里之后才发现，那块地已经被一位将军借用假名给私自占有了，于是妇人向林肯所在的律师事务所求助。这个老将军是从东部迁来的，想在此谋职，并且最近正在竞选本地名誉法官的职位。当他得知林肯他们接下了这个案子，并揭发出了他以假名谋取他人财产的丑恶罪行时，当即反咬一口，向外界宣布，这件事情是有人为了败坏他的名声故意编造的，所谓的档案证据是有人私自改动过的，请大家不要相信。老将军黑白颠倒的宣言激怒了林肯，他无法容忍老将军这样混淆事实蒙蔽大家，于是在竞选之前，他将事实的真相印成很多传单，在大街上向行人发放。传单上的最后一段话是这么说的："我，就是被污蔑为篡改了这位将军档案的人中的一个，他的谎话让我十分气愤，无法再保持沉默了，沉默只会让我背负起这莫须有的罪名，我必须把事情的真相公布出来，希望有报社编辑可以看到这些传单，将事实的真相公布于众，让被谎言蒙蔽的人们了解真相！"

不过在之后的竞选中，老将军还是如愿获得了荣誉法官的职位，紧接着，他便开始公开对林肯进行人身攻击："他实在是品质低下到无可救药，他就是一头披着羊皮的狼，你们知道他是怎么借着律师的正义之名做一些见不得人的勾当的吗？他先向杀人犯收取高额的律师费为其出庭辩护，然后再利用职务之便间接把犯人送上死刑台。"林肯立刻对老将军的恶意编造予以回击："我的尊严和名誉是决不会允许我为了金钱而出卖自己灵魂的，自从事律师以来我所经手的每一件案子都是问心无愧的，我可以挺直了腰板坦言自己是清清白白的，而你呢？你终将会为你所说的每一句谎言付出代价的。就让我们在法庭分辨出是非吧，让大家都看着到底谁才这块土地的真正主人，到底是谁满口谎言欺骗众人！"最终，林肯凭借着充足的证据和优秀的辩论口才赢得了这场官司，狠挫了大将军的锐气。同时，这件案子的成功引起了人们对林肯的关注，也让不法之徒对他避之不及。

二、斯普林菲尔德的日常生活

　　林肯在斯普林菲尔德过的日子看起来很是不错，他的名头细数下来真是不少。首先，他是"斯图尔特·林肯"律师事务所的创办人之一，同时，他又是州议会的政党领导人之一，还是能言善辩的演说家、活跃的报纸撰稿人和出名的体育健将。除了经济方面不够富裕，其他的一切对于这个才28岁的律师来说，几乎没有什么欠缺的了。

　　在那些日子里，让林肯感觉最快乐的事情就是和朋友们在斯皮德商店里聊天，深怀城府的麦克和头脑灵活的布朗，偶尔还有斯图尔特和托马斯牧师的加入，大家聚在一起热烈地讨论。大多时候大家都是围着某个人随意坐着，听他慷慨激昂的演讲，然后根据演讲的内容辩论起来，有时候道格拉斯也会来听一会，他总是会巧妙地对持有对立观点的双方给予支持。这群年轻人之间总有讨论不完的话题，仿佛整个城市都不足以容纳他们的才华。每当他们热烈地讨论政治和争论问题时，林肯总是在一旁安静地听着，很少发言，或者他就出去转转，讲讲有趣的小故事或者是当时的政治局势，或者待在办公室翻阅文件档案，和处理案例相比，这要有趣得多。年轻人总是充满了活力，小小的讨论会逐渐发展成了一个论坛，每个成员都可以在这里发表自己的观点，这里只有男人们之间的友谊，没有女人们的干扰。

　　在充满男人友谊的环境下，林肯开始学写诗歌，他曾写过一首赞美女性的诗歌，诗歌中表现出了男人善于诱惑的一面，诗的最后一句写道：

这个愤怒的人，
是在大声地骂谁，

> 惹怒他的肯定不是女人，
>
> 而是某个男人。

林肯越来越喜欢写诗歌，他觉得在法庭上与人争辩的律师工作并不适合自己，他更向往去做一个诗人。后来，林肯加入了一个组织，免费为组织中的人们提供法律援助，并倾尽全力帮助他们争取属于自己的权利，不过因为这个组织被清教徒所憎恶，林肯便成了一些人口中的叛教徒。

当时美国的南部还在奴隶制的统治之下，在奴隶主的压迫下，人们对奴隶制的仇恨越来越强，几乎每隔几年都会有人意图起义推翻奴隶制。于是有些议员有意提交反奴议案，但却遭到了南方总统范布伦的施压打击，而南卡罗来纳的一个党派又在此时公开鼓动联邦解体，使得美国上下一阵轰动。之后又发生了一系列的惨剧，让奴隶制的矛盾更加深化了——一个无辜的混血儿被活活烧死在路易斯的街头，废奴运动的一位领袖也在路易斯被谋杀，整个国家局势动荡不安，全国人民几乎都在高声呼喊着要求政府废除奴隶制。19岁的赫尔顿也是反奴隶制运动中的一员，他虽然年轻，但是在众人眼中，他丝毫不逊色于一名英勇的战士，而他的父亲为了保护他，便把他送到了斯普林菲尔德。在这里，他结识了林肯，并与林肯同住，两个人都是反奴隶制的支持者，一起为了共同的事业努力奋斗，并成了友情深厚的朋友。

林肯在演讲方面真的很出色，在一所中学里，他给一群青年表演了一场精彩的演讲作为政治教育，题目是"改进民主与自由的制度"。他大声地讲道："联邦合众国是一个团结坚固的整体，没有人能摧毁它，即使是集合欧洲、亚洲、非洲的所有军队，也不可能掠夺走我们的一小块土地，哪怕是一滴水都休想带走。可是，如果在我们的内部出现了问题，就会破坏国家的稳定，就如同在坚固的围墙上挖了个洞，那么悲剧必定会上演，因为能够打败我们的并不是那么多么强大的敌人，而是我们自己。对法律尊严的藐视和践踏，必将毁掉我们的国家，真正的自由是建立在庄严的法律之下的。你们问问自己，是想继续自由的生活，还是成为悲惨的亡国奴？"在演讲中，他提到了最近发生的混血儿惨案，"法律是公平公正的，而这种行为正是对法律的公然挑衅，如果放任这样的事情不管，法律将成为摆设，国家也终将陷入一片混乱，不堪一击，我们不能眼睁睁地看着我们的国家走向毁灭，必须阻止这种恶劣行为的再次发生，我们该怎么做呢？作为一名热爱祖国、热爱和平和自由的公民，应时刻牢记遵纪守法，不仅要规范自身的行为，做到不触犯、不藐视、不践踏法律的尊严，还要尽力阻止违法行为，不可无视和容忍类似的恶劣事件的发生，不能无动于衷，即使牺牲自身的利益和权利也要努力维护法律的尊严。这些内容都应该写进校园的教科书里，登载在各种杂志和日历上，让人们时时刻刻铭记法律是不容侵犯的。也许有的法规存在争议，但是只要生效一天，我们就要遵守一天，任何条令都不该被亵渎！总有一些贪婪好权的人觊觎着议会、政府和总统的职位，为了上位做些蝇营狗苟的勾当，可是真正的伟大领袖才不会在意这些职位，比如历史英雄领袖亚历山大和拿破仑，他们从来都是不按规矩出牌的，不走寻常路。正值青春壮年的我们对未来充满了激情，但是我们不能被激情冲昏了头脑，我们要适时的冷静下来，好好地思考未来该怎么走，掌握好自己未来的方向！"

林肯站在讲台上慷慨激昂的演讲就如同是一位国家领导人一般那么威严有力，估计谁也没有想到，在不久之后，这个讲话的人真的成为了这个国家的领袖，就连林肯自己都没有预料到。现在的他只是想尽自己的努力，以更加正式的演说方式向民众表达自己的想法。也许正是因为他的全身心投入，使他渐渐放开了自己的心灵世界，隐约体会到了先辈们追求共同富裕，自我约束的急切心情。

林肯本就是一个冷静观察，思维缜密，始终保持着清醒头脑的人，当他拥有了这种理智之后，在对待奴隶制的问题上，他就更加的慎重，将奴隶制的取消可能涉及的各方面问题考虑的更加全面了。

当林肯在议会中发表自己对奴隶制是否应该取消的看法，并表明自己的立场时，得到了大多数人的认同。他讲道："众所周知，奴隶制是一种不平等的存在，势必会损害民众的利益，带来伤害，可是我们也看到了反奴活动带来的可怕后果，反而促进了奴隶制的发展。所以，我认为奴隶制的废除与否应该由各州自己做决定，议会不应插手，其中政府直接管理的哥伦比亚州除外。政府有权废除其奴隶制，不过前提是要先得到公众的全力支持。"

林肯是在经过南方之行后，根据当下新的形势，结合历史与现实情况才做出了这样中立的评价，而早在50年前，一个叫杰斐逊的人也有过和林肯如今类似的观点："在我心里，我始终认为黑人和我们其实是一样的，我们都是上帝的子民，我们之间的差异只是肤色不同而已，除去肤色的不同，他们应该跟我们享有同样的权利，受到同样的保护。我期待一种新的平等且合理的制度产生，在一定的生活环境和社会条件下，保护他们的利益，享受平等的权利。"

林肯的观点不仅在议会上获得了大家的认同，同时也受到了南方广大民众的欢迎。伊利诺伊州的克莱党人都是具有超凡智慧和理智的政治家，而南部政党是他们的敌人，南部所做出的各项决定，会直接关联到他们的聪明才智和工作的危险程度。奴隶制的问题依然被大家热烈地讨论着，不管是在议会大厅还是法院大厅和教堂，都经常会举行这样的集会，每次林肯在办公室待着无聊时，都会趴到法院大厅天花板附近，透过上面的天窗听他们议论。有一次，林肯正安静地听着，下面的议论声突然沸腾起来，林肯好奇地一看，原来是他的朋友贝克正在讲台上讲述民主党内部腐败的真相，台下的听众争议起来，场面眼看就要失控。这时，突然从天窗上面落下两条晃动的长腿，紧接着一个大个子跳了下来，冲上了讲台，向台下的听众喊道："请大家安静下来，贝克先生有言论自由的权利,请大家尊重演讲者的发言！"还有一回，辉格党的一员在讲台上发表自己的提议时，有人起哄要求对这个提议进行现场表决，就在演讲者为了阻止表决准备退场时，林肯又一次跳了出来，果断地控制住了集会的混乱。

不过，林肯也不是每一次都能为演讲者解围，他偶尔也做过破坏人家演讲成果的事情。比如那次托马斯神父的演讲，林肯站在一边，一板一眼地模仿神父演讲时的动作和表情，引得众人哈哈大笑，完全破坏了演讲气氛，神父不得不中止了演讲。为此，林肯特地向托马斯神父做了诚恳的道歉。之后当林肯回忆起这件事情时，还感叹道："如果我所做的认真严肃的政治行为也能像这恶作剧一样吸引众人注意，给人们留下深刻的印象，那该多好啊。"而事实上，他也确实十分在意自己的行为给人们带来的影响，他曾说："如果没有人愿意听我演讲，那我怎么还有活力和激情站上讲台呢！"当同样口才出众的道格拉斯在竞争中打败他之后，他也消沉了好长一段时间，这个强劲的竞争对手让他感到了沉重的压力，打不起精神，他必须不断地给自己打气，才敢再次与对手交手。

三、写给玛丽·欧文斯的信

刚来到斯普林菲尔德的那段时光,是林肯最为孤单的日子,在感情生活方面上他始终守着他那颗孤寂的心,不曾向谁打开过。目前的新生活会给他的未来带来怎样的变化,他不清楚也不太在乎,每天还是过着和从前一样的生活,偶尔去朋友家帮朋友做些杂活,劈点木头,做个家务什么的,然后再默默地走掉,实在无聊的时候,就去熟识的律师朋友那里借几本法律书钻研钻研。后来他的律师朋友回忆起那个时候的他是这么形容的:"林肯是我见过的年轻人中最不注重外表和衣着的,性格内向,总是看起来带点忧郁的感觉。不过,他一旦开口开始滔滔不绝的讲话时,之前的羞涩和忧郁立刻就不见了,整个人变的精神焕发起来,你完全会被他妙趣横生的口才给吸引住,而且,每见他一次都会发现他又有了新的变化。"在这平静的日子里,唯一让林肯感到不安的就是他的准未婚妻——玛丽·欧文斯小姐了。那时玛丽经常去斯普林菲尔德探望亲戚,每次都会和林肯见上一面,两人独处一段时间,而林肯每次去纽萨姆村时,也会去玛丽家去探望她。可是随着两人见面的次数越来越多,彼此之间也越来越了解,两人很快发现彼此并不是合适的对象。此时两人的婚事还没有定下来,解除婚约还来得及,林肯认为自己应该信守诺言,不该由他提出解除的事情,而玛丽却似乎在等着林肯先开口,于是两个人就这样默默地拖着。林肯考虑再三之后,决定写一封信给玛丽,信的内容是这样的:

亲爱的朋友,这是我第三次给您写这封信了,因为我实在是不知道该怎么开头,太随便了不好,太严肃了也不好,所以我只能把它们撕掉,再一次重新起草,不过这次我不会再撕掉了,我决定不管写出什么样的内容,我都要把它寄出去。我在斯普林菲尔德的生活并不如意,常常形单影只,我从没去过教堂,也不愿意去,因为在那里我会感到拘束。这里也没有一个女人愿意和我聊天,只有几个要好的兄弟。你曾说过你希望将来能在这里生活，可是我觉得那并不是一件好事。这里的人出行都喜欢坐马车，而你却没有马车，而我呢，更是没有能力买马车。如果你跟我在一起，就要跟我一起过着清贫的日子，这样的现实您能够接受吗？如果真的有一个人能陪我同甘共苦，过一贫如洗的日子，我当然会非常高兴，而且我一定会对她忠贞不贰，努力让她过得幸福。对待这样的女人我还不好好珍惜，那我可真是个混蛋。如果您愿意做这个女人，陪我共度一生，我一定会感到很幸福的！不过，也许您只是跟我开了个玩笑，又或者是我误解了您的意思，那么您完全可以忘记我们之间发生的一切，丝毫不用在意我，我只是真心地希望将来您能够幸福。即使您并没有开玩笑，我也希望您能够认真地考虑一下，因为你根本就不了解贫穷的生活有多么难过，而我现在的生活远比您所能想象到的还要糟糕。我相信，您一定会在认真思考之后做出对您最合适的决定，不管这个决定如何，我都会表示尊重，永远信守承诺。希望您能将您真实的想法写在信中寄给我，我一定会认真地阅读。也许您会觉得我这话说得有点过头了，但是您不知道您的信对于我现在的处境来有多么重要。顺便请您告诉您的妹妹，希望她不要变卖田地或是搬家，那样我会很难过的。

您的林肯

  林肯的这封信既表示了自己会遵守婚约与玛丽结婚，同时又婉转地表达了想脱离婚约束缚的意愿。信中多次提到自己现在的生活有多么贫穷，多么不适合和玛丽结婚，那句"我们分手吧"这样的话几乎就要脱口而出了，可是他仍然没能勇敢地写出来。他没办法做到畅所欲言，这和他从小形成的懂得放弃的个性、中规中矩的性格以及理智的头脑有很大的关系。其实，在他们交往的这一年多时间里，玛丽应该已经察觉到了林肯的真实想法，林肯总是用一些体面的话语来向玛丽做出暗示，就是想由玛丽提出分手。凡是看过这封信的人大概都想不到，这竟是出自一个曾经是雇工和船夫的年轻人之手吧！在信的结尾，林肯说到不愿意看到她妹妹搬家的事情发生，因为如果她离开了纽萨姆村，他将再也看不到那栋熟悉的房子，再也没有机会和她促膝长谈了，这会让他很难过，而这一点也正好体现出了一个单身青年对生活的浪漫遐想和不安分的心境。

不过这一切都是林肯想多了，玛丽并没有给他回信，也没有提出分手，他们还是维持着之前那种尴尬的关系，在两座城市之间来来回回，探望、回家。后来林肯终于沉不住气了，他想立刻终结这段关系。于是，他又给玛丽写了一封信：

> 今天我们才见过面，我就又给您写信了，您一定觉得很奇怪吧！这大概是因为我们相处的时间越久我对您就更加想念的缘故吧。在我们见面的时候，始终没来得及将彼此的真实想法告诉对方。在这里请您不要误会，我每次想起您的时候都是很在意的，只是您似乎还是没能理解我面对您时的真正感受，这也是我写这封信的真实原因。一般人大概不需要多少暗示，就能很清楚我的意图，但是我借不了解真相这个理由多次向您暗示，您为什么不顺势接受这个理由呢？
>
> 不管什么事情、什么情况，我都希望能够妥妥当当的处理好，更何况这件事情还关系着您。我考虑了很长时间，最终还是决定由我来做这件对您来说再好不过的事情。您应该过上更好更幸福的生活，所以，我想告诉您，请您忘记我，不管我是否在您的心里存在过，都希望您能全部忘掉，就仿佛我们从来没有相遇过一样。我这么说并不是想将我们的过去一笔勾销，我只是真诚地希望您能幸福，我不想看到您因为我的束缚而过得不开心。如果您觉得这也是一种快乐，那么我也心甘情愿地照顾您、关怀您。因为如果我让您不幸福了，我也不会幸福的。如果您能得到幸福，那我也一定会感到幸福的。请您收下我最诚挚的祝愿吧，您的未来一定是美好的！这次的信，您不需要回复，但是，如果您愿意给我回信的话，我会不胜感激的，希望您可以告诉我您真实的想法……
>
> 您的朋友

这封信的落款由上次的"您的林肯"变成了"您的朋友"，信的内容也比之前表达得更加清楚明了。林肯认为，这次玛丽一定能清楚地了解他的想法并做出分手的决定,而他也终于可以获得解脱,不会再因为这尴尬的关系而生活在忐忑不安中了。不过人们是该为他品德感叹还是称赞他处理事情很有技巧呢?至于玛丽是否给出了答复或者给出了怎样的答复现在已经无人知晓了,但是后来的事情经过是这样的:林肯意外地向玛丽求婚了,而更让林肯意想不到的是,玛丽竟然拒绝了他的求婚。

> 当她第一次拒绝我的求婚时,我以为那只是女人表示害羞的一种方式,可是当我再次向她求婚时,她依然拒绝了。在此之后我又多次向她求婚,结果还是一样,所以我放弃了。只是,我实在难以相信这样的事实,我的虚荣心被狠狠地打击了,那种说不出的尴尬感觉让我终生难以忘怀。也许真正不了解情况的那个人是我,我根本就没弄明白过她的真实想法。现在,这样一个我原来压根都不想娶的的女人竟然无数次拒绝了我的求婚。我突然发现我被自己愚弄了,因为不知从什么时候开始我已经爱上她了。我想我以后再也不会想要结婚了,当然很大程度上是因为可能没有人会愿意嫁给我吧。如果可以的话,请您在回信的时候讲几件有趣的事情吧,好让我能暂时开心一会。

这是林肯写给一位女友的信中的最后一段,结尾处苦涩的幽默充分显示出了林肯内心深处难以释怀的痛苦和不安。当他突然获得了久违的自由时,却没有预想中的欢呼雀跃,反而被这极易实现的满足感给冲撞得无所适从了。以前他总是对她各种嫌弃各种不愿,总想结束和她的婚约,可是现在他却悲伤地感觉到自己已经爱上了这个女人,他也清楚地明白他是被自己的虚荣心给愚弄了。他的理想世界被现实残忍地破坏了,爱与自由的思绪被扰乱了,玛丽的拒绝如同一把尖刀插进了他的心里,让他的心血流不止。可怜的林肯年纪轻轻就经历了两次失败的订婚。大概没有人会知道,下次的婚姻,林肯还有没有这么主动活跃,更没有人知道,他的第三次婚姻会不会有个圆满的结果。

四、与道格拉斯的论争

那次失败的求婚过去了不久,林肯又一次当选了州议员,这是他第三次成功当选,同时也成为其所属党派的发言人。他在政坛受到的关注越来越多,和伊利诺伊州克莱派高层的距离也越来越近了,这从报社开始频频刊发对林肯演讲的时评就可以看出来,有一家报纸是这么说的:

林肯的公开演讲就像是一个小丑的表演,与其说他是演说家倒不如说他是一个喜剧演员。虽然他演讲的内容都很有道理,但是他那不合时宜的滑稽举动总是会让演讲效果大打折扣,他讲的所有词汇似乎都只是为了取悦听众而已。理智一点的人都会质疑他讲述的道理,单靠笑话是不能够说服大众,得到大众的认可的。

之后全国上下都为总统大选而群情激奋起来,到处都在举办政治集会与民间集会,总统之名的竞选相当激烈,而林肯也从给几百人演讲发展到给几千人演讲,演讲的次数越来越多,演讲技巧也越来越熟练。为了获得更多的选民支持票数,他学会了随着听众的反应变化来随时改变自己的演讲,他可以凭借他高超的演讲水平和充沛的演讲热情来牵动和影响听众的情绪。

讲台上的林肯和日常生活中大家所接触的林肯完全不一样,人们惊讶于平时沉默寡言略显忧郁的林肯竟然能在讲台上讲出这么一番激情澎湃的话:"有人说,华盛顿正被恶势力所控制,就如同一座即将喷发的火山,政治腐败的岩浆在里面蠢蠢欲动,随时都要冲出来。它将危及到整个合众国,没有人可以幸免,我也不例外。但是,我是不会向恶势力屈服的,我不能眼看着祖国神圣的事业被侮辱和践踏而无动于衷,我要勇敢地站出来,与昏庸的统治者做抗争,这样才会让我觉得自己的灵魂变得崇高起来。我愿在此发誓,我将献身于祖国光明、民主和自由的神圣事业中。不管结局如何,不管我们的努力是否成功,至少我们在祖国的神圣事业遭受巨大灾难时勇敢地站出来了,我们是为了祖国的尊严而战,我们问心无愧!"

政治的演讲大多枯燥乏味,可是林肯却总是会在中间插入一些生活问题,让听者更容易理解和接受。比如他那篇长达34页的关于财政问题的演讲报告，因为他在其中加入了一些民间常见的事情，使得这份报告一点都不会让人觉得枯燥，反而那些生动的比喻会让人觉得有趣。比如："我们仅仅是和去年的数据相比较就能大致得出今年的数据，并制定出相应的策略。这是因为，在同一条件下，过去发生的事情在今天依然会发生。举个简单的例子，我们知道风可以吹熄我面前的蜡烛，可是现在蜡烛依然亮着，就好像我们知道死亡终究会来临，可是我们现在不还好好的活着吗？由此我们可以推断出，虽然公共金库现在是安全的，但是它远远不能和国家银行的安全保证相比！"

当林肯想要让听众真切地明白生命短暂，需要珍惜时，他就会这样说："此时此地，一个伟大的演讲者可以运用他的智慧让听众安静下来。可是当这一瞬间过去之后，那片刻的平静就消失了。而当我们的生命走到尽头时，无论你曾经多么强大，也都无法再对这个世界的任何人和事物做什么了。"

林肯不仅善于在演讲中运用煽动和宣传造势的技巧，同时他还懂得如何在恰当的时间和地点利用自己艰难困苦的青年时代来引起听众的注意。林肯是辉格党的成员，因为会中有些党员的衣着太过奢华，连带整个辉格党被民主党派的人指责。于是在一次公开演讲中，他对此做出了回应。在讲台上，他当众脱掉了一位民主党人的外衣，并拉着这人走进了哄笑的人群中，他指着那人昂贵的衬衣说："我在他这个年纪时，这样一件衬衣对我来说是想都不敢想的一种奢望。我那时还是船上的一名水手，每月工资只有8美元，只有几条皮裤可穿。你们知道那种皮裤吗？被雨水淋湿之后，外面虽然很快就干了，可是水却全部渗进了里面，再加上我那时在长身体，腿越长越长、越长越粗，裤子也就越来越短、越来越小，每天都露一大截腿在外面。裤子还在我腿上勒下了一道灰色的痕迹，现在都还在。就是这样的穿着服饰也能被指责过于贵族化吗？请大家不要相信那错误的指责。"

林肯就是这样用自嘲的方式来向众人展示自己过去那段艰苦的岁月，他还知道如何运用他深深的爱国情怀和生动有趣的例子让听众为之动容。这时的斯普林菲尔德也是非比寻常的热闹，很多人慕名来参加这里举行的总统竞选大型集会，有伊利诺伊州的公民、外地赶来的居民，还有一辆从芝加哥开来的满载轮船模型的汽车。林肯作为著名演说家，此时就更加引人注目了。在听众眼中，31岁的他看起来充满了活力，总是站在车上和民众热烈地交谈。

他简明扼要，又充满乐趣的演讲方式在听众中是出了名的。他的演讲范围很广，有税制问题、机构改革、税收分配等等，他超强的逻辑性和完整、真实的数据，使得他在谈及这些问题时都极具说服力。当然，这不是说他喜欢讨论这些。他更喜欢的是在演讲中加入生动有趣的故事来论证他的判断，或者只是愚弄一下对手。就算是一些不便公开讨论的话题，在林肯讲来都不会显得突兀，反而显得合情合理。哪怕是有伤风化的内容，在他讲来也不会令人反感。不过，敢在公开场合做如此危险的事情的人大概也就只有他了吧！

他的演讲也并不是随兴的，事实上在每次演讲之前他都有认真做准备，这从他桌上那堆乱糟糟的稿纸就可以看出。上面写有很多他演讲中讲到过的句子。偶尔党派的同僚们也会对他有所不满，有时是因为他的不修边幅，有时是因为他会突然在集会上表现得消极脆弱。不得不承认，有些时候他表现得确实有点过于懈怠，这多少会影响到演讲效果。政治斗争需要的是轰动民众的效应，只有时刻保持着坚定的政治态度才有赢的希望。但是，一旦遇到强劲的对手，他也一定会做好充足的准备的。

道格拉斯仿佛是上天派来专门跟林肯作对的，他和林肯都是在伊利诺伊的万达利亚时踏上的政坛之路的，而且还是同一天。5年后两人又都以律师的身份进入了同一个州法院。现在，在同一场总统竞选集会上，两人又同时出现，为各自的政党提名人拉取选票。从相识开始，两个人就一直保持着强劲的对手关系，总是能在对立的舞台上相遇。这让林肯不得不感叹，两人是不是前世的冤家。在思想和风度上面，道格拉斯比林肯略胜一筹，他也是能用语言激怒林肯的少数几个对手之一。在身材上，两人也截然不同，林肯比道格拉斯要强壮高大得多。

当两人在总统竞选集会上拉票时，道格拉斯向众人列出了一份清单，来解释他所支持的候选人范布伦的财政支出问题。林肯立刻提出了质疑："让我再看看清楚这张清单上的数据，我不得不说，列举出这样一张清单根本就没有什么意义。我有更可靠的数据来源可以证明，这上面的数据大多数都是假的，那剩下的一点点真实数据根本就解释不了什么问题！"于是林肯便详细地列举出了一连串真实的数据，这些数据明显推翻了道格拉斯的清单解释。最后，林肯这样说道："亲爱的道格拉斯先生现在大概已经无地自容了吧，他一定在默默地祈求我不要再说下去了。可是我为什么要停下来呢？事实上真正被打败的是我啊！你不用觉得奇怪，你只要看看这些数据，认真地听听，就知道我为什么要这么说了：上年财政支付给法国500万用于偿还欠款，邮政支付500万，战争支付1000万。天哪，这些支付理由有谁能够相信，又有谁能够验证其真实性呢？这样胡编乱造的理由也敢列举出来，真是让人哭笑不得啊！我希望大家能够认真看看这份清单，看看这些冠冕堂皇的支付理由，然后再做出公正的判决。看看究竟我和他谁才值得您投出那宝贵的一票。接下来，我给大家讲个小故事，在现在讲来再合适不过了。从前，有一位可笑的爱尔兰士兵……"

林肯之所以如此毫不留情地攻击对方，是因为对手是道格拉斯——一个实力超群的敌人。如果对手是民主党人，他也许就会稍微宽容一些了。道格拉斯，仿佛生来就是为了要和头脑清醒、充满理智的林肯来一决高下的。

五、玛丽·托德（上）

林肯、道格拉斯和爱德华斯都是议会成员，所以两人经常去爱德华斯的府上参加聚会或是一起讨论问题，也就是在这里，他们遇到了让他们心动的姑娘——玛丽·托德。

爱德华斯的府邸位于大街对面的花园小楼，华丽的镂空窗子、迂回狭长的走廊、精致的木制楼柱，无一不彰显着府邸的大气豪华，一些政要、名流和律师们也常在这里聚会。值得一提的是爱德华斯的夫人，她出自名门托德家族，比她丈夫的家世还要显赫。托德家族来自苏格兰，早些年间迁到了肯塔基州，并在此建立起家业。在独立战争期间，托德家族就因为屡次立功受到封勋。爱德华斯夫人的多位祖辈都曾在政界担任要职，她的曾祖父还是一位大将军。这样的名门望族，家族成员自然也是多的数不胜数。爱德华斯夫人的父亲是列克星敦的银行家，名下经营几座磨坊，乡下也有丰厚的田产，除了成群的牲畜还有一些奴隶。城里的住宅也是相当富丽堂皇，还挂满了历代祖辈的画像，彰显着家族的骄傲，他的子女都是在这样的环境中熏陶着长大的。

玛丽·托德就是在这样的环境中成长起来的，但是她和她的5个兄弟姐

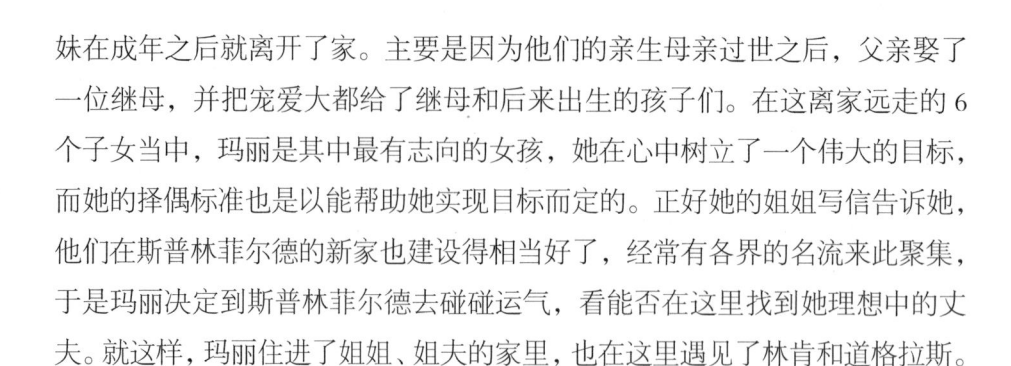

妹在成年之后就离开了家。主要是因为他们的亲生母亲过世之后，父亲娶了一位继母，并把宠爱大都给了继母和后来出生的孩子们。在这离家远走的6个子女当中，玛丽是其中最有志向的女孩，她在心中树立了一个伟大的目标，而她的择偶标准也是以能帮助她实现目标而定的。正好她的姐姐写信告诉她，他们在斯普林菲尔德的新家也建设得相当好了，经常有各界的名流来此聚集，于是玛丽决定到斯普林菲尔德去碰碰运气，看能否在这里找到她理想中的丈夫。就这样，玛丽住进了姐姐、姐夫的家里，也在这里遇见了林肯和道格拉斯。

当林肯和道格拉斯第一次在爱德华斯的府邸见到玛丽的时候，就觉得她就像是从天而降的女神一样，让他们着迷。她披着一头漂亮的卷发，白皙的皮肤好像吹弹可破，华丽的裙摆随风舞动着，整个人高贵典雅、婀娜多姿，一出现就吸引了在场所有人的注意。林肯他们在心中暗暗想道，她一定是哪一家的名门闺秀，她知书达理、谈吐优雅、博学多才，一看就是从小受到了良好的教育。当她沉默时，表情是沉着严厉的；当她感到厌恶时，那双美丽的蓝绿色眼睛会发出冰冷的光芒；她的心思，让小伙子们都猜不透。对于一位接受过上等教育的名门淑女来说，她既不看重男人的衣着打扮，也不在意他们是否礼仪周到，就连他们的出身和产业财富，她也毫不在乎。这让大家十分费解，她究竟看重的是什么。当然，她也曾表现出对某人的反感，在第一场舞会中，她不停地跳舞，让所有的年轻男子都为她的热情和漂亮着迷，然而林肯律师事务所的实习学生赫尔顿在夸赞她的时候用词却不太恰当："您疯狂的舞动就如同一条妖艳的美女蛇在摆动。"这句话立刻引起了玛丽的反感，她用排斥的目光盯着赫尔顿，并拒绝了他的邀请。虽然他说这话并无恶意，但是却让这位姑娘对他反感了一生。

玛丽的最大梦想是成为白宫的女主人，做一位女总统，所以，她在审视这群年轻小伙时，脑海里不断思考的是：他们谁的政治前途最光明，谁最有希望帮她实现梦想？而众人当中让她颇有好感的就是林肯和道格拉斯。同样道格拉斯也在关注着玛丽，事实上他们有着共同的理想目标，道格拉斯现在所做的一切都是为了不断接近那个最高职位，并最终坐上那个位置。他们都有着强烈的权力欲望，也许当玛丽在梦中梦到白宫时，还能遇上正在白宫外徘徊的道格拉斯呢！而林肯则与他们恰恰相反，他这辈子都没有想过把总统和自己联系在一起。虽然他也希望自己能够大展身手，但是他并不是那种急功近利的人。也许他偶尔会想到那个位置，可他坚信，自己是不可能真的登上总统宝座的。他们两个人，一个有着狂妄的自信，一个却极其自卑。在面对玛丽时，也是一个热情奉承，一个羞涩内敛，大概所有人都会认为道格拉斯更适合玛丽吧，可是出乎所有人意料的是，玛丽最终选择的竟然是林肯，这个看似沉默且略显忧郁的青年。

经过那次舞会之后，林肯对玛丽有了初次印象。在林肯看来，玛丽总是一副居高临下的姿态，同时具备熟练的上层社会的社交技巧，她总是能自由地穿梭在不同的人群当中，游刃有余地与各种各样的人互动交流，有时即使是和别人聊些不相关的话题，也不会使场面尴尬，反而显出了她的亲切。这种娴熟而圆滑的社交手段，让林肯很是吃惊，这是他从未在其他女人身上看到过的。就连他所认识的男人当中，也就只有道格拉斯可以与她相比，他们俩的交谈方式、表情和动作几乎如出一辙。后来接触的多了，林肯也发现了她的另一面，她的性格阴晴不定，上一秒还艳阳高照，下一秒就变得电闪雷鸣了。她讨厌暴雨天气，因为阴雨天会加重她的偏头痛，看似开朗坚强的她有时候又会为了一点小事哀伤流泪。不过不能否认的是，她确实是一位健谈的女士，她可以和别人讨论最新发生的事情。在休闲娱乐会场中，她总是最受瞩目的一位。她有着强烈的表现欲望，且一生都沉浸在自己的欲望里不能自拔。也许林肯应该听人谈论过她小时候的故事，她为了显示出和其他同学的不同，亲自编制柳条给自己的裙子做撑篷。

林肯从来没有想过要和玛丽共度一生，玛丽对他的垂青让他觉得有些突然。其实他对未来妻子的想法很简单，只要是具备优秀品德的好姑娘，他就很满意了。丰富的知识和聪明的头脑，他一人拥有就足够了。不过渐渐地林肯发现，玛丽身上有着他所没有的一些品质，正是他所欠缺的奋斗动力和社交技巧。在性格方面，两个人也是极为互补，玛丽外表泼辣外向，内心却彷徨不定。林肯外表温吞内向，内心却坚定果敢，同时玛丽为了实现理想而表现出来的激进与烦恼，正好可以中和林肯的宽容和过度谦卑。

他们在性格上的互补，不仅林肯发现了，玛丽也同样发现了。不得不承认，玛丽在头脑和思想上比一般女人要聪明的多。她凭着惊人的直觉判断出林肯才是最具有政治潜力的人，所以她坚持选择了林肯，而之后发生的事实也刚好印证了玛丽当初的决定是多么明智。

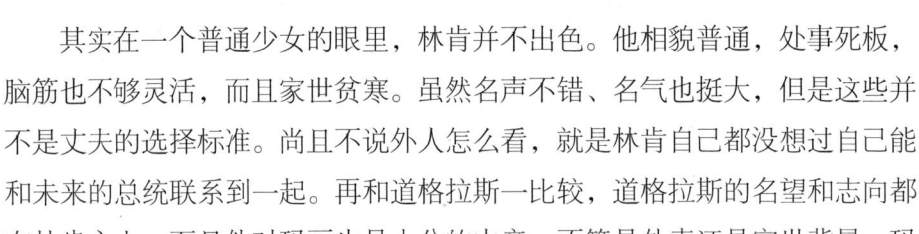

其实在一个普通少女的眼里，林肯并不出色。他相貌普通，处事死板，脑筋也不够灵活，而且家世贫寒。虽然名声不错、名气也挺大，但是这些并不是丈夫的选择标准。尚且不说外人怎么看，就是林肯自己都没想过自己能和未来的总统联系到一起。再和道格拉斯一比较，道格拉斯的名望和志向都在林肯之上，而且他对玛丽也是十分的中意。不管是外表还是家世背景，玛丽都很符合他的理想，于是道格拉斯时常找机会向玛丽大献殷勤，看起来他们才是登对的一对璧人。可是玛丽并不领情，她坚持选择了林肯，她仿佛能看见林肯头顶上正悬着一个明亮的政治光环，和这个比较起来，什么不修边幅，什么不懂礼数，还有什么相貌普通都不算什么了。她的眼里全都是耀眼的光芒，承载着她一生梦想的光芒，所以，玛丽毫不犹豫地用双手抓紧了这个男人。

玛丽的姐姐和姐夫并不理解这些，他们觉得她这样是感情用事，会毁了自己的美好未来，因此他们不止一次劝说她，可是这反而让玛丽更加坚持自己的选择。即使对林肯和汉克斯那些人还有些反感，但是这丝毫没有影响她的决定。多年后，她曾这样说："我始终坚信，他一定能凭借他自己的能力当上国家总统。所以，我坚持选择他，虽然，他确实长得不怎么样……"

两人的进展很快，眼看就要谈及婚嫁问题了，林肯却在此时退缩了，他发现自己还没有做好接受玛丽的准备。于是他又沿用他一贯的风格，预备写信告诉玛丽他的想法。信的大致内容是说经过一番认真的思考之后，他发现自己对玛丽的爱还没有达到可以结婚的程度。这封信和上次写给胖玛丽的相比，要果断明了得多。可是当他把信事先拿给斯皮德看时，斯皮德却直接将信揉成一团丢进了火里，他的理由是：与其用这种文艺的书信方式，还不如直接去找玛丽，和她面对面的交谈，直接的解释可比咬文嚼字的书信更加有用。斯皮德在林肯面前表现得就像是一个经验丰富的情场高手一样，让林肯一下子就信服了。可惜，斯皮德并不了解玛丽，而玛丽却很清楚如何俘获害怕与女性交往的林肯的心，这注定了林肯在交谈中会败下阵来。

那天林肯从玛丽的住处回来时已经是晚上11点了，他一回来就向斯皮德讲述了今天发生的一切：当他向玛丽说出自己的想法时，她吃惊地从座椅上站了起来，然后咬着嘴唇哭着说，她被她自己欺骗了，她一直以为他们是彼此深爱的。玛丽的哭泣和低语深深触动了林肯的心，他不由自主地伸出了双手,抱住了她,然后吻了她。当林肯讲到这里时,斯皮德忍不住大笑起来。林肯停顿了一下,接着认真地说道:"如果我们订婚了,我一定会遵守承诺的。"这句话与他当时对胖玛丽在信中说的话是多么的相似啊!

再后来,他们顺利订婚了。可是订婚之后,他们之间的矛盾反而愈加突出了。原本他们就对彼此充满了恐惧和怀疑,玛丽总是试图去掌控一切,林肯偏偏又喜欢独来独往,迥然不同的生活习性使得他们之间冲突不断。有时林肯会在街上遇上正手挽着手一同经过的玛丽和道格拉斯,这让他非常生气。当林肯和玛丽的妹妹玛蒂尔德走得比较近时,玛丽也会对他们有所猜忌。玛蒂尔德离开后,她又怀疑林肯和交往密切的萨拉的关系不一般,不过这些事情对一对恋人来说,再正常不过了。

随着婚期逼近,林肯的心越来越焦躁不安起来。他对女性的惧怕心理一直催促着他去摆脱这桩婚姻,这种恐惧感越来越强。可是这次与胖玛丽那次不同,就算写再多的信也阻止不了婚礼的到来。婚期定在了新年的1月1号,玛丽及家人为了这场盛大婚礼的到来全部都在精心准备着。玛丽可是一位名门闺秀,婚礼的隆重程度可想而知。琳琅满目的美酒佳肴、嘉宾爆满的婚宴会场,可是一想到自己将要与这个自己并不深爱的女人在众人的见证下进行婚前宣誓和讲话,林肯的心里就充满了恐惧和不安。

林肯的内心深处更向往孤独和自由,虽然他也和普通年轻人一样渴望浪漫,需要女性的安抚,可是他更害怕女性带来的束缚和伤害。他的第一次心动爱恋,几经波折,眼见终成眷属最后却转瞬成空。第二次的订婚中他总是被婚约束缚,饱受心理的折磨。而这第三段姻缘终于带他走进婚姻的大门,修成正果。在法律意义上,玛丽已经是他的合法妻子,他必须对她负起一个丈夫应尽的责任,可是他却心存抗拒,多年来独来独往的生活习性让他不愿意对任何人负任何道义上的责任。他理想中的妻子应该是个温柔如水的姑娘,而不是像玛丽一样整天对他指手画脚,给他诸多要求和目标。这种束缚和压力让他几乎透不过气来,再一想到自己将和这样的女人共度一生,他内心的恐惧和不安就更甚了,这种心理感受已经演变成一种心理疾病。

最终,不管林肯有多么不情愿,婚礼还是如期举行了。据参加婚礼的人说,整个婚礼举办的十分出色,除了没有看见新郎官以外。有哪个新郎官竟然连自己的婚礼都不参加的?玛丽的姐姐曾说,她曾听到林肯说他恨玛丽,这大

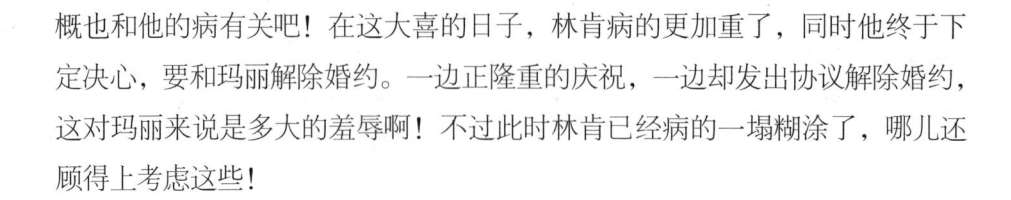

概也和他的病有关吧！在这大喜的日子，林肯病的更加重了，同时他终于下定决心，要和玛丽解除婚约。一边正隆重的庆祝，一边却发出协议解除婚约，这对玛丽来说是多大的羞辱啊！不过此时林肯已经病的一塌糊涂了，哪儿还顾得上考虑这些！

六、情感纠葛

　　林肯病得很重，甚至还有严重的自杀倾向，他的私人医生也无能为力，只能向辛辛那提的一位精神科专家写信求助。远方的医生在信中了解了林肯的病情之后决定亲自来一趟。病中的林肯精神很虚弱，他总是怀疑这位远方来的陌生医生会对他不利。每次接受会诊时，他都会尽力让私人医生陪伴着一起，他从没像现在这样这么的恐惧和不安过，也从没像这样依赖过他人。他曾给华盛顿的好友斯图尔特写信说道："我觉得我是这个世界上最悲惨的人，如果将我的悲伤拿出来分摊给世界上的所有人，那么这个世界将不会再有欢笑了。我不知道现在的我是否还有未来，也许根本就没有未来，有的只是毁灭。现在的我已经变得不像我了，要想找回自我，除了恢复健康，大概也就只能去自杀了吧。如果我还是我，肯定不会像现在这样选择逃避的，我一定会勇敢面对。我感觉自己越来越难以控制我自己了，我写不下去了，就写到这里吧。"

　　林肯还在信中拜托朋友，帮助他的私人医生亨利得到邮差的职位，他这样说道："虽然我偶尔还能拿我的忧郁症调笑一番，可是我实际上并没有我表现得那么坚强。我现在对亨利越来越依赖了，如果少了他的陪伴，我不知道自己是否还能坚持活下去。所以我希望他能一直留下来，只要他如愿当上邮差，他就不会离开这个城市的。他的存在关乎我的生死，所以我希望你能帮助他，同时也是帮助我！"

　　这大概是林肯这一生唯一一次说他离开谁就活不下去了，在此之前，大家所认识的林肯健康有活力、博学有信念，他不惧怕任何环境，也从不依赖医生或其他人的帮助。可是现在的他却显得那么无助和不安，甚至需要换个环境来逃避现实！幸运的是，他的好友斯皮德给他提供了一个好的去处——

斯皮德母亲位于肯塔基州的庄园。林肯在斯皮德的诚意邀请下，来到了这座乡村别墅，并在此生活了一段时间。也正是在这里，林肯的心情逐渐变好起来，心里的积郁也逐渐消失了。

在这里林肯实实在在体会了一把奴隶主的生活，住的是宽敞华丽的别墅，吃穿用度、外出游玩，都有奴隶跟随伺候。斯皮德的母亲和妹妹都是高贵有教养的淑女，和她们相处很是轻松愉快。林肯那颗饱受折磨的心终于得到了安抚，心底的阴霾暂时烟消云散了。当林肯正享受着安静愉悦的生活时，斯皮德坠入了爱河，他喜欢上了当地一位绅士的女儿，一个漂亮的女人。为了给这两个正热切恋爱着的人创造更多的见面机会，林肯不得不经常去找这位绅士探讨一些绅士感兴趣的话题。这边两人在热烈地讨论政治，那边两个人则在热情地接吻。

有时，林肯也会傻傻地坐着发呆，仿佛思绪已经飘出很远，然后他又会突然醒悟过来，写下一些什么。原来他的心里阴影始终都在，写下的文字大多带有自杀倾向。在他的笔下，自杀是一种寻求解脱的方式。幸好，林肯的心里还存在着他以往的雄心壮志。他曾对朋友说道："我不能就这样悄无声息地消失了，我还没有做出一番伟大的业绩来让人们记住我，茫茫的宇宙中还没有一点可以证明我曾经存在过的痕迹，在离开这个世界之前，我必须干出一番轰轰烈烈的事业，让世人铭记！"正是这心底的熊熊斗志把林肯从生死边缘拉了回来，不过他的这番话也正预示着林肯此时正如蓄势待发的火山一样，即将有所作为。

斯皮德与绅士的女儿快要结婚时，林肯早已调整好心态回家了。面对即将到来的婚礼，斯皮德有些焦虑不安，他写信告诉林肯，很快林肯就回信了，从信件内容中依然可以感觉到林肯的忧郁与不安，它们并没有随着时光的流逝慢慢消逝：

> 以我对你的了解，从你爱上那个女人开始，到和她结婚，这期间，你应该总是会感觉焦虑不安的。这是因为你是个神经敏感的人，过于情绪化，这点从你以前和我讲述你的母亲和失去爱妻的兄长时的情绪表现可以看出来。对于这样的你来说，有三个原因会引起你的情绪波动，首先是天气，坏天气很容易影响人的心情，尤其是当

坏天气打乱你原有的计划时，你的情绪一定会发生波动。再来就是你的工作，你一直擅长的就是经商，以后也会继续经营下去，这样自然就会经常和朋友或生意人聚会谈论。有些话题会让你沉思，有些话题会让你兴奋，但是也有可能会有人将你认为不错的事情贬低得一文不值，或者是提起和死亡有关的话题，这一定会让神经脆弱的你大受打击。最后一个原因就是你即将到来的婚礼。如果这三种情况都出现了而你还能保持精神正常的话，那么我会为你高兴的。请你忘记我说过的话，原谅我的信给你的困扰，但是如果你的现状真的如同我以上所说的，那也不用惊慌，这样的状况也是正常的，可以理解的。虽然不是每个人都会出现这种情绪，但是大多神经敏感脆弱的人都会经历这样的过程，而你正是这样的人，是否有感觉到自己的与众不同了呢？

之后，斯皮德又写信告诉林肯，他有些担忧他与妻子的性格会有冲突。林肯回信安慰道："你喜欢凡妮不就是因为喜欢她的漂亮和文雅大方的个性吗？你还能回想起来你第一次见到她时她那让你着迷的一双黝黑明亮的眼睛吗？你这么爱她，她的性格方面你难道还会有所在意吗？你应该把注意力都放在她的优点上，那么你就不会有那么多的顾虑了。我有些担心你的情绪变化，有什么烦恼都告诉我吧，我会好好安慰你的。"

虽然对未来的婚姻生活存在着些许忧虑，但是对凡妮的爱让斯皮德还是决定和凡妮走进神圣的婚姻教堂，在众人的见证下和凡妮正式结为夫妻。结婚之后，斯皮德又向林肯倾诉着婚后的烦恼，这时林肯一改往日的安慰和鼓励，回信的内容语气都变得严厉起来："我们都有着艰难而伟大的理想，它和我们的命运紧紧相连，我们的将来肯定会有很多的理想等着我们去实现，希望它给带给我们丰厚的回报。除了你的妻子，这个世界还有很多其他重要的东西。你要学会放开思维，这样就不会再被一些小烦恼困扰住了。你要时刻提醒自己，不要因为一点小事儿钻牛角尖，适当的放弃才能有所得到。我的父亲曾告诉我：如果你为某样东西付出了过多的代价，那么它将会让你最在意。"

这封信更加明显地表露了林肯目前的心理，从这些信中，我们可以大致了解到他的内心世界。林肯总是试图去理解每一种感情,并通过分析得出他独特的结论。他像一位诗人,又像一个记者,他可以了解别人的心理动态,窥探到他人的心灵世界。他还通晓气候,建议精神脆弱的人出游,以克服天气对情绪的影响。他能够如此敏感地察觉到他人内心世界的变化,也许是和他母亲充满疑惑的身世有关吧,而他本身所具有博爱、宽容的品质以及善于观察、善于关心他人的诗人气质也使得他更容易了解他人的内心世界。

同时林肯内心的烦躁和绝望也在信件内容中有所表露,对死亡的抉择和生活的艰难一直都在困扰着他。为什么要让原本在小市民圈子中生活的林肯遭遇这一年以来发生的所有事情?为什么要让他和他的朋友去面对这几乎无人能够体会的忧伤和不安?是因为他带有神经忧郁症的激情呢,还是因为他那远大的理想,必须先有高于常人的付出才能获得丰厚的回报呢?

也正是因为林肯身上所具有的诗人气质,才使得他这样一个头脑清醒、勇敢果断、身强体壮的人在政治斗争中屡受打击,使得他优秀的人格中带有忧郁感伤的一面。

七、玛丽·托德(下)

斯皮德结婚的事情触动了林肯过去的记忆,让他感觉到一阵不曾有过的孤单,而且这种孤独感一天比一天强烈。他曾说道:"没有朋友的人,他的世界是阴沉昏暗的,而拥有朋友又失去朋友的人所承受的痛苦是没有朋友的人的两倍,所以我希望所有人都能和朋友永不分离,可是我却没有权力这么祈求。"

斯皮德结婚后还是经常给林肯写信,当他写到自己和妻子的生活多么甜蜜时,林肯会发自内心地为他感到高兴。当斯皮德只字不提他的新婚生活时,林肯就会坐立不安,立刻回信追问他婚姻生活是否有什么不顺利的。他之所以对斯皮德的婚后生活如此紧张,是因为他很在意婚姻是否真的可以带来幸福。两人来往的信件中有很多关于斯皮德婚后生活的内容,因此斯皮德不得不把林肯的信都藏起来,免得让凡妮看到,引起误会。虽然两人的书信往来都小心地避开了凡妮,但是林肯对凡妮还是很有好感的。他曾写道:"随信寄来的紫罗兰花我收到了,虽然已经枯萎了,但是它的芳香还留存在信纸上。花瓣里的汁液在信纸上留下了淡淡的痕迹,即使我很小心很小心地把它从信纸上捧了起来,可还是没能保留住它。不过我决定将这带有芳香的信纸好好保存,既是为了这朵不远万里到来的紫罗兰,也是为了为我摘下它的可爱的凡妮。"

在斯皮德婚后幸福生活的影响下,林肯对女性的恐惧有所减轻。再加上他确实需要女性的陪伴,于是他开始与一些女性有所接触。在给斯皮德的书信中,林肯有提到萨拉·理查哈德,一位年轻漂亮又和他很聊得来的小姐,他们相处得很愉快。可是交往了一段时间之后,他又感觉到一种负罪感。因为他想起了过去对玛丽的冷漠,他明明对玛丽有所承诺,但是却狠狠地伤害了她。即使这样还是有人告诉他,虽然他们之间发生了一些不愉快的事情,但是玛丽还是不愿意和他分手。于是在强烈的自我谴责下,他又回到了玛丽身边,他总是忘不了对她的责任,这对他来说是一种束缚,是一件痛苦的事情。因为他的自私,他忽略了玛丽的幸福,他始终因此而责备自己。虽然想起她并不是一件愉快的事情,可是在心里他还是希望她能够幸福快乐的。当他听说她和朋友一起去外地度过了一次愉快的旅行后,他也为她感到高兴!

玛丽的坚强不得不让人佩服,面对那样的打击和羞辱,她也没有就此消极沉沦下去,也没有想过要去逃避什么。同一个圈里的朋友都觉得她应该永远离开这个伤心的地方,可是他们不了解她有多么的固执和坚持,在林肯面前她已经抛弃了她的骄傲。

看到玛丽的坚持,对玛丽深深的愧疚感让林肯再一次陷入了到情感的纠结中。第二年夏天,林肯在给斯皮德的信中说道:"那件事情始终留存在我的记忆中,不时浮现在眼前,让我陷入痛苦。现在的我几乎找不到自信了,虽然你的建议确实不错,可我却不敢去下决定。要知道,过去的我一直都对自己很有信心,我还常常为此而感到骄傲。可如今,它却从我身上消失了,我怎么找都找不到它。哪怕是一件很简单的小事儿,我都对自己能否完成持怀疑态度。我希望你能够像我当初理解你那样的理解现在的我,这样我心里也能好过一点……遗憾的是今年不太可能再去肯塔基州了,贫困的生活现状让我必须先想办法赚钱,不知道下个月的生活将怎么继续……"

那段时间,他一度很消沉,也想要放弃对玛丽的责任,这也让他对自己纯真的品性有所怀疑，也让他更加自卑了。但是他也很明白自己不能再这样下去了，他需要重新振作起来，找回自己的自信。这种现状是不公平的，不是他所应该承受的。因为他并不爱玛丽，他从未对玛丽产生过一丝一毫真正的爱意。

后来玛丽又回到了斯普林菲尔德，这样他们便不可避免有了更多见面的机会。事情的起因是这样的：城里有一对热心的夫妇，他们同是一家报纸的编辑，因为自己膝下无儿，便十分乐意去撮合其他的年轻人。这次他们同时邀请了玛丽和林肯，玛丽接受了邀请，林肯也同样接受了邀请。当两人看到对方的时候都很惊讶，然后尴尬地站在了一起。玛丽曾向很多人说过，即使她和林肯之间有着不愉快的过去，可是林肯依然是她心里最期待的那个人。如果命运安排他们再在一起的话，她相信他们会逐渐重归于好的。也许这次的见面，就是他们重归于好的第一步吧！这次见面之后，他们又在其他公开场合多次相遇。毕竟他们在同一个圈子，每次聚会林肯依然都表现得风趣幽默，带给大家很多快乐。相比敏感的政治问题，大家都尽量不提，免得让政敌听到引起不必要的纷争。

那时，大家都对民主党新推出的财政政策颇有意见，纷纷对其提出抗议。同时被争论的还有施尔掘将军，他是民主党人，曾经做过水手，对法律也很精通，同时也是在这份税制公告上签字的税务官员，但他却向大家宣称此次的政策发布与他无关，因此引起了大家的诸多讽刺。林肯也是声讨大军中的一员，他以"瑞贝卡"的名义发表了三篇文章嘲讽这一荒唐的税务政策和这位矫揉造作的将军，以恶作剧的形式对其进行了尖锐的讽刺。既精准地击中了对方要害又让人忍俊不禁，因此受到读者的广泛关注。

不过文中所提及的这将军却没有给出任何回应，一直保持沉默，直到玛丽·托德彻底惹怒了他。不知道玛丽这么做到底是抱着什么样的心态，她和报纸编辑的妻子合伙以"瑞贝卡"的名义发表了第四篇书信体的文章。文章语言粗俗过分，并摆明了针对这位将军，甚至编造自己是将军的爱慕者，一个渴望嫁给将军的人。过分的恶作剧激怒了这位将军，他愤怒地要求作者现身与他当面辩白。

这本是小女人们的恶意捉弄，根本不需要一个政治家过多的关注。谁的恶作剧就该由谁来收场，不管是从自己的身份出发还是就自己的前途来说，都不应该去背这个黑锅。一旦承担下这个责任，后果一定很沉重，所以，林肯应该把这件事自动忽略掉。但是，让林肯为难的是玛丽也掺和在这件事中，她到底是出于什么目的已经无法猜测。或是过于自大，或是别有心机，但是她的参与让林肯无法忽视这件事情。于是经过几番权衡和思量，林肯最终还是站出来揽下了责任。这位将军几乎愤怒得想杀死林肯，于是他向林肯提出用决斗的方式来了结这段恩怨。这对林肯来说太困难了，他连一只动物都没有打死过，更别提和人决斗了，可是抱着赎罪的心理他还是接受了将军的提议。

决斗地点位于一座州边境的小城附近，决斗这天，很多人闻讯赶来观看，因为这也算是一件轰动全城的大事了。自从杰斐逊为爱决斗之后，伊利诺伊州就禁止人们再以任何理由进行决斗，但是现在，决斗似乎成为了一种时尚。林肯以前做过伐木工，所以比起决斗使用的佩剑，斧子才是更合适的工具。不过斧子在这种场合难以派上用场，林肯只能在决斗前挥舞两下佩剑来适应适应。当裁判分配好决斗场地后，林肯坐在场地正中的木桩上沉思了好长一段时间，不过没有人知道他在想什么。

事后有人是这样描述这场决斗的："他坐在那块木桩上沉默了好久，表情十分严肃，这和平常的他不太一样。若是在往常，他早就讲出几个好笑的笑话来活跃气氛了。沉默结束后，他抽出了佩剑，并站起来挥舞了几下。他本来就很高，在矮小的将军面前，他显得更高了。看到这么一高一矮的两个人面对面站着准备决斗，我差点忍不住要笑出声来了。后来，我看到林肯叹了口气，收起了佩剑，这时我发现他的眼里充满了异样的光彩，就像他演讲之前所流露出来的那样。我不禁想，他是不是要在决斗前讲上一小段故事呢？"最终，决斗并没有像人们期盼的那样发生，双方反而是进行了一次心平气和的谈判，他们互相阐述了彼此的初衷，对此次的事件做出了解释，这场风波就这样平息下去了。

林肯的性格决定了他的生活将充满讽刺，可是在某些时候讽刺也是一种美好的事物。当林肯静静地坐在木桩上的时候，他在想什么呢？是否回忆起了以前当伐木工时的生活，所以他才会挥舞着佩剑砍掉头顶的树枝？他向来是讨厌打猎和屠杀的，他从未杀过一个人，他甚至还在战斗中放走了一个俘虏。他明明在决斗中占有很大的优势，在决斗前一晚，他还在练习如何使用佩剑，可是到了决斗的时刻，他却在木桩上沉思，沉思后眼里的光彩显示着他似乎又想到了什么有趣的故事，最终以和平的方式结束了决斗。

不过，并不是所有的事情都能拥有美好的结局。虽然这场决斗被他顺利地化解了，可是却也影响了他将来的生活。经过这场决斗之后，玛丽对林肯更加爱慕了，两人的关系也逐渐好转起来，并再一次开始交往。玛丽坚持如一的爱让林肯有所动容，所以他再一次接受了她。朋友对此的解释是："他并不爱玛丽，可是他认为他应该遵守曾经许下的诺言，他对玛丽负有责任。"林肯还曾对朋友说过，他必须娶玛丽做自己的妻子。虽然他并不爱她，但是她对他的爱让他变得更加自信起来，因为她的爱证明了他足够优秀。那件事情过去之后，林肯专门统计了一张投票率统计表，上面显示着他的票数一直处于增长的趋势，还有与其他人票数的对比，并交给公证处做公证，最后用红色的带子扎起来，鲜艳夺目。他这么做，明显是为了向玛丽证明自己的出色，她对他的爱是完全值得的。

就这样的发展情况来看，两个人的关系越来越融洽了，两个人的婚事也应该在考虑范围之内了。但是在此之前，林肯还是有所顾虑，之前的经历还历历在目，他还没有完全的自信，不知道自己是否有这个心理承受能力，于是他又一次写信给斯皮德，想从他那里寻求前进的动力："现在又到了最关键的时刻了，可我内心还是控制不住的焦虑不安。我们曾经一起聊过很多关于你的婚姻问题，你结婚之后所有的忧虑和痛苦，我都知道，我也都能理解。到现在算来，你结婚也有8个月了，这8个月的婚姻生活一定十分幸福吧，不然你如今不会这么开心快乐。不过，我还是要问你一个问题，也许这会让你不高兴，但我还是想要听到你真实的回答：结婚真的会让人感到幸福和快乐吗？包括精神上和情感上的。因为我把你当作是我最信任的朋友，所以才这么问你，希望你不要介意，赶紧给我一个真心的回答，你应该能体会到我现在是多么迫切想要知道答案的心情吧？期待你的回信！"

对婚姻的恐惧阴影一直笼罩着林肯，他依然害怕婚姻带来的责任，害怕因为婚姻而失去自由。他不停地问自己，为什么要和玛丽结婚？他并不十分了解她，也并不爱她，甚至在一年多前自己还在躲避着她，他还曾经恨过她。可是现在他却要和她结婚，他将要得到这个女人成为自己的妻子，并一直共同生活下去。这真的是他想要的生活吗？这场婚姻能够给他带来幸福吗？当林肯还在不断纠结时,玛丽已经在张罗婚礼了,她希望婚礼越快举行越好。也许是害怕林肯又一次反悔了吧,她已经不在乎婚礼的盛大与否,只要有神父来为他们证婚,宣布他们正式结为合法夫妻,她就心满意足了!

在这一年的秋天,两人最终还是共同走进了婚姻的殿堂,这时林肯33岁,玛丽24岁。婚礼宴会上,林肯表现得很正常,他还讲了几个有趣的故事来活跃气氛。但是,这个喜庆的星期五,却被称作"灰色的星期五",这个新郎官也并没有感觉到幸福,他把这次结婚称作是"一次偶然的意外"。

八、诚实的林肯

随着林肯和赫尔顿相处的时间越来越长,再加上志同道合,最后他们成了很要好的朋友。赫尔顿是很支持废除奴隶制的,那些反对派就对他进行迫害,被逼无奈之下他只好躲避到了林肯这里。现在他对废除奴隶制还是很支持,他已经和林肯的朋友圈融为一体了,也成为了一名律师。从此,最早追随林肯的人就是赫尔顿了,他们之间的友谊一生都没有改变。赫尔顿比林肯小十岁,在他心里是十分尊敬林肯的,就像对待自己的父亲一样。因为赫尔顿的政治见解是带有理想主义色彩的,他的聪明和智慧也在工作中表现得很突出,在日常的交往中谈吐也表现得很幽默。也因为这林肯把他当作重要的合作对象。

林肯认识洛汉律师是在他结婚之前,是由斯图尔特引荐的,他们一起共事了三年。洛汉的身上有很多林肯不具备的优秀品质,林肯把他当作师长一样尊敬。虽然,洛汉想让林肯作为自己的代表人发言,但是他无法接受林肯的不修边幅。应该说,林肯在洛汉那里学到了很多东西,并且他生平第一次有足够的钱财来养家。洛汉建立的新事务所之所以很出名,都是得益于他的名气,他在政治界的威信和良好的时局发展趋势。如果林肯和这位合作者没有散伙,没有因为政治而成为敌人的话,他们合作的事业一定会取得相当大的成功,并且双方可以取长补短。但是很遗憾,因为政治原因,他们最后只能成为对手。

和洛汉散伙没多长时间，林肯就自己开了家新公司，名字是"林肯和赫尔顿"，这一次林肯的合伙人成了赫尔顿。一间很普通的房间就是他们的新办公室。空间不大，有点拥挤，一大块的地方都被一个书柜和一张书桌占去了，剩下的地方摆放的是一条破烂的沙发和两张绿色的办公桌，是呈"T"型的。有一次，准备给选民发放的种子被他们暂时放在这间办公室里，没多久，他们竟然发现掉落在地上的种子出芽了。

人们都知道林肯是一个很诚实的人，但是管理账目就不能指望他了。如果他们获得了报酬，林肯必定会把钱分为两半，一半他会交给赫尔顿。随着时间的积累，林肯身上的优点也在不断地增加，要知道很多人身上的优秀品质是会随着时间的流逝越来越少的。有一次，他对一位当事人说："我帮你把官司打赢可以取得600元的劳务费，但是这样的话会让一个家庭陷入痛苦之中，所以我不会为你打官司，也不想要你的报酬，但是我希望你回去好好地思考一下，怎么合理又正当地赚回600美元。"

林肯的言论中处处充满智慧，我们看到了一个人在经历无数的磨难之后依然不停奋斗的身影，而且他那优秀的品质一直没有因为任何事情而改变，并且这个怪人已经35岁了，这种保持不变的纯真让他成了名人。尽管他读的有关法律方面的书很少，也不愿意在法庭上做宣判陈词，但是他会尽自己最大的力量去获取证据，在法庭上激烈争辩，坚信法庭的裁决是最公正的。与此同时他还对自己性格上的沉稳大气和培养多年的正义感很有自信，然而，他对公司的事情是从来都不会过问的，主要是他觉得这些都是很头痛的事情，并且收到的劳务费他也会交给赫尔顿。有这样一件事情，林肯在很多年前当过邮政局的局长，有个职员找到林肯想要回17美元，说这是林肯当年欠下的。林肯毫不犹豫地从皮包拿出一个纸包，而纸包中包裹的正好是这17美元，原来林肯一直在等着这一天。

就算是在神圣不可侵犯的法庭上，在很多朋友的眼里，林肯的表现也总是很特别的。林肯出差办事也很特别，他做事情没有规律可循，也没有书记员随身跟着，更不会把数据资料和文件夹放在身边。如果他认为是重要的记录，就会常常被他塞在帽子里和抽屉里。但是，当外界极其混乱时，他却总能保持一个清醒的头脑。办公室秘书他用不上，钢笔和墨水也不需要，他的大脑就可以代替一切。很快，外界都开始效仿林肯用帽子装信或者支票，一时间成为了一种潮流。他因为失约给当事人写了一封信来道歉，内容是这样的：第一，我的日程安排十分紧密，抽不出时间；第二，因为我换了新帽子而把信件落在了以前的帽子里，我忘记了。

以林肯的这种性格，就需要一个有能力的年轻人在身边。在林肯看来，赫尔顿就是他最合适的助手。虽然他常常以"威利"来称呼赫尔顿，赫尔顿以"先生"来尊称他，但是林肯从来不会高姿态。他经常一走进办公室就会很直接地问赫尔顿一些看起来很小的问题，例如："你知道什么是反命题吗？"等。他朴素纯真的作风一直在生活和工作中保持不变，有时候，他会在办公室里走来走去。偶尔，他也会在早上放开嗓子读报纸，有时他会好几天都钻研图形和数字，只为了寻求一个解题方案。

就算是这样，大家对他还是很信任。曾经有一位神父把自己的财产抵押给他，而且收据和注册的步骤都省略了，只因为他很信任林肯。当两个农场主激烈地争夺着一块土地的所有权时，他们会把决定权交给林肯。因为在那时，林肯这位大律师在西部人的眼里就是一位农场主。在他对事情进行调解的时候，他说话的腔调不会表现得很威严，也不会说一些法律术语让大家听不懂。他会像一个普通人一样，用最简单最普通的言语来表达。不管在哪里，林肯就好比是一个化过妆的农民。

但是林肯在结婚之后，他的穿着就改变了，穿衣打扮变得很正式，皮鞋擦得锃亮，穿的衬衣和领带也都收拾得很整齐，戴的礼帽也变得很高挺。幸好，他的穿着也不是百分百的完美，实际上让他做到那样也是不可能的，他的马甲总是有褶皱，突出的喉结使他的领带也打得很松。他一贯就是这样的打扮，听别人谈话的时候，他就会站在那里垂着肩膀，脑袋前倾，两条长胳膊随意地垂下来，用自己的眼睛认真地注视着别人，好像他在认真地思考，你会觉得他能把别人的心看透。

九、婚后的生活

林肯结婚后，玛丽很少过问他律师事务所的事情，她只对政坛的风云变化和政客的兴衰经历感兴趣。她之所以选择林肯是因为她有一个政治梦。她的目光在最初就集中到了她心心所念的职位上。她认为，每个人做事情的目的都是不单纯的。她对别人都很警惕，态度冷漠，她总是想知道人们做事的真正意图。林肯是一个喜欢观察和分析人的性格的人，而玛丽这种性格与他相比显得更加直接、实用和功利。玛丽喜欢把别人当作自己通往成功路上的敌人。林肯是一个正直的人，有时还会有点迂腐，玛丽的性格在一定程度上对他是有帮助的。因为在林肯的政治道路上，玛丽的性格就像是一支兴奋剂，她能让林肯时刻保持激情，斗志昂扬，不断地前进。

林肯回到家庭中对玛丽是很谦让的，假如玛丽发脾气，他就会开玩笑逗她；假如她闹得不可开交，林肯就会走掉。当然了，林肯知道玛丽的弱点，他知道她害怕暴风雨和恐怖的故事，所以他总是会在暴风雨的天气给玛丽讲恐怖的故事吓唬她。他们夫妻两个很迷信，但是玛丽信的是符，林肯信的是梦。

新的生活在最开始的时候都是很艰难的，特别是玛丽。他们的两居室每周要交四美元的租金，而且很简陋，这让玛丽很不满意。她必须强忍着才能把日子过下去。当林肯以债务为借口，继续居住在这里时，玛丽对生活已经绝望了，有时候她也会后悔自己嫁给这么个穷光蛋。不过没多久，玛丽做了母亲，他们希望给儿子取一个让家族骄傲的名字。可是在儿子取名这个问题上，他们夫妻俩争吵了起来，林肯想给孩子取名为斯皮德，这是他一个朋友的名字。这让玛丽很不高兴，她希望给孩子取名为罗伯特，这是她父亲的名字。接下来几年里，他们的四个儿子都没有用他们夫妻取的名字。一直到最后一个儿子才用林肯父亲的名字为孩子取名字，因为林肯的父亲去世没多久。有着雄心壮志的玛丽在这十年里就做了一样事情，就是不停地生孩子。

朋友都不与玛丽亲近，林肯的合伙人赫尔顿在斯普林菲尔德的舞会上认识玛丽后也不喜欢玛丽。玛丽曾经尝试关闭事务所，但最后也是白费力气，她就算是与赫尔顿遇上也会装着没有看见。另一方面，林肯很小心，甚至在给朋友写信的时候也从来不会把自己的婚事写在信中。他给斯皮德的信是这样写的："见面的时候我会告诉你我的婚后生活的。"后来，他把玛丽怀孕的事情以很幽默的话语讲述给别人听，表现得很不高兴。因为对于一个贫困的家庭来说，孩子的到来会加重负担，另一方面，玛丽会拿孩子当理由阻止他外出。

很快，玛丽就拿出自己积攒的钱和抵押，拥有了一套属于自己的房子。

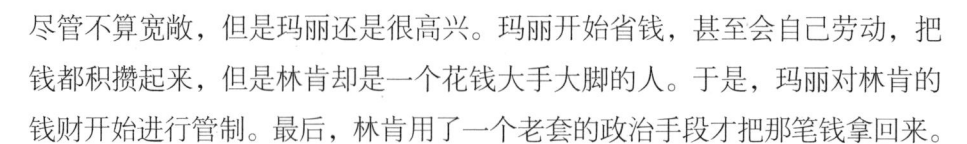

尽管不算宽敞，但是玛丽还是很高兴。玛丽开始省钱，甚至会自己劳动，把钱都积攒起来，但是林肯却是一个花钱大手大脚的人。于是，玛丽对林肯的钱财开始进行管制。最后，林肯用了一个老套的政治手段才把那笔钱拿回来。

两个性格差异这么大的人怎么在一起生活呢？这对于他们真的是一个难题。林肯在家的时候穿着很随便，只穿一件衬衣，如果有人来拜访，他会直接这个样子去开门。玛丽对此很不满，她喜欢穿戴整齐，但是林肯却不喜欢收拾自己。尽管林肯性格很温顺，但是时间观念不强，不守时。虽然很幽默，但同时也很健忘。而玛丽则是一个生活讲究，很有目的性的女人，这样的她是无法忍受和这样一个男人同进同出的。除了这些，林肯还有很多让玛丽无法忍受的习惯，例如林肯经常在地毯上半躺着，这使得别人经过的时候要多绕半圈。他还喜欢坐在地板上和孩子们玩。林肯家里饲养了一头奶牛，玛丽经常抱怨他有时间不帮忙挤牛奶。玛丽觉得不能因为他是州议会的议员就不挤牛奶，就算他不挤牛奶，也不应该拿着奶桶到处晃悠。

有一天，两个朋友来林肯家，这是两个很优雅的女性。林肯在吃饭的时候对她们说："我的妻子马上就要来了，你们赶紧把餐具放好。"玛丽是很难理解林肯的这种幽默的，也许她认为林肯这是在嘲笑她。玛丽从小都是娇生惯养，对此事无法忍受。她心里很不舒服，觉得林肯的玩笑开过了。还有一次，在参加汽车旅行之前，玛丽和仆人起了争执，她在车里发火道："如果我比林肯先生晚去世，我一定会在奴隶制国家和他遇上！"

玛丽的这句话是有内容的，一方面这句话反映了他们夫妻之间关于奴隶制问题的话题，另一方面也将玛丽的一些实际情况隐隐包含在其中。玛丽喜欢雇佣黑奴，她不喜欢白人仆人。这是因为她小时候生长在南部，在奴隶制的环境中长大，而现在她和林肯成了夫妻，林肯又主张废除奴隶制，于是她就决定离开南部。

林肯对孩子们还是很和蔼可亲的，他认为这是最合适的做法。他不理会玛丽期望孩子们怎么样，他只坚持让孩子们做一个正直的人。他在对自己的孩子进行观察的时候，写得很幽默："我们的第二个小家伙出生了，鲍伯那个时候也是这个样子。鲍伯比他矮点，我真担心以后还是这样，但是仅仅只有五岁的鲍伯比其他的同龄孩子都聪明，我常常会担心他太早熟，等到长大或许就没那么突出了。现在，小家伙很顽皮。在我写这封信时，有人告诉我鲍伯又不见了。可是一会儿,他就被玛丽找到,并且还挨了一顿打。可是现在,他又不知道疯到哪里去了。"从林肯写的这些内容中,我们可以看见他人性的一面,他的宽容和他的爱。

林肯结婚之后,信中的内容处处带着忧郁。他有谁可以亲近呢?他的朋友因为嫉妒他而远离他。他与自己同父异母的兄弟也很多年没有联系,只是时不时地寄点钱给父亲。有一次父母要来家里看林肯,但是玛丽不允许。有人发觉,林肯常常一个人坐在办公室里发呆,脸用帽檐遮住,坐在椅子上靠着墙,双腿抬得很高,双手抱着膝盖,他可以一直保持这个姿势长达好几个小时;有时候从他的脸上能看出忧愁,两只眼睛没有光彩,没有人敢上前跟他讲话。如果他发现他感兴趣的诗,他会记在脑海里,然后写信寄给朋友。这些诗大多都很感伤,有一首是这样的:

我们是汪洋的浪波,
轻轻地把生命之光驱散,
为什么要逝去?我们的力量、愿望,
这一切,
被人遗忘?
我们与祖先没有什么两样,
赐予我们的,
同样有雨露,同样有阳光。
即使是圣殿延伸出的小径照样走向死亡,
何苦努力呢?
一切皆枉然。

一次,林肯为了政治四处游历,途中他到了印第安纳州,这是他的第二故乡。林肯在这里生活了15年,这里和过去没有什么不同。当他再次到这个地方,十几年前的一切都浮现在眼前,他的生活、家庭、奋斗和失落。这里埋葬着他的母亲和姐姐,想到这些,他内心久久不能平静,便写了一首诗来表达:

二十年时光如梭,
远离了旧时的山野,
还有熟悉的山林和游戏,
与亲爱的朋友挥手告别。
啊,曾经多少梦想,
如今都已消失不见,
唯有那流逝的和渴望的,
还在心间徜徉。
少时的玩伴,
也已挑起了家庭的重担,
壮年也在走向衰年。
且为新逝的兄弟泪洒成行。
夕阳的语丝啊,
随我细说着惆怅,
直到丧钟在天际回响,
大地一片荒冢凄凉。
我独自在田间徘徊,
好似云端漫步天堂,
身边那些阴影在涌动,
我仿佛看到了通往坟墓的路程。

十、竞选助手

当了8年伊利诺伊州州议员的林肯,结束任期之后,向华盛顿发起了第一次进攻。他再也不甘心于小领域,现在的他强烈期望到更大的舞台上去表演。这是林肯结婚后一年做的重要决定,所以很多人认为这是他妻子玛丽的功劳。各党派在国会议员的竞选中相互支持。当时的辉格党中可能成为候选人的有三个,最终这一资格被贝克拿下。林肯对这个结果很不满意,因为无论是从地位还是从能力来说，他都比贝克强。但是后来，候选人又换成了别人。两年之后，贝克在自己的努力之下又拿回了候选人的位置。这样就让林肯等了四年才得到进入国会的提名。这就是林肯从33岁到37岁的四年，对一个事业心很强的男人而言，这是创业的黄金时段。而因为朋友私底下破坏了他们之间的友谊，林肯很伤心。当然了，林肯肯定也因为这件事情遭到过玛丽的嘲讽。

幸运的是，在一次总统竞选的过程中，林肯成为了亨利·克莱的助手。林肯在助选的过程中呈现出了全新的姿态，因为他希望克莱能够成功竞选为总统。

与此同时，全国一直笼罩着奴隶制的阴云。得克萨斯刚刚脱离墨西哥的魔爪就被合众国接纳，他们要求解放奴隶，获得自由。因为这个原因，总统被迫退步，他允许给路易斯安那州南边的各个新建州自由。但是，这种做法与1820年的《密苏里妥协案》的规定是不符的，这让南方人很恼火。因为在这个妥协案里，规定了奴隶制是不允许存在于北纬36度以北路易斯安那和其他地区的。这部妥协案是克莱缔造的，所以在面对这个问题的时候，他一直坚持反对将得克萨斯并入到美国。

克莱是北方的代表，他说：“我觉得在墨西哥还没有同意的情况下，我们就贸然并入得克萨斯是很危险的，是一种侵略，这么做不稳妥，会损害国家的利益，严重的话还会产生美国和墨西哥以及其他国家之间的矛盾。更何况，得克萨斯的并入会增加财政的负担，所以这种行为是不被大家接受的。”现在，那些喜欢战争的将领们，也开始从心里反对这场战争了。

但是，鲍尔克是民主党，他与克莱是竞争对手，他对此事持有不同观点。他认为得克萨斯并入合众国是很容易的。因为这个原因，南部的人欢呼雀跃，鲍尔克的观点正好阐述了他们心中所想。只要战争取得胜利，得克萨斯的奴隶都会归南部的弗吉尼亚、南卡罗来纳等蓄奴州所有，他们将获得更多的物质利益。

林肯在党内的安排下成为了克莱竞选班子的一名成员。他把全身心都投入到繁忙的助选工作中，他忙碌于各州之间，不断发表演讲和做宣传。在这段时间里，他给朋友的信都是这样写的：“我不大赞成去侵略别国的领土，我不觉得这种行为能取得什么大的利益。我们的人民已经自由自在生活很久了。并且，实际上这种侵略不利于发展扩大奴隶制，虽然这样说很可笑，但是我觉得，别的国家实不实行奴隶制我们是没有权利去干涉的，更不能因为它生存地的灭亡而又给它另一个重生的地方。"

在这段时期里，民间充满智慧的论证法我们都可以在林肯的演讲笔记中找到，这种方法称为"苏格拉底式"论证法，比如："A 有让 B 成为他的奴隶的权利，那么 B 为什么不能有让 A 成为他的奴隶的权利呢？如果对方说，是 A 是白人，B 是黑人的缘故。可是这牵扯的不是权利，是肤色问题。如果按这种想法的话，那深色皮肤的人就要做浅肤色人的奴隶吗？如果你回答说，最主要的原因不是肤色，而是白人的智力比黑人高。按照这种说法，每个人身边都会有比自己聪明的人，那么你是不是就要成为他的奴隶呢？结果，你反驳说是因为利益。这样说来，将别人成为自己的奴隶仅仅是因为自己的利益，那么反过来别人是不是也可以根据自己的利益把你变成他的奴隶？"

有的时候，为了把反奴隶的合理性更好地展现给人们，林肯会举一些人们常见的实例来进行论证。"连一个小小的蚂蚁都晓得，它们辛辛苦苦找到的面包要花费很多的精力才能运回家，但是这个时候如果有人来抢的话，它们一定会拼命地反抗。同理，当一个老实的黑奴在知道自己将要被主人吸干榨尽的时候，他们心里也很明白自己的痛苦。如果现在还有人赞美奴隶制的话，那么他将会在史册上留下污名。如今还有很多国家属于独裁统治，蔑视人权，但我们的国家现在努力的目标就是实现人人平等。有部分人觉得，那些奴隶不聪明，孤陋寡闻，是没有权利和能力去参与国家的治理的。我们觉得，这是有一定的合理性的。可是，对于你们精心维系的体制来说，也许没有办法改变他们现在受压迫的境况，但是我们很希望能够给他们一个机会去改变和发展。我们会试图去做一些事情，你们需要的是等待，我们会取得胜利的！"他在一次华盛顿诞辰的纪念会上发言说："让奴隶制和奴隶在这片土地上永久不存在，将是我们对他开创的伟大事业的最好继承和发扬。"

林肯经历的苦涩的青少年时光成就了他如今的民众福利理想，他想要废除奴隶制度主要是因为他怜悯和同情黑奴的悲惨生活。在他对社会的现实和社会真相有了深刻的了解后，他的民众福利理想在很多文章中都有展现："我在 20 年前是一个短工，但是现在改变了，因此所有东西都是可以改变的。我们每个人都可以通过劳动改变自己的命运，我们白人也不例外。劳动的责任是我们没有任何借口去放弃的。因此，假如有人想把这种责任转嫁到别人身上，那对于白人来说就是一种永久的灾祸。人世间的很多财富都是依靠人们双手的劳动创造的，那些辛勤劳动的人们应该收获他们应有的回报，但是一直以来，总是一部分人劳动，另一部分人享受。这对于那些付出劳动的人来说是很不公平的，我们不能让这种不公平一直持续下去。一个政府要做到公平，就应该让那些付出劳动的人得到他们应有的回报。"

林肯是在一次旅行的路途中说的这些话，而那时1848年欧洲大革命也即将来临。我们可以看成是，一个聪明智慧的大脑产生了这样一种观点，代表着一颗善良的心。换句话说，当时的形势是很紧迫的，这使林肯必须用言语来表达自己的心情。在他的话中，处处展现出了这位改革家对未来的预测和目标。他是第一个提出解放黑奴的人，在75年之后才出现第二个提出这种设想的人。他也早于别人50年，率先对白人的社会福利做了论述。就算是克莱，这位很有远见的领导人在那时也不赞成美国改革，认为那时的条件还不适合。可是，与8年前总统竞选的情形几乎一样，这一次克莱又被一位不出名的能说会道的人给打败了。

但是随着竞选次数的增多，林肯越来越出名。林肯对克莱的失败是这样说的："虽然我很希望胜利的是克莱，但我又很讨厌民主党人的行事作风。他们为了目的不择手段，但是我心里还是很恐惧担任竞选演说人的，我面临的竞选活动要持续六个星期，我不得不这么做。要晓得，每天的演讲有十几场，虽然我信心十足，但是我无法保证我在不停变换方式讲同一内容时不会头晕。克莱一败涂地，鲍尔克的票数要比他的多得多。现在在我已经很平静了，但是只要我安静下来，我那些慷慨激昂演讲的场面就不停地在我脑海中闪现。"

十一、当选国会议员

林肯现在可以到华盛顿去施展自己的才华了，两位同事接替了他在党内的职务，尽管他对这个职位很不舍。可是即便如此，他对自己依然没有完全的自信。虽然他又接受了4年的磨炼，可还是有人不把他放在眼里，很多对手认为林肯只会讲故事，是一个很容易对付的人。当然了，林肯能下这个决定，离不开玛丽的支持。为了实现目标,他把律师事务所的事情都丢下不管了,一心一意准备竞选。他一直写信给朋友、老相识和同事,希望他们能够支持自己。林肯有生以来第一次做这样的事情,37岁的他充满了激情,工作达到了忘我的境界。他这样的工作劲头像极了玛丽·托德。事实上,林肯政治工作中很多伟大计划的诞生都离不开玛丽的付出。

林肯曾经写过一封信给一位有实权的大人物,内容是这样的:"大概你已经知道,我和哈丁将军为了能够进入辉格党议会正在激烈地角逐。我觉得,不同的时间应该换不同的人,因为哈丁将军曾经进过议会。如果你对我的看法表示认同的话,我会非常感激你。"他还给朋友写信说:"我弃权没有什么,但是让我现在向哈丁妥协,我不甘心,我不会向一个希望牺牲掉我的人投降。我过去一直认为哈丁将军才智过人、精神饱满、心地善良,现在我依然这样认为。但是,从公平的角度来说,我们每个人都应该享有进入议会的资格。但是哈丁不这么认为,如果你有时间的话,请你在回信中把您管辖的范围内选民的基本情况告诉我,也麻烦你把你在党内关系好的人的信息寄给我,我会选择一种合适的方式联系他们。我只有这样做才可以获得尽可能多的支持,不然的话只能承认失败。"

现在的林肯充满了理想和自信,要知道过去的他胆小害羞,做人很诚实,而且会在合适的时机选择放弃,就是这样一个人,现在却开始了他的政治生涯。他在信中还写道:"如果有人告诉你林肯不是很努力要进入议会,那么就请你告诉他,那是假的。事实上,林肯是多么渴望进入议会。"

最后,林肯成功了,他在彼得斯堡得到了提名。要知道,林肯在那里还没有任何基础。林肯在十年前还是个土地测量员的时候,曾经有好几个星期在这里为农民测量土地,并且和一些农民结识。林肯获得提名之后,他的政治欲望就一发不可收拾。他急切地需要所有认识他的人支持他,他给他们不断地写信,有时候还会表达很直接:"近期我听说,你生活的地方在很大程度上会影响你投票的结果,而选民对我持怀疑的态度。肯定是有人捣鬼,你知道主使者是谁吗?请你尽快回复我,把你知道的都告诉我,特别是那些在我背后捣鬼的人的资料。"

林肯在进入国会的进程中,最大的竞争对手就是牧师卡特怀特。这是一个很危险的对手,伊利诺伊州一半以上的人都听过他的演讲。他激情四射,就像是一团燃烧的烈火。并且，他在南部也很受选民欢迎，没有人能超越他。他一直追随着杰斐逊，在很多地方宣扬宗教的教义，影响了很多人。他对林肯这个对手的评价是：林肯除了不信教，是一个无神论者外，几乎是一个完美的人。要知道他的妻子和基督教的联系是很密切的，但他丝毫没有受到影响。事实上，他也在教堂里发表过一次演讲，主要是批判基督教徒的不仁义。但是现在，牧师卡特怀特使用了一个小手段，是与宗教有关的。

牧师卡特怀特在教堂的那次演讲中鼓励那些不希望去世之后下地狱的人振作，牧师的企图被林肯识破了，他像石头一样坐在那里一动不动。于是，牧师质问林肯希望死后想去什么地方？林肯说："我只是一个很普通的人，我不晓得，事实上我是被我兄弟救的。牵扯到宗教的事情，我觉得要有严肃认真的态度，不能敷衍了事。就我来说，更不能对这个严肃的问题像别人那样随便给个答复。当然了，如果牧师对我的答案很感兴趣，我可以如实地告诉你：国会是我的目标！"

这个答案让牧师不说话了，并且赢得了更多人来支持他。如果有人因为家庭背景来嘲讽他，他会说："假如年纪大的选民了解，当年要挣十美元需要在木筏上漂流一个月的时间。一个没有知识，长相又不帅气的穷小子，现在成了一个受大家欢迎的候选人时，你们肯定会觉得可笑。"另外，林肯也非常通透人情世故，他在竞争中对他的亲戚因为偷盗而当被告的事情一点也不回避。

那时美国和墨西哥正在战争中，因此，在一次演讲中，林肯呼吁激进的人们团结一致，把自己的力量投入到战争中，以取得胜利。但是不久，林肯又反对战争了。这好像是矛盾的，但是这也正好说明了林肯的头脑是清醒的、冷静的，他能够在混乱的现实中周全考虑问题。

最后，林肯获得了绝对优势的票数，成功进入了国会下院，他的票数比任何一个人都要高，包括克莱在内，这让很多人感到不可思议。辉格党给了林肯 200 美元的竞选费用，结果林肯只花了 0.75 美元，剩下的都还回去了。他的理由是："我去哪都是骑着马的，所以很省钱，花掉的那 0.75 美元是为了帮助几个农民支付酒钱，所以我最后只有将这 199.25 美元还回来。"

林肯实现了自己的第一个政治目标，但是他并没有表现得很兴奋。对于这样的成绩，他在给斯皮德的信中只是写道："我成功地进入了国会，虽然我很感谢那些支持我的朋友，但是竞选的结果比我期待中的差了一点。"

这就是一个胜利者的感言，他生活在现实之中，但是被理想世界所影响。另外，他向斯皮德讲述过自己对天堂的向往。对他来说，天国的一切都要比现实好，不管是女性、政治权利、感情还是志向。于是，我们通过这些能够想象，他的命运之路在以后的生活中注定不会平坦。

十二、坚持正义

玛丽现在感到无比幸福，因为她终于可以和林肯一起在华盛顿的大街上漫步了，这是她一直以来的愿望。虽然华盛顿的秩序在1850年还不怎么好，在马路上随处可见垃圾和牲畜。但是在这里，玛丽的眼里只有风光迷人的国会大厦，并且自己丈夫的议员席位可以从走廊的玻璃窗里看到。在这里，她还能看见自己崇拜的一些有名的人物。她看着那些走进白宫的女士们，眼里充满了嫉妒和羡慕的神情。现在她也在心里窃喜：我也可以和她们一样在白宫出入了。

在她面前的就是白宫，四面都没有栏杆，看上去很简单，很自由，比她梦中的场景要典雅。它就在自己的面前，伸手就能碰着。总统的房间在这里，办公厅和大厅在那边，宴会厅再往那边去一点。波尔克夫人是第一夫人，很高贵，她接见使者和官员们都是在那里，她看起来就像女王一样高贵。每个人都对她毕恭毕敬，就算是不戴皇冠，只要华丽的礼服在身，再有珍贵的饰物点缀一下，王者的风采就立马呈现出来了。她选择的丈夫很明智，她对丈夫也很忠诚，她的眼光非常精准。这个时候，玛丽就开始期待着有一天白宫的女主人会是自己。

玛丽和林肯白宫之行结束以后，就又住进一间狭小的公寓。因为他们很贫穷，住不起大公寓。实际上，玛丽只是一个很普通的国会议员的夫人，她不会被大家关注。因为华盛顿的名人太多，就算是在斯普林很出名的菲尔德在这里也只能算是个小人物，玛丽因此很失落。在这里，林肯这个西部来的小律师是不会被大家关注的。

"道格拉斯也来了吗？"这是事实，精明强悍的道格拉斯总是跟着林肯，像一个影子一样甩不掉，现在他也是国会的一员。在别人的眼里，道格拉斯从内到外都很好，因此当玛丽听到他的名字心里还荡起了一些涟漪。这个时间段，林肯所在的辉格党表现很好，第一次在议会中拥有了很多席位。没多长时间，玛丽回老家了，林肯只能担负起了照顾孩子的任务。不仅要照顾孩子们的衣食住行，还要操心给孩子们买袜子，但是他不知道这些东西应该上哪买，他只好给玛丽写信，希望她赶紧回来，甚至还提出了请保姆的建议。在每封信的结尾，他总是会写上"亲吻我们的孩子吧"，好让玛丽早点回来。他们那时的生活还是比较幸福的，因为不喜欢玛丽的赫尔顿都说："玛丽曾经说，'尽管林肯长相不好，但是了解他之后，你就会知晓他心地善良、宽容大度'。"

短短几个星期之后，议会中的人都知道了林肯这个人，因为他善于讲故事，这点吸引了很多人。最初，议员们在一起聊天的时候，总有一些同仁讲故事，这些人他都不认识，他就站在旁边不说话，认真地观察着这些人。几天后，他也参与到聊天中。时间长了之后，他就开始很随意地给大家讲故事了。假如在吃饭的时候他突然想说些事情，他就会把餐具往边上一放，胳膊支着桌子，手托着脸，就开始讲故事。如果和一起吃饭的人发生了争执，他总是会用这样的方法来平息双方的怒火。所以在议会中，不管是乐观主义者还是悲观主义者，都很喜欢林肯，大家都夸他不仅好相处，而且很幽默。

林肯在给赫尔顿的信中说："为了让这里的人们关注我，以增加我的名气，我曾经做了一个关于邮政的演讲，尽管人们平时对这个话题一点兴趣也没有。当时我很紧张，就像是我第一次上法庭的感觉。我觉得大概是因为你们都对我期望太高了，希望我快点做出成绩来，因此我才这样做的。"透过林肯的这些话，我们可以看出他的性格很沉稳、豁达，头脑很清醒。他对集会并没有很大的兴趣，并且在信中他一直是以幽默方式表达的，好像一直在和人开玩笑。

林肯第一次发表大型演说是在1月份。当时，美国和墨西哥之间的战争也即将取得胜利：在大选前夕，瓦拉克鲁斯地区已经被联邦军队攻占，墨西哥北方的一大片土地都已经被泰勒将军收纳。正因为如此，反对派提出的反战议案也宣布失败。但是战争的狂热丝毫影响不到林肯，就在墨西哥的国土即将被联邦军队完全占领的时候，他大胆地开始了他的演讲："这场战争是不道德的！它不正义也不公正！"林肯的话引起了两大阵营人的强烈不满，分别是辉格党人和民族主义者。因为他把矛头指向了总统。在他的演说中，他给这场战争定性为"侵略"。他这样质问总统：

总统先生应该对这件事有一个简单明确的解释，要真实地告诉大家。他对这个问题的回答要符合他总统的身份，既然他必须对民众开诚布公，那就不要再含糊不清了。我想问，他能不能给人们证明，战争的第一滴血是落在了我们的国土上。如果他不希望直接回答或者是不好意思开口，那我们至少可以肯定这样一个事实：他已经察觉到了自己的不公正和不正义，他心中有愧。难道他不知道，血流成河的战场就是在向上帝控诉他的罪恶吗？他派泰勒将军对墨西哥进行攻占，去打压那些没有反抗之力的无辜人民。从最初，他为了发动战争就一直在故意找碴。他有意利用战争胜利的功绩和战争阴霾之后对生活的希望，来免于人们对他的责骂和转移人们的注意力。他挑起了这场战争，而且一发不可收拾。他计划的是墨西哥很快就会投降，但是事情并不是照他的意愿发展下去的。面对血流成河的战场，他不知道该怎么收场了。我们的总统就是个战争的狂热者，他把自己陷入了不可挽回的境地。庆幸的是他还有机会让大家知道他还是可以被拯救的。

林肯就是依靠这样的真诚、勇气，以及激情，首次在全国民众面前进行慷慨激昂的演讲，他呼喊着维护正义。

几个星期之后，美国在这场战争中取得了胜利，而林肯早就对这场战争的结果进行了预测：墨西哥割让了自己的领土，美国支付的赎金是1500万，双方达成了共识。军队的将领泰勒将军也因为战绩而被提名为下届总统的候选人。当然了，林肯坚持正义不仅仅是因为自己，其中也有对党派政治利益的考量。当然了，总统是一个国家的最高统帅，他是受宪法保护的，但是林肯的这次言论攻击多少还是引起了轰动的。十几年后，林肯也遭受了这样的言论攻击。

但是这一次，林肯没有受到大家的支持，他孤立无援，甚至朋友都不理解他。赫尔顿曾经就表示过不支持林肯这一言论，但是林肯在给赫尔顿的信中说："总统发动的这场战争不仅耗费大量的人力物力，而且还与宪法的原则不符。我用我的生命发誓，假如你站在我的角度，你也一定会和我一样。你能接受那些你觉得不对的提议吗？你能因为外部的压力就站在原地不动吗？我们应该告诉大家我们的真实想法，要把自己的见解勇敢地表达出来，真实和谎言之间我们必须选择一个。我觉得，宪法规定了议会决定战争和和平，总统不能做决定，是因为历史上发生了很多国王独裁专制，让人们陷入了无边的战争和痛苦之中，让他们贫困，失去了一切。那些制定宪法的祖先们正是看到了这一危害，才想到用法律文件的形式限制这种特权。但是，现在总统的做法违背了初衷，现在的总统和之前的国王没有任何区别。如果你现在已经不害怕我的来信，希望你可以认真地读它，然后回信告诉我你对这件事情的看法。"

但是，赫尔顿读信的时候却一直摇头。在这个时候，虽然他的处境已经有所好转，但还是很孤寂。他在给老家的信中这样写道："斯蒂芬斯是佐治亚州的人，他身材矮小，脸色苍白，有肺结核，他刚和我聊了一个多小时，这次谈话让我很难忘。在这次谈话中，我的眼泪一直在眼眶里打转。"但是，那时没有人知道，他们何时可以再相聚，曾经无话不说的挚友，现在为什么变成了敌人？

这次进入议会的林肯是一个值得大家尊敬的人！人们都知道他是一个公正的人，他不会为没有才能的人提供一官半职。因为对于他来说，国家的利益高于一切。可是，每当别人寻求他的帮助时，他总是不忍心拒绝的，于是他只好取消掉自己的推荐书。他的顾虑在这一举动中表现得非常明显。

不久之后，在斯普林菲尔德就流传着这样一个故事，一个选民请求林肯帮他谋求一个职位，林肯拒绝了。他在信中写道："我们最初相识时，我对你很友好，我希望你也能友好地待我。我想我已经把去年夏天的事情给你解释得很明确了，因为很多原因，我没有帮助你。但是在这之后，我听说你开始在公众场合诋毁我的名声。对此我表示很不解，因此当我收到你上次给我写的信的时候，我在心里想，你到底是在攻击我、利用我呢，还是我听到的都是谣传？如果是第一种，那么我将不会再回复你的信；如果是第二种，我就必须对你的信给予回复，对此我一直不确定。另外，我把推荐书一起寄给你，也许你会用得上。"

现在，能说出这样的话的人，只有那个坐在嘈杂大厅中的长椅上，淡定观察着众人的家伙了。可是支持他的选民，就只能待在家里为这个家伙感到惋惜，因为林肯不肯帮助他的选民们寻求一官半职，因为他认为他们没有能力去胜任这些工作。可是，如果他不能够达成选民们的心愿，选民们又怎么会支持他呢？这样的话"诚实的林肯"也只能是一个名号，起不到任何作用。选民们都是会感恩的人，但是林肯根本不懂人情世故，他们是不愿意把票投给他的。

十三、国会斗争

国会是为了维护美国的公正和自由而存在的，在这个宏伟的建筑旁边，有一个市场，是专门进行奴隶交易的，议员们坐在会议室通过窗户就可以看到。"那里就相当于一个马圈，很多很多的奴隶在这里进行贩卖，他们被人买过来卖过去，就像畜生一样，最终被运往南方。"这就是林肯对这个地方的印象。华盛顿是一个比南方还混乱的地方，于是林肯决定第一次抨击奴隶制要选在国家的中心：他在一项议案中把奴隶制度的种种恶性列举了出来。他提出，哥伦比亚要首先废除奴隶制，同时还要让黑奴的后代接受相关教育。如果今后对废除奴隶制颁布一定的法律，那么遭受打击的就是奴隶主们了，从别处逃到这里的奴隶会返回原来的地方。但是，这样的法案要想生效就必须经过全民公决。

林肯的这一举动因为骨子里沉稳的性格而显得公正，批判的有分寸。别人有没有受到伤害，民主体制的问题也没有提到，因为当时的情况不适合进行体制的改革和变动。特别是这种改革会产生很大的影响，那就更不能进行了，而林肯提出的这项议案是有一个基础的，就是要对合众国的统一和团结进行维护。林肯说："十年前，我们的先辈没有废除蓄奴州的奴隶制度，因此现在我们还得遵循。但是，这个祖先没有预料到，公正、自由的法制和制度是我们这个新成立的国家必须要建立的。"同时，很多淘金者争先恐后定居到加利福尼亚，人多的可以成为一个新州了，但是南部的蓄奴州不赞成。因为现在合众国已经有 15 个蓄奴州和 15 个非蓄奴州了，这样正好维持势力均衡。如果再新出现一个禁止奴隶制的州，那么就会破坏现有的这种平衡。而得克萨斯州刚刚被纳入合众国，在墨西哥管辖得克萨斯的时候就没有蓄奴制。一位叫威尔姆特的民主党人还说：得克萨斯和奴隶制撇清关系最好！

华盛顿人和南方的人对林肯的这一议案很是恼火，当时的社会还充满了奢靡的社会风气，欧洲人在这里牛气冲天，这里要比在他们自己的土地上还顺风顺水。他们自认为是城市的创造者，生活得要比祖先好几百倍，南方的绅士贵族们喜欢比权势比财富，他们不仅在国会中拥有职位，而且还拥有很多奴仆、马，生活极度奢华，不断追求权力。可以想象，受这种社会风气的影响，怎么会有人支持林肯呢？他和这里的人截然不同，所谓道不同不相为谋。没多长时间，林肯的议案就被轰轰烈烈的社会舆论所撤销，并且众议院的领导们也不愿意在会议上讨论这个议案。于是，林肯的这个议案就被搁置了，一些不喜欢林肯的人甚至希望林肯在下届的选举中落选。事实也正像那些人所希望的，林肯离开了华盛顿政坛整整12年。

林肯在政治生涯中坚持的一个准则就是维护正义和真理。在管理国家和解放人类的时候，他也一直是这样做的。有一次，在管理国家的问题上，他在众议院的会议上发言说："海军作为公共机关，在一些地区搞特权，比如沿海地区的各州。这样一来，内陆地区，比如伊利诺伊州就会觉得很不公平。公共机构的存在是为了使整个地区受益，但是因为某个地区而让公共利益受损的行为我们是坚决不能容忍的。对于一些会给地区带来收益的行为，国家可以禁止或者收回。但是对于国家下达的任务，地区没有权利拒绝。不然的话，每个联邦州都来和国家讲条件：如果你不照顾我的利益，我也不会管你。这种做法会阻碍国家的正常发展，使国家陷入混乱。只要我们冷静下来想想，就会发现很多不公正，但是因为它刚刚崭露头角，所以大家还没有注意它。我们不能放任那些不公正的现象愈演愈烈，如果不管不问，整个国家和政府也会慢慢走向衰败。既然我们的国会建立在公共利益基础之上，那么它就应该服务于大众。可是，有一个现象特别明显，那就是在华盛顿经商的人要比在伊利诺伊经商的人富有。为了解决这种不公，我们的国会恐怕都要倒台了。"

我们从林肯的事例和他的比喻中，可以看出他维护正义的准则。而他的一些同仁们，却在不断地审视这位演讲者，他们是绝对不会这么直接大胆地对时事进行抨击的，他们做判断之前，会反复权衡利弊，而且会一直局限在某个框架内。

林肯一直坚持着他的演说，可是有一天他的风格突然变了。他在攻击的时候使用的是嘲讽的语调，他说："我举的一些很重要的例子，例如为了一小部分人的利益而破坏了公众利益的事例；也举过人们因为仰慕总统的权威而引起不公平现象的事例，但是他们不是专门针对总统的。一个煤矿工人辛苦一天的报酬是70美分，而总统只需要待在房间里谈论着理论就可以拿70美元的报酬，这真是不公平啊！表面上说，煤比理论更实用。但是就因为这个原因，总统就应该辞职不干吗？这是大可不必的，我们不能因为一个人行为上的弊端就来判断他工作是失败的，而是应该用他的工作成绩来判断利弊。很多事情尤其是牵扯到政府方面的问题，都存在着利弊。"

在政坛上是很少可以听到这样激昂的声音的，这个伐木工人的这些本领到底是从哪里学来的呢？他好像在尖刀上跳舞，但是未曾受伤，这离不开他一直以来的努力，离不开他几十年对理想的追求，离不开他对周围一切事务的仔细观察，这些对他的帮助要远比在学校里学到的多得多。

大选在即，时局混乱，两党的表现也很奇怪。辉格党试图组织战争，推选泰勒将军当总统，而泰勒自己就是奴隶主，对奴隶制只字不提。而民主党推荐的总统人选是卡斯将军，他们嘲笑辉格党屈于一位将军的威严之下。林肯的风趣被这一言论激发了，他说："很明显，杰克逊的衣袍还不够尺寸，因为民主党的所有人都死守在他的衣摆之下。在民主党人的眼里，杰克逊就是他们的神，因为他可以从一个老人身上变出一个新人，余下的材料可以变成一只小狗。就依靠着这种能力，他当了两次总统，而余下的材料变出的不出名的几个人物最后也问鼎了总统的宝座。但是现在，他们又企图用这种方式让另一个人当总统。佐治亚州的一位国会议员评价了这件事情，他说这是不能否认的，他不想引发战争。

"另外，你们大概不知道，我曾经也是一位勇敢的英雄呢！我参加过黑鹰战役，在战场上浴血奋战。你们刚才谈到了卡斯将军的赫赫战绩，让我想起了我过去的经历。我虽然没有参加斯蒂尔曼的战役，卡斯将军也没有参加过赫尔顿战役，但是在这两场战役失利的时候我们都分别在附近，我们都见证了战后的那种场面。但是我没有把我的佩刀毁掉，因为我根本就没有佩刀，只是没有留心把枪弄变形了。如果采集干果的工作卡斯将军比我做得好，那么我敢打保票我比他更适合对洋葱头打冲锋。如果他见过印第安人在战斗中血流成河的场面，那我比不过他，这样的场面我没有经历过。但是为了弥补这方面的缺憾，我曾经每天与蚊子战斗。虽然我没有被它们吸干血，但是却常常挨饿。假如民主党人之所以对我赞美是因为我这些经历,并且推选我为总统的话,我是不赞成的。于我而言,这是在嘲讽我,就好比是他们轻易就把卡斯将军的过去给美化了一样。"

林肯的演讲技艺很精湛,高喊口号或者唱高调对他来说都显得很多余,他只需要讲述自己的亲身经历就可以把很多问题讲解清楚。一开始人们还不明白他讲述的战斗经历中的对象是谁,后来大家才明白他实际上是在嘲讽竞选对手的一些行为。这些只是林肯讽刺手段中一部分小小的技巧,他的方法总是在变化。很快,他又发明了新的统计方法来对对手进行嘲弄:

我刚才从朋友那里得知到一条消息,在过去的一次冲锋战斗中,卡斯将军是领袖,不过作战的对象并不是敌人,而是国库。他过去在密歇根州当过执政官,印第安的大小事物都由他主管,在他任期长达17年9个月零22天时间里,总共花费了96208元,算下来他每天要花14.79美元。而这些花费只有用在同一时间段的几个不同的地方,并且他在一个地区又担任了很多不同的职位才合理。令人惊讶的是,他担任的7个职位,没有秘书,没有办公室,也没有相关的配套设施。

他的体魄很强健,不仅可以身兼数职,而且还能在不同的两个地方吃很多的食物喝很多的酒!他在1821年10月到第二年的5月期间,每天都要在密歇根吃10份饭,十份饭是什么概念,如果在华盛顿就相当于5美元;如果他在两地之间来回跑,他怎么会有时间去吃这些饭呢?答案就是:你大吃大喝让别人承担,自己是不用操心的……我曾经见过一只很小的动物,它夹在两堆柴火之间,就快要饿死了,但是我想这位将军是不会经历这样的悲惨遭遇的!就算他在相隔很远的两座干柴堆里,也还是会狂吃海喝的,只不过那些为此买单的就不好过咯!难道你们觉得我们的总统要让这样的一个人来当吗?他能给你们的大概就是他吃剩下的饭菜了吧!

林肯就好像是在讲述一个童话故事,把每个细节都讲得活灵活现,让大家易于接受。他心里清楚,这些话要是传到远方农民的耳朵里,也都会哈哈大笑的。他成功了,卡斯将军几乎已经不可能当选为总统了。一张报纸对林肯是这样评价的:林肯先生的演讲惟妙惟肖,很幽默,逗得大家都很开心。他会在讲台上来回走动,不停变换着手势。每结束一段演讲,他就会突然回到大厅的记录员那里,然后再回到讲台上开始新一轮的演讲,重复着上面的动作。

　　林肯完美精湛的演讲被每个人看在眼里，记在心里，他不会像演员那样哗众取宠，他表达的观点和思想都是让人叹服的。

十四、失落

　　尽管在华盛顿，玛丽并不是太受大家的关注，但是当她和林肯一同在芝加哥的公开场合露面时，所有人都表现得对林肯很熟悉，而且对他们表示崇敬，这让玛丽感到很高兴。她的心里又有了自信，对未来充满了希望。林肯为了泰勒的竞选，到处进行演讲，取得的效果也很显著，超过了他以前为克莱拉票的成效，而这都要得益于他那些嘲讽民主党人的幽默笑话。

　　在竞选演讲的过程中，东部地区的演讲风格和技巧他都学习了一点，同时也对废奴运动的情况有了更多的了解，也发现了很多存在的问题。特别是认识了赛华德这位好朋友，赛华德是波士顿人，也是一位很优秀的演讲家。十几年以后，他们又重逢了，而且过程还非常有戏剧性。一次，泰勒举办了一个酒会，一个叫杰斐逊·戴维斯的人引起了他的注意。

　　同时，他还结识了一些工厂主。经过仔细观察，林肯想证明他对南北差距的了解正确不正确，于是他去看了尼亚加拉大瀑布，他写道："它的力量是无穷的，引人深思，发人深省。一位很有学问的地理专家说，'瀑布的源头是安大略湖，而这里有4000多年的历史，它经历了漫长的岁月。当美洲大陆被哥伦布发现时，耶稣还活着，甚至在亚当出现的时候，这个瀑布就已经存在了。'"他的浪漫情思总能被这些大自然的奇观妙景所激发，刻在他的心里。当他的同行也对此景惊叹的时候，他的触动也很大，但是他会带着玩笑的口气说："我很想知道，这些水到底来自哪里？"

　　在林肯竞选的过程中，他也不再是议员了，所以林肯就不用回华盛顿了。因为林肯对战争的和平问题一直保持中立的态度，朋友也说他清正廉明。再加上他取消了"哥伦比亚提案"，让很多人因此对他持有异议，所以要想在伊利诺伊获得足够多的选票是很难的。特别是他一直坚持正义，刚正不阿，他不会像同行攻击他一样来攻击对方，他说："我过去提到过，我想给我的同仁们机会,所以我不想再被提名。但是假如没有人适合提名,那我倒不介意继续再次提名。如果要让我为了这件事去恶意攻击别人,或者为了让别人支持我而进行劝说,那就是在践踏我的尊严。"

虽然泰勒没有出众的文采,演讲也不怎么好,但是最后他还是登上了总统的宝座,而林肯则很不甘心地离开了首都华盛顿。虽然他很讨厌党内的生活,但在这里他对国家的基本现实有了深刻的了解,他希望可以继续了解。另外,他的对手们都发展得很好,希尔兹当选为参议员,道格拉斯也是步步高升。难道林肯只能在华盛顿做短暂的停留吗?他到底什么时候才能再次对普斯林菲尔进行攻击呢?是他的那所旧居、他过去的办公室,还是他曾经发表过言论的报纸?

现在,对他的孩子们而言,是非常需要父亲陪在身边的。可是,林肯和玛丽也经常因为孩子们的生活问题争吵不断,玛丽又一次感到了失望,她的梦想破灭了,她的心又回到了她过去的远大理想中。她在信中曾这样写道:"当我看见船向欧洲行驶的时候,我的心里很失落,我对未来生活充满了担忧。我常常嘲讽林肯说:'假如有来世,我要找个有钱的男人。'"

第三部
奋斗不息（1849—1861）

一、重返法律界

对于现状，林肯和玛丽都感到非常失望。如果他是在一场声势浩大的战争中被打败，抑或他是一名政治前途无量的领袖，那就另当别论了。只可惜他们只是住在西部一个偏僻的小城。事实上，他只是因为议会任职到期后才回家的。在父老乡亲面前，他感觉自己就像是一个落魄的老兵。他对州议会再也提不起兴趣来，对法律工作也没有了原先的热情。原本他每个月有非常丰厚的收入，现在却收入微薄。对于林肯来说，过去的一切就像过眼烟云，如今回想起来只剩下回忆了。华盛顿和政治，这一切都让他觉得龌龊。他不愿意再去想那些东西，它们只会让他呼吸困难，政治上的压迫感让他不敢再去面对。

可是，令所有人都大感意外的是，他并没有完全失去信心，他一直在进行着新的尝试，希望在议会外面提高自己的人气。前脚刚跨进家门，后脚他就开始通过口头和书面的形式申请州政府的职位。林肯申请的这一职位出于政治上的考量，应该由辉格党中来自伊利诺伊州的人来出任，而且因为这一机构是新搬迁过来的。对于林肯这个曾经有过律师经验，也做过土地测量员、农民和船员复杂经历的人来说，这个职位简直就是为他量身定做的。更值得一提的是，这个职位比较富有挑战性，而且具有很高的政治地位，收入也比较丰厚。为了回报林肯曾经对自己的帮助，新总统泰勒列出了十一条理由来推荐林肯出任这一要职。林肯本人当然也不会懈怠，他也写了大量的信寄给政界的同仁，希望得到他们的支持。

  尊敬的先生，您肯定非常乐意帮我一个小忙，而且它不会占耗用您太多的时间。据说，辉格党的一个重要机构马上要搬到伊利诺伊州去。我还听说有人大力推荐布特费尔德出任这一职位。为此，我想发表一下我个人的观点，因为这件事情而进行的选举将会是政治上的失误，它会让整个辉格党都蒙上阴影……如果您觉得可行，我希望您能马上给泰勒总统写信，推荐我来出任这一职务。我相信除了我以外，没有人更适合。当然，我的申请只局限在伊利诺伊州范围内，如果你所在的州也有人角逐这一职位的话，我愿意退出。

您的朋友 林肯

  在给另外一位在政治界工作的朋友的信件中，他是这样写的："如果不马上阻止的话，布特费尔德就会出任这一职务了。如果您认为布特费尔德出任这一职务将会让所有辉格党人都脸上无光的话，如果您认为他的出任，将会让辉格党人不愿提及的41年前的那个丑闻揭开的话，就请您赶快阻止吧！事情万分火急，还请您保密！"

  林肯依托他出众的口才和卓越的外交技巧，分别用不同的语言风格写信给不同的人。他有充足的理由对这次选举表示质疑，他在信中还提到了和他一起竞选的人。因此，他一方面想得到这个职位，另外一方面也对此事表示了漠然。林肯的老友赫尔顿是这样解释林肯的行为的，"他除了耐心不够以外，其他一切都还好。比如，他喜欢思考，有点清高，有时会固执己见，而懂得灵活变通是获得这一职位的前提条件。"林肯的那些求职信非常简短，而且丝毫没有阿谀奉承的嫌疑，相比以前给他写求职信的人，不知道圣洁了多少倍。

  事实上，这个职位能否最终获得，他并不是很放在心上。他曾经说过这样的话："我觉得自己没有足够的实力去角逐总统职位，可是屈尊于他之后对我而言也不能够弥补对我的伤害。"这句话道出了林肯的骄傲和谦逊，自信和自控，还有对别人深入的观察。不管怎么说，从这句话中，我们可以了解到林肯和外界的关系如何。因此，就算他最终如愿以偿取得了这个职位，依照他一贯审慎的性格，他也会非常淡定的。

可是当他看到自己的申请书被朋友误会时，他觉得非常恐惧。因为林肯的老朋友兼战友爱德华斯也想出任这一职位，而当他看到林肯也有意出任这一职位时，他认为林肯做出了有悖友谊的事。后来，林肯给他们一位共同的朋友写信时，这样说道："很显然，爱德华斯因为这件事跟我怄气了，他还专门写了一封信寄给州政府。友谊是这个世界上最纯洁美好的东西，我和爱德华斯之间的友谊也是经得起考验的。我没有做任何违背友谊的事。如果我想获得这一职位，早在布特费尔德前面，只要我将话说清楚，我就可以获得这一职位，更何况埃文斯和泰勒总统都是站在我这边的。可是我一直没有将话说明白，除了其他原因，我考虑得最多的就是爱德华斯了。为了让他能出任这一职位，我甘愿退出。可是如果因此失去友谊，我会非常悲痛的。"

事实也证明，林肯的人品非常高尚。可是，这件事也确实伤到了他的心。他尽可能保持正直的品行，对朋友也是坦诚相对，在他们面前展露自己的短处，在情绪低落时也想寻求他们的安慰。尽管这个职位对他来说并不重要，可是看到朋友之间的猜忌，看到有些政客说他眼里只有权力和利益时，他还是非常伤心。

最终，林肯和爱德华斯都没有坐上那个位置。对此，林肯说："我并没有感到多么难过，我曾经希冀我的朋友可以得到这个职位，让他更有信心面对未来。除此以外，其他一切对我都没有价值。不管你们相不相信，反正我是这样认为的。"后来，泰勒总统为他谋得了一份职务，那就是出任西部边疆地区的俄勒冈州专员。可是林肯经过再三考虑，最终还是婉拒了。在做这个决定的过程中，玛丽起到了至关重要的作用。她说："如果我们被流放到那个偏远的地区，我们就可能永远不能再回到华盛顿了。虽然现在看来，我们可以获得一份长期的任职。"玛丽宁愿在现有的地方过着前途渺茫的生活，也不想去做专区夫人。这也从一个侧面说明，玛丽对林肯的政治前途还是非常看好的。

除此以外，玛丽还用一种特殊的方法让林肯产生了不小的压力。安稳有规律的生活本来可以让林肯舒舒服服地待在斯普林菲尔德城，可是因为生活中充满了太多琐碎的事情，所以林肯宁愿去参加巡回审判，而不愿意待在家里。到外面去参加巡回审判显然也更符合林肯浪漫的天性和吉卜赛人一样的性格。相比较之下，小城中那没有活力的房屋、规律的吃饭时间、繁杂的家庭事务、分外考究的着装打扮，这一切的一切都让林肯特别压抑。曾经有一位律师想邀请林肯一起去芝加哥开办律师事务所，林肯也婉言谢绝了。他开脱的理由是，自己患有肺结核病，不能和太多人接触。

和以前相比，巡回审判的收入也非常微薄。可是，林肯每年有一半的时间都可以待在外面。春秋两季家里几乎都找不到他的人影。只有在参加巡回审判的那段时间里，他可以逃离那张会让他窒息的方桌，还有一直待在一个地方的单调乏味的生活。现在，他再也不用每天严谨地坐在桌旁用餐，也不用整天担心孩子们。到了晚上也不用系上领带、取下帽子，和几位女士一起谈论自己并不感兴趣的话题，例如现在欧洲流行什么样的童车等。

现在，他的生活非常舒适，他们的巡回审判队一共有四个人，其中包括一位法官和三名律师。他们经常从一座城市奔波到另一个城市，不停地在路上行走。早上，他们要起得很早去赶路，乘坐的交通工具大多是一辆快要散架的马车或是租来的几匹马。直到中午时分，他们才到达一个简陋的审判大厅里，不用任何仪式，直接开始审判工作。这时就会有很多村民前来起诉打官司。村民之间的矛盾大多来源于生活中的琐碎小事，比如谁偷了谁的牲畜，谁占用了谁的地，谁打伤了谁等。法庭上面，犯罪者得到了应有的惩罚，欠债人到期偿还了欠款，债权人的利益得到保证。十二个小时以后，大家都会一起来到当地的一家酒吧聊天解闷。林肯左肩背着用各种地毯制成的公文包，右肩背着一把旧得不能再旧的雨伞。大家都围坐在一起，畅所欲言，土地、农作物、牲畜等都是他们谈论的话题。这时，林肯就会静静地坐在一旁，听村民们发表自己的观点。他们的愿望是什么？想要铁路和轮船吗？对于保护税，他们是怎么看的？之后，如果林肯刚从一位粗鲁的同行律师那里得到一个消息，马上就会有一大堆人聚拢过来，希望可以从他口中听到什么奇闻轶事。因为大家都对他非常熟悉，认定他是一位演讲天才，在上次法庭开庭时，大家就知道了他有一个外号叫"可靠的亚伯拉罕"。在场所有的人，包括同行的法官和律师，还有原被告双方以及证人，所有人都将目光聚焦在了林肯身上，大家都认为这个满肚子幽默段子的人每次都会带给他们新的惊喜。

赫尔顿说，"我经常会看到他被二三百人围在中间，大家都屏息会神地听他讲故事，暗暗揣摩着故事的结尾。他讲故事时非常投入，脸部表情和动作都会随着故事情节的变化发生变化，让人身临其境。等故事走向高潮时，他的神态就会放松下来。这时，你可以从他的小小的灰色眼睛中发现一丝狡黠的光芒，他的嘴角也开始上扬，身体也跟着不由自主地抖动。当故事高潮最终到来时，他自己会先放声大笑，比任何人都投入。对于现代律师来说，这些故事他们可能根本瞧不上，也吝于从自己口中讲出，也许他们还认为这些故事非常粗俗，会脏了自己的耳朵。可是这些故事他们是无缘再听到第二次的，这些故事中有的寓意深刻，有的直击人性的可恶之处，还有一些是传扬了几千年的民间故事，只不过林肯在讲述时，会稍稍改变一下人物名字和故事情节而已。每次他讲一个故事，大家都会捧腹大笑，当然也有一两个反应迟钝的村民会在很久以后才明白故事的寓意，于是所有的人又会再次笑得合不拢嘴。就算是平常在法庭上严肃无比的法官，那时候也会忍不住笑出声来。可是几天以后，法官和律师又会重新审理一起严重的案件，而林肯也端坐一旁，神情非常肃穆。"

　　林肯从小就生活在老百姓中间，对普通人的生活非常熟悉。当然，和他们的感情也是最为深厚的，所以，他很喜欢和村民们聊天，互相交流心灵深处最真实的想法。对林肯来说，这让他受益匪浅。就是这样，他从一个地方奔波到另外一个地方，很多人也因此对林肯的名字非常熟悉，他也因此在伊利诺伊州取得了很好的群众基础。也正是因为此时打下的稳固根基，林肯十年后的竞选才会一路顺风顺水。对于吃饭这件事，林肯并不是太在意，对每顿饭吃什么，怎么吃，他并没有多大的概念。这就像他二十年前帮别人砍木头和卖纽扣时一样。从前，他是横卧在商店的柜台上看书的，而现在，偶尔和他留宿在同一间旅店的同伴就会经常看到这样的场景：林肯跷着那两条过长的腿，在同伴们熟睡的鼾声中，就着微弱的烛光读欧几里得①，一直到凌晨两点。有时，他可能会和法官们一起下象棋到很晚，然后身上穿着那件短小的法兰绒衬衣坐在床边，和法官们辩论有关奴隶制的问题。如果有人半夜醒来，会看到林肯似乎一直保持同一个姿势，好像一宿没合眼一样，一直在思考着什么，还自言自语道："我想再向您重申一遍，像我们现在既有蓄奴州又有非蓄奴州的国家是很难长久的，秩序也是难以保持稳定的，而且这种

---

① 古希腊数学家，被誉为"几何之父"。

状况也不可能一直保持下去。"

在参加巡回法庭的那段时间里，林肯有很多机会去接触他以前闻所未闻的东西。有一次，有个人带来了一个叫幻灯机的机器。他们几个人会马上动手进行拆装，看看里面到底是个什么构造。有时他去别的地方参观看到了一个从来没见过的电器，晚上回来后，他就会兴致高涨地给大家讲述白天的情形。有时他会遇到一位教德语语法的老师，当他难以将谈话进行下去时，他就会用德语在纸上写道："没词了！"如果有可能，他还会帮人们砍柴，伺候牲畜等等。做这些事情对于他来说，是有很多好处的。如果在法庭上一直以严肃面目出现的他，也能做一些零碎的小活的话，他的当事人会更加崇拜他。

只要和他在一起，他的同事们就会非常兴奋，包括同行的律师布朗宁、川布尔以及法官戴维斯。这四个人的团队在一起工作了很长时间，当然此时的他们不会想到，在今后的政治生涯中，他们还会相互支持，相互依靠，共同渡过难关。他们之间有很多相同的地方，比如他们各自所持的政治观点会在激烈的辩论中，达到一个很好的融合，彼此共同进步，共同影响。正是因为他们几个人的作用，一个新的党派正在孕育而生。几年以后，这个党派还会在美国的国家政治中扮演举足轻重的角色。不过，当道格拉斯出现时，事情总会向不利的方向发展。幸好一门心思只想当议员的道格拉斯现在根本不想当什么律师或法官，他更希望可以一直待在华盛顿的权力中心。在国会大厅或某个贵族俱乐部的舞会上，经常可以见到他的影子。他当然不会愿意到林肯他们居住的小屋里待上哪怕一分钟。

这位林肯曾经的老竞争对手已经和法律渐行渐远，他更迷恋的是政治。而相反，林肯则走上了另外一条道路，他在41到46岁之间离开了政治舞台，转而回到了法律界。

二、杰出的辩护律师

"我建议你还是再找你邻居协商一下，他们应该明白，表面上的胜利并不能说明什么，可能还是实际上的输家，无论是从金钱上来说还是从时间上来说，都非常不合算。"作为一名和善、冷静、始终将正义放在第一位的律师，林肯其实有很多机会为自己谋求金钱上的富有，可是他不愿意这样做。"如果那样的话，连我自己都会鄙视我自己的。普遍的真理是，一定不要让自己提前将佣金付了，最多只放一点定金在这里。如果你可以控制住你的贪欲，不利欲熏心，你就会收获颇丰。"

这段话是从林肯的一篇演讲稿中找到的，内容是有关权力问题的。从这段话中，我们可以清楚地看到，林肯平常是如何待人处事的。因为他出身于农民世家，也是以农民的身份开始学习法律知识的。虽然他不是一个热情洋溢的法律学专家，可是他一直都在法律允许的范围内活动。只有人们从他身上明了了这一点，才可能了解他的内心想法，并能够对他的政治主张和行为进行理解。在每次处理日常事务时，他的性格特点都暴露无遗。他不会放任生活中每一件细小的事情，更不会冷漠忽视这些事情并让它潦草结束。要知道，做任何一件事情，他都秉承自己的良心，坚持自己的原则。老实忠厚，这是林肯给人一贯的印象。无论何时，他都是这样的形象，而且他不会盲目攀比，只会和自己做比较。在暴发户和寡妇之间，他毅然决然地选择为寡妇争权夺利。他尽力地保存前一辈们遗留下来的规矩，不被后人亵渎。他一直都在为众多的黑奴奔走呼号，只为让他们免除奴隶主的压迫。

可是，这些真诚善良的品德丝毫没有染上传道者和先辈们的品性。强健的身体、伟岸的身材、贫困的青少年生活，和达官贵人们进行着不屈的抗争，流浪，不间断地做苦工，还有自爱自强不依靠任何人，这一切都让他在社会这个大染缸里形成了坚忍不拔的品格，而没有让他变得冷血。所以，作为一名律师，他更懂得采用何种手段，运用讽刺、笑话或恶作剧的形式让原被告、证人都不得已阐明事实。

比如，有一回，林肯询问他的证人："您是叫 J. 帕特·格林，那么我想知道，这个'J'代表什么意思呢？"

证人说，"它是约翰的意思。"

这时林肯又问了："原来是这样，那么我就觉得很疑惑了，为什么您不像一般人那样叫约翰·P. 格林呢？"旁边观察团的成员都已经忍俊不禁了。当林肯以开玩笑的方式和证人进行互动时，证人的胆子也大了起来。还有一回，林肯和他以前的搭档洛汉在一次法庭辩论中相遇了。这是一个关于马的案件。那天，林肯看到洛汉新穿的衬衫穿反了，就说："洛汉先生刚刚对马作了将近一个小时的辩论，我想，他说这么多，无非是想告诉那些农民，他从兽医课本上学到了什么知识。可是，如果这位先生连衬衫的反正都弄不清楚的话，我想，我们很难相信他以上的辩论。"这时，林肯让洛汉面对大家。就这样，洛汉的气势被林肯狠狠地挫伤了。

还有一回，一位暴发户用拐棍打伤了人，伤者向法庭提起控诉，要求暴发户赔偿他1万美元的尊严补偿费。林肯作为被告人的律师出庭为他辩护。在法庭上，原告的律师将富人的仗势欺人和穷人的辛酸可怜作了强烈的对比，并进行大肆渲染，让在场的所有人都受到感染，对暴发户恨之入骨。可是林肯见到这样的场景，只是缓慢地站起来，脱掉外套，准备进行反击，可是他什么话也没有说，只是目光聚焦在他面前的一张纸上。只见他将这张纸拿起来，看起来很恐慌的样子，似乎想仔细察看上面的内容，然后一个人哈哈大笑起来。在场的所有人都觉得莫名其妙，甚至差点也笑出声来。然后，他将那张纸放回原位，将自己的领带取下来，拿在手里，笑得更大声了，在场的很多人也受到感染，都纷纷笑起来。这时，幽默的林肯又把马甲也脱掉，又重复了一遍刚才的动作，全场的人都笑得合不拢嘴。直到现在，这位律师才将纸上所列举的事情向法庭一一道来。他说，从这张纸上我们可以看到，原告开始所定的赔偿金额是1000美元，可是当他知道被告是个拥有亿万家产的超级大富翁时，他将赔偿金额提高到了10000美元。然后，林肯替被告人支付了几百美元的赔偿金，并不失时机地向大家讲了一个非常有趣的故事，然后让法庭做出裁定。就这样，林肯完美地处理了这件事情。

有时，林肯也会本着农民的身份动一点脑筋。有一次，一位律师欠别人2.5美元，可是因为他老是不将零头给别人付清，所以对方忍无可忍，准备起诉他。林肯作为代理律师，在上法庭之前劝解当事人说："请您再好好考虑考虑，如果您确定要起诉他，您可能会付出比您得到的多得多的代价。"

"我决定了，不会反悔了。"

"那好，现在请付我10美元的代理律师费。"林肯拿着这些钱找到这位欠钱的同行，和他平分了这些钱，并让他拿这些钱将零头付清，一场争执就被林肯巧妙地化解了。

有时，他之所以能在法庭上辩护成功，缘于他杰出的表演天赋。比如说，

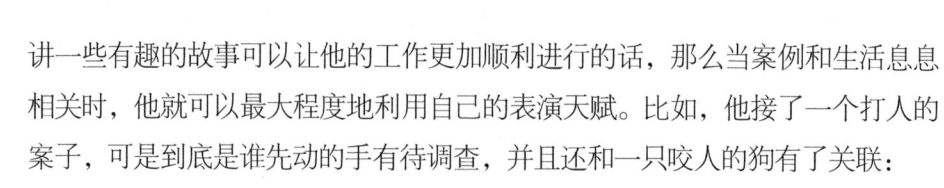

讲一些有趣的故事可以让他的工作更加顺利进行的话，那么当案例和生活息息相关时，他就可以最大程度地利用自己的表演天赋。比如，他接了一个打人的案子，可是到底是谁先动的手有待调查，并且还和一只咬人的狗有了关联：

"我的当事人拿着粪叉在路上走，突然，从旁边的农舍里冲出来一条恶狗，直接扑向他，我的当事人尝试着将它赶跑时，不小心用粪叉将它给弄死了。"

"可是你为什么要叉死我家的狗呢？"

"可是狗为什么要攻击他呢？"

"为什么他不能拿粪叉的另外一头对付我的当事人呢？"

就这样，双方你一句，我一句，互不相让。这时林肯表演了一个非常滑稽的动作。他撅起屁股，学着狗的样子，倒退着向陪审团的方法跑去，就像在用"狗尾巴"警告他们。就依靠这些动作，林肯最终赢得了这场官司。

他没有看过太多的法律专著，这反而有一个好处，可以让他在展示语言能力时不受束缚。他从来不用诡辩术。当他用那些最简单、最直白的语言进行辩护时，就好像他的外貌一样由简洁的线条组成，往往更能打动那些由群众推举出来的陪审团成员。人们甚至这样评价他，林肯有时可以将对方的观点剖析得比对方还要深刻，从中找出其中的漏洞并一一反攻。在那种情况下，他那关于对比的本性和能力便有了施展的机会。他可以运用一种少见的律师的客观性兼顾两方面的利益。因此，和那些只顾维护自己利益的律师们相比，他更容易赢得法庭的认可。

林肯性格中具有的诗人气质，以及他始终维护公平和正义的品格，都足以让他成为一名相当优秀的法官。到最后，他也确实成为了整个美利坚合众国的"最高法官"。他的同事们都说，如果林肯觉得自己所代理的一方是理亏的，那么他就会很容易被击败。如果他在受理案件时就知道了这一点，他就会立刻放弃这个案子的代理权。有一位妇女曾经请林肯做她的代理律师，给他汇来了250美元的酬金。可是林肯却原封不动地将钱退了回去，并附了这样一句话，"对于您的要求，我实在是心有余而力不足。"有一次，他将一位请他辩护的罪犯带到自己的同事那里，并说，"他实在有罪，我实在无法为他辩护，可是您可以。"还有一回，作为一方代理律师的他在和对方的律师就案件进行交涉时，觉得对方律师说得有理有据，而自己的当事人是理亏的，于是他告诉那位律师说："我觉得，我的当事人是有错的，我会劝他放弃这场诉讼。"

他偶尔使用的那些开玩笑的手段绝对不会有违道义准则，就好像千里马恐惧无形的障碍一样。有一回，赫尔顿和另一位律师对簿公堂，开庭前他得知对方律师似乎没有必胜的把握，不是担心这个，就是恐惧那个，于是他决定恐吓他一下。当时林肯并不在场，后来赫尔顿向他讲述此事时，林肯迫切地想知道赫尔顿是不是真的恐吓了对方。当得知并没有后，林肯才终于放下心来，并说，"那很好，我很高兴你并没有那样做。要知道，我们是不可以那样做的。威胁别人？这跟欺骗别人有什么分别呢？而且我们应该对这件事严格保密，说不定等此次诉讼结束后的某一天，我们想起这一细节，还会觉得十分愧疚。"这段话清楚地反映出林肯已经成长为一名稳重、理智的政治家。对他本人不太了解的人，或许会从这些话中了解到他是一个稳重的人，却很难了解他为人的高尚品性。事实上，林肯过去和将来所要做出的几百个无私的决定都和他的务实精神有很大的关联。只不过在公众面前，他想要掩盖这种表里不一的缺陷，同时他也希望自己呈现在公众面前的是智慧的一面，而不是朴实的一面。

如果他认为自己当事人的合法权益没有受到保护，甚至受到鄙视，就算是法官已经下了裁决书，他依然会气宇轩昂地攻击对方，言辞犀利地戳穿对方的诡计。当一位穷困潦倒的士兵遗孀的一半抚恤金被一位贪心不足的代理人吞掉时，林肯非常气愤，并高声控诉对方，"让我们剥掉被告的皮！"还有一次，在审理一宗杀人案时，在庭审过程中，他觉得法官有违公平公正的原则，他突然一下子从座位上站起来，让所有的人都惊恐万分。就在那一刻，他的表情非常严肃，看上去非常恐怖。他的发言也像一头沉睡的雄狮刚苏醒一样，让人不禁瑟瑟发抖，而且他难以压抑住自己的情绪，亢奋地讲了很长时间才算完。

除了坚持公平、正义，林肯同样需要时间，这对一名律师来说至关重要。林肯吃饭、穿衣，甚至咀嚼食物都是很慢的，所以他不能成为一个优秀的即兴诗人。像林肯这样一个从来没有学习过格斗术，只懂得用斧子砍柴的人，只能够采用步步紧逼的战略来打败对手。在这个行业，他不想成为一个受人瞩目的明星，和当时从政一样，他只想踏实做事，而不想木秀于林，所以他忽视了一名杰出的演讲家所产生的客观效应。可是，当有一位同事建议他加

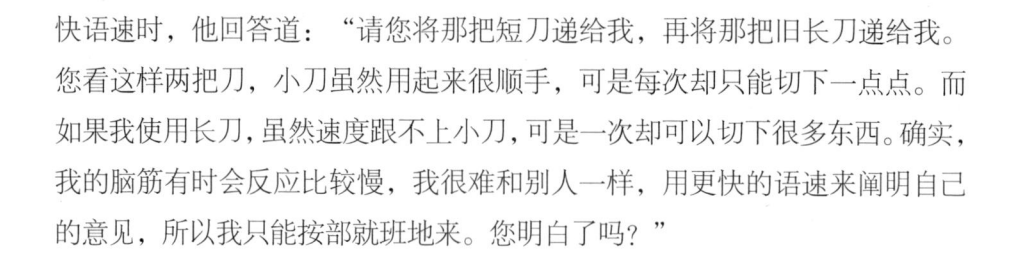

快语速时,他回答道:"请您将那把短刀递给我,再将那把旧长刀递给我。您看这样两把刀,小刀虽然用起来很顺手,可是每次却只能切下一点点。而如果我使用长刀,虽然速度跟不上小刀,可是一次却可以切下很多东西。确实,我的脑筋有时会反应比较慢,我很难和别人一样,用更快的语速来阐明自己的意见,所以我只能按部就班地来。您明白了吗?"

三、忧国

这座房子看起来是那么狭小,特别是当林肯从很远的平原归来时。当林肯完成三个月的巡回法庭旅行回到他的家乡,再次面对他的家和办公室,他那颗不安分的心开始明白,斯普林菲尔德这样的城市是多么的无情、浮躁。在巡回期间,当他的同事们都利用短暂的休息时间回家看望时,他总是留在原地不动。在他看来,这个城市没有什么好让他留恋的,就算是城市如火如荼的建设场面也提不起他的兴致。

可是这里的老百姓都对他非常熟悉,而且对他印象良好。当他手提篮子去面包房买东西时,大家都主动向他致意。因为他始终不记得那些小女孩叫什么名字,所以当他们相逢时,他总是说:"早上好,小姑娘。"对于他那奇怪的走路形态,人们也见怪不怪了。他会将脚板整个放到地面上,然后整体抬高,可是这个动作在他做来一点都不难看,这是因为他的脚步中先天包括一股强大的力量。

可是他时常牵着的那个小男孩始终跟不上父亲的脚步,在这条已经结冰的道路上,小男孩子紧紧抓住父亲瘦骨嶙峋的手,寸步不离地跟着父亲。可就算是这样,他也依然没有得到父亲的关怀,因为父亲正在专心想自己的事情呢。当林肯围上那条灰旧的围巾,牵着自己的小儿子经过街道时,人们都会跟他打招呼,叫他老林肯。虽然他才只有四十五六岁,可事实上他好像就从来没有年轻过。那些看到他的人们,心里总会升起一种同情。可是在朋友们眼中,他那忧郁的眼神正是他赢得别人好感和成功的关键性因素之一。如果某个人主动上前跟他谈话,他会非常惊讶地握住对方的双手,并一再询问道:"你现在好吗?"而且要接连询问两遍。接下来,他会和这个人交谈很长时间，而且里面还会穿插几个好玩的小故事。

尽管他们现在的工作很多，时间安排很紧，可是在律师事务所办公室里，他依然和过去一样，想干什么就干什么。一直到现在，林肯好像和那些规整的法律条文都融入不到一起去，有时他会用一种看不起和略带讥讽的语气问他的同行："好吧，赫尔顿，请你跟我们聊聊，那本法律书里都胡扯了些什么东西啊？"他最舒适的状态估计就是靠在旧沙发上看书了，莎士比亚的戏剧他已经来回阅读了好几遍，而且里面那些比较难懂的户名他还记录了下来，"还有拜伦[①]的《唐璜》林肯也诵读了好几个版本，他还做了不少批注，伯恩也是他比较喜欢的作家，他的作品，林肯经常拿在手里就不肯放下。有一回，在当时那个时间段，他应该给大伙宣讲文件，结果却朗诵了一首叫《永生》的诗歌。在律师事务所那窄小的办公室里，大家还对惠特曼[②]早期的作品进行了激烈的争论。这些作品都让林肯印象颇深，读起来也是兴味盎然。他曾经将这本书带回家里，可是没过多长时间，他又重新拿回了办公室，因为他的妻子玛丽差一点就让这本书壮烈牺牲了。还有另外的一些书，比如最近出版的一些，他也会大概浏览一遍，然后放在地板上，自己也闭上眼睛开始回想之前看的内容。他没有收藏的习惯，在他家中，只有几本纪念册之类的东西放在桌子上，可是他也很少去触及他们，因为他更愿意待在议会大楼里，饶有兴味地研究有关植物学、物理学、机械学、电子学领域相关的产品和技术，这些更能吸引他的目光。等他的研究有点成绩时，他就会将这些新技术推广给农场主。

林肯觉得，青少年时代所受的磨炼对他现在所从事的律师工作有很大帮助。在一起关系到水车的案件中，他对机械原理和知识的熟练解析让法官们非常惊讶，而当他赞同成立航运公司，并大力拥护建造密西西比河公路大桥，并对此进行辩论时，他以前曾经做过船员的经历和他的政治背景让他受益良多。就当时的林肯来说，他非常希望东西部能够紧密团结在一起。在法庭诉讼中，绝大多数时候他都是胜利者，他一般为被告辩护得多，为原告辩护得少。他收取的律师代理费在同行中是比较低的，而且他不会因为当事人的财富多

[①] 拜伦：英国著名诗人，现实主义讽刺诗《唐璜》评价很高。

[②] 惠特曼：美国诗人、记者、散文作家，其创作的诗集《草叶集》堪称美国文学史上的里程碑。

少来确定代理费的收取金额。所以这样的情况就在他身上屡见不鲜了,如果稍微动一点手脚,他就可以得到600美元的好处费,可是他最后还是只收取了3.5美元的律师代理费。当他接近四十岁时,他受理过的案件,每一笔的代理费都没有超过100美元。可是,就因为这些作风,他的名誉得到了大众的认同,名望也越来越高。他的年收入接近3000美元。当一家新开业的宾馆跟他说,如果您出具一张证明,就可以得到25美元的报酬时,他回答道:"您肯定把我看成一位索取高劳务费的律师了。您对我的大度让我很感动,可是就这件小事来说,15美元已经足够了。这是和信一起寄回来的10美元和发票,请您务必接受。"

可是,别人一定不能侮辱他的人格。有一次,对方的代理律师是他曾经的合作者斯图尔特和洛汉,他依然为伊利诺伊州铁路局赢得了诉讼,使其税收得到减免。这场官司,林肯索要的代理费是2000美元。可当铁路局的一位官员听闻后非常惊讶,并感叹道:"只有最好的律师才对得起这个价位啊!他凭什么要这么高的报酬。"最终,林肯只收到了200美元的代理费。林肯听说整件事情后非常愤怒,他马上将铁路局告上法庭,请对方支付自己5000美元的代理费,结果当然是他赢了。如果他发现自己被人利用,受到了不公平的待遇,他性格中自尊和自傲的一面就会淋漓尽致地展现出来。更何况,他也具备这样的实力。当然,和后一件索赔案件相比,第一场铁路免税案的官司更让他有成就感。因为在那场诉讼中,对手是两位名声颇高的名律师,在法律界占有举足轻重的地位。因为林肯从来不看重金钱,所以当他认为自己的代理人支付给自己的代理费过高时,他就会主动跟对方说少要一点。相反,如果别人只支付给他1/10不到的律师代理费,而且还和上面提到的官员一样对他的人格进行侮辱,他是不会善罢甘休的,他会毫不留情地给对方颜色,让对方在法庭上自知理亏,吸取教训。

经历过这样几次教训,人们就会慢慢理解他的品性,他也在人们中赢得了很好的声誉。作为一名自己独立学习并成长起来的律师,在日常生活和法庭辩论中,他更注重的是人的理解思维,而不是固定的法律规范。可是和理解思维相比,他更崇尚正义。克莱去世以后,林肯曾经发表过一次非常杰出的演讲,他说,克莱受教育的经历向我们揭示了这样一个道理,也就是说,在我们国家,只要你有读书的欲望,愿意用心去读书,你就根本不用担心你接受不到教育。他曾经这样对想拜他为师的一个小伙子说，"如果你有非常强烈的欲望想要成为一名功成名就的律师，那么你已经成功了一半，因为你强烈的进取心已经让你成功了一半。至于拜谁为师，到底学些什么，其实并不重要。我就从来没有拜过谁为师，也没有学过什么。相比较之下，您更应该重视的是，当您读完那些法律书籍，您应该尝试着领会它的精神和意图。您也不需要到什么大城市去接受锻炼，就像我就是从纽萨勒姆村开始接触到律师这一行的，当时那里的居民总数只有300人左右。不过您一定要牢记的一点是，想要成功的强烈愿望比什么都更有价值。"

可是，他本人却没有这种想要成功的强烈愿望。对于现实生活中不能达到的精神高度，他从一开始就展现出了他性格中甘愿放弃的一面，这使得他的志向难以伟大起来。已经40多岁的林肯，按道理说应该比谁都了解自己的能力，可即便是这样，他还是估算错了人们对他的拥护。在他看来，应该没几个人会愿意站在他这边。相比从前在华盛顿政治圈的不融入和浮躁的生活，他觉得现在生活在西部这个州里更加安心。在这个小圈子里，他一直关心着政治，参加一些政治活动，却不用考虑政治上的利益。

即使偏安一隅，他依然忘不了政治。在这段时间里，他用比以往更大的热情参与着政治活动，比如选举和候选，或者通过某位同仁的帮助取得某个职位，他的这种付出似乎比以前还要热情澎湃。为了实现自己的理想，他竭尽所能。甚至，他还开始给德国籍的居民和其他外国移民写信，以获取他们的信任和支持。他还请人按字母的先后顺序将所有选民的名字罗列在一张纸上，这样就可以一直保存这些人的资料。为了和选民更好地进行沟通，他从来不会将表格直接寄给选民，他总是耐心地亲笔给他们写信。因为他觉得，手写的信件更能体现一个人的真诚。不仅如此，对于选民们反馈给他的回函，他会非常认真地研究，并领悟其中的含义，他还会仔细研究他们的笔迹。林肯说，从选民的来信中可以看出他们在写这封信时是什么样的心情。"如果某位选民心情不稳定，烦躁不安的话，从信里，我们可以察觉到。"

因为对各地的民风民俗非常了解，再加上他与生俱来的强烈的正义感，他的演讲技巧得到了很大程度的提升，这对于他今后是往政治的道路上发展，还是在律师这行发展，都将起到很大的作用。他后来的两位政治上的盟友，其中一位说林肯是最厉害的演说家，另一位是这样评价林肯的："林肯为人非常低调谨慎，他从来不会向外界宣称在目的达成过程中遇到的障碍。他也深深明白这样一个道理：相信别人其实就是相信自己。像他这样一个天资聪颖的人，根本不会像一些人一样缺乏经验。"他的另一位同仁补充说明道："如果有谁只是看到了他的表面，认为他是一个天真善良的人的话，很快他就会在坟墓中忏悔。"日常生活中，就算只是下棋，他也会非常小心，不到十拿九稳时他是不会进攻的。而在此之前，他一直是防守状态。

如果你听过林肯对某个问题的看法，你就会知道在林肯眼中，政治和政治家是什么样的。他是这样评价的："政治家的任务就是先制造一场纠纷，而这场纠纷必然会产生一种结果，最后政治家再去处理这些结果。"让我们瞧瞧，这种原本属于最伟大政治家的言论，从林肯的嘴里说出来是那么犀利，而且具有很强的针对性，一下点出了问题的实质。虽然林肯也被现实生活中的琐碎所打扰，可是他身上仍然有人类智慧最闪光的地方。通过这一言论的发表，林肯还对政客们的无耻嘴脸和被掌控者的无知进行了讽刺。可与此同时，他因为心中秉承刚直和纯洁的信念，又有点愤愤不平。

在林肯看来，只要说到政治，就是人类普遍意义上的政治问题，也就是全社会共同存在的问题。虽然他大部分时间都奔波在斯普林菲尔德和伊利诺伊两地，虽然经过他手处理的都只是一些政党上的小事，可是他的眼光一直都直指全国的政治中心，也就是首都华盛顿，甚至超出了本国的范围。林肯曾经用这样一句话来评价克莱，现在看来也同样适用于林肯，"民众一直都有自己的观点，这也是时代发展的必然趋势，就凭现在他们对受到的不公正待遇选择隐忍，看上去这也是符合时代需要的，可是它的发展一定会让人类在通往真正平等的道路上又迈出具有里程碑意义的一步。"

因为考虑到政党的利益，他请人将一封求职推荐信复印了四百份到处发放。鉴于他没有任何政治上的职务，也没有其他方面的考虑，他突然给国会秘书写去这样一封信，肯定是受到心中强烈的正义感和使命感的驱使。信的内容是这样的：

  我犹豫了很长时间，才终于下定决心给您写这封信，我非常希望您，特别是总统先生本人和他的内阁能够重视我在信中提到的问题。因为我只是一个普通的市民，所以请您原谅我的鲁莽。大家都清楚，总统先生按照惯例，将人事任命权下放到了各个部门，起先我并没有觉得这有什么不好。可是现在，这种做法给普通民众所造成的后果让人不得不开始担心。这样做的结果是，总统先生没有任何大权，慢慢会成为一个傀儡，权力都落到各个部门手中。所以，总统先生本人应该尽全力阻止这一局面的到来，否则后果将非常严重，对任何人而言都将是一场灾难。经常听人们说，泰勒总统主持过一次军事大会，在会上他不顾所有人的劝阻，坚决表示要发动军事进攻。不管这种说法是否正确，可是相比他从前无数次的妥协和让步，他如今的做法更加让人崇拜。当然有一点也必须说明，有时候顺从也是经过仔细思量的。人事上的任免不一定要每一任都比上一任强，可是必须给人们灌输这样一个意识，那就是这都是只有总统才能决定的事情。有时他也可以这样说，这是我的权责所在。杰克逊总统曾经这样做了，所以他成为了可以掌握国家命脉的有力领导者。无论怎么样，总统都必须要有掌控住国家的能力，我们不能放任那些经验和教训付之东流。

像林肯这样一个没有耀眼政治地位的人，为什么要写这样一封信呢？难道他想引起身居政治高位的人对他的另眼相待吗？如果是这样的话，他就应该换一种措辞和语气。抑或是他想要攻击某人吗？很显然不是。难道他是想展现自己崇高的品格吗？还是向达官贵人们展示他虽然蜗居在家里，却依然有男子气概吗？其实，他一直担心的只是公众的利益。他写下这封信，就是想要用一个默默无闻的身份，坦诚地向政府表明自己的观点。

当他强烈建议废除奴隶制时，他的心灵再次充满了恻隐的情怀，他那双灰色的眼睛散发出悲痛的眼神，黑人兄弟遭受欺侮的场景一幕幕在他眼前浮现。他一直努力让自己站在公平这一边，并努力保持豁达的心态，所以当有人强烈反对德国移民迁往美国时，他不无讥笑地说："谁才是真正的美国人？难道是那些身穿皮衣，腰间佩戴短刀的印第安人吗？可是，却是我们将他们逐出了本来属于他们的土地，而现在，我们又采取同样的手段对待一群很早以前就在这块地方生活的人。"

这些都是他的思考内容，可是他的思考总是混杂着正义和良心，这一点伴随着林肯终身。相比较之下，所谓的家庭、权力和金钱从来都不是他思考的内容。当一位纽约富商查询林肯这样一位居住在斯普林菲尔德市民的信用时，他得到如下回复："这个男人有一个妻子，几个孩子，他们的总价值超过 50 万美元。他还拥有一间办公室和里面价值一美元的桌子和三把椅子。除此以外，办公室还有一个既大且深的老鼠洞，从这里可以看到里面。亚伯拉罕·林肯敬上。"

四、家庭生活

"在过去的三个星期里，我们差不多每天晚上都在外面参加聚会。就算是这周，我们也还有三个聚会要参加。别人可能很难理解，我要经过很长时间才能从一次盛大的舞会中恢复过来。可不幸的是，参加这次聚会的人太少了，大约只有 3000 人左右。"

这段话是玛丽说的。每次她给姐姐写信，信中总会提到这些事情。她在心里不停地揣摩这些事情，并因此感到焦急和骄傲。当她坐着林肯给她买的马车在大街上溜达时，她觉得自己就是巴黎的女王。因为林肯的收入节节攀升，他们不仅将全部账款还清了，而且玛丽还决定将家中的房子再加盖一层。这样一来，玛丽就可以在一楼大厅里举行各种宴会。他们原来的房子位于城郊，可是由于城市的迅猛发展，现在这里已经变成了市中心。因此，在玛丽看来，这座房子对她有着无穷的吸引力。可是在林肯看来，却让人觉得很陌生。本来房子旁边有一棵树，也被玛丽找人砍掉了。我们要知道，她对树是没有任何情愫的，可是那盏情侣形状的烛灯她却一直舍不得扔。每次坐在那个桌子前，她就会一直把玩那个烛灯中间的八音盒。可是，如今她已经不再为丈夫清洗脏靴子，而当丈夫裤子上的纽扣掉了时，她也只是让他拿个夹子来代替，然后将背带一直拉到最下面，还笑着说如果这是绞刑架的话，烛灯再漂亮，就算刻上再甜蜜的恋人，对她又有什么意义呢？

事实上，玛丽和林肯生活在一起，也不是那么称心如意。开饭时，她时常要两个大儿子去请，他们的父亲才会回来。而那时，他们的父亲大多正被一群人围着，也许在和别人热烈争论着什么。即便是他的双脚走出了商店，两个孩子也在用力地拽他，遇到一群人，他又会停下来，继续刚才的故事。没过多长时间，人们就会听到两个男孩的哭声，周围人会关心到底发生了什么事，林肯就会回答说："能有什么事？我手里只有三块糖果，可是他们两个每个人都想拿到其中的两块。"

这时，待在家中的玛丽心情非常不好，可以说是烦躁不安，也有点气不打一处来。其实，玛丽的这种情绪也可以理解。要知道，她最艳羡的是那种绅士风度的生活方式，可是这却是林肯最讨厌的。生活中，如果有哪个孩子将绅士这个词发错了音，林肯就会特别高兴，将那个孩子抛到空中。有人曾经问林肯，为什么他的儿子托德的名字中有两个"d"，他说，"对'上帝'（God）来说，他的名字只有一个'd'，可是对于'死亡'（Todd）来说，却要有两个'd'。"

对于孩子，林肯从来不要求对他们进行严格教育，当周末玛丽要去教堂做祷告时，他就会将两个大儿子带去自己的办公室。因为他一将孩子带到这里，就不管他们了。更加因为他一直沉迷于阅读和思索当中，所以他完全没有注意到两个小家伙都干了些什么。他们将笔折断了，将墨水瓶打翻在地，文件也扔得到处都是，铅笔被放进了痰盂。直到星期一，林肯的同事回来上班，才发现整个办公室就像被抄家了一样。

在家中，林肯尽量对玛丽宽容，几乎不和她正面交锋，也从来不在小事上计较。他经常把钱包放在家里任何一个地方，钱包口打开着，这样玛丽就可以随时取钱，以方便为家里增添家具等。可有时，林肯这种目空一切的行为却招来了玛丽的控诉，她气愤地说："他在家里简直一点用都没有。他只知道回来吃饭、暖和身体，然后读点书，其他的一概不管，一个人只专心做自己的事情，对家务也从来不管不问，他从来没有帮家里添置过任何东西，他真的是个没用的人。"可是，每当她的姐姐表扬林肯具备的诸多优点，并大发感慨说，谁要是有林肯这样既聪明又有责任心的人做丈夫是多么幸运时，玛丽就会马上安静下来，态度来个180度大转弯，也点头称是，她所批评林肯的只不过是一些琐碎的小事而已。当然，她仍然和别人争吵不停，包括她的姐姐、林肯以及佣人。对此，林肯的观点是，"永远克制住自己，不和她吵架。如果一个人要想取得一点成绩的话，就没有时间和别人争吵，更没有多余的时间来为吵架的后果负责任。既然你可以在一些不太看重的大事上妥协，那么在这些琐碎的小事上让步就更加不值一提了。"

正因为他们这样的相处模式，夫妻生活有时还是比较美妙的，特别是当他们四岁的儿子不幸去世时，他们夫妻间的感情联系更加紧密了。玛丽曾经怀疑林肯染上了肺结核病，分外担心，还告诉医生不要告诉林肯这件事。后来玛丽说："他的外表给人的感觉永远都是和蔼可亲的，可是一旦做出了决定，他就会坚持到底。他做决定时所表现出来的神情，我到现在还印象深刻：刚开始他很友好，然后便开始认真思考起来，嘴巴紧紧闭拢。就这样，他已在脑海中做好了决定。当我看到他有这样的表情时，我就会依照他的意思去做。这就像他给下达的最后通牒，让所有人都必须听从，所以大家就会坚决去执行了。"

当然，他们生活中也会有很多摩擦。有一次，林肯订了一份自己非常喜欢的报纸，而玛丽却非常瞧不起那家报纸，于是她写信嘲笑那家报纸，结果信被报社公开刊载出来，给林肯造成了很大的困扰，他还为此大病了一场。还有一次，他正在和一位朋友在家里谈论事情，只听见嘭的一声响，门被撞开了。正在气头上的玛丽冲林肯大声嚷嚷，为什么他没有买她要他买的东西，林肯如实回答道："我忘记了！"她不顾客人在场，又是夺门而出，还歇斯底里地大喊："我被欺骗了！"结果在场的那位朋友处境极为尴尬，不知道怎么办才好。对此，林肯非常平静地说："请您不要见怪，您要知道，这样的发泄对她是有好处的。她只有这样，才会觉得心里稍微好过一点。"

有时，他们的关系又会到剑拔弩张的地步。每当这样不和谐的音符出现时，林肯就会整天待在办公室不回家。有时赫尔顿早上七点来上班，会发现林肯就躺倒在沙发上，看起来非常疲倦的样子。当看到赫尔顿进来时，他会懒洋洋地跟他打一声招呼，"哦，你来了呀！"然后又重新回到低迷的情绪中去。如果赫尔顿有事要出门，林肯就会将门反锁，将自己一直关在房间里。如果林肯有事要出门，他肯定是去了周边的百货商店或法庭，可是没多久他就会回来，而不是直接回到家里，哪怕他的家离得更近一些。到了中午，他就会心灰意冷地吃一些饼干或牛奶，然后在办公室里待到很晚。到了夜深人静的时候，人们会看到林肯那魁梧的身躯在树影下晃来晃去，他一边思考问题一边慢慢走路。直到再晚一些，他才会朝家的方向走去。

只有那么一次，林肯对玛丽讲述了自己内心的真实想法。可之后，林肯因为自己的这一举动而懊悔不已。事情的经过是这样的：某天早上，玛丽的确有点过火了，她看起来心情糟糕透了，好像早餐之前的任何事都会让她发火。刚开始，林肯极度压抑自己，可到最后，事情愈演愈烈，林肯只好跑出去待了一会儿。可当他再次回到家中时，玛丽依然对他大声咆哮。林肯气极了，他将玛丽举了起来，并将她逼到厨房的一个小角落里，他就站在厨房门口对玛丽大吼，甚至忘记了街上的行人通过窗子完全可以看见他们。后来林肯和朋友们讲到这件事时，他感到十分懊恼，他非常严肃地批评了自己："我怎么可以那样做呢？我真是该下地狱。"

林肯的一位好朋友曾经这样评价玛丽："无论哪个男人跟玛丽一块生活，都不知道家庭的幸福是何物。可是，从另外一个方面来看，她又为这个男人的前途贡献了很多。正是因为有了她，他的事业才会不同一般。他不会喜欢待在家里，或者倚靠在壁炉边取暖，而更愿意在外面和一群男人拼搏事业，在法庭上和人争辩，在议会大厅里和人争执，和农民朋友亲切交谈，在百货商店和来来往往的人聊天，他也因此名声在外。"

在这种家庭背景下，林肯在外出旅行途中所产生的几段婚外恋曲也就不难理解了。林肯本身的性格其实并不讨厌女性，他只是害羞而已，他一直在寻求的只不过是相互之间的理解和支持。如果他遇见了一位既美丽又可爱的女孩儿，他就会非常愿意和她聊天，而且也会尽情展示他浪漫多情的一面。当时，林肯被一位乐队的女歌手所折服，每次她有演出，他一定会到场，而且非常投入。当他的朋友因此劝告他要小心时，他说："没关系，就顺其自然吧，她可是唯一一个给我带来视听享受的女性。"后来，他的政治对手到处搜罗他出轨的证据，却毫无收获。甚至那个时候，每日一个人待在房里的情绪焦躁的玛丽，也没有因此醋意大发过。

在一些离婚案件中，林肯经常替妇女们维权，保护她们的合法权益。当几个怒发冲冠的妇女用厉害的手段对付她们酒鬼样的丈夫时，林肯用出众的口才帮她们洗清了罪名。有一些事情就算是违法的，林肯也会坚定地站在她们这一边，有时他会做出一些出格的事情，连他自己都觉得难以解释。有一次，一位爱打老婆的鞋匠邻居不听从林肯的再三警告，依然动手打老婆。林肯在办公室又听到那位妇女凄惨的哭喊时，马上率领一群人赶到那里，众人一起将那个耍酒疯的鞋匠揪到门外，并将他结实地绑在一棵大树上，并递给那位妇女一根皮鞭，让她好好抽打他一番。刚开始，那位妇女还有点下不了手，后来就畅快地打了那个家伙一顿。林肯作为一名律师，做出这种出格的事情，按道理来说，是要受到法律的严惩的。因为他已经不是一个热血青年，可是就是这样一个因为法律的原因而排斥用武力来解决黑奴问题的人，有时会在一些小事情上做出和他的身份不相符的事情来。其实，在他的很多演讲中，在他不停思索的大脑中，有两件事情是他一直关注的，一件是解放黑奴，一件是反对酗酒。而当他经历过鞋匠打老婆的事情后，他更加意识到妇女们身上所承受的痛苦。而正是出于对这些妇女的怜爱之心，他做出了一些违背常理的事情。

后来，当有人问林肯为什么从来不和女性来往时，他用自己出众的口才回答道："我在印第安纳度过了我的少年时代，那时我经常可以吃到一种母亲自制的甜糕。有一回，我非常高兴地拿到了三块甜糕，跑到灌木丛边，想好好享受一番。要知道，当时我们的很多农民邻居家比我们家还要穷，当有个人跑过来请求我分给他半块时，我慷慨地给了他一块。可是他很快就消灭光了，后来我又将最后两块都给他了。很快，三块甜糕都被他消灭光了。我坐在一旁看他吃，心里非常难受，我问他，'你是不是很喜欢吃甜糕？'他说，'是啊，我天天做梦都在想，可是我家太穷了，我几乎很少能吃到它。'"

从这件事中，你可以清楚地了解到林肯早熟的性格，这件事也充分展现了林肯忧伤、大度的性格。而人们之所以对林肯和女人交往的事情非常感兴趣，是因为他身边几乎很少有女人陪伴，而林肯却给他们讲述了少年时代的一段往事。在林肯心里，自己就像当初的那个小男孩一样，虽然也对甜糕情有独钟，却很难吃到它。一个男人所有的痛苦思想都在印第安纳的那片灌木丛下萌发。不管是难看的外表，还是未婚妻安娜的早逝，还有后来的婚姻所带给他巨大的精神压力，这一切都足以说明他为什么几乎很少和女人来往了。

五、家乡

20年前，安娜·奈特雷特不幸去世，到如今，林肯的青年时代也离他越来越远了。当年落魄的土地测量员，已经成长为斯普林菲尔德的大名鼎鼎的律师，家乡的父亲乡亲有什么事也经常会找他。

可是随着光阴流转，他和父亲、兄弟们之间的关系越来越淡漠了。他的父亲虽然已经六十多岁，可依然和从前一样，欠了一屁股债，他的生命永远在失望和希望之间徘徊。当他的生活实在难以维持下去时，他也会想起来向自己的儿子求助。"亲爱的父亲，我很高兴为您解决眼前的困难，这是随信寄上的二十美元，请用它将原来属于您的那块地赎回来吧。可是让我感到纳闷的是，您竟然将您败诉的案件给忘了，更了不得的是，原告竟然没有再起诉您，甚至，我觉得您完全有能力偿付判决中的数额。我很高兴帮您还这笔账，可是请您在付款之前想清楚，您是否已经付过了。顺便向母亲和亲戚们带好。您的儿子亚伯拉罕·林肯。"

从这封信中，我们可以清楚地看到，他对父亲求助动机的怀疑，虽然他用词不明显，可是我们依然可以看出他心中的怀疑。作为儿子，同时也是一名律师，他对真理孜孜以求，他无法忍受不够纯粹的感情，这让他内心非常不平静，就算是写信给他的父亲，他也丝毫没有遮掩自己的这种感情偏向。

关于自己的身世，林肯所知甚少。有一次，他向赫尔顿大吐苦水。那次，他们一起去乡村为一个人立遗嘱。在回来的路上，许是环境所致，林肯想起了自己的身世。他给朋友讲完自己的身世以后，又加了一句话，如果说他比家族中其他成员更聪明的话，那根本和林肯家族或汉克斯家族无关，因为这两个家族几乎没出现过什么杰出的人才，而只能寻根求源去找他的那位未知的外祖父。

几年以后，家中的兄弟姐妹来信告诉他，说父亲染了重病，恐怕要不行了。作为儿子，他理应回家探望，可是他却在信中这样答复道："我和你们的想法是一样的，我希望父母都能健健康康，平平安安。我同时也希望你们在为父亲治病或孝顺他时也稍微提一下我，以表达我对父亲他老人家的真心祝福。可是现在，我实在太忙了，而且我的妻子也重病卧床。请允许我向最慈悲的上帝祷告，希望父亲能早日恢复健康。请告诉父亲，请他向伟大的上帝祈福吧。既然上帝连屋檐下掉落的小麻雀都能看到，每个人头上的头发也能数得清，我相信他一定会正视我们现在正在遭受的痛苦，所以他一定会让他最忠实的信徒生活幸福的。也请转告父亲，如果现在我和他会面，只会让痛苦加深，让病情加重。如果他的命中注定他现在要离我们而去，那么我相信他也会觉得非常快乐，因为他可以更早地见到已经去世的亲人们了。期待你们的回信……"

就这样，林肯提前预知了这位濒临死亡的农民的命运。在平常，他头脑里几乎很少会想到上帝，可是他心里也是一定相信上帝是存在的。如果林肯的老父亲垂死前，看到自己声名显赫的儿子低下高贵的头颅来看自己，用灰色的眼睛来对视自己灰暗的老眼，他肯定会非常不好过的。对林肯来说，他对父亲的安尸床非常害怕，就好像他当年特别害怕新婚床一样，他会非常难以接受这样的场面。他宁愿单独坐着，也不想经历那些让他觉得孤单的场景。

父亲去世以后，林肯几乎负起了继母孩子们的监护责任。具体林肯为他们做了什么，我们已无从知晓。可是有一点我们应该明白，他们中没有人为他做过什么。他虽然长年没有待在家乡，没有和亲人生活在一起，可是他的亲人们依然认为他是所有兄弟姐妹们中最有出息的一个，他有义务帮助他那些兄弟姐妹们。就在他给父母写信后不久，林肯就给他同父异母的兄弟约翰斯顿写了这样一封信：

亲爱的约翰斯顿，你说要找我借80美元，现在我还做不到。我还记得每次你找我借钱，你都会说，"下次我不会再找你了。"可是没过多久，你又开始找我要钱。你总是入不敷出，我想这个原因只能从你自己身上找。我当然明白，你不是天生懒散，你只是有点好玩而已。自从我们分手后，你就没有认真对待过一份工作。虽然你完全有能力干好，可是你就是没有完全投入去做。因为你觉得你的付出和收获不成正比。就是因为你这样的思想，所以你现在生活很拮据。你必须要下狠心改掉这些陋习，这样不管对你自己来说，还是对你孩子们来说，都相当重要。你想想，如果孩子们看到自己的父亲成天无所事事，那他们今后的人生道路可想而知。我希望，你可以马上找一份工作，全心投入去做，如果是这样的话，你会得到丰厚的回报的，那样你也可以无债一身轻了。

作为鼓励你的方法，我向你保证，从现在开始，如果你通过自己的辛勤劳动，每挣得一美元，我就再奖励你一美元。这样算下来，如果你每个月的薪水是10美元，那么你到月底，你就可以得到20美元。当然，我并不会提议让你去圣·路易斯打工或者去加利福尼亚做矿工。你最好就待在家乡，在周边找一份工作。这样的话，你就可以很快还清你所欠的债务，而且你也会更加热爱你的工作，而不会瞧不起它。如果我现在依然给你钱的话，你肯定会坐享其成，早晚都会吃完，还照例欠下一大堆债。你在给我的来信中说，你愿意花八十美元来和我交换你在天堂的位置，这未免太不值当了。我觉得你完全有能力在未来的几个月时间里，通过自己的劳动挣到这八十美元。你还说，你乐意将你的土地抵押给我，以此作为担保，以免我担心你还不了钱。你简直是乱说一气。如果你拥有这块土地时都不能维持正常生活的话，你失去了这块土地，又将依靠什么生存呢？你一直待我挺好，我也不希望你做什么对自己不好的事。如果你听从我的劝告，你会发现，它的价值远远高于80美元的八倍！

爱你的林肯

在这封信中，林肯的说话技巧简直到了炉火纯青的地步，甚至可以和他以前发表的几篇演讲稿相提并论。他不仅没有使用一个有损兄弟尊严的词语，而且还将道理讲得深入浅出，不得不让人信服。其实，他并不是舍不得那些钱，可是他觉得他应该眼光放长远一点，为约翰斯顿的孩子们考虑。可是父亲去世以后，当他听说约翰斯顿想要争抢继母的家产时，林肯一改曾经亲切的语气，突然变得异常严肃。因为他只有用这种严厉的家长作风，才能让继母的家产不会被她亲生儿子夺去。

昨天我听人说，你似乎急着想要转让土地，并迁居到密苏里。经过反复思考，我很想阐明一下我的观点，我觉得你这样做简直糊涂透顶了。你怎么就知道自己在密苏里就一定可以过得很好？是因为那里的物产富饶，还是因为你可以坐享其成呢？实际上，你从来没有在现在这块土地上认真工作过，你只是想要变卖了它，然后将得来的钱拿去消费……你想得太天真了，对于你的如意算盘，我是无论如何不会同意的。为了你和你的家庭，还有你的母亲，那40亩地一定不能被卖掉。如果你不想继续在这块土地上劳动，你可以让母亲转租给别人经营，收回的地租就可以保证你母亲今后的生活了。我知道，母亲还从父亲那里继承了另外40亩土地，我想母亲愿意让这块地转让给你。好了，我觉得你现在应该马上开始工作，只有这样，你的生活才有希望可言。

现在，林肯在几个月前对兄弟苦口婆心的劝说已经不见了，只有严肃和震慑。如果约翰期顿不听劝说，那么林肯的语气就会变得严厉起来。在这封信中，林肯言辞犀利，就像《圣经》中的风格一样，因为他认为唯有这样，才能让他的兄弟彻底明白。

后来没过多长时间，林肯发现把土地卖掉可以让母亲生活得更好，他也同意了弟弟的意见。可是他也没有忘记提前告诉弟弟，如果他没有拿到这笔钱或者没有用10%的利息作保的话，他是不可能在土地买卖合同上签字的。当弟弟又想在这件事情上动歪脑筋时，林肯给他写了这样一封信："为了母亲着想，我可以考虑接受你的意见。母亲对这两块40亩的土地有法律上的继承权，在死之前可以拿到1/3的利息，这是她可以享受的权利。可是现在，她好像将所有的权利都转让给了你。要知道，我非常希望她的后半生可以过得很好，我觉得我有义务这样做。"原来，约翰斯顿只想从每年200美元的利息中抽取8%，大约是16美元付给母亲。"如果你以这种方式对待母亲的话，我一定不会置之不理的。根据规定，她每年至少可以从这些土地中得到大约30美元的利息收入，那么当别人问起时，我会非常羞愧地告诉大家，她每年只有16美元的生活费。你的亚·林肯等等。"

如果林肯在签名时用了"等等"这样的字眼，就意味着他马上要付诸行动了，这是暴风雨来临的前奏。自此以后，林肯与继母的亲生儿子又发生过几次争论，争论的焦点一直都是继母的权益问题，林肯甚至好像还想抚养兄弟家的一个儿子。虽然他非常关心继母的生活，可是他从来没有接继母到他那里住，更多的是劝继母多出去走走，放松放松心情，这样于身体健康也是有好处的。这里面的原因，我们也很好理解。

六、忧郁

"他从你身边经过，你仿佛可以看到他的忧郁瞬间滑落。"这是赫尔顿用来形容林肯忧郁气质时所说的话。这种心态恰恰遗传了他母亲的特性，亲生母亲的过早去世，还有他父亲的四处迁徙和探索欲望，对故乡没有太多温暖的回忆，经历过太多磨难，对女性既害怕又羞涩，浪漫的心灵世界，还有天生的忧郁气质，这些都让世人产生这样一个疑问：忧郁为什么没有产生仇恨之心？

在参加巡回法庭的那段日子里，林肯的同事斯图尔特常常会见到这样的场景：林肯一个人孤坐在酒馆阴暗的角落里，显得和所有人格格不入，看起来一副困倦的样子，又好像在认真思考什么问题。那好像是一个非常令人难受的问题，他尝试着变换不同的角度去考虑这个问题，而他的面部表情正好展现了他思索时内心极度的压抑和哀伤。一直到休庭时间结束，他才重新将注意力集中到审判工作中去。当他刚刚从思索中回过头来时，他看上去就像如梦初醒一样，另一位同室朋友则经常见到这样的场景：林肯天还没亮就起床了，坐在那里自言自语，嘴里咕哝着什么。如果是不了解他的人，见到这样的情景，肯定会以为自己面前是一位神经病患者。当然，我对他非常了解，不会感到害怕，因为他就是林肯。我所做的就是竖起耳朵认真地听，听他都在说些什么。

如果参加音乐会时，他听到非常伤感的歌曲，他一定会将歌词记录下来。他就曾经在一张纸条上记录过这样的句子，名字就叫《我愿意承担这忧愁》：

　　飘来的风，你能不能告诉我在哪个地方，
　　不会有忧愁，不会有伤心？
　　我能否到达西边的山谷，
　　作为我心灵休息的场所？

　　风儿吹过我耳旁，
　　它用悲伤的语气，
　　用尽最后一丝气力告诉我："不！"

　　我又跑向海洋，去问海浪和岩石，
　　你们是否知道哪里有海港，
　　可以作为我心灵安歇的地方？
　　汹涌的海浪低沉地回应我说："不！"

林肯就是这样，经常会抑制不住自己的忧郁，唯有当他讲好玩的笑话时，才能将他的忧郁压制住。所以，笑话好像成为拯救他忧郁的救命稻草。他经常怀里揣着一本幽默故事大全，其实那里记录的并不都是笑话，可是也差不多，就好像别人随身携带威士忌酒和嗅盐① 一样。他常常会失神，有一回，一个人正在当众朗诵一首单调无味的诗歌，所有人都被催眠了，突然人们听到一声爽朗大笑，人们这时才从梦中醒悟过来，发现是林肯在笑。他的突然大笑让所有人都觉得很惊讶，当然他自己也觉得很难堪。有时候，他还会在某些场合突然大声发表自己的言论，连他自己都会觉得很难为情。

　　还有一次，他驾车前去纽萨勒姆为一位过去的朋友扫墓。这么多年过去了，他和那些老朋友再一次见面了，所有人都围坐在故去老友的棺材边上，一起看着林肯，希望他可以说点什么。突然之间，林肯的大脑一片空白，什么都讲不出来，他好像突然间不记得自己的使命是什么了，将原本准备好的台词全部忘记了。他只是和所有人打了个招呼，就神情严肃地离开了。单从这件事情上，我们就可以明白林肯当时在结婚典礼上忍受了多么大的痛苦。

　　林肯的性格一早就铸就了。当他还非常年轻时，他就比较喜欢走路，而不是一直待在一个地方。他曾经和一些哲学家说，人只有在不断行进的途中，才能更好地思索问题。除了他的做人原则，魁梧的身材和反应慢半拍的思索方式以外，他那亲切的目光，谨慎的脚步和聪明的头脑都使他更像一个观察家，而不像一个实业家。他那挺拔的鼻梁、尖尖的下巴、干裂的嘴唇，这些面部特征会让第一次见到他的人误以为他是一个贪恋权欲的人；可是从他的脸部以下，就会看到他那长而梗直的脖子，这些足以表明他的头部非常具有男性的气概。而且从他的五官往上看，你就会看到他饱满的额头和线条刚硬的头部轮廓。特别是他那双灰色幽暗的眼睛，会让所有人在他面前都会不自觉地保持安静。

　　一切事实都表明，大自然想要让林肯看起来比实际年龄大得多。而事实上，他也从来没有显年轻过，或者根本没有不理智过。因为从开启生命征途

---

① 一种由碳酸铵和香料配置而成的药品，人闻到后有恢复或刺激作用，对于减轻昏迷或头痛很有效果。

开始，他就一直带着哲学家的思维而不是普通年轻人浮躁的思想。在开始某个活动前，他总会先实地考察一番，然后再做最终的决定，他也经常用现实来佐证自己的观点是否正确。抑制思想是他思考国家大事的首要前提，他曾经说过这样一句话："如果你要问我是不是禁酒联盟的成员之一，我肯定会回答你，我不是，我不需要禁酒，因为我从来就不喝酒，当然更深层次的原因是因为我可以控制自己。"他并不是为了想要自己获得一个好名声而故意去歌功颂德的，他的公平和正义是天生的。他并不是因为自己是清教徒而远离钱财的，他并不是因为想要保持自己纯朴的形象而打扮简朴、驾着马车到处奔波的，而只是他一贯认为，他身上背负着强烈的使命感，他可以从来不因为外界对自己的诱惑而偏离方向。也正是因为如此，他的日常生活一团糟，他除了将自由和民主的思想放在脑海以外，其他任何事他都觉得无所谓，因此他不喜欢像个绅士一样按时吃饭、准时参加各种舞会等，他觉得饿了就可以吃东西，渴了就可以喝水，累了就躺下来休息，那些复杂的礼节、老套的规矩，他是完全不接受的，这也和他在政治上的作风是一致的。他排斥一切讲排场的政治活动，并表示难以接受，他更愿意听的是纯朴真诚的演讲内容。

他不会按照自己的喜好去评价一个人，他的这种性格囊括了诗人的一些思维特点，这和他一贯的性格特点也是相符的。"我非常希望洛汉可以成功当选州法院的法官，有两个方面的原因。首先，他是最优秀的法官；其次，一旦有人遭遇不幸，他会比其他任何人都要痛苦。"

可是，林肯并不是一个远离尘世的人，他一直都不是。他是农民的儿子，一直都是。他非常清楚自身的价值是什么，并懂得如何最大程度地利用它。他当然也曾经豪情壮志过，可是随着时间的流逝，他更加明白自身的价值在哪里。当他想要彻底推翻奴隶制时，他明白在这之前，他必须先求得可以实现这一目标的政治地位。所以，当他严阵以待准备参加竞选时，事实上他已经准备得很充分。有一次，林肯曾经对赫尔顿这样说："在还没有彻底将国家改造成我理想中的模样时，我是不会轻易死去的。如果真是那样的话，我真是白活了一回。"这几句话充分表明林肯内心里有一股不服输的劲儿。他既不像艺术家那样只看重表面的狂热，也不像哲学家那样急于下最后的结论，更不像众多政客一样只想通过自己的意愿来改变这个世界。这只是一位马上就要挑大梁的观察家和教育学家的真诚表白而已。

七、信仰

> 这里长眠着卓·康特帕特，
> 请慈悲地呼唤他进入天堂，
> 仁慈的上帝；
> 就像他一样，如果他是上帝，
> 那你就是卓·康特帕特。

这是林肯为他的一位印第安友人写的墓志铭。兄弟之间的深厚情谊和团结是他坚持信仰的基础。他所有的朋友都说，无论是过去、现在，还是将来，我们从来都没有在任何一次演讲中，听到林肯说自己是一名基督教徒。

其实，早在纽萨勒姆村的那段时间里，人们就亲切地称呼他为无神论者和宿命论者了。后来他自己也承认，他在引用《圣经》时，在他失去自己的爱人时，他就更加怀疑上帝的存在了。赫尔顿说，林肯就是从30多岁开始相信"无神论"的。赫尔顿对此这样说："他的信仰让人觉得可怕。作为年轻人，我一直都相信妈妈从小跟我说的有关上帝的一切。有时，当我们正在处理公文时，他就会手捧《圣经》，跟我们朗读其中的一段，并用自己的观点对其中的错误论点进行反驳……他是无神论主义者。可从此以后，他却开始在这一问题上变得十分谨慎，也不会轻易在陌生人面前提及这个话题。"林肯第一位搭档斯图尔特也对此发表了自己的观点："他是我见过的所有反对基督教义的人中间，态度最强硬的一个。而且他还很固执，有时会比较任性，我们人人都信服的耶稣是上帝和圣母玛丽亚的儿子，他就表示怀疑。"身为法官的戴维斯在10年以后谈及此事时还说，林肯真正爱好的并不是那些枯燥的基督徒教义，而是其中所坚守的准则、法律和事物发展的前因后果，后者才是他所坚守的信仰。林肯的另一位朋友也这样评价他："林肯所信仰的并不是上帝，他信仰的是准则和规律。全世界都是根据这一准则不停繁衍生息的，世界上所有的生灵也是这样诞生的。"

在林肯眼中，那些以爱之名信奉的道德教条和基督教义都让人觉得不可靠。他的一位故友这样说他："他的信仰事实上已经完全超越了基督教义的范围，可是他所坚守的人性和道德修养和他做人的原则恰好是我们所坚守的基督信仰。"玛丽也曾经这样评价林肯的信仰："他不信奉任何宗教信仰，对所有教派都持有不同观点，他也不想成为其中一个教派的拥护者。可事实上，他天生就是一位宗教式的人物，他的性格明显有很多诗人气质。"

对于自己的宗教信仰，林肯自己是这样解释的："有一位老年人曾经这样对我说：如果我做了好事，我自身也会感到幸福；如果我做了错事，我也会良心不安。这就是我的信仰。"林肯的小儿子不幸去世以后，玛丽也加入了长老会，林肯就和她一起租了教堂里的一条长椅，有时还会和神父交谈很久，可他一直不愿意加入教会，对此，他是这样解释的，"也许，老天注定让我做一个独行侠，自我思考，不断奔忙，努力寻找自己想要的道路。"

可同时，林肯也开始相信封建迷信起来。当他的一个儿子不幸被狗咬伤后，他竟然带着他去找印第安纳的一名巫师治病。我们可以这样理解，林肯在很小的时候就开始了解这种在农民中间很盛行的巫术，而且一直受到这种环境的熏陶，所以，他才会相信迷信。而且，随着岁月的流逝，他的这种思想越来越顽固。我们可以理解，由于他天生忧郁孤僻，思考方式也和常人不一样，所以生性疑心病重的林肯常会将自己和神秘莫测的东西结合在一起。"我的观念里没有'偶然'，世界上任何事物都有因果关系。过去是现在的原因，现在又会变成未来的原因，这所有的一切都靠一个个阶段串联在一起。"他嘲笑自由精神，并灵活地将人类的伟大的缺陷这样来总结："人们应该将之理解成自由的精神。"他非常喜欢引用这样一首诗：

> 世界上有这样一种精神，
> 可以决定我们的思想和行动轨迹，
> 不管我们想要怎么改变它，
> 我们依然还是要遵从这一精神导向。

林肯对预感的力量深信不疑，因此在评论刺杀恺撒的布鲁克斯① 时这样说道，是某种超意识的东西让他杀死了恺撒。玛丽曾经就林肯的这一特点发表了这样的观点，她说："林肯唯一相信的哲学观点是：该来的一定会来，该走的也一定会走，谁也左右不了。"

当林肯头脑中满满充斥着因果逻辑关系和迷信思想，并成为他思考问题的主要方式后，他就更加深信自己的观点了。当林肯迫切想要了解整个事情的最终结果时，他肯定会将之前出现过的种种表象进行分析。他喜欢隔着一层纱去思考问题，而且非常急切地希冀去预测某个事情，可是就算他提前预知了后果，他也不会去人为阻止它的出现。其实就在林肯被行刺前一天，他就在梦中预测到了。

很多目标的实现，充分印证了他逻辑严密和聪慧的大脑。他需要时间，需要精力，更需要自己亲自去领悟。如果所有事情上天都提前安排好了，那么人们是否就不用发挥主观能动性了呢？事情的发展趋势又是由什么决定的呢？每个人最重要的就是双手和大脑，不就是因为它们可以劳动吗？如果我们不需要思考和分析，那我们的分析能力还有什么存在的必要呢？而林肯想要完成的就是揭露人性最真实的动机和目标，然后改进它。"任何行为都是有动机的，而最终的目的是为了成全自己。"对于林肯提出的这一观点，如果赫尔顿敢提出反对意见的话，林肯就会一直说个不停，直到将对方所提出来的原因归结到自我为止。因此，赫尔顿认为废除奴隶制应该快刀斩乱麻，也就是一步到位。而林肯所想只是防止蓄奴州范围的继续扩大，而人因为观点不同而产生争执也就不奇怪了。赫尔顿是个理想主义者，他经常用这样的观念和态度来处理问题，而林肯却坚持摒弃这种理想的立场。赫尔顿深信，通过武装强迫可以打造一个理想社会，而林肯则认为，谁也脱离不了命运的掌控。因此，心地善良的林肯有时表现得对一切都不在乎，大多数时候是固守传统的，并不是用动态的眼光看问题。他对废除那些错误的、枯燥的东西不抱任何希望，对所有不清楚的观点强烈反对，他的眼光一向非常犀利。因此，可以这样说吧，他所有不同一般的个性都被笼罩在专制的逻辑的震慑之下。

在善良和怀疑交相辉映的现实世界中，在冷漠和同情相互转化的过程中，

---

① 布鲁克斯：传说是他杀死了恺撒大帝。

一个卓越的政治家正在形成他的最强大脑,而在经过一系列复杂的政治交锋以后,它也越来越逼近人类最高的目标。

八、国家现状

在美国,奴隶制的产生比其他任何欧洲国家都要难以解释。在这片广袤的土地上,产生了人类有史以来第一个多民族融合在一起的有统一法律规范的国家。在沙皇俄国,奴隶制之所以产生,是因为他们的祖先用暴力统治了这片土地。在强权基础上产生的达官贵人们成为权力滔天的统治阶层,因此在过去的一百年间他们一直坚守着奴隶制,因为贵族们需要一个被统治的阶级来为他们服务。可是,美利坚合众国是一个新建立的国家,在这里,一群爱好自由和和平的人们摆脱了欧洲的强权统治,共同建成一个全新的民主制度,在人类历史上首次将哲学家们的观点、艺术家们的幻想和思想家的感想统统照进了现实。可就是这样一个有如朝阳一般的国家里,却依然存在这样一个黑暗面。国家的创立者们也不敢像当年征战欧洲统治者时那样勇猛地向其发动攻击。面对这个黑暗面,他们心里很压抑,良心也一直受到拷问。或许他们辛苦打下的江山还会因为自己拥有的奴隶精力更旺盛、劳动力更低廉、肤色更深,而自我感觉比俄国大公们还要好呢!难道前辈哲学家的思想,像狄德罗[①]、卢梭、伏尔泰,人们忘得一干二净了吗?难道这些友爱、正义的思想只适用于白种人吗?如果真的是这样的话,那简直太荒诞了,因为如果将黑人当作机器使用是正确的话,那么根据家庭环境、财富多少以及受教育水平来将白人划分为各种阶层,最高阶层据此可以理所应当地统治最低阶层也就显得非常合理了。这不是谬论吗?

18世纪80年代美利坚合众国建立伊始,当时的政府根本无力改变当时南方的蓄奴现状,因为政府没办法让南方奴隶主自动放弃黑奴,并让他们返回非洲大陆。可是一个新的时代呈现在人们眼前,而且这种矛盾也越来越尖锐。当科学技术的发展使得白种人同样沦为机器生产的奴役时,商品也变得越来越便

---

① 生于郎格勒。法国启蒙思想家、唯物主义哲学家,作家,百科全书派的代表人物。

宜和供大于求，为了富人的挥霍而只付给穷人少得可怜的报酬，这让人们原本抱有的美好幻想都消失于无形中了。而当主人和仆人逐渐变得平等，一个新兴的阶层逐渐站到了他们中间，使用先进科技生产出来的棉花产量大幅度提升，新兴阶层上百万人穿上了由这些棉花制成的衣服，可是白人依然不想顶着烈日种植棉花。于是，因为棉纺织行业的迅速崛起，黑人们所扮演的角色越来越重要，如果没有他们的辛苦劳动，整个行业几乎都会处于停滞状态。

为什么奴隶主不愿意放奴隶自由？原因是显而易见的，当然是出于害怕和理智的思考。也许还可以这样说，有谁愿意主动为原本不需要支付报酬的人给付薪水呢？本来用牲畜就可以完成的工作，有哪个奴隶主愿意雇佣一个短工来完成呢？奴隶主所占有的成千上万个奴隶，被控制在一块土地上生生不息，这样新的劳动力会不断产生，来接替死去的或年老的黑奴。他们不会得到一点报酬，就连他们吃的玉米也是从地里捡的，这不会损失奴隶主任何资产。如果有那么一天，奴隶们被打开枷锁，没有人再拿着鞭子强迫他们干重体力活，而且被宣布自由了，这时奴隶们会怎么样呢？他们将气愤地冲进主人的住所，将所有的财物都据为己有，将曾经压榨他们的所有东西都损毁，把面粉仓库和威士忌酒都捣毁，将农用工器具都打烂，将主人和监工统统杀害，强奸主人家的小姐，就像主人强奸女黑奴一样。这就是奴隶制被推翻的结果。很显然，这条路是行不通的，而解决现实问题唯一办法就是：控制时间和地点，预防蓄奴范围的进一步扩大。当然首先要做的就是这些制度控制在那些已经出现而且非常必要的州里。就像一个人生病了，只要将这种病症控制住，这个人还可以好好活着。可是如果疾病开始在全身扩散，那么这个人的生命之火就将马上熄灭。当时我们的祖先虽然也看到了这一矛盾，可是依然对南方选择了隐忍，这样才能顺利建成一个新的联邦共和国。南方拥有了别人没有的权利，那么他是否满足了呢？他们和他们的先辈一样，坚守着同一制度，在同一块土地上过着一样的生活。而且，现如今的他们还在很多政府部门占据重要地位，执掌着国家政权，为奴隶制的推行提供政府方面的强有力的靠山。

而同时，北方势力也不甘落后，甚至发展得更快。几十年以来，北方大力推行机器生产，新观念的产业工人和工厂所有者们形成一个新的阶层，同时，巨额的财富和生产效率也得到很大提升，这一切都让南方奴隶主感到妒岌可危。这就跟西部开发的先驱者一样，他们前进的速度如此之快，由此产生的巨大变革让南方奴隶们开始焦躁不安。他们马上反应过来，一个非常大的难题呈现在他们眼前，那就是如果一个本来处于世界中心的人有被挤到边缘的可能，那么他就必须要加强自己的中心权力和统治。当他们越来越害怕劳动，当更多的欧洲移民来到这里开荒种地，绿草茵茵，城镇林立。当人们在西部广阔的土地上挖掘出更多的矿产和金银财宝时，新兴的西部已经成了南方不愿提及的噩梦。因为那里所有的一切都是由白人亲自劳动产生的，它们同时也在威胁着南方奴隶主的强权统治地位。南方的奴隶主如果失去了这种特权，就会难以生存下去，可是要想继续在首都华盛顿占据统治地位，他们就必须经受道德和行动的双重责难。

那么他们是否有其他选择来防止这一切的发生呢？答案是没有。唯一可行的办法应该就是用分裂来威胁北方。而且，他们看到了一些成功的例子，比如古巴和拉美就是先例。这几个地方是棉花、茶叶和小麦的高产国家，位于更加火热的热带地区，对黑奴有更大的需求。而且，英国会保证它会袖手旁观吗？也许，考虑到上个世纪美国人对他们的背叛，英国可能会出面保护脱离的任何一方，当然也包括南部地区。如果上个世纪叛变的后代们想要背叛自己的堂兄弟的话，他们也会希望得到欧洲的支援。谁也不能妄想拿走南方的权力。在他们盛气凌人时，已经被欺压的北方可能会因为外部势力的援助，至少是因为欧洲的经济独裁而选择妥协，也可能就这样到最后他们会一蹶不振，无法取得任何实际成果，就算现在北方依然在努力避免这种情况的发生。

事实上，也正因为如此，北方也不得不妥协和让步。刚开始他们在这些方面做出了让步：除了密苏里以外，北方其他任何地方都不能再产生新的蓄奴州。然后，又同意新建四个蓄奴州。到最后，亨利·克莱做出了让步。在南北不断对抗中，他找到一个新的解决办法，那就是：新融入联邦的新墨西哥州允许存在蓄奴制，加利福尼亚是否实行蓄奴制，由他们自主决定，同时，他还对逃亡的奴隶加重了处罚条款。新的政策一出，立刻遭到所有信仰自由的人的强烈反抗，可是"奴隶是物品而不是人"的思想太深入人心，包括北方人也觉得是这样。每一个市民见到逃跑的黑奴都有义务抓捕他们，而且还会得到10美元的奖励。于是，所有人都成为逃跑黑奴的抓捕者。

南方对抗的过程中，包括有经济、政治、情感和道德上的种种因素，而且各种因素的比例都差不多。如果北方想要调派白人去西部发展，那么南方则想在那里建立蓄奴制。如果北方因为要保障自身的工业品贸易而需要对市场进行控制的话，那么南方就非常希望借此机会，将奴隶交易也变得合法。在北方，任何一个贫穷的白种人都会强烈反对奴隶制的推行，因为这样的话，他们就会没有工作岗位。而在南方，因为奴隶制的存在，白人会觉得自己高人一等，因为还有一群地位比他卑贱的人在为他服务。在北方，劳动光荣，也是获得财富的必经之道。可是在南方，劳动却受到鄙视。由此可以看出，这就是一百多年一直残存的专制和自由、继承与革新、传统和现代之间的斗争。他们之间的矛盾并不仅仅局限于棉花等农作物，里面的原因还有很多，只不过因为棉花，让他们之间的矛盾更加激化了而已。

在南方人的思想观念里，有一种特殊的哲学叫棉花哲学，并因此产生了很多和其相关的对其有好处的新哲学。就好像北方一直倡导自由的产业工人一样，南方也有其自身的一套哲学理论。林肯在《纯粹的原始人》一书中看到了这样一段话："西欧所建成的有关自由社会的制度是可笑的，就算是在美国，它也无法推行下去。对这一点，就算是北方人也是深表赞同的。"这篇文章的作者还提议可以像压迫黑人那样压迫白人，并建议将新开荒出来的土地分给主人们，再将那些失人工人召来为他们服务。实际上，只要你手里有 1000 美元，你就可以完全拥有一个贫穷的白人工人。如果你有 1 万美元，你就可以占有 10 个农奴，100 万美元就可以拥有 1000 个农奴。那些既有钱又有权的工场主和资本家们就这样依靠自己雄厚的财富变成一大批工人或农奴的所有人。现如今，之所以没有用主人这个词，因为这个词已经让太多人鄙夷了。在当时的时代背景下，这种行为被称为是行善的公平行为。而事实上，那些资本家们依然和南方的奴隶主一样，实行着残暴的统治，同样是依靠压榨穷人的劳动力来获取自己的高额利润。

九、骂声一片的"人民主权论"

往往只有两个利益相悖的人在一起，问题才能突显出来，并让它在最大的一次争斗中获得释放得到解决。当时，有一位参议员一直想当总统，一个黑奴迫切想要获得自由。这个参议员就是民主党人道格拉斯，他几乎一直都在计算自己有多大机会胜出，并坚决拥护一部让他可以获得多数选民支持的提案，而最后也是因为这部法案，他被推到了万劫不复的境地：党内纷争不断，新的党派产生并赢得了最终的胜利。那个要求获得解放的奴隶名叫德雷德·斯科特，因为他的主人逃亡了，他觉得自己也因此自由了。可是最高法院却驳回了他的起诉。这个案件在全国掀起了惊涛骇浪，很多人都表示强烈抗议。最后的结果是，不管是参议员还是黑奴，他们都没有获得成功，参议员没能如愿登上总统宝座，奴隶也没有获得自由。可是，合众国在经历了几十年的内部斗争以后，特别是南北双方经过四年的斗争，终于让国家走向了光明坦途。

国家走出泥淖时，那位一直想要登上总统宝座的参议员已经不在人世了，而那位想要获得自由的奴隶如果还活着的话，也肯定恢复了自由之身。而且他是和他所有相同命运的兄弟们一起被解放的。

1854年，历史上是这样记载的："两年之会就是盛大的总统大选。"而道格拉斯，这位最具有政治抱负的人，同时也是很容易获得大多数选民支持的民主党人，正在通过种种渠道为自己拉选票。对于他来说，要想得到南方的支持，就必须坚定拥护奴隶制的存在和扩张。尽管一年前，他还将《密苏里妥协案》称为"公平不可违背的法案，所有人都不得冒犯。"可是现在，他不仅是南方的利益坚定的维护者，也是北方民主党派的代表，民主党人不想继续纠缠这个话题，最后会影响到党派的实力。所以，两个新州的成立为道格拉斯的角色转变提供了契机。

这两个新州分别是堪萨斯州和内布拉斯加州，因为它们都位于《密苏里妥协案》所规定的边界的北面，所以它们是不实行奴隶制的地方。可是，当它们马上要变成合众国的一员时，不管是南方还是北方，都坚决要求他们表明自己的立场，是实行奴隶制还是非奴隶制。要知道，这两个州在议会中的席位对于南北两方面来说都非常有价值。道格拉斯是负责这一选举的委员会主席，在无记名投票环节，他发表了这样一个陈旧的演讲。他说，25年前的《密苏里妥协案》已经成为过去，而现在我们需要做一个新的论断。他宣称，要让某一个新州做什么不合规定的举动是和宪法宗旨相违背的，因为这和人民主权原则息息相关。他还宣称，"任何一个州的公民都享有宪法规定的权利，将自己对奴隶制的看法写进州法律。其实很早以前就有人这么说了：就像我们不能严禁人民带工具、拐杖、牲畜出国门一样，我们也同样不能不让他们把奴隶带出去。""一部法律条款真正的作用是，它既不需要用法律的威严去保存蓄奴制，也不严禁它的存在。而我们应该做的则是将权力下放给人民，由他们自己决定。一直到现在，人民的权益都受到法律的制约，他们一直都没有自主决定的权利，我们应该将这种权力完整地交到他们手上。"

从表面上来看，道格拉斯的一席话，好像是拥护克莱曾经对奴隶制所做出的妥协，在原来妥协方案的基础上进行了一些延展。而且，他还向辉格党暗示，他会全力支持克莱所提出的解决方案。北方人觉得，堪萨斯的公民是不会让奴隶制在本州产生的，而南方人则妄想在议会表决时通过暂时移民的方法来取得大多数选民的支持。而事情也如他们预想的一样，他们取得了最终的胜利。他们的提案在议会顺利通过，为了庆祝这一胜利，他们在国会山上放响了礼乐。事实上，这就和当初南北战争拉响的序幕一样，不同的是七年以后，战争真的打响了。

关于"人民主权论"的观点，很多政界人士都提出了强烈的反对。自从合众国成立以后，这种情况还没有出现过。在没有任何准备的情况下，一位具有政治野心的参议员便统领了所有人民，那就是：从现在开始，新成立的州，都可以自由实行奴隶制。这一法律的创立不仅和宪法宗旨相违背，和开国元勋们的意志也是不符的，而且还具有道格拉斯口是心非、虚与委蛇的特性。而此时的道格拉斯却开始愤愤不平，大声呐喊道："就是因为这件事情，极端主义者会强烈指责我，一直以来信任和支持我的人也会因此讨厌我，瞧不起我！"

接着，举世瞩目的"堪萨斯事件"发生了。全州所有的公民就蓄奴制是否存在进行全民表决，现场的情况可以说是一团糟。原本住在堪萨斯这块土地上的居民大部分是北方人和欧洲移民，他们对奴隶制是坚决反对的，而且堪萨斯这块土地无论是从天气情况还是从地理位置上来说，都是不适合推行奴隶制的。可是，南方在举行全民表决时耍了阴谋，他们从外面找来一帮无所事事的人，让他们扮成商人、移民，一起挤进了堪萨斯州。到了全民表决的那一天，他们就对本州公民进行攻击，用武力禁止他们投票，而自己却投了很多假票。最后的结果是本州很多公民受到伤害，严重者致死，法案被顺利通过。眼看这群人在这里胡作非为，中央政府却无动于衷。而这一切，都要归罪于民主党人士。因为这一事件影响很坏，民主党的声誉急剧下降，许多人离开民主党，转而进入辉格党。一时之间，辉格党实力猛增，朝气蓬勃。相比之下，民主党则士气低落。

与此同时，道格拉斯的威望也急剧下降，不仅名声不如以前，而且政治地位也受到严重威胁。他的议员任期也马上到了，如果没有这个政治地位作为保障，他的远大理想将无从实现，所以他只好重新返回伊利诺伊州，寻求民众的支持，并强迫议会不要剥夺自己的政治地位。可是，伊利诺伊州的人们早已深谙道格拉斯两面派的作风。或许他本人还不知道，自己的这一做法给自己带来了多么严重的后果。报纸的评论员文章指责他为了追逐权势，不惜采用任何手段往总统道路上爬。可对道格拉斯本人来说，事情已经发展到了如此境地，他也别无选择了。

在芝加哥，他去参加一个由所有政要参加的集会。晚上的大厅里熙熙攘攘，人们都安静地等待他的演讲。如果是以前，他在这里是非常受欢迎的，人们对他怀有非常强烈的敬仰之情。可是现在，当他再次提及"人民主权论"时，大厅里开始窃窃私语，然后有人实在忍不住，站起来反驳他的观点。没过多久，他也控制不住自己，开始用粗鲁的语言和对方争执起来，吵闹声越来越大。就这样，好好的聚会变成了听众和他少数几个拥趸者之间的争执，而他只是像一尊雕像一样矗立在那儿，脸被气得铁青，眉头紧锁，直到最后演讲实在无法再继续进行下去。到了半夜时分，他不得不说了这样一句话就甩手离开此地："周末到了，我得去教堂了。如果你们愿意，那就见鬼去！"

在这之后，他又跑到伊利诺伊州寻求支持，他希望原来的老朋友还能再支持他。他来到斯普林菲尔德，在农民集市上演讲了三个小时。结束时，他说，"我听人说，这里的林肯先生并不赞同我的观点。如果真是这样的话，我恭候大驾！"可是林肯当时并不在现场，他的朋友听到后，代他说，林肯明天就会来挑战他。

第二天，林肯也发表了一篇演讲，演讲的时间比道格拉斯还要长，长达四个小时。在这个过程中，他对所谓的堪萨斯法案和人民民主权论予以了猛烈的抨击。虽然这次演讲内容并没有被记录下来，但我们可以想见，它和林肯以前任何一次出色的演讲一样，肯定是大快人心的。当时，道格拉斯就坐在林肯的对面观战，看到对方如此高的演讲水平，他也非常震惊。不过他很

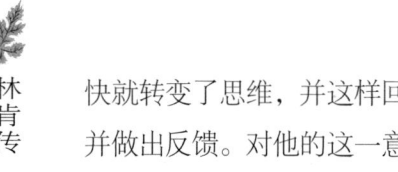

快就转变了思维,并这样回复道:"亲爱的林肯先生希望我认真听他的讲演,并做出反馈。对他的这一意见,我非常感谢!"

跟以后的辩论相比,这场辩论显然没有多大意义。

十、人人平等

十几年以前,林肯在给一位朋友的信中这样写道:"密西西比河一艘船上,我看到了这样一件事情,它让我认真思考这样一个问题,环境到底对人类生活会起到什么样的作用。一个人从肯塔基州买来12个黑奴,并将他们送到南方去。每6个黑奴用铁链绑在一起,每个黑奴的手腕上又锁上了一个铁环,然后用一根铁链连在一起,由一根主链控制。虽然看起来控制得并不是很严,可是这样他们就像砧板上的鱼一样,任人宰割。这些处境卑微的人,他们失去了自由和劳动的权利,他们将会被卖到南方的大农场,在那里从事重体力劳动,主人们会残酷的压迫他们。可是,就是在如此糟糕的环境下,他们依然是船上表现得很高兴的一群人。一个黑人在船上无休止地拉着琴,其他黑人则附和着他,或者唱歌,或者跳舞,或者玩扑克牌。在这样的情境下,我脑海里突然闪过这样一句话,'上帝为减过毛的羊儿吹来暖风',这还真是事实啊!从另外一个角度来说,上帝可以让最糟糕的环境变得可以容忍,也可以让最舒适的环境可以勉强维持下去。"

这就是林肯的特点,他用自己独特眼光来看待重大问题,也用一种智者才有的思维去思考自己的目标和追求人类终极幸福的相对性。在当时那种情况下,他也没有忘记自己的幽默、自己的理想,船上的经历他也一直记忆犹新。当然,他20岁时曾经看到过的那个混血女奴,牺牲在买主贪婪的目光和卖主的鞭打之下。时至今日,他才从心底升起强烈的恐惧感。他早已过了热血沸腾的年纪,现实生活中,他也因为肤色原因而受到了不公平对待,了解到不同肤色的人,都有一颗饱受创伤的心灵。正是在这些经历的鞭笞之下,他的思想逐渐走向成熟。而他的终极目标就是,打破这一现状。

对于他们,林肯不仅仅是满怀同情,还需要他们有更体面的人格和自尊，这让他抑制不住自己激动的心情，就像贝多芬一样。他希望通过自己的努力，让那些处境糟糕的人具有做人的基本尊严。时年32岁的林肯在密西西比河的船甲板上写这封信时，他的思想已经越来越成熟。而到了现在，时年46岁的林肯写给老朋友斯皮德的信，更加彰显了做人的高度。在这之前，斯皮德写信给林肯时，还激烈维护自己的奴隶制立场。对此，林肯给他回了这样一封信：

在你的思想观念里，你依然是坚决主张废除奴隶制的。可是你却说，你宁愿看见合众国土崩瓦解，也不想失去对奴隶的所有权。我不知道，是不是有谁曾强迫你放弃这个特权，但那个人肯定不是我。虽然我也非常不情愿看到那些处境悲惨的黑奴受到压迫和折磨，不分白天黑夜地干着重体力活。可是我依然保持沉默，也不会提出让你放弃奴隶所有权的要求。记得那是1841年，我们俩曾目睹过这样一个场景，一群被铁链锁在一起的黑人被无情地送往南方。就是那个场面让我至今不能忘却，现在我每次经过蓄奴州或者来到俄亥俄河边，那个场景还会在我眼前浮现。我很不理解，你为什么会觉得这件一直影响我的事情无足轻重呢？北方的人民为了保持国家统一的现状，维护宪法的权威，对蓄奴制一再选择忍让。而我个人不管是从感情上，还是从理智上都是强烈反对蓄奴制的大肆扩张的。如果我们之间因为这个问题而产生纠纷的话，我也愿意听之任之。你在来信中还提到，如果你是总统，你就会对那些在堪萨斯事件中闹事的领头人处以极刑。如果堪萨斯的表决是谨遵程序来的，那么结果就应该得到所有人的认可，不然合众国就面临着解体。如果全民表决并不是公平合理的，那么问题就产生了，是承认这样的结果，还是任由合众国解散？你说，如果堪萨斯的公民表决的结果是反对蓄奴制的存在。那么你身为一名基督徒，你会由衷地感到高兴。可是，我相信所有内心还有一丝良心的奴隶主都会这样大放厥词，可实际行动上他们却完全背道而驰。我认为，我们正在以一个加速度的状态堕落。刚开始，我们宣扬的是"每个人生而平等，黑人除外"。也许不久以后，我们的原则会变成"每个人生而平等，除了黑人、外国人和天主教信徒以外。"如果事情这样发展下去，我宁愿迁居到一个从来不标榜自己是自由民主社会的国家去，譬如俄国。至少那里黑白分明，没有人会假装平等地进行专制统治。在那里，专制就是专制，毫无悬念。

这就是林肯，一心向往公平和自由，内心也饱含了强烈的正义感，人们往往会以为，和解放黑奴相比较，他更愿意劝告白人公平待人处事。他对公平崇拜到近乎疯狂的程度。有一回，林肯在谈话中不由自主地将话题引到了等级和阶层上面。从他的谈话内容中，人们明显了解到了他对人人平等的尊崇。在对农民进行讲演时，他更是将反对大庄园立场阐述得非常清楚。在他看来，那些庞大的庄园就像一台老旧的机器一样太过笨重，没有人会一直都过着贫穷庄稼汉的生活。最后他总结陈词道："先有了劳动，才有资本，所以它是可以独立存在的。资本也是劳动的产物，如果没有劳动创造价值，资本也就无从谈起。劳动可以不依靠资本而存在，可是资本却无时无刻都要依靠劳动。所以，劳动的地位高于资本。在人们面前，他还言辞尖锐地让奴隶主贵族的自私本性和残酷剥削暴露无遗。他们凭借自身所拥有不计其数的黑人廉价劳动力，不带丝毫同情地榨干他们身上的血汗，只是为了满足自己贪婪的本性，聚集更多财富。""这个世界上最肮脏的产物就是蓄奴制，奴隶们也通过这个来显示自己所拥有的财富，而且逐渐演变成一种社会流行。年轻人相亲时会将这个作为一个必要条件，那就是对方家庭有多少个黑奴。他们生活的唯一目标就是拥有更多的黑奴。"

因为自身对奴隶制的深入了解和惨痛经历，有时林肯也会怒发冲冠，伺机而动，可是最后他还是会将这种暴力革命的念头扼杀在萌芽状态。也许，这和林肯先天慢半拍的性格有关吧，他还因为这个得感激自己呢。虽然赫尔顿一直力邀林肯加入他的阵营可林肯始终无动于衷，他没办法成为一名像赫尔顿那样疯狂的革命者。太暴戾的行为方式，他是不赞同的，所以只要有机会，他就会苦口婆心地劝说大家："在我们这个国家里，我们始终要坚持的原则是少数服从多数、依法治国。在这里，是不能允许政治暴动的，此举也是不符合宪法精神的，是不符合公平和正义的选择。这些举动和背叛国家是一个性质的，没有本质区别，所以我还是建议大家去投票箱前工作吧！"

即便林肯说是这样说，他还是采取了行动。大多数律师都不敢接手黑人案件，可是林肯却依然亲自处理了好几起涉及黑人的案件。一个本身是自由的黑奴作为水手前往新奥尔良后，因为没有身份证件来证明自己的自由身份，他被当作黑奴抓了起来。这位黑人的母亲闻讯后惊慌地来找林肯，希望他给予帮助。为了将那名无辜的黑人解救出来，林肯先后拜访了四位州长，希望可以圆满解决此事。可是令人气愤的是，他们几乎都置若罔闻，生怕因为这样的麻烦而影响到自己的政治前途。最后，林肯只好举办了一个募捐活动，将筹集来的钱交给南方的一位朋友，请他把那个黑人赎出来。那个无辜的黑人才这样重新恢复自由，和母亲团聚。

十一、风起云涌

五年以后，林肯再次听到了老对手道格拉斯的爆炸性新闻。5年之后，道格拉斯所面临的处境让林肯再次斗志昂扬起来。为了让事情更圆满，也为了强烈谴责那个因为一己私欲而背叛党组织的人，还为了道格拉斯这个死对头，他打算再次走上政治仕途。在道格拉斯身处险境这个有利时机竞选议员席位。私底下，林肯是这样评价这个死对头的，"妨碍自由和平等的第一号人物，而且满脑子都是歪点子。"而且还说，"金字塔固然牢固，一举之下很难推倒，可是我们可以不在实力上下功夫，只需要一点一点去摧毁他的根基，而现在这件事是我们的当务之急。"从这段话中，我们可以清楚地窥见林肯的信心，他相信自己的前途比谁都要光明。在这以后，他还向政治界的同仁寻求支援。

与此同时，玛丽也开始焕发朝气，她想要成为参议员的梦想正熊熊燃烧着她的身体，她高兴得彻夜难眠，她一直想要做首都贵妇人的梦想生活又在向她招手。她暗暗下决心，这一次回华盛顿一定比上一次更受人尊敬、排场更加豪华、场面更加壮大。因此，对于林肯这一次的竞选和下一次的竞选，她都给予了坚定的支持。只是有一点，玛丽有点难过，那就是林肯不是民主党人士。在她看来，民主党人士都是温文尔雅，具有绅士风度的，而且从家庭背景和受教育程度来说，和玛丽都是最贴近的。玛丽在写给姐姐的信中这样说："你一定不要认为林肯和辉格党的其他成员一样，都非常反对奴隶制。

他根本不是这样的，他只是对蓄奴州范围的扩大持不同意见而已。有时，我的直觉告诉我，我还是会偏向于南方的，我只有和民主党人待在一起，我才有话说，我保证我是不会背叛南方的。对了，还告诉你一件事，现在那些令人讨厌的黑种仆人真是要把人气死，我快要被气疯了。在肯塔基，我相信你也会跟我一样的。我们这里的妇人都受这些仆人的气。"

和上一次玛丽发脾气一样，这次玛丽又是因为和仆人起了小纷争而气得半死的。

林肯这一次总是尽量多参加一些党派间的政治活动，因为相隔那么多年，他必须重新去了解这个领域，并希望可以从中多学习到一些东西，比如新的社交技巧。这时，党派之间已经区别不明显，将近一半的民主党人都开始声讨道格拉斯。不管是在伊利诺伊州，还是在其他州，反对蓄奴制的声调也越来越高。最后，那些民主党人不再对道格拉斯抱有希望，转而推举出了另外一名民主党人士做候选人，他就是强烈反对奴隶制的林肯的老朋友——川布尔。形势对林肯越来越有利，他的处境也越来越好，可是最后，他还是将提名为候选人的机会让了出去。也许是害怕党派之间发生纷争，他举荐另外一名同仁参加竞选。玛丽为林肯准备的庆功会也变成了川布尔的庆祝会。

林肯到底是出于什么样的考虑才这样做呢？要知道，一名参议员所投的反对奴隶制的一票是多么珍贵，它可能直接影响到议案是否顺利通过。也许，他是不想在民主党即将分崩离析时再撒一把盐吧，也许那时他就用自己独到的眼光看到了两大党派的危险处境。不管他出于什么原因，他这样解释道："我感到非常抱歉，我中途退出。可是我向大家保证，我依然十分理智和冷静。"

两年后的总统大选，是人们关注的焦点所在。这几年，道格拉斯一直都蓄势待发。民主党表面强盛，其实内在也面临瓦解，辉格党也支撑不了多久了。于是，人们最终决定成立一个新党派。两党中的废奴主义者和自由主义者将一批优秀人物团结在一起，形成一个新党，名叫共和党，旨在继承杰斐逊的精神。杰斐逊一直是林肯敬仰的领袖人物。他们将共和党的成立地点定在了费城，以表示本党坚决拥护宪法权威的决心。于是，新的两党：民主党和共和党为下一届的总统竞选展开了激烈的竞争。这一次，民主党推出的总统候选人是正值青年的布坎南，而共和党推选出来的候选人是声名显赫的具有英雄色彩的冒险家，也是时代的领军人物——弗莱芒特。

共和党成立之初，林肯个人具有极高的威望。实际上，共和党就是他一个人的天下，这一点人们深信不疑，以至于后来费城的人们都要推举林肯做副总统候选人。对于今天的一切，林肯认为这都是命运的安排。最早，道格拉斯被权力蒙蔽了双眼，一手导演了堪萨斯法案，导致后来的大妥协案宣告失败。后来他又让民主党内部分化，新党——共和党由此产生。创立之初，共和党是凭借林肯的声望才能走下去的。如果这样说的话，等新党日趋成熟，林肯完全可以凌驾于所有党派之上。虽然林肯在无形中具有这样的特权，可是对于他来说都是虚的。从选举开始到选举结束，他自始至终连个最小的委员会主席都没有捞到。

也许是为了弥补对林肯的亏欠，一个新近成立的委员会主张让林肯出任伊利诺伊州的州长，并为他的竞选加油。所有的人，当然林肯本人也十分明白这次机会非常难得，而且非常重要，是通往总统宝座的重要一步。可是让所有人都大感意外的是，林肯拒绝了这个提议，他说"如果我竞选成功了，民主党内部则会纷争不断，他们会说新成立的共和党只是仿照辉格党成立的而已，只是为了重塑辉格党的辉煌。就算我成功了，别人也只会把我看成是辉格党的忠诚一员，那样的话，我们建立共和党的美好愿望就不可能实现了。"正是基于此种想法，他最后推举了一位实力相当，可以让共和党在大选中获胜的军官作为候选人。林肯这种谦虚谨慎的作风其实很常见，可是现在它所彰显的不仅仅是林肯的理智和谦虚，更重要的是，人们发现，现在的林肯比以往要自信一百倍。

这已经是林肯第四次为竞选宣传造势，当然也是最后一次。因此，很多城市包括布鲁明顿在内，都盛情邀请林肯去做讲演。可惜的是，关于这次讲演，并没有留下任何纸质纪录，这也可以得到合理解释。因为林肯在开始他的讲演后，几乎所有人包括现场的记者都不由自主地停止了记录，全身心地去听了。所有人都为眼前的这个人所折服，他们震惊这位出色的讲演家所具备的思想观念。刚开始，他还表现得有点踟蹰不决，然后他开始全身心投入，他舞动自己的双手，从后面走到前面，声音高亢、语气坚定、眼睛炯炯有神，整个人充满了力量和激情。所有现场的人都相信，这个林肯将来一定会有大作为。一位法官这样描述当时的场景："他在台上就像一个圣人一样踮起了脚，他的动作充满了智慧。直到现在，他是我见过的最能打动人的智慧学者。"

林肯之所以在布鲁明顿发表的演讲那么激情澎湃，最根本的原因是南方宣布要独立出去的呼声越来越高。依靠他不同于一般人的智慧领悟，他深刻意识到这种呼声将会带来多么大的危险。他最担心的是，如果这种活动不得到有效控制，将会愈演愈烈，到最后无法收拾，所以他尝试着去阻止南方想要独立出去的活动。布鲁明顿的人们闻之非常高兴，他们送给林肯最热烈的欢呼和尖叫。可是无论是在演讲之中，还是演讲之后，人们都难以抑制悲痛的心情。人们和林肯一样，非常担心此类事情的发生。讲演的末尾，林肯就像要和敌人宣战一样，喊出了这样一句话："我们绝对不会解散联邦，你们也不能！"后来，这句话他经常在很多场合使用，用以宣泄他的愤怒之情。

很快，林肯的讲演在伊利诺伊州被传得沸沸扬扬，没有亲临现场的人们想方设法去弄这次讲演的稿子，以满足自己的好奇心。而在现场听到林肯演讲的几位专家学者则非常肯定地说："这里一定会产生一位新的领袖！"

十二、新的斗士

新一届的总统选举结果出来了，民主党再一次取得了成功，布坎南成了新一任总统。可是，在统计选票时，我们发现，共和党共获得了130万选票，而总票数只有400万张。民主党也不敢轻敌，很多人特别是爱默生①、诗人朗费罗②、莫哥利留下来的主要原因，就是为了给反奴投上珍贵的一票。新的参议院也随之诞生，领导人名叫蔡斯，这是一位身体强壮、意志坚定的人物。他曾经写过一篇坚决反对奴隶制的宣传书。在他的旁边坐着的是赛华德，这是一个身材高大、纤细、神情焦灼、权力欲望极重的人，他的眼神让人不敢直视，似乎一直在找寻自己的敌人。坐在赛华德对面的，是一群一直为大妥协案而孜孜努力的议员。他们中间有一位名叫萨姆纳的议员，非常有名气，才思敏捷，在海外留过学，还在哈佛大学教授过宪法课程。和林肯一样，萨

---

① 爱默生：美国散文作家、诗人、演讲家、思想家，还是美国十九世纪新英格兰超验主义文学运动领袖人物。是美国超验主义运动所产生具有世界影响的作家。

② 朗费罗：19世纪最负盛名的美国诗人，著名诗集《夜吟》和《路畔旅舍的故事》等叙事诗都是他的代表作。

姆纳也是一个始终坚持公平和秉承正义观念的人，他的讲演也经常是火光四射。有一回，当萨姆纳正在议会的演讲台上大声指责一位曾经参与堪萨斯丑闻的，来自于南卡罗来纳州的议员时，一位议员气愤不过，拿着手枪想要干掉他，可他依然面不改色。可是后来没过多长时间，正在议会办公的他突然遭到政敌的猛烈棒击，当场人事不省，差一点都下不了床。可是就算这样，在今后的五年里，他依然坚持努力工作。

在这段时间里，最高法院宣布了一项法令，在人们中引起了热议。事情的经过是这样的：南方的一位奴隶主带着他的大批黑奴一起搬到北方居住，可是那个州是不允许蓄奴制存在的。于是，黑奴中有一个黑人就认为，他们现在所居住的州没有蓄奴制，那么他们就应该恢复自由。一位律师替这位黑人提起了诉讼。不曾想，这个案子经过层层审查，始终没有定论，最后到了最高法院坦尼大法官的手上，他必须做出一个最后的判决。可是，华盛顿一直以来所盛行的方针和包括总统在内的许多人对南方一贯采取妥协的态度，这让法官们犹豫不决。虽然他们一生都在为法律的公平和公正努力，他们的职责要求他们必须秉公坚守。可是最后，他们依然做出了以下决定：黑人没有权利提起上诉，国会和州议员也没有权利规定进口黑奴是犯法的，所以也不需要加以阻止。提起上诉的黑人名叫德雷德·斯科特，因为他又引发了一个大案，在全国产生了巨大轰动。北方对这一裁决相当不认同，可是南方却高兴坏了，他们还挑衅地说，如果北方敢将这个裁决推翻，那么南方就会从合众国分离出去。而此时，那个引来不少纷争的堪萨斯法案虽然在参议院通过了，总统也作了批示，可是众议院却没有通过。一时之间，那个新州不知如何是好了。不知道这一法案开始实行以后，是继续待在合众国，还是脱离出合众国，全州可谓是骚乱不断，完全脱离了稳定的轨道。

这一切变化就像闪电一样转瞬即逝，没过多长时间，天空就多云转晴了。政治格局逐渐明朗，每位政客都找到了自己的位置，并各自归位。只有一个人还在那里徘徊不定，他就是道格拉斯。现在的他，面临着人生道路中最两难的处境。要如何才能将他的"人民主权论"和德雷德·斯科特一案的判定联系在一起，并得出因果关系呢？如何才能让已经对他有成见的伊利诺伊州的人民支持他明年参选议员呢？又怎么样才可以获得来自南方的支持而一步登天呢？他整日被这些问题所困扰，可是无论如何，他是不会再打黑人的主意了，堪萨斯事件给他带来了太坏的影响。最后他决定扶植民主党，自己也开始在态度上来了个一百八十度的大转弯：他开始发表演讲，声称自己对堪萨斯法案也是持有不同意见的。他的这一行为直接带来的后果就是党派之间的严重纷争，该党的主席和在道格拉斯的帮助下登上总统宝座的总统开始争论不休。另一个严重的后果是，他只能从华盛顿和伊利诺伊州的支持中选择一个。可是道格拉斯在竞选参议员失败的时候，就已经对华盛顿选民丧失了信心，所以他将希望全部寄托在家乡人民身上。于是，他匆忙赶回家乡，希望可以获得声援。

遭遇这样的难关时，道格拉斯需要寻求更多年轻选民的支持，才能摆脱困境，而这点也正是他所欠缺的。当他对堪萨斯法案的态度有了一百八十度的大转弯以后，民主党人已经无法忍受他的两面派作风，可是共和党却希望可以趁他处于低谷时请他加入，以此壮大本党的实力。而共和党内部有一派人一直主张本党的和悦策略，并希望道格拉斯上台领导他们和南方站在同一战线。于是，他们想方设法不让本党成员加入任何反奴组织。这群人中包括北方最有名的报纸记者，《纽约论坛报》的格瑞利、参议员赛华德，以及新英格兰的一些领导人物。他们认为，无论是对蓄奴制持反对意见，还是和南方关系变差都会让合众国面临解体的局面，可是国家方针政策的执行、联邦的维护、社会经济的发展都离不开和南方的友好交往。特别是格瑞利，他先是对共和党的鲁莽行事的行为进行指责，他指出一个政党团体应该具备实事求是的精神，所以他在报纸上向伊利诺伊州的读者发出倡议，希望选民支持道格拉斯。格瑞利想要利用这一措施将道格拉斯拉入自己的阵营。

对于格瑞利的这一偏激做法，林肯马上站出来发声了。生平第一回，他对格瑞利进行了猛烈抨击，并警告他说，自己作为共和党左派的领导人物，一定不会让任何人运用阴险的手段来污染新政党的纯洁。

> 对于我来说，格瑞利的举动有失偏颇。我一直都对党派的事业兢兢业业，一直是战斗的先锋人物。可是到了现在，我却看到了格瑞利的另外一面，他想要和那个声名狼藉的道格拉斯站在同一战线上，这到底是个什么样的人呢？是个非常典型的退让派。他曾经是南方的忠实跟随者，现在又是南方的强硬反对者，难道格瑞利想要

这样的人进入到我们的团队吗？道格拉斯的政治手段和经验或许可以让我们稍微弥补一下格瑞利政治信仰的不稳定，所以他才向伊利诺伊州众多的读者发出这样的倡议，他认为如果道格拉斯出任，会比其他任何一个人当选意义更大……

我不清楚为什么《纽约时报》会对道格拉斯大力褒奖，他们到底有什么目的？这难道就是首都共和党人的内心所想吗？难道他们认为如果牺牲了伊利诺伊人，就可以换得本党事业的飞速发展吗？如果是这样的话，我们就热切想知道，如果我们马上妥协，不是就简洁多了吗？截止到现在，在我所知道的所有情况中，还没有哪个共和党人主动投靠道格拉斯的，可是如果《纽约论坛报》一直这样对他的受众群宣扬道格拉斯的所谓政绩的话，后果将会非常严重。

我并不是埋怨，我只是想弄清楚事情的来龙去脉。回信请寄斯普林菲尔德林肯收。您忠诚的随从。

一个全身充满斗志的林肯出现在我们面前，他用他的愤怒向我们表明他的立场，他绝对不会为一个阴险狡诈之徒而献出自己的生命。后来，这封信流传到了首都华盛顿，任何一个看到这封信的人都对这个来自斯普林菲尔德的身材魁梧的律师的态度感到非常惊讶，他竟然敢和道格拉斯公开为敌。诚然，所有人都不是林肯，不能切身体会林肯那愤怒的心情，如果要他亲眼看着自己曾经的死对头转眼之间变成自己的同盟，甚至是亲密无间的战友，他将难以接受。可是如果将道格拉斯看成自己的对手，他倒觉得可以接受。如果是这样的话，他就可以肆无忌惮地和他正面交锋了。而面对如今的情况，他那颗长年沉寂的心灵所爆发出来的只能是愤怒之火了。

现在，对于新党的处境，林肯也开始担心了。如果党内不同派别的领导者意见不一致并相互攻击的话，建党之初定下的原则就变成了空壳，而这个新党也马上就土崩瓦解了。对此，林肯专门派了自己的亲信赫尔顿去打听消息，以方便获取最新消息。他这样做并不是想要监控同仁的动态，而只想清楚他们想要采取什么行动。结果，赫尔顿考察回来的结果让林肯心里的疑虑又加重了，它说明年轻的共和党面临着很多问题，赛华德想要抢权获得政治地位，格瑞利为了达到自己的个人目的不惜动用任何政治手段。

总统大选后他将推举出新的总统候选人，林肯此举也受到人们的责难，大家纷纷说，林肯对纽约同仁的疑心未免太重了。当时，林肯正在准备参加新一届的参议员选举，于是他站出来解释说："我没有私底下从别的党派挖人。我没有徇私舞弊，也从来没有加入任何政党，也没来没有批评指责过下一届总统和伊利诺伊州的候选人，而且，我也没有向任何人寻求帮助或阿谀谄媚。我认为，我们当前最重要的事情是抛除以前的成见，紧密团结在一起，这是唯一的出路。"

十三、阿姆斯特朗案

林肯在各党派间忙个不停时，林肯依然是一名斯普林菲尔德的律师，而且混乱的政治局面也给他提供了足够的条件经营法律事务。也正是在那段时间，在他就要告别自己的律师生涯时，代理了很多案件，并且胜诉了很多场官司，名气越来越大，这也对他今后的政治前途产生了非常重要的影响。在国家铁路和财政部门的案子中，林肯打了个非常漂亮的官司，这也让更多的老百姓从此记住了这名杰出的律师，这也可能是他一生中最值得庆贺的一场胜诉官司。在这之后，他又代理了一起杀人案，这次案件的原被告双方是当地的两个大户人家，而且两家在很早以前就有非常亲近的关系。事情经过是这样的：在一场政治案件中，一位醉酒的年轻人杀死了另外一名年轻人。林肯代理被告一方。被告就是卡特怀特的孙子，而卡特怀特，就是20年前曾经和林肯唱反调的非基督徒身份的人，现在已经是白发苍苍的老者了，行动蹒跚地到法庭上为自己的孙子辩护。林肯作为代理律师，以一种非常平和的心态，向这位自己当年的强劲对手认真咨询着他孙子的简历，直到最后确认他手里所掌握的证据可以很好地证明自己的当事人无罪为止。最后，法庭判决那个年轻人无罪释放。

在当时的美国西部地区，像这种因为喝醉酒而误杀人的事件很多。有一次，林肯在一张报纸上看到这样一则信息：在附近一个小地方发生了一场打架事件，事件中的两名年轻人酒后杀人，其中一个已经认罪伏法，而另外一个年轻人却一直拒绝认罪。当林肯看到这个年轻人的名字叫阿姆斯特朗时，他的心里一惊,难道这个人和他过去曾经交情颇深的阿姆斯特朗有什么关系吗?这时,林肯想起了20多年前他首次来到纽萨勒姆村时,将当时全村最厉害的摔跤手打倒了,这个人就是阿姆斯特朗。自从那件事发生以后,全村人都觉得他耍了阴谋诡计,赢得不光彩,可当时被他打倒在地的阿姆斯特朗却说林肯确实比他强,因此他们成了好朋友。从这以后,林肯经常到他家做客,关系一直很好。当林肯郁闷万分地从未婚妻安娜的坟前往回走时,正好瞧见阿姆斯特朗正在摇着一个小婴儿。难道当年那个小婴儿就是如今被当作杀人犯的年轻人吗?经过调查,事实证明林肯猜对了。

> 亲爱的阿姆斯特朗太太,对你们刚刚发生的事情,我心里很难过,我已经知道了这件事情。听说您的儿子被指控犯了杀人罪。我实在不敢相信,他怎么可能会这样做呢?这肯定是别人诬陷他。无论如何,我希望可以有一个公正公平的判定。在我住在纽萨勒姆村的那段艰难岁月里,是你们一家一直鼓励我,帮助我,帮我走出人生的低谷。我无以为谢,现在我非常希望可以借这个机会帮你们摆脱困境,以此来感谢您和已经去世的阿姆斯特朗先生的照顾之恩。

林肯对这次案子非常重视,在这之前他做了很多准备,想方设法找一些青年人组成陪审团,并和证人们亲密接触。除此以外,他还将审判地点搬到了附近另外一座城市,因为在当地,几乎所有人都在谴责这名被告,他几乎没有名声可言。而原告那方的证人却都拥有非常好的口碑,如果将审判地点定在这里是很难打赢的。等将这一切都摆平以后,林肯又发现了一个问题:原告的证人好像和被告有很大的仇。之所以得出这个结论,是因为林肯和这位主要证人经过几次交谈后得知的。在法庭上,这位证人言词凿凿地说,他亲眼看到当天晚上被告是如何拿铁锤猛击受害人头部而导致其死亡的。林肯接着问,晚上十一点,而且又是在茂密的树林里,他怎么会看得这么清楚?

这位证人马上回答说:"那天晚上有月亮,我是依靠月光看到的。"

然后,林肯请人拿来一本历书,打开看了一会儿又放下了。法庭审判工作继续进行。这时,坐在一旁的阿姆斯特朗太太看上去已经经受不住这个打击,哭成了泪人儿,林肯见状走过去安慰她道:"汉娜,你就尽管放心吧,我保证太阳下山以前，您的儿子一定会回到您身边的。"汉娜夫人看着眼前这位目光炯炯、身材高大的律师，似乎不太相信他说的话。之后，等到林肯发表辩护观点时，他非常平静且详细地将证人证词中的漏洞一一挑出来，他处世不惊的语气似乎在向人们昭示，马上就会有一个惊世骇俗的结论得出。当他提及那位主要证人刚才的证词时，他请人将那本历书拿来，所有在场的人和陪审团的人都承认那天是阴天，天上没有月亮，那么这就表明证人不可能漆黑的夜里亲眼看到这一行为的发生。

趁这个机会，林肯对这位证人进行大肆抨击，说他居心不良，差一点让一个无罪的人沦为谎言的牺牲品。那位证人被说得脸面潮红，抬不起头来，非常无趣地离开了法庭。在场的听众都被突如其来的骗局惊呆了。这时，林肯动容地向在场的人讲起了被告的家庭，还有他父母是多么道德高尚的人，还在场感谢他们一家对自己的大恩大德，所有的人都对被告升起了几分同情和敬仰。正像他之前对阿姆斯特朗太太承诺的那样，她的儿子在傍晚时分被判决无罪释放。

这个案子很快就传扬开去了。可是直到林肯死后很长时间，人们才从这个案子体会到林肯对老百姓的真诚呵护，这一点其实没什么令人惊讶的，老天爷是公平的，他会将诱惑、机会和困难同时降临到某个人身上。一次对杀人案的审判，一名律师为代理人打赢官司，这件事本身并没引起人们多大的重视。可是他那时敢于公开反对道格拉斯的信，他那激昂的斗志却一直让人们记忆犹新。就像在辩论奴隶时的问题一样，这一切都和他出众的口才有很大的关联。正是这样一种与之类似的力量让他为很多无辜的人洗脱了罪名，而且几年之后，还彻底解放了黑奴，这种力量来源于他那"现实的理想主义"思想。在寻求梦想和公正的同时，又不会置实际情况不顾，做当前形势做不到的事。也正是这种精神的鼓舞，林肯才一步步接近他的目标。林肯性格踏实，行事小心，有理有据，层层深入将对方的骗局一举戳破。可是，他却将自己的个人情感一直埋藏在心灵深处，因为他始终觉得，感情是非常微妙的，只能意会不能言传，所以他的公众形象一直都是以冷静、睿智、公正著称。就像他在太阳下山以前释放了无辜的阿姆斯特朗一样，在他的生命即将结束时，他同样也为解放黑奴做着自己的努力。

从他的冷静和悲观，从他对正义事业的追求，也从他日益增大的影响上，人们可以明显看出，林肯越来越像《圣经》里所描绘的那位军事统领和铁血人物梭罗王[①]了。他身上似乎潜伏着震撼人心的力量，他努力和人民亲近，倾听平民的心声，在商店里和平民聊天，讲述自己的观点。有时，他又很像一个微服私访的皇帝一样。可是，即便他身处闹市之中，他依然鹤立鸡群，他需要一位像大卫[②]那样的朋友，可以为《圣经》中的梭罗王弹琴消愁。后来，这位和"梭罗王"有点相似的人，也终于找到一位像"大卫"一样的人物，那就是比林肯整整小20岁的拉蒙特。他来自南方，是一位翩翩贵公子，肩膀很宽，留着一头浓密的黑发，满脸都是络腮胡，讲起话非常有激情，林肯在参加巡回法庭时，有幸结识了他。于是他便请拉蒙特人做自己在小城的代理人。师徒二人经常聚在一起聊天，可是话题却很少提及法律、政治，这是因为他们二人的政治立场截然相反，拉蒙特更偏向于家乡的奴隶主们。

可是，拉蒙特在民歌上面很有造诣，这位身兼多种才华的年轻人不仅能唱船夫号子、砍柴人的砍柴歌，而且还会唱农民耕作时哼的小曲儿。从此以后，人们经常就会见到这样的场景，民歌大王和故事大王坐在一起高兴地谈天，话题千变万化，无所不包。林肯还送给拉蒙特一个很有趣的昵称，叫"黑尔"。当林肯感到难过、郁闷或情绪低落时，他就会向黑尔求助，希望他可以为自己哼唱一段小曲，或者唱高原牧歌，或者低沉或者高亢，这样他的心情就会马上好起来。

十四、大辩论（上）

"一幢已经千疮百孔的房子不会永远不倒！"这是林肯在一个人声鼎沸的大厅里讲出的一句圣经式的话。当时的林肯正在因为竞选参议院议员和自己的老对头道格拉斯展开激烈的辩论。这一年是1858年，这场大辩论一共进行了数十场之多，它也为林肯今后的政治生涯埋下了伏笔。在这次演讲中，他所说的每一个字都铿锵有力。在演讲开始前，他的同事还劝告他不要使用

[①] 梭罗王：《圣经》中的人物，据说是非常有名的军事将才和铁血统治者。

[②] 大卫：《圣经》中的人物，具有多方面的才华，经常为梭罗王弹琴解闷，减少忧愁。

这句话:"一幢已经千疮百孔的房子不会永远不倒!"因为他的同事觉得,这句话火药味太浓,就好像战鼓敲响了一样。可是林肯还是坚持己见,还反过来问他的朋友们,"你们为什么要这样呢?在反对奴隶制的问题上,你们不是比我更加激动吗?"林肯之所以如此抑制不住自己激动的心情,很重要的一个原因是道格拉斯,后者刚刚在伊利诺伊州发表了竞选演讲,可是他的演讲内容非常单调、低俗,有献媚之嫌,这让林肯感到非常气愤,所以他马上采取了反攻行动。当林肯将朋友让他删掉的那句话在演讲中讲出时,在场所有的观众都震惊了,林肯解释道:"可是我认为这座房子是不会倒塌的,我们的合众国是不会解体的,只是现在它却处于泥淖之中,我衷心地希望这种分裂的局面能够到此结束。合众国是一个整体,它需要在制度上一体化,要么实行民主制度,要么实行奴隶制度,我们最不能接受的就是这种半奴半民主的制度,我们的国家也不能一直保持这种状态。"之后,他向现场外的道格拉斯发出严肃的质疑,请他向所有人阐明,在堪萨斯案件上和德雷德·斯科特案件上,他到底是什么态度,并要求他在全美人民面前公开表明他对蓄奴制的看法。他是希望蓄奴制继续发展下去,还是希望奴隶制被限制住。在林肯的讲演中,他也表明了自己对于激进的暴力解放理论是反对的。对于斯科特案一案的审判,林肯认为,既然它已经经过法院的判决生效,那么要想推翻它,就必须通过同样的法律途径。

紧接着,他又用了一种新方式来表述自己的立场:"对于那些荒谬的观点,我表示强烈反对。有人批评我说,我如果不想看到某位黑人女性沦为黑奴,那么我就是想娶她做妻子,这简直是荒诞至极。我只是希望那位黑人妇女能和我们一样,过上自由快乐的生活。虽然我知道她在很多方面和我不同,可是依照法律的规定,我们的权利都是一样的。我们每个人都有自己的双手,我们可以自己劳动,自己养活自己,不需要依靠别人生活,在这一点上我们是平等的。如果当时斯科特和他的孩子们可以被解放的话,那么他们现在也可以我们一样行使选举权了,可是他们的自由权却因为奴隶主的关系而无法享受。我们要清楚,现在还有90%以上的黑人受到残酷的剥削。可是,到最后,我们所有人的血液包括黑人们的血液是会融合到一起的。"

这是多么激情澎湃、掷地有声的演讲!在场所有的听众都跟着群情激奋,高兴得不知所以。没过多长时间,林肯的这篇演讲稿就在全国传开了,林肯自己也非常高兴，他自信地说："如果我必须将一辈子做的其他演讲都删掉，而只保留一篇的话，我一定会毫不犹豫地选择这篇。"现在的他已经深刻意识到，一场势如破竹的大变革马上就要爆发，而现在的林肯也懂得了用历史的眼光来评判自己。

林肯竞选参议员最主要的对手——道格拉斯，也深深体会到了林肯这次演讲所产生的深远影响。现在的他比以往任何时候都要知道自己所处的艰难险境。根据道格拉斯的性格特点，他是不会和林肯针尖对麦芒的，从一开始他就想要逃离林肯那逼人的士气。"全国人都知道我是谁，也非常清楚我的政治才能。和我相比，林肯简直就是一个碌碌无为之辈。不过林肯是一个非常厉害的对手，如果我在公开辩论赛中一败涂地，我就会失去所有，而他则会获得我曾经的一切光环。即使我胜利了，我也不会收获太多。所以，我宁愿不去和他正面对峙。"

而在另一个公开场合，他又这样说："林肯充其量只是一名支持暴力解放的废奴主义者而已。至于他在演讲中提到的那所'已经千疮百孔的房子'，很明显，他代表的是全国一半公民的利益，他这样做的目的是想在国家内部引起纷争。"对于这种捏造的虚假事实，林肯给予了猛烈的还击："对于我来说，死亡是一件很自然的事情，我一直都在平心静气地恭候它的到来，可是这和自取灭亡是两回事。"听到这，道格拉斯回应道："林肯先生确实是一位真诚、善良的智者，我将他的意思曲解了。"

在这样的形势下，林肯做出了一个美国历史上非常少见的决定，那就是主动向道格拉斯发起宣战书，想要和他通过辩论一较高低。林肯的挑战书是这样写的："如果你觉得可以的话，我们俩可以商定好一个日子，然后公开在所有人面前展开辩论，以此做一个了结，这样也可以节约我们双方的时间。如果你对我的意见表示同意的话，那么就请您和这位捎去书信的贾德先生商量此事，当然他也会将您的意见告诉给我。"林肯的这一做法不仅狂妄而且勇气可嘉，这样的话，道格拉斯就会处境被动，而且还会让他的一部分追随者转战到别的阵营。一开始他就回绝了，当然方式非常委婉，他说，他已经将民主党集会的时间和地点都安排好了，他的行程太满了，根本抽不出时间来。他还说自己也觉得很惊讶，为什么林肯先生不提前通知他一声。之后，他还假装向林肯建议了几个可以开展集会的地方。林肯的回复是这样的，他先是对对方的不公平建议进行了强烈谴责，然后从他的建议中选择了7座城市，作为辩论的场所，而且还同意了道格拉斯选择的时间。"有关余下事宜，我希望双方可以一直保持联系。我要表明一点，我非常愿意配合您的时间，而且我们可以轮流进行，分开讲演。除此以外，我没有任何条件。"

两人的辩论大赛在渥太华打响了第一炮。那一场辩论赛是在露天场所举办的。先是道格拉斯上台讲了一个小时，紧接着林肯又讲了一个半小时，最后道格拉斯又讲了半个小时。这场怪异的辩论赛吸引了成千上万的人前来观看，不仅所有伊利诺伊州的新闻传播频道都在大肆报道此事，电报机也通过电波将这场辩论的相关消息传到了全国各大城市。当两人经过了三场激烈的角逐以后，全国上下的人都惊呆了，由此可见这场辩论赛引起了多大的轰动。人们也不禁开始互相询问："台上的人物到底是何许人也？"

如果你对台前的两位辩论者仔细观察，你就会发现他们真的是一个天上，一个地下。一个被比喻成水，另外一个就是当之无愧的火。他们中的一位，被人戏谑地称呼为矮子。他的来历可不一般，而且政治阅历很深，身材矮小可是非常有精神，肩膀很宽、脑袋很大、脖子短粗、胸前肌肉发达，看上去不仅充满斗志，而且人很圆滑。他的一言一行都非常具有绅士风度，尤其是外表更是如此。他身穿一件非常得体的西服，昂贵的衬衣紧紧附在皮肤上。讲话时，他总是将一头微微发白的黑发甩到后面，脸上表情变化多端，极富神采的眼睛之间有一条非常明显的皱纹，好像彰显出他不屈不挠的个性。他的两只略显灰色的眼睛散发出迷人的光彩。只有当他安静下来认真倾听别人说话时，人们才能从他略显浮肿的脸上看出来他喝了不少酒。他的皮肤没有血色，这当然和他一直住在大城市有很大关系，所以人们也就非常清楚为什么他适应不了这里的新鲜空气。

如果前面这个人用短小来形容的话，另外一个人则称得上高大和清瘦了。后者脸部轮廓非常分明，一双眼睛总在四处观察着什么，可是人们从这里看不到一丁点对权力的强烈欲望。他经常是一副冷酷的表情，表情比较单一，脸上的皱纹很多。他非常瘦，显得外套非常宽大。不过他经常给人的印象就是不讲究穿戴，衣服常常斜挂在身上，似乎和身材极不搭配。他有一双大脚板，会给人一种特别踏实的感觉，人们似乎可以感受到他的稳重。他有一双长满老茧和巨大的双手，从这里，人们可以看到他从小经历的磨难。可即使如此，他依然散发出强烈的忧郁气质，吸引着人们关注的目光。

参加辩论的这两位选手到底都经历过什么呢？

道格拉斯今年四十五岁，出生于医生世家。小的时候家里很穷，后来又被遗弃，自己做打短工、做过零活，借以维持生活，而且还要挣钱还之前欠下的债。后来，他到父亲的学校里做了一名木匠，而且开始学习。道格拉斯二十岁时就成为一名老师，不过一年以后，他通过自学，当上了一名律师。之后的几年，他依靠自己的聪明才智和刻苦努力，在当地赢得了不少赞誉，而且还成功当选上了议员。在政治圈内，他的政治前途最被人看好，大家也非常喜欢他。在华盛顿众多赫赫有名的人物中，他也站住了脚。除政治以外，他对生意也很有兴趣。在一次投机土地中，他一夜之间拥有了众多财产。在他看来，政治和生意是相辅相成的。四十岁以前，他已经是国会两陆军的议员，而且还兼任很多职务，比如最高法院的法官、国务秘书，以及新成立州事务委员会的主席等。当他代表国家访问欧洲各国时，他受到了俄国沙皇和英国女王的热情款待，他的外交才能也受到人们的普遍赞誉，是一位非常杰出的外交人才。前一次总统竞选，他差一点就坐上了总统的宝座。他的第一任妻子是一个奴隶主家庭的女儿，父亲还是一位军官，她和道格拉斯结婚不久就继承了家中的财产。所以道格拉斯是在无比阔绰的环境中了解到奴隶制的，所以他对奴隶制的残酷并没有亲身体会，所以他对蓄奴制是持肯定意见的。可是为了避免日后引起不必要的纷争，他将自己名下所有的奴隶都转到了妻子名下。这任妻子去世以后，他又娶了第二个妻子，这位妻子不仅长得漂亮，而且信奉天主教，和南方关系非常好，在华盛顿的社交圈也是无人不知，无人不晓。就这样，现在的道格拉斯已然是民主党的主要领袖、政治界的重要人物，不仅权倾一时，受人敬仰，而且非常具有绅士风度，举止翩翩有礼，很懂得赢得女人的欢心。

反观他的对手林肯，则是一点点从自己出生的小环境一步步成长起来的。他之所以跨入政治领域，既不是权利的驱使，也不是政治上的抱负和物质上的贪欲，而是想施展自己的才能，实现自己的个人价值。当他的对手已经开始一步步地建造自己的堡垒，这样就可以更快地爬到塔顶，一览众山小时，他却还在和朋友们聊天、思考。当然他的眼前也出现过那座令人羡慕的塔，可是这个目标太过于妄想，所以他从来没想过自己有一天可以到达塔尖。在这中间，在玛丽的鼓动下，他也曾经做出过努力，可没坚持多长时间就因为阻碍太多而偃旗息鼓。接下来，他反省自己：这是我自己真正想要的东西吗？权力真的会让我兴奋吗？我那么在乎名利吗？每一次想要更接近那座塔，就必须失去内心的自由，这样值得吗？他注定和一些只注重名声的人是不一样的：有些人在政治领域可以翻云覆雨，非常熟练，获取个人政治利益就像拿东西一样简单，他们可以在各种党派，不同利益个体之间让个人利益最大化，在政治洪流中生存得很好。他们只需要知道什么时候要修铁路，这样好大量购置土地，让朋友们遵循他的意志选择铁路的方向，然后再高价卖掉手里之前囤积的土地，以赚得高额的差价而成为富翁。而另外有些人只知道将一个经营不善，眼看就要倒闭的商店买过来，平时就躺在柜台上看杂书，到最后发现自己背了一身债务，然后再花十几年的时间来还清债务。他们这种人不会去和朋友们争抢名利，因此没有了一个重要职位，最后只好离开首都和自己的家乡。在坎坷的路途中，他艰难前行，晚上就借住在旅店，讲一些好玩的故事揭示人性的污点。

　　林肯除了在内心体验上占优势以外，几乎在其他所有方面，他的对手道格拉斯都比他都有优势。当那个"矮子"在众人面前大肆宣扬他的欧洲之行，还有女王和沙皇对他的优待，以及那些大臣们是如何对他卑躬屈膝时，林肯这个高个子却还沉醉在自己的幻想世界里难以自拔，就算他把脑袋想破也想不出来一位在他面前卑躬屈膝的人，当然他自己也没有做过类似的事。所以，前者更加现实，更精于计算，哪些目标实现会给他带来什么好处，然后将那些不靠谱的目标删除掉。而后者呢，他还没有目标，时不时还会躲到自己假想的梦境中去。截止到现在，林肯只有一次赢了道格拉斯，那就是玛丽·托德放弃了道格拉斯，选择了林肯。可是就算这唯一的一次胜利，也是玛丽自己做出的决定。而且，虽然林肯胜利了，可是也付出了惨痛的代价。

　　不管是他们之前的还是现在的斗争，结果都是不言而喻的，道格拉斯胜利了。他就像伊利诺伊州的首脑一样，乘坐着专门为他们夫妇俩备下的专列，在伊利诺伊州的城镇和乡村之间不停往返。每列专列之上都插满了彩旗，每到一个地方，都是鞭炮齐鸣，场面相当壮观。那时经常响起来的就是32响的礼炮，分别代表着还在一起的32个州。他们每到一座城市，都会受到国王、王后同等级别的欢迎。他们下了火车，马上就会坐上豪奢的马车，前面由32

名骑士开道，保护他们一直到市政府或旅馆，而道格拉斯只需要像一名得胜归来的英雄一样，将帽子拿在手里挥一挥，向路旁的人们点头致意就好了。

那时，一时间混得风生水起的道格拉斯估计心中窃喜："这里是我的范围，我的天下。林肯先生估计现在正在人满为患的车厢里怨声载道吧。因为他不是一位绅士，所以城里的政府是不会专门为他准备专列的！"有一次，坐在铁道旁边一间货物仓库里等待列车的林肯夫妇，看到对面开来的道格拉斯的专列，有人听见他发出了一声感慨："坐在这列车厢里的先生是肯定体会不了我们坐车的滋味的。"每当他来到一座城市，没有礼乐队欢迎，也没有专车接送，只有当地的朋友们会驾一辆破旧的马车来迎接他，那辆马车是多么破败不堪啊，几乎没有任何装饰。如果他的朋友想要在马车上演奏乐器给他造势时，他会摆摆手，婉言谢绝朋友们的好意。

如果矮个子道格拉斯面对选民，他总是会长时间保持一种胜利者的笑容。他和一位平易近人的人民英雄一样，和所有人亲切握手、交谈，看起来一点都不像一个高高在上的参议员。而现在，这位英雄好像又突然之间拾回了以前的记忆，再次向他们点头致意。那段时间里，他好像要和全世界人分享他的威士忌酒一样，一醉方休。他自己好像也要醉过才算数，喝了吐，吐了再喝，只有他的车夫不停地提醒他要小心自己的身体。而当林肯到达演讲场所以后，几乎没有人夹道欢迎他，人们的反应非常淡漠。他们觉得，林肯和道格拉斯简直就不是一个层次的人，林肯想要打败道格拉斯，简直是痴心妄想。在这种对自己极端不利的情况下，林肯想要获得胜利，几乎是痴人说梦。他既不会和听众们良好互动，也不会拉拢地方政府，所以当需要向当地政府官员意思一下时，他更是像个木头人一样，呆立在一边。

辩论开始了，他们分别上台演讲。首先上台的是道格拉斯，在他开讲前，他已经收买了观众的心，他的绅士做派让人们不自觉地就将目光投了过来，所以演讲还没开始，大厅里就想起了一片欢呼声和尖叫声。他自信满满地站在台上，声音似乎要穿透整个大厅，飞向远方，一字一句都非常有气势，手势也配合得非常到位，表情更是修炼得炉火纯青。他非常善于利用诡辩的方法，非常吸引人。这是因为他运用的不是烂俗的俚语，而是非常好玩的小故事和个人亲身经历。那些普通听众鲜少听到的词汇，恰恰是他演讲吸引人的一个方面。他先是引经据典，激情澎湃，然后突然转变成朴实的语风，之后再变成平静的语气。这样一来,他的演讲就好像火山爆发一样,充满了无限的热情,让听众们陶醉其中。

当他结束自己的演讲走下台以后,林肯方才登台,这对林肯来说着实压力不小。刚开始,人们只是看见一位其貌不扬的人走上讲台,走路还有点不利索,面部表情也非常平静。脖子上是一个额头高高突出的脑袋,站在那里就好像一根树桩一样,僵硬得很。他的两腿夸张地分开,人们从他身上很难找出一点绅士风度。他双臂自然下垂,有时两手会交叉放在身前,手指头不停转动着。刚开始,人们还以为上台的是一个修鞋匠。他的开场白声音很低,可是声调很尖。他先是向听众们提了一系列问题,之后他的声音开始变得温和起来,声调也变得比较平稳,掷地有声,手势和动作语言也配合得非常到位。他将左胳膊放到身后,高高举起右手,摇晃着头部似乎想要摆一个绝佳的造型,又好像是用自己那瘦骨嶙峋的双手将自己的观点灌输进观众的脑袋里,现场高潮迭起。当他用高抬的手表达他的心情时,当他对蓄奴制进行猛烈抨击时,他言辞犀利,双拳紧握,好像是要对这个残忍的制度进行泣诉,他和听众的距离越来越近。之后,即便林肯猫着身子退到讲台后面,人们依然对他的身影难以忘怀,所有人都感受到了这个充满激情和令人难以忘怀的演讲。

林肯的演讲首先是对对手进行大力赞赏,他起初会用冷静的思维将对方的观点一一列出,以此博得观众的支持。然后,他会将对方观点中的错误一条一条加以分析和指正。这时,他理想主义观念和纯朴的感情会给他加分。他就像在法庭审判中一样,可以既快又准地将对手的致命弱点一举攻破。

他一直采用的就是这样的反攻步骤:首先分析对方的观点和依据,然后找出其中的症结所在,最后才用自己严密的思维一条条加以反驳。因为所举的例子全部来自于现实生活,来自于普通的平民生活之中,所以他的演讲内容更加符合那些农民朋友们的心。

而对于林肯在辩论中发生的改变,道格拉斯一开始也是充满自信地摇头。之后,因为没有足够的证据来反驳林肯的观点,他就只好肆意歪解对方的观点,言辞虽然不够深刻,可依然凭借朋友们的欢呼获得了一丝人气。林肯肯定是不会善罢甘休的,他绝地反击,一点也不心软。在这次辩论赛中,好像被打倒的是道格拉斯这位自诩为外交家的参议员,而不是身为律师的林肯。在这里,这位政府要员的证据似乎说服力不足,而那位大个子农民的观点要比他犀利得多。因此，如果我们说道格拉斯让听众们心生佩服，那么林肯则是让所有人都萌发敬意。虽然道格拉斯举止优雅、思维敏捷、语调铿锵有力。可是林肯却后劲十足，尽管刚开始他语调平稳，言辞缓慢。听完道格拉斯的演讲，人们会想，来自首都的大人物就是不一样！可是听完林肯的演讲，人们也许会想，如果在首都华盛顿能有我们一位这样的代表该是多好啊！

这两位辩论对手，一个是现在的赢家，而另外一位则会告别短暂的失败后，成为永远的赢家。

十五、大辩论（下）

林肯加入到反奴制的队伍中去似乎是上天注定。早在南北战争开始之前，只要提到这场辩论，人们便会想到这样一系列问题：在奴隶制的问题上，两党针锋相对，会不会让双方的矛盾再次升级？奴隶制问题有没有必要变得更加剧烈？两党中的保守派所宣扬的柔和路线是否可以调和这一矛盾？伊利诺伊州的大辩论是否让矛盾再次升级，而最终导致南方战争的爆发呢？因为这场辩论所造成的影响力非常之大，超越了任何一场辩论赛的影响力，甚至比国会中的辩论赛影响意义还要深远。而且在这场辩论赛中，双方都主旨明确，立场鲜明。没过多久，这场大辩论就引起了上百万人的认可，矛盾再一次升级，到达白热化阶段。

林肯在一次辩论中这样说道："不可否认，我有时也会比较自私。我不会假装说我对参议员没有丝毫兴趣，不会去故作清高。可是我必须要让你们明白，在这次矛盾升级中，无论是道格拉斯先生还是我，今后还能不能再次出现在公众视野中，还会不会成为人们谈论的话题，这对整个国家来说，其实无足轻重。"

道格拉斯也开始无奈接受命运的安排了，他派自己的代表告诉林肯："我现在已经无可选择了。"对于一向举止优雅、风度翩翩的道格拉斯来说，他能说出这样的话简直太不容易了。他或许已经认可了他常常说的一句话："别人对奴隶制是什么态度和我毫无关联，充其量不过是一个美元和分尼谁价值比较高的问题。上帝在我们的国土上划出了一条界线，一边是自由人在劳动，另一边则是非自由人也就是奴隶在劳动。"

对于道格拉斯这一论断,林肯马上给予了强烈的反击:"在这个问题上,我们必须立场鲜明,不可以左右摇摆。而且,我认为在这一观点是,我的是非观是非常明确的,自由人不能拥有奴隶。如果有谁强夺了他人的自由权利,那么他也不能得到这一权利。"

在论述这一问题时,林肯总是从现实出发,以宪法为依据:"我认为'人'这个词在宪法中可以理解为自由、公平、平等的意思。'所有人生而平等',这里的人应该包括所有人,当然黑人也包括在内。所以,蓄奴制的存在是和宪法精神背道而驰的。可是在发展国家的过程中,这一原则并不是一个唯一的原则,也不是每一个公民都认可的,各州都有权利自主决定本地是否推行奴隶制。所以,我们必须重新修正宪法,尽管它已经存在的历史相当长了,让法律来制约奴隶制的进一步扩展,至少保证在那些没有推行蓄奴制的国家里不会再有新奴隶的产生。"最后,他用斯科特一案来为自己的演讲结尾:"从前,奴隶主有权利让奴隶重获自由,可是现在却有这样一项法案,使私自放走奴隶变成一件违法的事。"

他接着表明自己的观点,他说,道格拉斯所宣扬的"人民主权论"让奴隶问题成为全民化的问题,这必定会使新的非洲奴隶贸易再次发生,因为事实上,非洲奴隶交易和奴隶制本质是一样的。

如果对运送奴隶像运送牲畜一样从遥远的非洲运到美洲的行为不加以约束的话,那我们的先辈们为什么不去严厉处罚那些随意捕杀动物的人,而对1820年以后从事非法奴隶交易的人贩子要严惩不贷呢?为什么那些令人厌恶的奴隶贩子在南部遭人厌弃,没有谁愿意和他们交往,甚至这些奴隶贩子的小孩都不允许和奴隶主家的孩子一块玩,而只能和奴隶的孩子一起玩呢?如果不是因为良心上的过不去和道德上的谴责,怎么会有一部分奴隶恢复自由呢?我们先将先辈们所提出的"所有人一律生而平等"抛开不谈,如果我们现在认为黑人低人一等,那么同理,我们也可以说,有一部分白人也低人一等,这样逐级推理下去,那我们宪法精神所规定的人人生而平等的原则难道不成了空谈吗?法律还有什么尊严可言?人人生而平等的平等体现在哪里?民主和自由又到哪里去了?那些权势滔天的上层阶级总是故作清高地说,他们对权力一点也不向往。他们之所以要取得统治地位,是因为想让人们生活更加幸福。也正是出于对这一目的考虑，他们才会行使自己的权利，去为人民谋幸福的。听听，这不是专制又是什么！他们不过是借着统治之名，去行压迫人民之实罢了。

在演讲过程中，他经常会激发出思想的灵感。因此，当道格拉斯听闻北方工人罢工时，他特别不满而且难以理解，他觉得他们每年可以得到250美元的劳动报酬已经不低了，足够让他们好好生活了。林肯反讽道："穷人过的什么样的生活，富人永远难以体会。幸运的是，托上帝的福，我们的国家和法律还允许工人罢工。要不然，他们连反抗的机会都被剥夺了。"

在辩论过程中，他很少肆意散发自己的激情，也不会让自己的情感泛滥。他最不能容忍的并不是别人对黑人们的仇视和侮辱，而是白人们，或者更确切地说是某些白人们虚伪龌龊的内心世界。所以，林肯觉得，比起那些从不做作的南方奴隶主来说，像道格拉斯这样的伪君子更加让人愤恨。"我对这种只扫自家门前雪，不管他人瓦上霜的做法实在是厌恶之极。"在一次演讲中，林肯这样反驳道："这种观点只会让人们轻视法律，法制观念越来越淡薄；它让我们的对手有充足的理由来斥责我们是伪善家，而且让那些有志之士瞧不起我们。"在另外一次演讲中，他又说道："如果你们只想着他人的幸福权利的话，那你们自己的幸福权利也会难以保住。如果选举的结果显示，下一任以及今后所有的'斯特科案'都被人们所认可的话，那我们离被囚禁的日子也不远了。你或许可能在某些时候让一些人蒙受欺骗，也可能在所有的时候骗了某些人，但是你绝对不能在任何时候让所有人蒙受欺骗。"

这种激情没过多久就平息了，他的演讲又回复到了讥讽和平静的语气中。在他那舒适平静的演讲中，嘲讽和幽默是无处不在的，就像诙谐曲一样不可或缺。当他对华盛顿一个私底下勾结在一起的一个小党派心生不满，并对其成员道格拉斯、布坎南、州法官和另一位政界要人长期混在一起感到不满时，他会借机嘲讽他们，他在演讲中巧妙地将几位大人物的小名运用了一下："如果我们将罗格、斯蒂芬、富兰克林和詹姆斯比作擅长做木工活的木匠的话，那么只要我们将他们制作出来的木头存放到一起，并将它们架到一起时，你会发现它们之间简直太协调了，不多不少，正好合适。我想，面对这样的一堆木头，我们只能说一句话，那就是物以类聚、人以群分。这让我们每个人都深信不疑，他们四个人因为共同的目标而凑到一起，相互之间心灵相通，共同实现他们远大的理想。"

有时，如果他想对新老蓄奴州的变化进行描绘时，他会说，"如果有一天我在路上巧遇一条毒蛇，我一定会毫不犹豫地拿树枝打死它。可是如果这条毒蛇不是卧在路上，而是爬到了我孩子的床上的话，我就会格外小心一些，因为我害怕如果我没有一棒打死它，它可能会伤害到我家孩子，而最糟糕的情况是，如果这条毒蛇正好卧在我的孩子身边，那我无论如何是不敢动它的。不过，我会另外给孩子做一张床，这时有人对我说，你在那里放一只养蛇的笼子不就行了，我听了只是觉得可笑。"

林肯不仅擅长使用这种灵活的语言方式，他在嘲笑、恶作剧上的功夫也非常深。在反驳对方和巧妙回复对方时，林肯也表现得非常优秀。虽然道格拉斯已经是这方面的老手，不过他和林肯相比，显然逊色一筹。在第一场辩论赛中，道格拉斯让人们看到了一张原来论点冒进的公告，上面还有林肯的亲笔签名。他想要告诉人们，林肯只是一个极端的暴力反奴主义者。可事实上，这些都是道格拉斯伪造的，那份公告后来也被证明是假的。在后来的演讲中，当道格拉斯再次拿出其他材料来做证据时，林肯直接告诉对方，自从上次公告造假被昭示众人以后，恐怕没有人会相信你的什么证据了。有一次，当道格拉斯想要改变自己的观点，同时对自己曾经的观点进行反省时，林肯说："因为我告诉别人'你没有戴帽子'，你为了证明我在说谎，你马上找来一顶帽子戴上。这就是你所谓的真实目的。"

有时，他还会嘲笑对方，并举出更多的例子来辩驳他。道格拉斯说："如果要我在白人和黑人之间做出选择的话，我肯定选择白人；可是要我在黑人和鳄鱼之间做出选择的话，我肯定会选择黑人。"林肯马上反攻他说，"黑人和白人之间的关系，其实和鳄鱼与黑人之间的关系是一样的；因为黑人将鳄鱼看作爬行动物，那么白人也可将黑人看作爬行动物。截止到现在，我已经替您将意思表达清楚了。"还有一次，他说"人民主权论难道最早是由道格拉斯先生提出来的吗？我看不一定。在哥伦布发现美洲新大陆以前，人民主权论就已经产生了。现在看来，这种论断并不是道格拉斯先生的独家发明，那他到底有什么贡献呢？或许是让堪萨斯和内布拉斯加的移民享有自己管理新州的权力吧，又或许是统治一帮黑人的权利吧。要知道，卡斯将军早在六年前就提出了这样的观点，那么到底道格拉斯先生有什么卓越贡献呢？卡斯将军没有道格拉斯先生聪明,他不知道当白人对黑人进行压迫时,要给其加上一个'人民主权论'帽子,以此躲避众人的眼光。他也没有脸皮厚到这种程度,将残酷剥削黑人奴隶的事实宣扬成高高在上的人民主权。好吧,还是让我们正式看一下道格拉斯先生的发明吧,那就是他所说的'人民主权论'。事实上,他就是同意在内布拉斯加保持蓄奴制的存在,并无情剥夺黑人自由权。"

这就是林肯一改平常温和做派时的表现,特别是当他看到虚伪的人在他面前假装正经,言辞躲闪时,他就会变得更加尖锐。在这样的气氛中,如果听众中有人心生不满,对他谩骂和大声叫嚷时,他就会拔高音调,斥责他们:"我们没有时间在这些无关痛痒的事情上争来争去,我只想将事实真相呈现在大家面前,以免听众受到道格拉斯法官大人的蒙骗。"道格拉斯当然也不会坐以待毙,他当场对林肯提出尖刻的问题,在"美墨战争"中,他为什么反对给前线军队提供后援力量。听到道格拉斯这样的发问,当然这只是道格拉斯编造的一个谎言,林肯当场跳下讲台,直接来到听众中间,一把揪住道格拉斯一位好友的衣领,十年前他和林肯还是议会中的同事。林肯将他揪到讲台上,大声对听众宣布说:"我让这位先生上台,并不想对他怎么样,只是想让他当着所有人的面,说出事实真相,并将这位先生介绍给大家,然后问他,道格拉斯先生所言是否属实?"这时,所有的听众都义愤填膺,强烈要求那个人说出事实真相。于是,那人只好当着所有人的面说,他的朋友确实编造了一个谎言。

林肯将道格拉斯比喻为一条"乌贼",让所有人都忍俊不禁。他接着说,乌贼虽然个头很小,可是却很善于掩饰自己。在遇到突发情况时,它会从尾部排出一种黑色的液体,周围的水都会随之变成黑色,然后迅速在对手面前溜走。林肯就是这样,一举抓住对手的要害,然后进行反讽。"道格拉斯参议员一直以来都威望很高,名声很好,人们对他寄予了无限的希望,很多和他一样虚伪的政客们都认为,他是下届总统的不二人选。从他那肥硕的脸上,我们好像已经看见了将来的土地部长、议会大员、邮政部长、内阁大臣和驻外大使等都在向他微笑着打招呼,他们从道格拉斯身上好像已经看见了光明的未来。他们就这样长时间一直关注着这个庞大的身躯,以至于就算本党内部已经出现了问题,他们依然不改初衷。可是,党内的问题越来越严重,就算是对将来忧虑重重，人们依然围在他的身边，希望他可以给他们带来福音。他们为他宣传造势，办庆功会，免费为他提供很多服务，为他的成功欢呼，比他一切如意时还要对他好上数倍。而我呢，和他截然相反，没有人会相信我会有一个光辉灿烂的前程，当然更不会有人相信我可以成为总统，像我一个身材高大，可是瘦削的人，简直就要和希望绝缘了的人，这正是我们共和党人的悲哀啊！我们本来应该坚定我们的立场，坚持我们的原则，而且我们也只能这样做。"

在第二场辩论中，林肯为对方布置了一个陷阱，并将之隐藏在他提出的一个观点里。正是这样做以后，他不仅表明了自己的观点，也让整个论辩走向终点。

"如果一个州还没有州宪法，那么这个州的居民是否可以通过法律途径，不顾某些人的反对，强硬推行禁奴制呢？"

根据道格拉斯"人民主权论"的观点，任何一个州都有权利自由决定是推行蓄奴制还是禁止蓄奴制，当然前提条件是在遵守国家宪法的原则下。根据联邦最高法院的解释，任何一个从蓄奴州搬往非蓄奴州的奴隶主都可以将他的奴隶一起带过来。在这样的情况下，如果道格拉斯的答案是"不"，那也就相当于堪萨斯的法律可以成为禁止自主废除奴隶制的法律依据。那么，他在伊利诺伊州就会不得人心，从而与参议员无缘。如果他的回答是"是"，那么他就会失去南方人的支持而不能当上总统。面对林肯提出来的难题，道格拉斯可谓是使出了看家本领，他说："这个问题和斯科特法案那种理论上的问题并没有多大关联。实际上，每个州都可以自由制定法律，不为蓄奴制提供法律依据。也就是说通过法律的途径，禁止蓄奴制。"道格拉斯极尽圆滑的回答让他暂时摆脱了眼前的难题。

当时，很多农民和市民都前来观战，聆听两位竞选者互相挑刺的语言。他们只是觉得，一个问得很巧妙，一个回答得很机智。而且两边的乐队都拼命为自己的竞选者造势，几乎是同一时间响起音乐，同一时间让声音传递开去。可好像没有谁能真正理解问题和答案中蕴含的意义，就连林肯的朋友也没有真正了解其中的内涵。

这一定是上天注定，让林肯慢慢成长为一名有着远见卓识的政治家。仅仅两年过去，他曾经所畅想的一切都变成了现实。辩论结束以后，道格拉斯的回答就在南方引起了不小的轰动，南方奴隶主们本来一直心存希望，可是道格拉斯的新观点无疑让他们的希望破灭。虽然道格拉斯最终在竞选中大获全胜，又重新当上了议员，可是他却从此失去了南方的拥护，想要一路顺风顺水地当上总统似乎也变得极其艰难了。那么林肯对此事又有什么看法呢？难道当时的他只想在这个老对手落魄时再加一脚吗？对于两年以后的政治生活来说，这场辩论赛的意义一般人能提前预知吗？林肯本人对道格拉斯可谓非常熟悉了，而且非常了解他的品性，所以他经常在个人信件中称呼他是一个撒谎高手，说他在伊利诺伊州参加的竞选就好像"拿破仑从俄国发回的捷报"一样，表面看起来强悍无比，内在其实很空虚，现在也只不过是最后一次殊死搏斗而已。他还说，我要让上万名道格拉斯的追随者重见光明。可现在的问题是，恐怕将来道格拉斯也没有机会和他一起展开世纪大讨论了。

　　林肯的一位追随者讲述了当时的情形：当时林肯正坐在斯普林菲尔德的一家旅店里和他的同事们商量事情，没过多长时间，他说到外面转转。这时，他向我询问有关我那片管辖区域的情况。我告诉他，一切都准备停当，只等辩论赛开始了，只是有一个疑问，不知道这场辩论什么时候能完。听完我的一席话，我发现他的脸上出现了阴云，可是没过多久就消失了，他的眼睛开始焕发不一样的光彩。他的行为让我明白，他已经知道我在担心什么了。然后，他喊我坐下，"现在我正好有点闲，我很想给你讲一个小故事。"他坐在旅店门口的台阶上，我则站在他旁边听他说。

　　"你有没有见过站在同一起跑线上的两个男人？"

　　"经常看见。"

　　"很好。那么这样两个准备比赛的人，一个在开始前尽力给自己造势，并狂妄地发表言论，告诉别人自己的目标多么远大，好像自己胜券在握，想要在气势上先压住对方。而另一位则非常安静，表情平静，双臂自然下垂，双拳紧握，嘴巴闭拢。他在静静地等待比赛开始。在这样的情形下，只要比赛不偏离比赛规则，后者就一定会取得胜利。就算困难重重，他也会一拼到底，就算付出生命的代价也毫不可惜。"

　　林肯的这段话很好地预测了他的政治生涯，刚开始他是输家，可是后来他赢了，但是到最后他牺牲了。

十六、名声大振

经过这次大辩论,道格拉斯一路高唱胜利凯歌,再次当选参议员,并登上华盛顿的政治舞台。对林肯来说,大辩论中的几个危机场面让他一辈子都难以忘怀。有一次在彼得斯堡,长达半个小时的时间里,一直被人瞎起哄,差点进行不下去。在渥太华,一群支持道格拉斯的拥护者将林肯抬到肩上戏弄他,人们看到他的裤腿都被卷到了膝盖处。在另外一座城市里,他被人们用一团彩带包裹住,一时间动弹不得,在他看来,这应该是他所受的最屈辱的事情了。还有一位妇女手里拿着一个黑人布娃娃在他面前晃来晃去,林肯最后忍无可忍,很绅士地走到那位妇女面前,然后非常有礼貌地问道:"夫人,您是这个孩子的妈妈吗?"那位妇女才无趣地离开。还有一次,林肯正在发表演说,一位道貌岸然的人骑马来到台下,对台上的林肯大叫道:"您是不是想和黑人上床啊!"听到这样的话,林肯只是暂时结束了演讲,用愤怒地眼睛死死盯着那个人,直到那个人识趣地走开,听众则对着这个讨厌的家伙不停地吐口水。

可是,从这次大辩论中,林肯获得的成绩远比坎坷要多得多。因为这次事件以后,全美国人都知道有个叫亚伯拉罕·林肯的人了。几年以后,当民主党人对道格拉斯墙头草的作风深恶痛绝,并因此废除了他议会外事委员会主席一职时,林肯的名字再次被人们提起来,所有北方人都知道有这样一位伟大人物——林肯的存在,民间还流传着一首关于林肯的歌谣:

出生在西部穷人家的孩子成长为闪耀的政坛明星,他的光芒让国家的前途一片光明;曾经母亲们视克莱为英雄,今日姑娘们将林肯看作偶像。

虽然林肯并不同意,可是伊利诺伊州还是将一座新城用林肯的名字命名。东部一家传播面很广的报纸对林肯是这样评价的:"没有谁能和林肯相提并论,仅仅依靠一次大辩论就能声名鹊起。"一位陌生人给林肯写信说:"您和罗德·布朗一样,忽然之间就出名了。在相当短的时间内,您就从伊利诺伊州的法律界摇身一变,成为政坛响当当的人物。"而且,他的家乡父老乡亲们对他也是全力拥护，他们将林肯作为家乡人民的骄傲。他们相信，林肯不仅可以重新焕发生机，也可以担任更加艰巨的政治任务。

可是林肯自己又是如何总结的呢？

让我们回到大辩论期间，那是夏天一个阴暗的晚上，林肯和记者维拉德一起在车站等车，突然下起了瓢泼大雨，他们只好躲进街边一家旧车厢避雨。就是在那个黑漆漆的废旧车厢里，他的思维又回到了青年时代。想起25年前的自己，他不禁笑出了声。在黑暗中，他喃喃自语，又好像在和对面的维德拉讲述着什么，他讲到了自己当年在纽萨勒姆村做店小二时的经历，说自己当时最大的愿望就是进入议会。讲到这儿，他又情不自禁地笑了，接着说道：

"从那以后，我一直要求积极上进。刚结束的这场辩论，我本来对自己没什么自信的，是我的同事们一直鼓励我，让我加入这场辩论大赛。我认为自己不是参议员的合适人选，我思考了很长时间才做出了这个决定。等我考虑好以后，我不停给自己打气。我对自己说，你一定可以的，你一定会成功的。"讲到这里，他再次笑了，这次笑得有点意味深长，他接着说，"现在我对自己充满了十足的信心，我相信我可以做到。可就算如此，我还是需要每天告诉自己：'对你来说，这是一个遥远的梦想，是很难达到目的的。'可是，玛丽却一直对我说，你一定要当上参议员。对于她来说，她甚至希望我坐上总统宝座。"说完这些，林肯忍不住大笑起来。一想到玛丽对权力如此渴求，他就觉得自己和她是两路人。

"不敢去想象，如果我这样的人当上总统，会是什么样子。"

林肯生命中最灿烂的那一页就这样被预言了。他坐在货车车厢里，在歌舞升平的白天过去以后，这位农民出身的英雄和一位记者坐在一辆货车中，周围黑黑黢黢一片，而且天气很炎热，就好像他当年住过的印第安纳小木屋一样。可是这样的环境并没有让他惧怕，反而让他情绪高涨起来。因为黑夜的掩护，这个平常并不多话的人变得外向起来，他开始口若悬河。从议员的作用讲到人类的尊严，再到对自身进行嘲讽。这一切就像飘荡在空中的音乐一样，让人不禁沉醉其中。

后来他反应迟钝的性格终于慢慢醒悟，并和大多数政治家一样，开始憧憬总统宝座，他对自己的能力和价值不再持怀疑态度。特别是当他和当地乃至全国最有名的政治家道格拉斯进行了长达数周的辩论以后，他对后者的敬畏之心已经慢慢消淡，而他的自信则越来越高涨。他的理智告诉他，他完全有实力坐上那个位置。

虽然林肯没有成功当选参议员，可是他的名声却在全国传播开来。当有人问他："你现在感觉如何？"他才恍然回过头来仔细查看自己的精神状态，然后很灵活地回答了这个问题："现在的我就好像是一个跌了跟头的大男孩，因为很痛，所以笑不出来，可是又因为我已经长大了，所以也不能哭出来。"

在给自己曾经的私人医生亨利的信中，他这样写道："我觉得这次竞选辩论对于我来说，意义非常。至少它给了我一个展示的机会，让我可以在一些重大问题上发表自己的观点，并且被大众所熟知，这是在其他任何时间、任何地点都难以实现的。虽然我现在又从人们眼前不见了，也许人们已经不再记得我了，可是我始终相信，我的观点和立场就算过了很多年，也许那时我已经不在世上了，却依然可以对自由和和平产生重大影响。"

有一次，林肯在大街上遇到了从前的一位老朋友，他们自由地交谈起来。这位朋友对林肯说，在南方经常有人问他，林肯到底是个什么样的人？这位朋友对林肯说，他是这样回复的："我觉得，林肯堪称美国的第二号政治人物，所以，我相信他可以打败蔡斯和赛华德，当上美国总统。"

林肯却说，"除了伊利诺伊州的居民对我比较熟悉以后，其他地方几乎没人知道我，而您刚才所提到的那两位可都是大名鼎鼎的人物啊！"

这位朋友听后，马上对林肯的说法进行了反驳。他对林肯说，大部分选民都不希望纽约人上台掌权。最后，这位朋友再三恳求林肯写一封自传。可是林肯一开始觉得根本不需要这样做，他说，"我承认我也想过要当总统，可我真心认为这样的好事不会落到我的头上。而且，我本人和我的经历也没有什么能让别人感兴趣的，就像大卫说的一样，'这一点意义都没有'。再见！"和朋友聊完天后，他就准备走了。

最后，在朋友们再三请求下，他才写了一篇简单得不能再简单的个人自传。整篇文章没有优美的语言，语言也非常单调，就好像是一位有名的厨师只给看热闹的人们做了一份简单的汤一样，借以满足那些人的好奇心。可是，从另外一个层面来说，它又可以称得上是一篇绝妙之笔。因为什么不该说，什么该说，他都做得很好。

他用最纯朴可是却最简洁的语言给这篇小传结尾：

如果有人对我的外表感兴趣，我也非常愿意让大家知晓，我身高六英尺四英寸、身材消瘦、体重180磅、黑皮肤、灰眼睛、粗头发、没有疤痕。除此以外，我和常人一样。

附言：
内容不多，请多指教。主要原因在于本人经历甚少，没有什么精彩的地方。唯一的希冀就是有人可以从中体会点什么。您忠诚的好伙伴：亚伯拉罕·林肯。

十七、继续前进

对于林肯来说，这次竞选给他带来的结果是，他的体重减轻了20磅，耗费了数千美元。在外出竞选期间，律所的事务全部由赫尔顿一个人处理，结果只挣了相当于平常一半的收入，而林肯因为竞选则耗用了很多金钱。如果当时有人问林肯最忧心的是什么，林肯肯定会毫不犹豫地回答：钱！他非常害怕没有金钱去维持正常开销，而且，他还欠政党委员会一大笔钱。当辉格党主席贾德法官向林肯索要欠款时，他回信说："我会尽我最大努力还清欠款的。可现在我确实没钱，因为我的经济状况很差。相当长一段时间内，我只有出账，没有进账，以至于现在连家庭正常开销都顾不上了。我真心希望您能借给我250美元以渡过眼前的难关，等我先用它还清政党委员会的钱以后，再清算我们两人之间的私人账目，到时我一起再还你。"

当时，一个政党向它的领袖们催债很正常，可是林肯在经济状况如此差时还依然答应还清欠款就很少见了。首先，他的收入不够还清债务；其次，在政党所有人眼中，他的贡献是最大的。等这个难关渡过以后，他的生活开始走上坡路。因为以前服过役，所以国家奖赏给他一块土地。后来他又继承了另外一块土地，这样他有拥有两块土地，再加上他的房产和律师事务所，他的总资产有1.5万美元到2万美元之多，而且律师事务所效益好时每年还有3000美元的收益。

玛丽依旧大肆挥霍金钱，她才买了一辆崭新的马车。林肯对这次花销并没有什么意见，因为在竞选过程中玛丽一直在背后大力支持他，而且她也非常善于维护丈夫良好的公众形象，并懂得抓住时机展现自己的风采。如果情况需要，她也会打扮得光彩照人，穿着华美的衣服，展示她曼妙的身材。不过，她有时也会在公共场合口不择言，譬如乐队演奏的声音太大时，她会毫不避讳地斥责人家，以至于乐师们都能清晰地听见。

快二十年了，玛丽一直对赫尔顿印象很差。因此当赫尔顿在一家银行找到了一份法律顾问的工作时，玛丽马上就让林肯将他赶出律师事务所。因为她认为，尽管事务所的大案要案都是林肯处理的，可是赫尔顿总要分去一半的收入。在玛丽看来，赫尔顿只是一个打工的而已。她瞧不上他的教育背景，批评他极端、反对教会，还经常喝醉酒闹事，而且从他主张冒进的废奴主张来看，他也会阻碍林肯的政治发展。玛丽希望自己的丈夫可以和一位来自肯塔基州的同事共事，最好是一位绅士，可是林肯对玛丽的意见不屑一顾。他一生都全靠朋友们无私的帮助，而赫尔顿作为他最可靠的朋友，他当然不会赶走他。

过去一年所发生的事情让他已经对律师事业不再那么上心。因此，当有人请他再次参加巡回演讲时，他婉言谢绝了，他说"贫穷是一件很令人烦恼的事情，如果我今年还和去年一样，置我的律师事业不顾，那我真的要喝西北风了。"即使是这样，别人的盛情邀请还是有力推动了他的事业，至少让他本人回想起了曾经无数个为之疯狂的一场场演讲。于是，他将所有他和道格拉斯的演讲内容的报纸报道内容剪裁下来，然后自掏腰包，出资350美元出版了一本小册子。至于道格拉斯的演讲稿，是他请人从民主党人的报表上原原本本地剪裁下来的。为了达到公平，他不允许改动任何一点演讲内容，包括那些比较激烈的言辞。那时的他不像一个竞选者，而更像一个本着还原历史真相的历史学家。事实上，包括林肯在内的所有人都明显察觉到了，这场战争还远远没有结束。

是的，竞争还在进行中，辩论也还在进行中。虽然现在两个人不再针尖对麦芒，可是两位对手同时到达了西部，开始巡回演讲。

这一次，林肯开始对道格拉斯的观点进行层层剖析："道格拉斯先生所宣扬的'人民主权论'的本质是什么呢？总结一下就是：对于一个自己要奴役他人的人来说，任何人都无权驳斥他。这样的问题就这样轻飘飘地从道格拉斯的嘴里说了出来，或者在他的潜意识里，他一直都有这样的观念：鞭子打在自己身上才会觉得痛，而打在别人身上就无所谓了。他的主要思想核心就只有三个字，不平等。对于这种不平等的政策，他还给他披上了一个神圣的外衣，那就是'人民主权'。他提出这一观点，势必会淡化人们对奴隶制坏处的忽视和忍受。可是，谁也不能否认这一事实。人们的立场都十分明确，要么支持要么反对。我想在我们这个国家，道格拉斯先生算是最后一个一直没有明确表明立场的人了。因为他从来没有说过蓄奴制是合法的还是应该被废除的。"

林肯在西部广受人们的欢迎，特别是堪萨斯州和肯塔基州，那里的人们几乎是欢欣鼓舞。在那里，他演讲的语气也更加激扬，这和他一贯持重的性格似乎有不小的差别："我们共和党人要如何和民主党人相处？我们想要的无非是一直斗争下去，当然我知道你们和我们一样，也是英勇无畏的斗士。和我们的同仁一样，也相信公平和正义。如果可以的话，我们也非常愿意和你们的女儿结婚，当然她们全是白人。事实上，我已经这样做了。"这是一个政治家出自于本心的呼唤，他已经不再因为要取得民心而做着顽强斗争，他的思想已经升华到了一个更高的层次。可是他又是一个急躁的人，他接下来这样嘲讽民主党："你们和世界上其他人一样勇敢，你们也和他们一样为了实现公平、正义而甘愿牺牲自己。如果我们势单力孤的话，你们可能会打败我们。可事实上，情况不好的是你们，不是我们，所以我想说，要想打败我们，你们还需修炼。如果我们人数势均力敌，那我们也可以一对一进行打斗。因为我们都前途未卜，再加上你们不得势，我们一定是最终的赢家。"

紧接着，发生了一件轰动全国的事件，吸引了林肯的目光。约翰·布朗，这位堪萨斯州有钱的农场主，这名奴隶解放运动的先锋和老一辈英雄，死于敌人屠刀之下。事情是这样的：他带领一支由解放者和黑人组成的前锋队伍进入哈普斯渡口，想要在那里发动一场奴隶运动。可是，因为准备不到位，战争策略不佳，这场运动还没有打响就被迫结束了，发起人约翰·布朗也落入了敌人的手中。在此之前，他的儿子已经遭遇了南方刺客的毒手，之后发出重金悬赏他脑袋的公告。最后，这位爱好自由的人、激进的正义事业追求者、贵格会① 教徒，死于敌人的极刑之下。几周以后，这位叫约翰·布朗的烈士

---

① 贵格会：原称是基督教公谊会，该会主要强调的圣灵的指引，祛除外在礼仪和神职人员，认为人可以直接感知上帝的存在和其精神。

成为人们争相传告的英雄，人们为他创作了很多歌谣。当道格拉斯成功当选参议员时，林肯马上感觉到，如果对这一事件进行大肆渲染，只会对道格拉斯更加有利，导致英雄的牺牲作为别人政治生涯上的筹码。

没过多长时间，他就有机会在公开场合发表他的观点了。

1860年2月，三个月以后就是两党提名总统候选人的时候了。全国上下对此事的关注程度创历史新高。因为大家都知道，这次的总统竞争将直接关系到国家的命运走向。南方可能会借此机会分离出去，而他们的这一观点早已经被大众所熟知。而北方却浑然未觉，他们甚至还在因为利益分配不公而争吵不停，很难形成一个统一的立场。人们对共和党人当选非常担心，可是同时民主党人又因为内讧而一败涂地。在宗教气氛热烈的地方，原来的贵格派思想开始复苏，似乎要卷土重来。南方总是用独立来威胁这个国家，好像他们真的有这个国家的决定权一样。而北方对南方的高高在上非常不满，而且他们各自都认为自己拥有合众国一半以上的财产、土地、人民和权力。

就是在这种纷繁复杂、变化莫测的环境里，人们非常想把杰出的林肯，这位西部人调到东部去，让那里的人们也见识见识他本人，听听他的演讲。原本林肯的演讲定在纽约的布鲁克林，可是由于听众过于热情，演讲又被换到了纽约的库珀学院。因为林肯事先不知道地点的临时改变，刚开始还有点不知所措，在面对成千上万睿智的听众时，他显得有点紧张。刚开始，他和听众们的感觉是一样的。他发现了听众们所具有的道德情感，而听众们则注意到了这位演讲者破旧的上衣。后来他自己也说，演讲过程中，他总会将自己的旧衣服和听众华丽的衣服进行对比，因此分心。有时，他会觉得自己的衬衣领子塌下去，所以他会一边演讲一边扯衬衣领子。可想而知，台下的观众肯定也看到了这一点。

虽然刚开始林肯有点紧张，可是他很快就进入了状态，演讲取得了巨大的成功。当地的一家报纸是这样评价这次演讲的："他的演讲内容贴近现实、思维严谨、逻辑性强，具有一些《圣经》式的风格。当讲到重要问题时，他声调会猛然增高，大厅内则安静一片。当他的演讲达到最精彩部分时，大厅里则响起热烈的掌声。演讲完后，所有人都站起来为他鼓掌欢呼。林肯先生真是一名伟大的人物。"

他的演讲，准备得当、结构严谨、语言简练、内容充实，常会一语击中要害。

演讲中,多次用"你们"来称呼并不在现场的南方分裂主义者:"你们威胁说,如果共和党人当选总统,你们就会从合众国分离出去,并将这种罪过怪到我们头上。"他气愤地继续说:"这简直狂妄至极,一个歹徒拿枪指着我,嘴里却说:'将所有的钱拿出来,否则我就一枪杀了你!'那样的话,你就犯了杀人罪了。"

演讲中,他拒绝承认共和党和约翰·布朗之间的关系,因为这样说尽管不会引起多大困扰,可是可以暂时稳定信心。"约翰·布朗的行动确实有一些莽撞,就连最没有常识的人都能一眼看出,这样做根本就是死路一条。这和历史上冒险刺杀帝王的行为本质上是一样的。当然,我们必须要肯定的一点是,他是一个充满正义感的勇士,他难以忍受一个种族长期受到不公正待遇,从而认为自己是老天派自己去解放他们的。他冒险行动,结果自己白白牺牲了。在反对蓄奴制这一原则性问题上,我们和约翰·布朗的立场是一样的。可是因为这个原因而采取武装行动,去流血、去牺牲、去背叛国家和法律却是不被允许的。"

第二天,林肯就成了各大报纸的头版头条,也成了街头巷尾人们的热议话题。在东部,他已经被人们看作是最杰出的演讲家了,演讲风波还未平息,其他各州也开始邀请林肯前去演讲。有一位哈佛大学的教授,在林肯演讲过程中一直默默地跟在他身后,用文字将他的每一次演讲都记录下来,还写了一篇关于林肯演讲的报告文学。这次东部之行和接下来的巡回演讲都对伊利诺伊州,特别是林肯本人产生了无比深远的影响。等他结束演讲回到家中,惊讶地发现自己的名字已经是共和党拟定的总统候选人之一。可就是几周以前,林肯的名字还从来没有在相似的提名人名单中出现过。可是,早在半年前,他就对本党的总统候选人颇为不满,至少他并不看好蔡斯,他说:"我觉得蔡斯不是合适的总统候选人。如果要我来选,我是不会投赞成票给他的。"

4月份,他在写给川布尔的信中,这样说道:"坦白地讲,我的心里已经有了主张,这在某种程度上让我难以得出结论。当然我肯定不会提出任何意见,以免影响本党的前途。我保证不会让我自己的思想影响到我们的共同事业,在这方面我可以保证,也请您相信我。"

如果我们认为这时的林肯会从此低迷下去,像被打败的公鸡一样,那我们就大错特错了。林肯是不会轻易服输的,而且在这几个星期的观望中,他的思维和头脑一直十分清醒。事实上，这个时候的他比以往任何时候都要积极、主动，更加充满斗志。他不断给党内同仁写信，告诉他们应该怎么做，不应该怎么做，如何去进行斗争，应该去何种地方斗争。后来他的同仁这样评价当时的林肯："当时他的任务就是找到一个适合自己的位置，这样才方便让他去处理应该由他处理的问题。"那段时间里，林肯还学会了如何和新闻媒体打交道。他曾经给一位报社编辑写过这样一封信："亲爱的哈丁先生，作为您所在报纸的忠实读者，我非常感谢。这里是随信寄去的10美元，务必请您收下，非常感谢您的支持。如果这个星期您可以在报纸上刊载有关支持洛汉做最高法院法官候选人的声明的话，我会非常感激。"而且，林肯还自掏400美元腰包，买下了一家德语报纸，而且还瞒过了许多人，包括赫尔顿在内。这家报纸当然会为林肯竞选卖力宣传了，而且它还会非常关注移民的动态。是的，林肯不得不小心提防这些移民者的企图，因为他们很有可能就是民主党人专门因为大选而派过来的间谍。"我们完全有能力将那些操控选票的首领查出来，他们老是使用同一种计谋来对付我们，他们想得很周全啊！"

就是这样，林肯有时也会使用点计谋，当有人因此冠以他老狐狸的称号时，那他就彻底错了，至少说明他根本不了解林肯其人。用这种手段对付别人并不是他一贯的做法，而因为他深受对手的阴谋的苦，他才偶尔以其人之道还治其人之身。

十八、总统候选人

林肯马上意识到，党内的纷争要比党派之间的争斗更加剧烈。现在的共和党正处于最辉煌的上升阶段，地位不可同日而语，再加上他们的政策灵活多变，所以民众支持率很高。这样一来，这次谁被推选为总统候选人，就相当于提前当选了总统。也正因为如此，很多人都不想提名林肯。从某个角度来说，林肯显然在竞选中处于劣势，也正像赫尔顿说的那样："他还没有足够的钱财，去筹建自己的竞选办公室。更何况他也没有这种组织能力。而这所有他不具备的东西，赛华德统统都具备了。除此以外，赛华德还曾经是一名参议员。"的确，每个顾全大局、理智思考的人都乐意看到蔡斯和赛华德当选而不是林肯。这两个人，一个是俄亥俄州州长，一个是纽约市市长。二者和林肯的立场一样，都是反奴者，蔡斯和林肯相比，有过之而无不及。除此以外，这两位竞争者都在首都和政府中间享有极高的威望，特别是赛华德，无论是从教育层次，还是从政治头脑，他都比小地方出来的律师林肯要优越得多。而且，到现在为止，林肯只在十几年前当过参议员，而且还没有什么突出的政绩。如果当年赛华德没有和东部传媒业的老大格瑞利狼狈为奸，恐怕他早就登上了总统的宝座。

出于偶然，原来定在伊利诺伊州召开的总统候选人提名大会临时变更了地点，新地点位于迪凯特。几十年前，林肯就是在这个地方驾着牛车来回赶路。人们希望共和党人能够达成一致意见，并就总统候选人问题保持一致。在旅店的谈判桌上，每个人都仔细算计着自己的利益，找寻对自己最有利的候选人，在不同利益之间进行取舍，相互之间推辞着，一直没有一个最终的定论。就在这时，一群吵吵闹闹、队列不齐的游行队伍进入了代表们的视野。一系列疑问萦绕在他们的脑海，"他们来自于哪里？想干什么？为什么还有乐队打头阵？"

在乐队后面，有两根彩旗插在两根旧树桩上，这一情景引来行人纷纷侧目。那两根旧树桩好像是用来砌栅栏的，在旅店门口出现这样两根老树枝，代表们觉得很迷惑，这群老百姓到底要干什么？包括林肯在内的诸多代表都挤到了门口，想要知道为什么。

这时，林肯终于看明白了，打头的人正是自己的表兄约翰·汉克斯。30年前，正是他和林肯一起帮林肯的父亲建房子，而当时那所木房子就在这附近。不过，约翰表兄现在想要干吗呢？林肯还在疑惑中，只见约翰·汉克斯朝共和党的首脑们弯了下腰，然后说了这样一段话："30年前，他的表弟林肯和自己一起建造了当地最早的一所木屋。要知道，那时，森林还处于原始状态，可是林肯的父亲是位非常伟大的开拓者，他开凿了道路，来到森林附近开辟出了新田地，并在这里长久居住下来。在这之后不久，纯朴的林肯表弟长大了，他做过短工，用那把巨大的斧子砍掉了上千根树干，做了3000根木桩。而今天我所带来的只不过是其中两根，这可以充分地验证林肯曾经伟大的功绩。"

所有的人都怀着一颗敬仰的心走近那两根木桩，从它们身上，每个人都

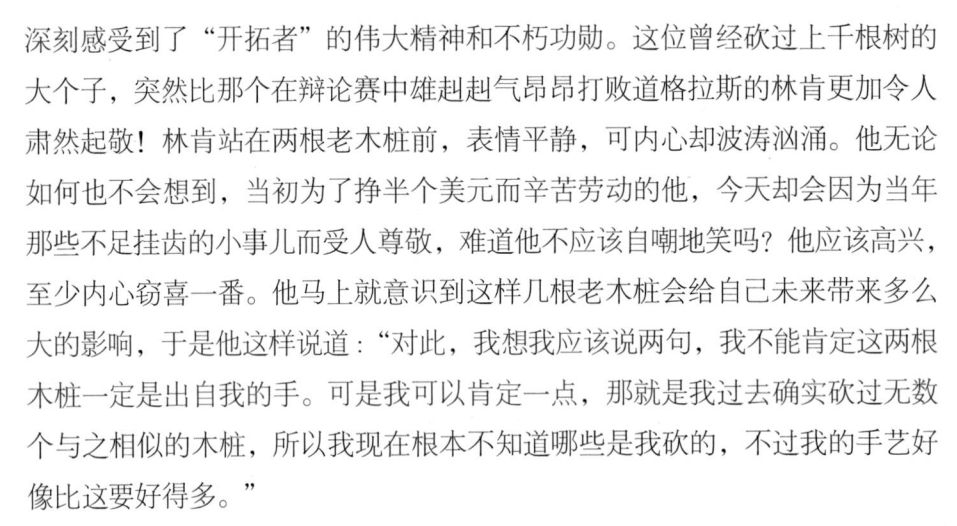

深刻感受到了"开拓者"的伟大精神和不朽功勋。这位曾经砍过上千根树的大个子，突然比那个在辩论赛中雄赳赳气昂昂打败道格拉斯的林肯更加令人肃然起敬！林肯站在两根老木桩前，表情平静，可内心却波涛汹涌。他无论如何也不会想到，当初为了挣半个美元而辛苦劳动的他，今天却会因为当年那些不足挂齿的小事儿而受人尊敬，难道他不应该自嘲地笑吗？他应该高兴，至少内心窃喜一番。他马上就意识到这样几根老木桩会给自己未来带来多么大的影响，于是他这样说道："对此，我想我应该说两句，我不能肯定这两根木桩一定是出自我的手。可是我可以肯定一点，那就是我过去确实砍过无数个与之相似的木桩，所以我现在根本不知道哪些是我砍的，不过我的手艺好像比这要好得多。"

他的话还没说完，人群中就爆发出狂热的欢呼声。在场的一位群众马上应景地接了一句："这个赛华德一定是林肯的手下败将了。"从此以后，林肯"伐木工人"的称呼开始在全国传遍，几乎每个人都知道了，甚至比"可靠的亚伯拉罕"更加响彻云霄。只用了几个星期的时间，林肯这个新绰号就传开了。这一切的功劳都应该属于他的那位表兄约翰·汉克斯，正是他想出的好主意才让林肯更上一层楼，而约翰·汉克斯也是林肯所有亲戚中，唯一有助于他的人。

5月份，在芝加哥新建成的"辉格瓦姆会议厅"，共和党人在这里举行了党员代表会议，当时参会的共和党人有4万多人，如此庞大的规模也让所有人看到了这个新兴党不断发展壮大的实力。而且，乐队和从全国各地赶来的支持者都在这个新兴城市汇合了，准备为自己支持的候选人加油。所有的共和党人都热情洋溢地找寻着自己所在政党有史以来第一位总统候选人，当时大多数人都将希望寄托在了赛华德的身上。赛华德的拥护者从全国各地赶来，其中纽约就有2000名，当然里面也掺杂的有他花钱请来的"支持者"。林肯的朋友也全部赶来为他加油，赫尔顿、洛汉、戴维斯、斯威特，还有巡回法庭的法官和律师们，以及支持林肯的《芝加哥论坛报》。没过多长时间，局势就朝着有利于林肯的方向发展了。原本拥护赛华德的代表们看到赛德华大势已去，便开始拥护林肯。同时，林肯拒绝了提名副总统候选人的提议，以免他被选为副总统。即便到了最后，他忠实的性格依然在左右着他的政治前程。因为他曾经非常明确地告诉过他的朋友们，不要想着从我这里得到任何职位承诺，也别想和我签下什么契约。这样一来，朋友们就不能从他那里得到承诺而为自己将来着想了。而通常情况下，候选人想要获得更多选票，都是要给代表们承诺一定的职位和利益的。

会议结束以后，林肯回到了他斯普林菲尔德的家中，心里就些忐忑，就好像坐在竞技场外的卡门一样。朋友们给他发来各种各样的电报，他总是亲自去邮局取来。正是通过电报上的内容，他才知道如今形势发展得怎么样了，人民有什么夙愿。为了让自己的心静下来，他努力去让自己看书，他翻看了一些伯恩的小说，空闲时还去打棒球。一天，他来到事务所，心里既紧张又焦虑，于是他躺在那张旧沙发上喃喃自语道："也许，我应该从现在开始认真从事法律事务了，也许它会成为我后半辈子的唯一事业。"可是，没多长时间，他就看见一位邮递员朝他跑过来，那位邮递员一边跑一边高声喊叫着："林肯先生，您成功被提名为候选人了。"接下来的事情大家肯定都知道了，欢呼声、掌声不绝于耳。林肯顿时呆住了，过了好一会儿才回过神来说，"噢，我现在得回家去了，家里有位矮小的妇人还在等着我的好消息呢，我得马上告诉她一声。"

这一次也许是林肯无数次回家中最令家人兴奋的一次。

十九、当选总统

诗人布朗第一个看到了这一切，他写道："难道我们的领袖就是一个贫困的船夫吗？"事实上，这时的林肯几乎被孤立了，心情有也相当糟糕。林肯被提名为总统候选人让很多人有很强烈的反对情绪，连一位共和党同盟也这样说："看看，我们选出了一个什么样的人哪，他会带领本党兴旺发达吗？为什么我们不能选择一位各方面都优秀的候选人呢？"东部也有人传过来消息说，有人指明赛华德是被迫牺牲的，甚至有人建议赛华德推翻一切重来。可是赛华德不仅没有听从别人的建议，而且还给林肯写了一封赞美诗，庆祝他被提名。要知道，这可是林肯当选后，第一次有人写信过来赞扬，当时的纽约几乎没有人看好他。

而且，民主党内对林肯的批评和攻击一直都响彻在人们耳旁，让人觉得

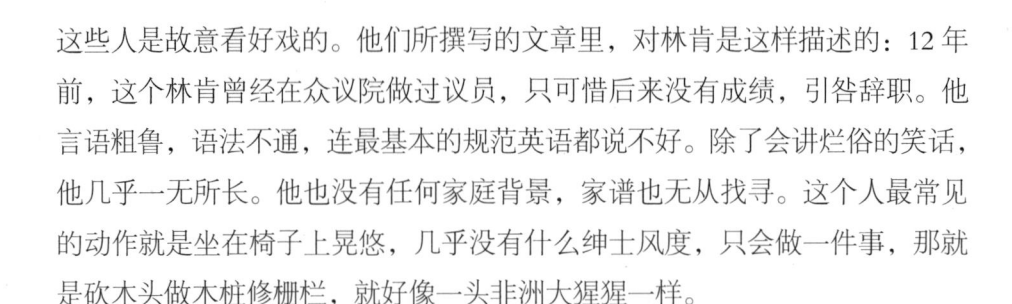

这些人是故意看好戏的。他们所撰写的文章里，对林肯是这样描述的：12年前，这个林肯曾经在众议院做过议员，只可惜后来没有成绩，引咎辞职。他言语粗鲁，语法不通，连最基本的规范英语都说不好。除了会讲烂俗的笑话，他几乎一无所长。他也没有任何家庭背景，家谱也无从找寻。这个人最常见的动作就是坐在椅子上晃悠，几乎没有什么绅士风度，只会做一件事，那就是砍木头做木桩修栅栏，就好像一头非洲大猩猩一样。

　　被提名引来的麻烦还真不少。很长一段时间以来，南方就一直威胁说，如果新当选的总统是位废奴主义者，他们就会从合众国独立出去。而现在，恰好是这样一名共和党人被提名了，南方一时间群情激愤，全国人民的心都提了起来。人们纷纷猜想：合众国还能捱得过去这次总统大选吗？现在的局面就好像是，有一个人在十字路口徘徊，内心焦灼不安，不知道该向左还是向右。可是他突然被医生告知他得了不治之症，以至于他扪心自问：我还能好好活下去吗？

　　现在，南方对北方的仇恨情绪达到了80年以来的最高峰。如果我们可以理解北方反对奴隶制是多么强烈，我们就可以理解南方为什么如此仇视北方。如果有任何一方自觉实力不强，被轻视，那么任何一方所开展的斗争就会流于形式，没有事实根据。当时的一家报纸发表了这样的评论："这是一个多么自由平等的社会啊！让我们仔细审视它，真是叫人不忍直视。在那里，到处都是浑身脏兮兮的工人。小气的农民、工厂的操作工人，还有精神失常的思想家，全都聚集在这里。南方人没有资格参加任何一个北方的组织、机构。大部分时候，在那里特别是纽萨勒姆，所有你所碰到的人都只是一些表面绅士的小农民和工人，事实上他们连给南方贵族做随从的资格都没有。"

　　在这样循环往复的质疑声中，形势越来越让人捉摸不透。就在这时，一直防守在南北方交界处的将军率先发出警告说，如果林肯当上总统，他们将带领自己的军队撤回南方。听闻此言，北方商界顿时陷入慌乱，贸易往来急剧减少，交易所也动荡不安，商人的慌乱心理已经快达到极限。全国各地都召开紧急会议，以应对目前的混乱局面。在波士顿，一群行为冒进的人甚至还召开了一次规模甚大的反攻奴隶制大会。可没过多长时间，人们就明白了这样一个事实，南方只是借这次总统大选的名义分离出合众国而已，他们已经准备得太久，而且南方根本没想过要妥协和退让，他们一门心思地只想从合众国脱离出去，成立自己的新政府。

那时，内心最着急的应该就是林肯了。在家里，一位少校告诉他，几个地方正在积极准备战争。因为这位少校是国家官员，所以虽然他的消息对林肯来说非常重要，可是林肯还是写信给这位少校，告诉他，只有少校能保证自己的名誉和职位不受影响，自己的性命无忧，才能继续给他提供消息。

在这之后，林肯还知道，芝加哥的许多人在林肯已经胜券在握时，才临时更改了自己的选票，转而支持林肯，这个在不久的未来会给自己提供职位的人。报社的记者也成天蹲守在他的家中，向读者事无巨细地介绍他的家庭、日常生活以及兴趣爱好等，借以向公众表明，他确实不像人们传言的那样，是个非常粗俗的农民，而是一个具有绅士风度的上等人。

当他本人看到报纸上这样宣传，说他每天穿着黑色礼服在家里晃悠，自己的夫人是法语高手，儿子是高材生等等，这样一贯喜欢讽刺人的演讲大师又会怎么想呢？

在农民看来，林肯是一位砍木桩的高手，栅栏成了香烟广告的宣传标杆，共和党人也全部戴上一种特制的胸针，造型是两根木桩交叉。人们创作了很多赞扬林肯的歌谣，林肯被描述成一个杰出的船夫、一位栅栏工和一位族长，甚至还有人为那些栅栏是不是林肯亲自做的争吵不停。林肯表兄带来的那两根木桩被绑上红花，摆放在共和党总部最显眼的位置，还有一个俱乐部因为有一把林肯当年用过的斧子而非常骄傲。林肯老家的一位老者给林肯寄来一根由木桩做的拐杖，那位老者说，这些木桩是当时16岁的林肯亲手砍的。还有一个报社的小伙子开始卖林肯的照片，他就是托马斯·爱迪生。

可是，这时的民主党内部却开始发生急剧变化。两年以前，林肯就凭借他卓越的政治眼光预测到了这一切，而今一切都像林肯当年所预言的一样。当时林肯用一个陷阱对道格拉斯的两面派作风予以了猛烈抨击，还再三说，道格拉斯的这种作风不仅会让党内严重分裂，还会严重影响他的政治前途。从这个层面上来说，人们完全有理由将林肯看成民主党分裂的罪魁祸首。现在，南方已经不再支持道格拉斯。不管道格拉斯如何声称自己支持蓄奴制以及它的扩展，都再也没有人相信了。他的言论到处充满了矛盾，道格拉斯已经处于最低谷，无法再翻身了。没过多长时间，林肯面前又出现了三位强有力的竞争者。可是这三位候选人之间的相互竞争要比他们和林肯之间的竞争要激烈得多。民主党的分裂让道格拉斯失去了坚强的后盾，他当然还有机会当选，可是林肯当选已经是铁的事实。现在，人们完全可以这样说，林肯自主决定命运的时刻到了。

在竞选过程中，林肯必须改变一些原有习惯，可是他的性格却无从改变了。早晨，人们经常会看到他亲自去邮局取信件，他从来没想过，要请别人帮他取。这时，每个遇到他的人都可以和他交谈一会儿，甚至可以和他一起去州议会大楼，因为那里几乎无人把守。虽然当时就有传言说有人要杀他，可是他的办公室一直都是敞开着。他刚找来一位叫尼古拉的新助理，这是一名来自德国的大学生，他做事非常认真、细心，一边学东西一边工作。在这之后，他又找来一位叫"海"的助手，此人风度翩翩，尤其喜欢音乐。这两位新助手工作能力都非常强，平时的主要工作就是帮林肯收集和整理资料。

大选还没有开始，就已经有很多人闻风到斯普林菲尔德·林肯的家中游说了，或者是想得到最新消息，或者是想得到林肯的许诺。当然，所有人都得到了林肯的热情招待，并得到了林肯最真诚的建议，可是没有一个人是带着许诺返回的。"看得出来，您好像从来没有听过我的演讲。那么这样，这里是我的一本演讲集，您可以拿回去好好看一下。"他经常这样，会用一个故事岔开话题，不让他们继续对他纠缠不放。如果他在公众场合看见有人污蔑他时，他会私底下找到那些无中生有的人，和那人讲道理，坦诚地表明自己的立场。通过这样的调解方式，以免今后发生更多类似的争吵事件。因为他意识到，该是他缄口不言的时候了。当建议信和意见书一封接一封寄过来时，林肯便让他的助手制作了一个统一的表格作为回复，上面这样写道："林肯先生已经收到了无数封类似的信件，希望他发表政治观点。当然其中也有很多信件是让林肯先生保持沉默的，因为他的观点大家已经非常明白了，没有必要再重复发表以免大家不安，大选也因此难以平静进行。我们相信您一定可以原谅我们没办法给每一位寄信人回复，还请谅解。"这番话充满了智慧，至少让每个来信人觉得自己受到了尊重。这封信传达给每个收信人这样的意思，林肯先生不给每位寄信人回信正是别人的意思。于是，他就用这样一种礼貌的方式很好地化解了这一难题。

有一次，一个非常骄傲的家伙在林肯离开座位后，抢占了他的位置。林肯发现这一切后，并没有大声斥责他，而只是和那个人招手致意，相隔很远就已经伸出手来,那人不得已只好从座位上起来和林肯握手。等握完手后,林肯又悠闲地坐到了自己的位置上。这就是林肯为人处世之道,他是人们中的一分子,可是他又比他们地位要高,可是他却一直谨守本分。他不会大声训斥某个人,让所有人都悻悻然。也不会刻意说些好听的话,显得和那人关系很好。当然更不会对这种行为容忍放任。他采用的策略正是摔跤中经常会用到的谋略:让敌人离开原本有利的位置,然后找准机会消灭他。林肯的这一方法让很多外交家都佩服不已。

可有时他又在穿着打扮上过于随便了,经常显得比较邋遢。当卡尔·舒尔茨因为帮助他,而赶往斯普林菲尔德进行助讲时,他经常和他一起走路前往演讲地点。那时正值最炎热的8月份,林肯将马甲脱下来放到腋下,只穿了一件衬衣就出门了。于是人们就会看到这样一种情形:"他的身上似乎刚下过一场雨,背上可以清晰可见两大块汗渍。"林肯就是穿着这样一件衣服、头戴一顶旧帽子,和卡尔一起来到人群中。随着音乐的响起,他还不时地和人群中认识的人打招呼:"您好啊,本?""再次见到您简直太高兴了,蒂克!""你还好吗?比尔!"人们则大声对他说:"您好,老亚伯拉罕!"

林肯在这几个月,收到了成堆的信,其中有一封信让林肯终生难忘。信出自于一个小女孩之手,她希望林肯先生留胡子,因为她认为林肯先生的女儿看到父亲留胡子,一定会非常高兴。林肯给小女孩回信说:"我亲爱的小姑娘,收到你的来信我非常高兴。可是我很遗憾地告诉你,我没有女儿,只有三个儿子,分别是17岁、9岁、7岁,我还有一个妻子,这就是我们一家。至于留胡子,我从来没有留过,也不知道说出来你是否相信。如果我现在开始留胡子,人们肯定会嘲笑我的。你的好朋友,亚伯拉罕·林肯。"

也许是小女孩的这封信给林肯提了个醒,也许他以前就有过这种想法并且和玛丽探讨过,无论如何,林肯决定开始留胡子,当然玛丽也是表示支持的。就这样,几个星期以后,斯普林菲尔德所有认识林肯的人发现林肯变了,满脸的胡须,更加突显他渔夫一样的脸庞。因为胡须的存在,他这张满是皱纹、骨骼明显的脸更加吸引人注意,也让他原来光秃的脸看起来温和了许多,更具有亲近感。他原来宽大的嘴巴在胡子的衬托下,也显得不再那么突兀,本来突出的下巴也更加柔和了起来,原来明显的喉结也被隐藏住了。从此以后,林肯的形象就被固定在照片、集邮册以及画册上了:一张皱纹横生、粗糙的脸上悬挂着一层柔和的音符。

11月份，总统大选如期而至。从各方面的情况来看，林肯已经是当之无愧的总统人选了。他最大的支持力量来自北方，所以他必须拥有北方更多的支持票。就像25年前在纽萨勒姆一样，虽然斯普林菲尔德的民主党人不愿意支持林肯，可是他们所举办的竞选活动也从另一个侧面给林肯造势了。所有的一切林肯都要把握住，人生的每一个过程，他都要用尽全力。在这个所有人都对他心生佩服的小范围里，林肯找到了他的力量源泉。当然，这段日子也不是一直都那么顺利的，其中斯普林菲尔德神职人员对他的反对，就让他恼火不已。

选举投票结果出来了，林肯获得了190万张选票，道格拉斯获得了140万张选票，其他两位候选人一共获得了100多万张选票。这样一来，林肯就以绝对优势当选下任总统。当然，这些选票几乎都是北方人投的，南方10个州没有一个人支持他。在303名选举人中，有15个州的选举人没有对他投支持票，其中180多位选举人投了林肯的票。这样一来，北方第一次凭借人口总数上的优势在大选中赢了南方。可是这一选举结果也昭示了危险的来临，如果这场战争一定要打响的话。

一定要开战吗？林肯整天都被这个问题所困扰。他的心情极度抑郁，甚至非常恐慌，平日里幽默、宽宏大量的林肯不见了。即便看到成群结队的流行队伍打着鼓、敲着锣经过他的住处，又或者络绎不绝的人上门道贺，他依然高兴不起来。他最忧心的是：如果战争一定要打响，那么胜利会属于谁呢？会偏向自己这边吗？祖国的命运将走向何处呢？这一切都是未知数。可是现在，他的路又在哪里？在他马上要前去任职的华盛顿，那偏南方的首都，到底会有什么样的斗争等着他？他太清楚自己的实力了，他可以凭借自己的睿智和道格拉斯斗争到底吗？这样的战争就是平时最厉害的人也会觉得非常难受。如果南方将矛头指向他个人而不是共和党，那他应该怎么办？如果北方想在南方面前退让，重新推举一位总统，让林肯让位，那他又该怎么办呢？他能眼睁睁地看着前辈们打下的江山解体吗？虽然到现在为止，大部分人还是支持他的，可是对一小部分人来说，那将是令人难以忍受的。

当林肯头脑里一直回想这些问题的时候，大规模的庆祝乐队正经过他家门口，一时间礼乐声、欢呼声和歌场紧紧围绕在他家别墅周围。这时，高兴过头的玛丽正站在阳台，对着底下的人挥手致意。看上去，她是最兴奋的一个了。几个孩子也纷纷跑到妈妈身边，站在她的身边。下面那群赶来为林肯道贺的人们看到这幕，一定会想，这一家多么幸福啊！可是亚伯拉罕·林肯并不这样想。很多年以前，当他还没成年时，他曾经就着昏暗的灯光，在小木屋里满怀激情地阅读着有关华盛顿的传记书，虽然那本书已经很旧了，可是他一直都非常喜欢。可是现在，当年的那个未成年的孩子已经成为了华盛顿之后第十六任总统，承担起了国家的重担。一想到这些，他的心情就变得非常沉重。

二十、动荡不安

事实上，距离林肯正式就职总统还有4个月的时间。可是这段时间对于林肯来说简直就是煎熬，各种突发情况让他避之不及。如果是在和平时期，总统从被提名到最后任职之间往往需要经过漫长的十个月时间。在这段空窗时间里，他可以认真地准备日后的策略方针，以及人事上的安排。对于即将就任的总统来说，他就像是一个待嫁的新娘，对于新郎充满满心的幻想和希冀。

可是这所有光辉灿烂的一面，林肯是注定无法拥有了。他听见的并不是新婚时的锣鼓喧天，而是战争的警报声和鸣金擂鼓声。他一直所忧心的事情正在一步步变成现实，到处都传来令人提心吊胆的坏消息，这一切都让新总统的心情难以平静。就在大选后的第二天，查尔斯顿的所有报纸都在"国际新闻"那一版最显眼的位置印发了一则来自南方的紧急公告。还有，南卡罗来纳州的州长在公开场所发表演讲时，说各州都应该准备武器弹药，准备应战，私底下还和几位州长达成共识，一起从共和党人领导的政府中分离出来。其实早在四年以前，他们就已经有这个打算了。大选之后的第四天，国会中来自南卡罗来纳的议员就离开了华盛顿。一个星期以后，他们就以号外的形式公开了他们的宣传标语："合众国解体了。"他们宣布自己是独立的新国家。五个星期以后，他们甚至在国会上公开宣称退出联邦政府。

而此时的北方却一直妥协退让，有人说应该将政府方案中的一些法规修正一下，以满足南方的要求，还有人认为之所以会有类似事件的发生，原因并不在南方各州身上,而要怪那些极端的暴力反奴主义者,特别是那位默默无闻的新总统。于是,斥责林肯的信件如雪花般飞过来,有人谩骂他是小杂种、小混蛋,还有人要挟要刺杀他。可林肯对南北方这些言论一律置之不理,他关心的只有华盛顿的态度。

在首都,还没有离职的总统布坎南依然掌握着全局。如果他忠实地履行自己的承诺,保护合众国的统一和平静,打击企图谋反的人的狂妄姿态;如果他能更好地利用总统的权力,用武力手段压任何一个想要独立的州。那么,所有的妄想就只能是妄想,因为总统掌握着军队、邮政、税收等部门的绝对控制权。

布坎南①的名字在美国非常响,现在的他已然是两鬓白发,可是一双眼睛依然焕发着神采。当他打上白色领带时,他就像一位令人敬仰的神父。实际上,他是个极端自私、冷酷的人,城府很深,为人圆滑。有人评价他是"开拓者",这有点言过其实了。因为他就像一棵墙头草,经常是两边倒,为人很有心计,可是眼光又不够长远。除此以外,我们还要理解这样一位即将卸任的老者。在他政治生涯即将结束时,他当然不会拿自己的地位和声望,乃至于性命去冒险。就把这些难题都抛给那位伊利诺伊州的大个子吧!当年布坎南之所以当选,全依靠南方的鼎力支持。虽然他一直代表着整个国家的利益,可事实上他却一直在南北双方之间做着和平调解员。如今的局势,他当然只想把这种危机一直拖到他任期结束,然后就可以安心地坐在家中看好戏了,这样岂不是很好。所以,尽管他在国会上发言说:"任何州都没有权力叛变。"可是他在出访欧洲各国时,却透露出了这样一种观念,那就是合众国的分裂已经无可避免了。

事实上,是内阁让他不敢轻举妄动。虽然大多数国会议员都支持国家统一,可是一些支持南方的议员却在议会中占据了比较重要的几个位置。当然其中也有两位内阁成员表现得特别忠贞。一位就是卡斯将军,也就是曾经在议会上被林肯嘲笑的人,他为了保全国家的完整,而气愤得解甲归田了。另一位是斯坦顿,他的职位仅仅在总检察官之下。有一天,斯坦顿告诉总统说,

---

① 布坎南:美国第十五任总统,稳重的民主党领袖。在职期间,为了解决南方冲突一直想要寻找一种适合的解决方案,可是却依然没能阻止南北战争的打响。

"作为您的法律顾问，我觉得我有义务告诉您，您没有权力置国家利益于不顾，更不能将军队和战船都留给您的敌人。至于内务部长的观点，我想请您认真考虑一下，我认为那种观点实际上就相当于背叛国家。如果真是那样的话，您和所有和此事相关的人都会背上卖国的罪名。"没过多久，斯坦顿也辞职了。

而总检察长，斯坦顿的上司——布莱克却对外宣布，议会和总统都没有权力对联邦中的任何州采取武力。同时，国防部长也将大部分军队撤到了南方，还将北方军药库中所有的武器弹药都运到了南方。只有在匹斯堡，因为当地人民的激烈反抗，他们的计划没有得逞，他们没能顺利将弹药运到南方。国务秘书也趁乱将其辖区内的资金调到了南方，国库几乎被放空，难以维持正常运转，而他本人也逃到了南方。这时，内务部长又主张，将正在查尔斯狙击的少校调回来，将该港让给南方。这位内务部长还同一位来自北卡罗来纳州的议员说：

"我刚刚被指派为谈判代表，负责让您所在的州从联邦独立出去。"

那位参议员说，"我怎么从来没有听说过呢？难道您已经不在那干了。"

"我没有，而且我也不会主动提出辞职。布坎南希望我们3月4日以后再作此类打算。"

"原来如此，那么布坎南总统也知道您此行了？"

"当然，他当然知道。"

后来，这位参议员回想起当时的情况依然十分惊讶。"我没有遇见过类似的事情，一位总统会派他的手下去联合推翻自己的统治。"

国会和政府一片混战时，南方的参议员们却依然领着议员的报酬，他们明知道国库已经亏空了。他们非常悠闲，假装坐在议会里听赛华德提出的关于南北和解的方案，心里却在嘲讽这个不知道今夕何夕的家伙，脑子里还在盘算着如何将现在的华盛顿变成自己将要成立的新国家的首都。到了晚上，他们拉帮结派地到俱乐部里嘲笑那个毫无绅士风度却梦想当总统的土老冒儿。

他们所说的这个"土老冒儿"此刻正在干什么呢？他此时正待在家中，远离所有尘嚣。再过不久，他就要亲自去解决那些难题了。现在，他审视着外面的局势，脑子里飞速运转着，不断叩问自己的良心和道德。从早上拿来的报纸和晚上收到的电报上，他都知道了些什么信息呢？先辈们辛苦创立的大楼上的瓷砖正在一块块剥落，每天都会从北方传来有关南方威胁论的报告，画着匕首和绞刑架的恐吓信源源不断地寄到林肯的家中。每天都有人在劝说他公开发表宣言，至少在人民面前表明他的立场。可是他拒绝了，因为从一开始人们就知道他的立场，也正是因为他的立场，人们才支持他的。而且现在的他没有任何权势和地位，更没有军队，所以他的政治观点只能是梦想，所以无论他站出来说什么都没有意义。现在，在首府华盛顿，就算是一个善于耍阴谋诡计的秘书的权利，恐怕都比他这个即将上任的总统大得多。

　　这一段时间，数不清的到访者来拜访林肯。有人建议林肯只用会见其中一半的来访者，可是林肯没有同意。他说：“他们对我没有企图，而事实我也给不了他们什么，我有义务要见他们所有的人。”这就是林肯，他来自于人民，时刻想着要走到人民中间，这样他的心情才会平静。

　　也有人建议他辞去即将任职的总统职务。他会听从建议吗？"我为什么辞职？这样对我有什么好处？我应该放弃它吗？不，我不会放弃！"这位新总统从当选的那一刻起，就决定要把这条路走下去，他当然不会轻易就妥协。有一次，他给朋友写信，信中说："在奴隶制扩张这个问题上，我们一定不能退让！如果我们有一次退让，他们就会马上把我们踩在脚下。到那时我们所做的一切努力都会烟消云散，一切都得从头开始。如果暴风雨一定会来，那么早来总比晚来要好。"没过多久，他又在信中写道："任何的退让都是不可取的。无论是密苏里分界线还是人民主权论，都有这样一个问题。如果其中一个卷土重来，并争执不停，那么蓄奴制就会一直扩张下去。所以我们必须牢记一点，那就是，绝不退让！"因此，当12月有人建议他采用赛华德的退让方针时，他严词拒绝了。

　　这就是林肯，他会和命运做着艰苦卓绝的斗争，可是这样的情形毕竟是少见的。现在的林肯，大多数情况下是满心忧虑的，身材也越来越消瘦。与此同时，他对平常生活中的符号、表象也开始给予高度关注。因为他觉得，农民的性格和思想家的想法之间，生长着一种迷信的东西，它时常会影响他的两种不同的性格。有一次，经过一天的辛勤劳动，他满身疲惫地赶回家中，窝在那张旧沙发上，沙发的对面正好是衣柜上的一面大镜子。当他窝在沙发上时，他可以清楚地看见他自己。就在那一瞬间，他觉得镜子里有两张自己的脸，它们之间隔着3英寸远的距离。

　　"这让我的心情难以平静，甚至有些害怕。当我站起来重新察看那面镜子时,之前的幻象不见了。而当我再次躺到沙发上,同样的幻象再次出现了,而且比上一次看到的更为清晰。这一次我觉得两张自己的脸,脸色有点不同,一张脸要苍白一些。可等到我站起来一看,原来的幻象又不见了。后来我把这件事告诉了玛丽,玛丽听到了也非常害怕。之后,我又试验了一回,结果幻象又出现了。一次,我把玛丽拽到镜子前,可任凭我想尽了办法,幻象都没有出现。也真是太奇怪了,玛丽也开始为我担心起来。她告诉我,这可能是预测我命运的意思,它代表着我将第二次当选总统。可是第二张脸比第一张脸脸色要苍白一些,表明我的生命会在第二个任期结束前结束。"这是林肯的一段内心独白。

这让林肯忧心极了。那段时间里,他经常扪心自问,自己是不是应该为了合众国的统一而辞职呢,同时也可以让自己放松放松。一句话,就是牺牲个人利益,保全国家利益。可是他并没有这样做,原因当然是现实局势。可是现在,他却被镜子中的幻象吓得整夜不能眠,他的心里一直想着两张脸之间三英寸的距离。就这样,忧愁的情绪开始长期驻扎在他的心里,经久不衰。

一开始,玛丽也被这奇怪的幻象吓怕了,可是急于求成的她不会甘心接受命运的安排。如果她接受了命运的安排,现在就妥协,那么她远大的志向就难以实现了。不过,以后发生的事实都验证了这位预测林肯有光明政治前途的女人眼光的独到性,依靠她那敏捷的预测能力,现在她就已经知道,几年以后林肯的生命就会消失。

二十一、新联邦

截止到3月12日,南部的各个重要港口中只有查尔斯顿港口还归中央政府管辖。坚守在那里的守将安德森①少校处境非常难堪,他经常从首都接到不同的命令。于是他向政府声明:要想保全查尔斯顿港,就必须给他军火和给养。可是他也感觉到了,有人一直想要把这个重要港口直接送给南方。没办法,他只好退到最坚固的堡垒萨姆特,死守住这里不放。这时,南卡罗来纳州的

---

① 安德森:美国南北战争时期,南部邦联将领。

州长对安德森的行为感到非常气愤，他派人将邻近的枪支和弹药全部撤走了，因为他觉得少校的行为已经危害到了该州的利益。在这样的局势下，布坎南没有办法，只好和南方人的意愿背道而驰，给安德森少校派送了一只给养船，可是还没到达目的地，就遭到了南方军队的猛烈攻击，最后只好无功而返。这次炮火攻击就是战争中打响的第一枪。因此，南卡罗来纳州的居民就像庆祝过节一样，还将合众国的国旗降了下来。到了1月份，又有另外五个州宣布脱离合众国，分别是亚拉巴马州、密苏里州、佛罗里达州、路易斯安那州、佐治亚州。这些州刚刚宣布独立，就开始进入紧张的战争准备状态。

这时的华盛顿，布莱克①和加斯相继辞职，因为他们不想再为此事承担责任了。国会秘书携款逃往南方，并公开宣称：辞职后他将去新成立的南方新联邦就职。布坎南必须采取一点行动了，他找到了一个非常睿智的解决办法：为了避免全国性灾难的爆发，他颁布了一项法令，将1月4日定为忏悔祈祷日。对于当时的北方来说，噩梦还在继续。人民希望国家可以恢复到和平稳定的时期，难道只是因为几千个黑奴，甚至为了实现某种理想，就要将好不容易构建的富裕生活亲手摧毁吗？这样值得吗？一些有声望的人纷纷和南方取得联系，以找到一种合适的解决办法。在议会，议员们也在为了合众国的统一而继续努力着，可是一切努力都找不到出口。人们还没有真正理解南方人的真实意图，也没有理解南方人积攒在心头多年的压抑。在合众国存续了80个岁月后，在今天，他们依然没有觉察到，在南方体制中，根本就没有所谓的平等。平等从来只有在北方社会才得到认可，在南方诸州，他们依然沿袭着先辈们的生活方式，奴隶主和奴隶、奴役者和被奴役者形成南方社会两大清晰的阶层。在那里，只有一少部分人还在追求着真理，懂得理性思维，并知道历史前进的方向。在这场战争中，南方拥有挥洒不完的热情，因为在南方的土地上，从来都是盛产热情的。

人们难道没有感觉到南方奴隶主贵族们的气愤吗？就好像古老的欧洲贵族一样，南方的奴隶主已经习惯了剥削别人。既然在过去的很长一段时间里，他们一直被我们看成是残酷的统治者，那么他们在议会里气愤地拍桌子、鼓

---

① 布莱克：美国J-布坎南总统时期的司法部长。在职期间，最主要的成绩就是主张在必要时对脱离联邦的各州派军队去保护联邦财产。A.林肯总统就职以后，他又在纽约重新干起了律师。

起腮帮子干什么呢？那时他们心里肯定在想，看看这些丑陋的新英格兰小商人，人们既不懂射箭，也不会骑马，还经常口是心非，说些尖酸刻薄的话，对着奴隶的锁链言之凿凿，他们到底想要干什么？幸亏有这些锁链，他们才会老老实实地待在一起。这帮自命清高的小商人和工厂主们，他们难道也想在南方毒辣的太阳底下亲自动手摘棉花，然后用挣来的钱在纽约建造一座欧式风格的城堡，然后假装上层人士？南方的贵族们可真是气死了，事实上他们只想找回曾经的自由和独立，将那些批评他们生活方式的人的嘴巴堵上。是的，在他们脱离联邦共和国独立时，他们还认为自己是为了正义事业而战，因为那些奴隶主在联邦的统治下，觉得自己的自由受到了侵害。

南方人曾经这样写道："有人曾经建议重开奴隶交易，可是国会置若罔闻。我们应该进攻墨西哥和拉丁美洲，开辟新的'奴隶贸易渠道'，如果用温和的方式解决不了的话，我们就只有被迫采用武力了。上帝之所以创造出黑人，就是让他们伺候白人的，帮白人挑水、砍柴、种地。南方人是这个世界上最讲究道德、绅士风度，同时也是最充满力量的人，可是长期以来我们都忽略了自己的能力。北方人休想来压迫我们，如果用祖国的爱不能阻止他们，那么他们对棉花和烟草的强烈需求会阻止他们这样做。奴隶制是符合人文道德的，它体现的正好是《圣经》里宣扬的教义和真理的精神。"

那么，黑人们又是怎么想的呢？他们被严密监控着，根本没办法知道外面发生了什么。一直以来，疑虑丛生的南方人从来不提供机会，让奴隶们和北方人交流。只是通过一个非常巧合的机会，他们才知道，北方人正是因为他们而发动战争。南方人召开的所有会议都可以见到黑人的身影，他们是来服务的。在会上，透过南方人对北方人强烈攻击的言辞，他们大致知道了那批奴隶解放者们将要采取的行动。表面上看去，奴隶们僵硬地站在一边，说话很慢，以免引起奴隶主的注意。而实际上，他们恨不得马上就冲出去，走得越远越好。

有的黑奴穿着白衬衫，拿着主人的帽子或外套蹲在地上，一声不吭地望着前方；有的黑奴倚靠在门口，手里转动着玻璃球或者干果做成的项圈；还有一些黑奴似乎要睡着了。可是，当会议厅里有谁突然朗诵起了北方人的一段演讲，或者是反奴主义者在报纸上发表的评论员文章时，奴隶们总会相互对望一下，他们的眼睛里闪烁着希望的光芒。

晚上，奴隶们和家人一起在昏暗的小屋里休息，相互交流从会中听来的好消息。他们尽量将声音放低，利用这个时间好好来消磨快乐。小屋里禁止点灯，到处都是黑漆漆的，可是每个人的心里都燃起了一盏希望之灯，照亮了每个人的心。直到不知从哪个地方传来一声沉重的叹息声，将他们的希望再次打破。一直以来，和他们的祖先一样，他们的希望已经有很多次落空了。

有时，他们会唱起牧师教的歌谣，唱到近乎癫狂的状态。那些歌曲的内容大多是宣扬死后人人平等，死后就没有压榨和剥削了。从某种程度上来说，这也充分反映了他们希望获得和平和自由的希望。

约翰·布朗的名字在黑人中流传很广，几乎每个黑人儿童都知道，当然还有林肯。因为他们的主人经常会提到林肯，说他是共和党的魔障。于是，潜移默化之中，林肯就成了奴隶们心中的英雄了。

可是现在的林肯，除了静静守在家中，几乎没有别的办法，更何况他现在不拥有任何权力。赛华德从首都给他寄来信，建议他马上去华盛顿。是的，如果林肯是像道格拉斯那样叱咤政坛的人物，他肯定早就去华盛顿了。可是，他这位在政坛中寂寂无闻的人，可以想象他将要面对什么，恐怕不是斥责就是被人围观，没有人会出来袒护他，所以他才只有等待。也许，他应该接受一部分人的意见，用共和党的名义招收十万名志愿兵，自己作统领前往首都，比宪法规定的日期提前几天登上总统宝座。可是，要让这位一向爱好和平的人用这种方式坐上总统宝座，他肯定不会同意的。

他现在只有坐在家里，通过往来信件，来得知外面的形势变化，给人的感觉，他就是一位被困住的皇帝。当一位驻扎在查尔斯港口堡垒的军官给他在纽约的哥哥写信，告诉他一些重要信息时，住在斯普林菲尔德的林肯也得到了一些有价值的信息。听说年老的斯科特将军也遭到了原总统的打压，这正是林肯所希望的，这样一来，斯科特就会支持北方。实际上斯科特本人也曾经通过他人之口向他表达过这个意思，林肯委婉地回复说，如果他可以全力保证重要港口的安全，或者为夺回重要港口做足了功课的话，我一定会让他有机会实现自己的抱负。当然，这一切都要等到布坎南离职时，再看以后的实际情况再商量决定。虽然林肯是民意推选上来的总统，可是他依然非常谨慎小心。当他和合众国的保卫者们商谈重要事情时，总是小心再小心，谨慎再谨慎，搞得双方好像是谍报工作者一样。和斯科特将军相比，林肯显然更信任川布尔。他们一直有联系,圣诞节时林肯还给川布尔写信说:"我得到消息,军队接到总统的命令,要求他们将重要港口直接送人。这真是太让人震惊了。如果这条消息准确,如果我们首都的朋友们没有疑义的话,请将我的这一公告展示给众人看,那就是我到任以后一定会将那些重要港口夺回来。对于合众国来说,这就像是一篇战备书,我们会和南方一起,马上进入战争状态。"

对林肯来说,他了解南方的局势还有一个渠道,那就是他身在南方的一位老朋友——佐治亚州的斯蒂芬斯①。当时,斯蒂芬斯是南方柔和派的代表。12年前,两人曾经一起在众议院共事。虽然他们当时并不属于同一个党派,因为斯蒂芬斯是民主党人,可是二人心意相通,因为他们都对理想有执着的追求。就是这位斯蒂芬斯,他曾经的一场有关"美墨战争"的演讲让林肯感动不已。斯蒂芬斯是反对美国发动对墨西哥的战争的,他在演讲中说:"自由的人已不知道自由的原则是何物,他们陷在权力和欲望之中难以自拔。"之后,两人一起为泰勒总统竞选造势,一起成立了泰勒俱乐部。看到他们坐在同一张椅子上的人总会捧腹大笑,因为他们的身材差异实在太大了,一个高大瘦削,一个矮小瘦弱,他们的共同之处就在于他们的脸同样是皱纹横生、老练而自负。不过,如果他们是为了各自去争夺权力的话,斯蒂芬斯也同样很吸引人。可是他却在日记本中这样评价自己:"我认为自己也就到此为止了,一心想要获得权力的念头对于我来说百害而无一利。我这个人天真,比较阴柔,又有点放荡不羁,整个人总体比较纯真。"

从那以后,两个人就一直保持着比较紧密的联系。即便是后来矛盾升级,双方分别成为各自政党的领袖,这种关系也一直存在。在林肯被提名以前,他还给斯蒂芬斯去过一封信,那恐怕是他写过的最长的一封信了。在信中,他对对方最近一次的演说观点进行了反驳,当然他是站在一个老朋友的立场写的。到了12月,林肯又看到了对方发表的一篇警示性演讲,"大选过程是合乎正规程序的,叛变只会让问题朝更坏的情况发展,战争也有可能是以废除奴隶制而告终,凭借的不是最终的胜利就是和平主张。"这次演讲是南方

---

① 斯蒂芬斯:美国政治家,南北战争时期任南方联盟副总统。1834年进军法律界,政治地位也随之不断上升,先后当选佐治亚州众议员、州参议员、美国众议员。

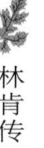

发出的最后通牒，不仅仅是林肯，举国上下都陷入了恐慌。为了能和这位演讲者继续保持联系，林肯专门给他写了一封信，信中他婉转地请他改变自己的演讲内容和主张。

斯蒂芬斯却回信请林肯多关注一下报纸上的消息，他不带任何感情地说，"美国正面临着从来没有出现过的危险境况，而您在这场战争中所承担的责任比谁都大。"林肯马上回复说：

> 南方人觉得如果一个共和党人上台执政，政府就会干扰它的奴隶制吗？如果他们真的这样以为的话，我甘愿做您以前的朋友。至少，我希望我现在不是以一个政敌的身份和您对话。我可以向您保证，这种担心根本是杞人忧天。
>
> 在这个问题上，现在南方所面临的问题一点也不比华盛顿时代糟糕。可是我觉得，这并不是问题的根本所在。他们认为奴隶制的存在是合理的，而且应该无限制地发展下去。而我们认为奴隶制的存在不合理，必须予以废除。我想这才是我们之间的主要问题，也是我们的唯一分歧。

这封信充分彰显了一个男人的阳刚之气，抓住最后的机会向南方的领导人保证他们的行为不会受到干涉。同时，他使用的语言是非常纯朴真诚的，在双方即将为敌时，他依然想要说服老朋友，毕竟他们二人在人性自由上面具有同样的主张。斯蒂芬斯对此的回复非常简单无情，他说林肯从来就没有好好审视过南方人的生活。即便是这样，在伊治亚州，斯蒂芬斯依然尽最大努力保住自己的家乡不脱离合众国。新年即将来临时，他给家乡的亲人写信，语气非常沉稳："杰斐逊在位期间，南方曾经支持过他八年；麦迪逊在位期间，南方也曾经支持过他八年。在合众国刚开始成立的72年间，有70年的时间都是依靠南方的帮助才得以生存的。这样说来，我们中间怎么会有腐化的人呢？我们什么时候让自己沦为北方暴政的统治之下了？我们怎么可能会由北方来决定，是继续生存下去还是任由他们抢夺？"

可是最后，斯蒂芬斯还是站在了家乡的立场，将国家利益放一边了。因为佐治亚州拥有广阔的森林、河流，众多的人口、城镇，这些都和他们的生存息息相关。和合众国的美梦比起来，本州的利益显然和他们关系更近。国家岌岌可危，他也深刻认识到自己势单力孤，没办法挽救分裂的大局。所以，没过多长时间，他就加入了新成立的南方诸州联邦，并被推举为副总统。

2月初，南方各州的领导人齐聚蒙哥马利，自称"英联邦制国家"，表决通过了一部和宪法非常相似的宪法，推选出了新总统，那就是来自密西西比河流域的参议员——杰斐逊·戴维斯。在之后的一次演讲中，斯蒂芬斯对这一事件进行了阐述：

新宪法的出现，将永远杜绝在奴隶制度下发生叛变的可能，这也是我们独立出来的另一个原因。不管是现在还是以前，不管是杰斐逊还是他国家领导人都认为，蓄奴制不管是从政治上，还是从道德观念上来说，都是既不合法也不合理的。而我们成立的新联邦将会彻底推翻这一论断，我们认为，白人和黑人生来就不平等，白人奴役黑人是理所当然的。我们的联邦是第一个以生理、习俗和哲学为原则的国家。既然北方不赞同我们的主张，那我们只好各自保重了。只有当人类的神圣目标和造物主的意志相一致，这种目标才有可能圆满。

这就是当年曾让林肯感动不已的斯蒂芬斯的演讲，当他认识到自己家乡利益高于合众国利益时，他的理智就消失了。林肯没有让自己在这样的困境中沉沦太长时间，可根据他的性格我们可以说，他肯定早就通过另外的途径经历过这样的磨难。

二十二、前往首都

"祝贺您光荣当选，并感谢上帝的荣光。19年以来，我们一直为之奋斗的伟大事业终于有了光明的前途，反对奴隶制的正义的力量终于取得了胜利。现在我们有足够的权力来打拼我们的事业了。您作为未来的总统，当然责任重大，希望老天给予您力量，让您可以顺利完成此项伟大事业。"

这份电报是林肯当选总统后收到的第一份祝福，来自于他的竞争对手——蔡斯。后来林肯在组建内阁时，首先想到的人就是蔡斯和赛华德。虽然这两人的性格都比较极端，可是林肯还是希望他们可以出任内阁部长。考虑了两周时间，赛华德终于答应了林肯的任命，出任国务卿；蔡斯则经过了3个月漫长思考，才决定出任财政部长一职。而那时，有关另一个部长由谁出任的问题，引起了一场辩论。林肯非常气愤，他向一位好朋友抱怨说："我完全可以用我原来8次巡回法庭中的同事们来组建内阁，这样就不会有争吵和交易。"

"可是他们全部是民主党人哪！"那位朋友惊讶地说。

"我肯定清楚，可是我宁愿和我不了解的民主党人共事，也不愿意和我了解的共和党人整天争论不休。"

斯普林菲尔德的那家小旅店一时之间变成了政治交易场所，似乎世界上所有想要获得权力的人都聚集在这里，想要通过这个时机给自己或朋友谋求一个职位。在一个叫加美朗的人身上还发生了一场闹剧。一开始有人请求林肯任命他到芝加哥的一个部门任职，林肯同意了，后来又觉得不妥，想要换掉他，可最终不得不又留下他。就连戴维斯法官也加入了谋求职位的行列。面对这样的情形，林肯简直是有苦说不出，他跟朋友抱怨说，他整天烦不胜烦。幸好，他和他的副总统哈姆林倒是很有默契，两人之间感情很深，深厚的友谊也持续了一生。

当然，林肯的一些老朋友并没有加入进来。当他又一次见到斯皮德夫妇时，他关心地询问："斯皮德，生活还好吗？经济上有没有遇到什么困难？"

"总统先生，我想我非常了解您的意思。我过得很好，不过我觉得您的政府中，并没有适合我的职位。"在过去的日子里一直被朋友们纠缠的林肯心情马上好了起来，因为终于有一位朋友只是单纯来看望他，而并不是想要得到什么的。

一些过去从来都没有帮助过林肯的旧相识，现在全部都出现在了林肯面前，甚至包括曾经欺侮过他的姐姐萨拉还轻视过他的"姐夫"，大选时竟然也冒出来了。他强行和林肯拉关系，并说他们一定会支持林肯的。林肯在给他的信中这样说："密苏里州有共和党的候选人选票，如果你愿意，完全可以投我的票。不过我劝你还是不要这么做，以免带来不必要的麻烦。代我向你的兄长查里斯问好。"

在前往首都以前，林肯去了一趟青年时期待过的小城市。在那里，他驾着马车四处溜达，看望还在世的亲朋好友。当然他首先去看的人是汉克斯和约翰斯顿。这一次，他还特意去将父亲的坟墓修整了一下。人们见到他都非常自豪,他们一起追忆往昔,说那时他们还经常看见林肯驾着牛车到处跑呢。他和蔼可亲的继母依然那么慈祥,还轻声向林肯叮嘱了几句。汉娜·阿姆斯特朗同样也是深情地望着他,对他百般嘱托。林肯安静地听完她的话,然后说:"汉娜,如果我被刺杀了的话,我就不会再死第二回了。"

汉娜的儿子既惊讶又无比膜拜地听完林肯讲的这番话,好像想对他再说点什么,可无奈酒杯已经倒满了葡萄酒,他得为林肯干杯了,于是他又将嘴边的话咽了回去。林肯的老家已经什么都没有了,没必要再拾掇。他把房子租了出去,变卖了家具,又去看了他的一位侄女。林肯离开时将自己当年写的诗拿走了,余下的书和信都烧毁了。

在这之前,林肯模仿克莱、韦伯斯特以及杰斐逊的就职演讲和宪法中的条款,完成了自己的就职演讲稿。他把自己锁在房间里,只顾专心写稿。赫尔顿后来写回忆录说:"没有人帮助过他,他一直都是独立作业,所以他总是一人承担后果。在这篇演讲稿中,我没有插入任何一句话,他也没有要求我做什么,所以我一点也没有影响过他。只是,有时他会向我咨询一点语气方面的问题,因为这是我的特长。他也经常会问我一些语言和表达技巧方面的问题,可是当我建议他换掉一个他觉得可以最大程度地表达他感情的词汇时,他却不同意。"后来有人怀疑林肯的就职演讲中有赫尔顿的加盟,里面不乏赫尔顿的观点,毕竟他们一起并肩作战了那么多年。可事实上,这篇演讲稿是林肯一人完成的,而且写好以后就没有改动过,在演讲前就打印了出来。

此时,玛丽内心充满了希望和幻想,她经常喃喃自语:"我们的将来……"她还专程去了一趟纽约,买了好多衣服,还为林肯带回来一顶帽子。玛丽是和她的姐姐一起坐专列去纽约的,她兴奋得无以复加。在告别宴会上,她穿着华美的拖地长裙,身上戴着华贵的珍珠项链,可谓是大放光彩。第二天,各大报纸都争相报道:"林肯夫人优雅高贵、雍容大方,她一定会让白宫熠熠生辉的。"

临走前一天,林肯很早就来到律师事务所整理文件。和平常一样,他陷到旧沙发里面,抬头看着天花板。

"威利,我们一起共事多长时间了?"

"16年了。"

"那这么长的时间内,我们吵过架没有?"

"没有,当然没有。"

紧接着，林肯又回忆起了之前他们一起工作时的小事。之后，他将打包好的文件带走，突然，他回过头来说，"威利，你知道我现在想起什么了吗？一定不要摘掉事务所的牌子。我们要让我们的当事人知道，林肯和赫尔顿的选择一直都没有变。如果我可以活着回到这里，我一定还会选择律师这一行，帮人打官司。"

说完，他们就一起走出了事务所的大门，这时林肯又说了："一想到将要面临的问题，我内心就升起一股强烈的战栗，对那个职务，我已经没有任何好感了。"到了晚上，旅馆的大厅里堆满了行李箱，林肯让人在行李上贴上标志，他则在上面写上"华盛顿，白宫，亚伯拉罕·林肯"，然后他就开始动手打包行李。

他为什么要亲自完成这种事情呢？从明天开始，他就是这个国家的总统了，难道还需要事必躬亲吗？难道他不应该有一种盛气凌人的状态吗？因为他天生独立自主，同时又对别人怀着无限的尊重，并一直秉承人人平等的观念，所以他必须学会指示别人帮他做事。总统在上任的前一天还在自己整理行李，这就是一种实实在在的"美国精神"。

2月中旬一个清冷的早上，上百人到车站来送别林肯。和林肯同行的还有法官贾德、戴维斯、秘书尼古拉和"海"，两位州长，几位将军，除此以外还有黑尔。

玛丽也前来送行，再过几天她才会前往华盛顿。不过现在，林肯必须只身一人离开斯普林菲尔德，这个他生活了许多年并且永远不可能再回来的地方。天空飘起了雪花，他站在车厢门口，对前来送别的人们这样说道："我最亲爱的朋友们，谁也无法体会我现在的心情，我现在无比痛苦。我在这个地方生活了二十多年，从青年到中年，这里有我的孩子们，有我的家庭，还有一个孩子已经长眠于此。这里见证了我的成功与失败。现在我要离开这里了，不知道何年何月能再回来，也不知道还能不能回来，因为现在压在我肩上的重担要比华盛顿以来任何一位总统的都要重。"

他继续说："如果没有上帝的恩赐，华盛顿是不会成为赢家的。我觉得我们的成功都得益于上帝的无私援助。请大家相信上帝的力量，相信上帝会一直和我们在一起。祝大家生活幸福，快乐！再见！"

他在北方各州逗留了十天之久，每到一个地方，就会迎来蜂拥而至的人流，他们想在第一时间亲眼见证新总统的风采。可是林肯经常的状态就是死气沉沉，让前来瞻仰他尊容的居民悻悻而归。当然他有时也会让那些好奇的人们感到十分震惊。一般情况下，他的情绪总是很低落，脸色很差，一副没有精神的样子。只有当同行的黑尔为他弹琴唱歌时，他的心情才会放松下来，面部表情也松懈下来。在各大州的演讲中，经常会出现临时改动内容的现象，因为他的演讲需要不断注入新血液，新消息，所以让人听上去有点拼凑的感觉。可是，他那纯朴的语言，和蔼的表情，已经让听众热情高涨了。

"肯塔基州的同胞们，现在我可以这样称呼你们吗？"也许在纽约的演讲中，他会问："亲爱的朋友们，兄弟们，我是不是说得太多了？"听众们会马上回应："没有，没有！"在匹斯堡发表演讲时，他现场引用一首朗费罗的诗《造船》，将合众国比成一条摇摇欲坠的船；在印第安纳波利斯，他说："是和平还是动乱，并不取决于政客，而取决于你们。"之后，他又讲到了特伦顿的战争，他坦白地说，"我小时候就看过一些有关战场的书，那时我就在想，能让那么多人前去流血牺牲的东西一定让人向往不已。我想要知道他们的最终目的是什么，那甚至比国家的独立都还要重要。它将在将来更长的时间内指引我们前进的方向，带给我们力量，我也希望我可以沿着先辈们浴血奋战出来的路好好走下去。"

在费城，他想到了祖先和先辈们所建立的功勋。在那里，他一反常态，头一回清楚地说了什么事情该做，什么事情不该做。

> 我经常扪心自问，是什么力量让我们的国民长久团结在一起？不管是什么，也绝对不可能是让合众国解散的思想。这种力量来源于《独立宣言》的原则和倡导的精神。我希望它不仅可以带给美国人民自由，也可以带给全世界人民自由。它让人们相信，将来的某个时刻，所有约束自由的锁链都将被打碎，所有人都会公平地活在这个世界上。
>
> 我们的国家能不能依靠这一精神而获得重生呢？如果能，如果我能带领国家摆脱困境的话，那我会由衷地感到幸福。可是，如果我们的国家一直坚守奴隶制原则，那我们这个国家就会废了，而我宁愿被人杀掉，也不会想要背弃自由的原则。
>
> 如果别人不来攻击我，我也不希望有战争。可是如果别人来攻

击我，我也绝对不会心慈手软，我会为保卫国家而战。

亲爱的朋友们，刚才我讲的话全部都是即兴发挥。当我到这儿时，我根本没想过要站在这里演讲，我本以为我顶多过来帮忙升个旗什么的。所以，有些话可能会讲得有点鲁莽，有点突然。不过，我所说的每一句话都是我的内心所想，而且是我愿意一直奋斗终身的。如果上帝想让我为此而献出自己的生命的话，我也在所不惜。

人声鼎沸的大厅里，在场的听众都听出了这番说辞里的真诚和大胆。就算再过七十年，人们依然可以从中感受到那份忠诚。因为林肯在说那几句为自由事业献出自己的生命时，他非常清醒自己在说什么，想要表达什么意思。而且随着岁月的流逝，这一点也在几年之后被验证了。

在林肯到达巴尔的摩以前，一位专门负责打探消息的人得到情报，说有人想要在巴尔的摩谋杀总统。刚开始他还不信，直到赛华德也派自己的亲生儿子赶到这里，要林肯在巴尔的摩加倍小心。林肯对情况进行分析后，最终决定更改行程。有朋友建议他不要这样做，因为这会给林肯带来较坏的影响。可是在这个问题的处理上，林肯那农民式的小心性格胜利了。他可不想因为一点小事而葬送了自己的生命，那样就太不划算了。实际上，他确实这样做了，他毅然抛弃自己的专列，乘坐一辆普通的火车前往华盛顿。

其他的随从人员依然乘坐那趟专列赶往华盛顿，而林肯却在黑尔的陪同下，乘坐另外一辆火车前往目的地。

2月份，凌晨六点，天色还没有大亮。林肯和黑尔抵达了华盛顿，整个华盛顿除了赛华德和渥什布恩知道这两个陌生人的身份以外，没有人知道他们是谁。他们二人将林肯和黑尔偷偷从火车站接到一家旅馆。而那时，华盛顿的人们都还在做着美梦。没有谁知道，林肯已经到达了华盛顿，准备宣誓就职了。

1861年初，政治局势非常混乱，林肯开始了充满挑战的总统生涯。他在巴尔的摩逃离人们的视线，并于2月23日凌晨顺利到达华盛顿。

二十三、任职演讲

林肯到达华盛顿的消息迅速传遍了整座城市，他的身边又开始变得躁动不安，就像全部的人都是为他而来。有的是因为好奇，有的是因为猜疑，还有的是为了能够求得一份体面的工作。在林肯下榻的旅馆里，走道和楼梯人山人海，旅馆的门口也无比拥挤，杀手也可以轻易混入其中。此刻，道格拉斯也出现在这里，他们互相注视着面前可敬的对手。两年前，他们在总统竞选中互相厮杀，而此时，他们握手言和，笑脸相迎。可是，道格拉斯愿意唯林肯马首是瞻吗？

林肯来到华盛顿的第四天，华盛顿最高长官态度冷漠地对林肯表示了欢迎，并说了一些只有武力才能解决问题的谬论，以至于林肯终于忍不住奋起反击："对于我们国家的形势和问题，我想了很久，这里的人们与我所生活地区的人们之间的种种不协调，纯粹是一个误解。对于我来说，我是怀着无比真诚的心情来到这，这里的人们就是我的父老乡亲，我会拿出我全部的热情，不偏不倚地对待他们。宪法赋予你们的自由和权力是永远存在的。总之，在我们互相了解之后，会相处得十分愉快。万分感谢你们的盛情款待。"

最近几天里，对内阁职位的抢夺也更加猛烈。参众两院的所有人都拥护林肯，为自己也为自己的朋友求得利益，排除掉自己的对头，因此绝大部分内阁成员的提名没有通过。斯普林菲尔德的"权力交易站"又搬回了华盛顿，程度比原来更加猛烈。林肯与华盛顿的第一次交锋，就成了交换利益的平台。

赛华德在那个时候一言不发，默默地待在林肯身边。首先他觉得有一些无地自容，因为那是自己想要却没能得到的；再就是林肯的任职演讲稿没有让他来撰写，因为就算是最有头脑的总统，也要用他拟的演讲稿。他觉得，自己已经无足轻重了。当林肯把写好的演讲稿读给他听，问他意见的时候，他对那直白的话语甚为惊讶，他马上纠正道："请允许我对此表达我的想法……您的演讲稿的第二和第三部分，就算修改，也会是南方诸州脱离联邦的借口。因为弗吉尼亚和马里兰州实质上已经脱离了合众国。您却说要在40到60天里捍卫首都,以免被敌军占领;其次,您还说波托马克以南再也没有效忠于中央政府的人了。对于以上说法,我由衷地劝您慎重考虑,痛下决心除去这两段话,中间非常重要的论据可以保留。除了这些,还要压制一下南方人的气势,同时消除东部的疑虑。此外,您也要加几句温暖人心却又安定民心的话。"

赛华德试图让林肯把任职演讲稿中对自己不利的言辞删除掉。就任职演讲稿的最后,赛华德提出了这样的建议:"总的来说,我们不是敌人和陌生人的关系,我们不应该彼此排斥和漠视,因为我们是亲人是一家人!即便实情是我们之间的关系已濒临决裂,但国家也是密不可分的。在那广阔无垠的土地上,悠扬的琴声穿过无数的战场,穿越勇士的墓碑和每一个拥护和平、寻找自由的人们的心中,最终谱写了一曲恢宏的乐章,就连上帝都在和我们一起歌唱。"

在演讲稿的结尾,林肯做了以下的改动:

我不想就这样结束我的演讲,我们是朋友,并不是敌人,我们绝不能让亲者痛仇者快!就算我们心中有些芥蒂,也不应该让我们的紧密关系产生裂缝。圣洁的琴声,在广袤的大地上,穿透每一个战场,飘过每一个仁人志士的墓穴,渗透全部的家庭和每一颗跳动的心灵,如果它是我们灵魂深处最强烈的呐喊,那一定会是合众国最绚丽的乐章!

难道不熟悉的人之间签订合约,要比朋友们之间的约束条款要简单吗?难道不熟悉的人之间履行合约要比朋友们依法行事更加有保证吗?即使战争不可避免要发生,那也不会一直进行下去吧。再说,战争的结果肯定是双方都要受伤害,即使战争已经结束了,可原来的问题依然存在。慈爱的上帝会保佑北方或是南方?如果北方胜利了,那南方将生灵涂炭,无法收拾;若是南方胜利了,其后果只是让原本就坚如城墙的奴隶制更加牢不可破而已。

演讲已经到了最精彩的时刻,下面掌声、赞扬声、欢呼声融为一体。所有听他演讲的人无一人分心,包括布坎南,而道格拉斯或许是最认真的。演讲结束后，他上台与林肯拥抱祝贺，表示友好与支持。就在这时，坦尼① 法官拿着一本《圣经》缓缓地走上讲台，林肯正式宣誓任职了。此时，布坎南偏着头站起来了，之后所有的人都站了起来。老法官坦尼——这位已经风烛残年的老人，他那饱经风霜的身躯在那宽大的法官服里越发的空荡，而他就是经手斯科特案并使之成为法案的裁决法官。"诸位朋友，林肯先生！"这位老人十分动情地接受了林肯的任职演说，把国家至高无上的权力赋予了林肯。这个时候，林肯神情凝重地看向坦尼，把手庄重地压在《圣经》之上，慢慢说道："我在此庄严宣誓，我将用我的生命来执行总统的权力，尽我所能维护、保护和捍卫法律的尊严！"

接下来，欢呼声、礼炮声融为一片。最后，任职仪式结束了，听众散去，林肯和布坎南回到了大厅。可是还有一个人一直站在那里，在国会大厦的大门口，以一种挑衅的态度听完整个演讲，用一种藐视的神情看着那位他不屑的新总统。此刻，唯有他一个南方议员留在华盛顿了。他就是来自克萨斯州的有名的参议员，他是南方在首都的领头羊，是南方的代表和象征，他坚信，林肯不是他的对手。

在这之后，林肯一家住到了白宫，而玛丽是其中最高兴的！许多仆人前呼后拥，这让她想到了青年时候的富裕生活。她为此足足等了20年之后，她成为了白宫真正的女主人，迎来了她人生中最辉煌的时刻。尽管迟了这么多年，可是值了。她快速地在白宫里穿梭，那华丽的地毯，名贵的花瓶，那闪着金光的家具和皇冠几乎使她晕眩！孩子们也是无比兴奋，这座宫殿让他们爱不释手。"很多地方要重新布置，一大堆的事情需要安排。我们还有大把的时间，我再也不会离开这里，除了死亡谁也不能让我离开，谁也不能！"

林肯心情复杂，他看着这座白色的宫殿，至高无上权力的象征。他扪心自问，还有什么能把他和他的国家逐出白宫？当玛丽沉醉于白宫的奢华的时候，林肯却在思考：在过去的3个月里，这座宫殿经过了多少洗礼？他知道，一位狡猾奸诈的小人把有用的东西都献给了南方，留给他的只有一个空的办公室，还有一地的狼藉。当和其他人说话和交流时，他的心里或许还在眷念

---

① 坦尼：美国最高法院的第五任首席大法官。因为判决"德雷德·斯科特"案件而知名。

这属于自己却又陌生的宫殿里那熟悉的记忆呢!

这天晚上,林肯第一次在白宫写了这样一封信。信的内容是说一个内阁成员的,他先要解决这件烦心的事。他在信封上做上了白宫的记号。信的内容是:"尊敬的先生,我已经收到了您的来信。您说您要取消对内阁所有事物的管理,这让我十分担忧。我必须拒绝您的请求,我觉得这不仅仅是我个人的需要,更是我们所有人的意愿。请您慎重考虑我的提议,并在明天九点前给我回复。您忠实的友人。"这封信里有不可抗拒的威严,又表现出了林肯的谨慎,有对赛华德的欣赏和褒奖,还给了对方无法拒绝的理由,落款既诚恳又不失格调。

若是把美国比作波浪之中漂泊的大船,那林肯这个船长一定是最焦头烂额。他透过窗子望向远方,他看到了什么?他又在思考什么?他要怎么办?夜幕下,行色匆匆的人们是间谍,刺客还是奴隶?难道任由叛乱之徒横行肆虐吗?也许那些善良而忧心的人们正满心期待地望着白宫,希望这位新的总统能给他们带来希望,带来和平,带来幸福。他们的愿望能够实现吗?再往那边是财务处,财务秘书早已把国库搜刮一空,逃之夭夭了。那边的另一栋房子是国防部,里面可能堆满了五花八门的资料和文件,唯一没有的就是能够救命的武器和弹药,因为它们早被南方人据为己有。现在,北方就连一艘战舰都没有。

一眼望去,波托马克防线尽收眼底,它就在白宫面前,近到林肯仿佛站在窗户边上就能看到边界处集结的军队。在边界线的南边,敌人正在扩张实力,他们已经占领了大部分的交通要道。还有金钱、欲望、热情、军队,所有的一切都整装待发。也许明天,也许后天,也许几个星期之后,战争的号角就会吹响了。

现在的林肯,究竟是白宫的主人还是白宫的犯人呢?

第四部
解放奴隶宣言（1861—1863）

一、燃烧着的南方

南北的交锋是生与死的较量，两者都认为自己是正确的一方，自己是为正义而战。可是，只有一方是正义之师，而另一方只能是对立面的牺牲品；这种权力之争在欲望、金钱的掩盖下猛烈滋生，就像是《荷马史诗》中的斗士的争斗一样，支持和反对的声音互相抨击，是普通人所不能预见的。如果我们把这种争斗比作悲惨的交锋和战争的话，那么这场美国南北同胞之间的争斗，又让历史重演了。它和历史悲剧一样能够激发人们怜惜和忧郁的心情，其结果也让人们对暴风之后面对空阔的平原感到心痛。

后来，大家为"自由打败奴隶制"而兴奋而自豪时，尽管他们自己觉得，如果他们生在同样的年代，也可以做出和林肯一样的决策。可他们没有资格为此去责怪没有成功的一方。若是奴隶主的特权是凌驾于欺凌和压制别人的基础之上，由此被后人唾骂的话，那么我们就很难做到让自己和人们在迷失方向的时候，保持冷静与客观；更不能理解为什么要用武力解决一切。只有用强大的意念做堡垒，战争才能持久的发挥它的效用。此刻的我们很难正面去评价当年像特洛伊人一样坚持不懈抗争4年的勇士们，更无法正确评论林肯这位北方领袖，他行事果敢的作风和耐心等待的决心。在出任总统的1500多天里，在每一个或胜或败的日日夜夜里，这位领袖时刻维持着他的信念和尊严，从不曾失去梦想和理性。面对艰难险阻，他坚持着他的信念和庄重的人品，而且在一步一步克服难题的进程中不断提升自己的高贵节操。

对南方做出真实的评论很难吗？长久以来对权力的控制已经让侵略者的后人以为他们对于权力的拥有是理直气壮的。遗传的继承会无休止的传递下去吗？几百年来对权力的绝对控制，让所有国家的贵族都理所当然地以为，他们在主仆的争斗中一定是正义的化身。他们认为，历史能够证明权力永远属于他们，由他们摆布，以为贵族的控制欲历久不变。有哪位贵族或骑士能不用任何手段逼迫就会把自己的财物和地位双手奉上呢？在他们坚固的城堡里让他们敞开大门，你认为仅仅是他们的良心和道德观念醒悟了吗？他们会为了那高尚的理念来叩响他们沉睡的心灵大门吗？

　　在南方人的眼里，那些冷酷的北方小商人，那些萨克森农民的后裔们，除了对金钱利益的谋划，还有什么目的。现在他们富裕了，就开始抨击基督教，态度十分的强硬。就算他们对国家管理一筹莫展，也没有文化涵养，却在那儿痴心妄想，企图占有国家控制权。南方人曾经也以为自己是诺曼底贵族的子孙，保留了在美国参议院的旧习俗。直到现在，美国之前的15位总统，有12位是南方人，因为只有南方人才能承袭治理国家的重担。其次，北方的部长和高级官员都要比南方的少一至两倍。南方人认为，他们是与生俱来的贵族，掌握治理权理所当然，合乎常规，不论是和平时代还是战争时代，他们都是领导者，怎么会对别人屈膝投降，俯首称臣，对于别人的责骂置若罔闻呢？

　　二三十年之前，南方人或许还能忍受，可现如今，特别是最近十年来，南方人再也受不了这种越来越猛烈的谴责和攻击。为何？因为人们成群结队去了北方淘金，他们在南方无所作为，是"古老欧洲的无用之徒"，他们来到加利福尼亚工作，从事着同黑人体力劳动相当的苦力，妄想一夜暴富，却落得和黑奴一样的下场。在那个地方，没有人心甘情愿地接受他们的奴役，因为他们也开始崇尚民主和自由；在那里，金钱就代表着自由和民主；在那里，机械化替代了人力，所以黑人再也不用累死累活；那儿的城市里，人人平等的思想被大肆地宣扬着，所谓的平等是上帝都不赞同的，因为平等对他们来说太重要了！十年过去了，1900万白人聚集到了北方，南方却只有800万，因此，在众议院中北方人的席位超过了南方近三分之一。所以，北方在票数上的优势就可想而知了。

　　在这种意识的驱使下，南方一少部分领导人的信心倍增，而且越来越顽固不化。在1860年总统竞选到来的时候，在他们心中沉积了十年的怒意就像火山爆发一样。工厂主和奴隶主之争，工人和骑士之争，武官与文官之争，贵族血统与激烈的新制度之争，阶级之争，这个种族与那个种族的拥护者之争，南方贵族的热情、尊严、血统与利益、平等、民主的思想斗争，全都互相背离，使得矛盾越来越激化。这个新兴的国度对于欧洲的遗传制度和传统坚决反对，而一向讨欧洲欢心的南方刚好就是这次反抗的主体。

南方正处于全民奋战状态，就算是妇女们也在全身心地投入训练。尽管此时的北方还没怎么在意，却也不能不有所防范了。不论是因为它的热情还是因为它的内部分歧，人们都无法了解这场战争的真正含义。

南方的人们对于潜在危机和战争的过度宣扬，让所有人都异常紧张，以至于局面过于动荡，人们不能忍受这越来越危险的局势，而战争就成为了最好的宣泄方式。那时，托马斯·加尔作了这样的记录："南方和北方都在认真准备，形势非常严峻。"几个月里，处处都打着自由的幌子，大街小巷都充斥着马赛曲。南方的贵族因为这首高昂激进的乐曲更加兴奋，射击和骑车成了当时贵族公子哥竞相追逐的项目，他们想利用人数上的优势来压倒北方军和数以百万的黑人队伍；那吹响的军乐、飘扬的旗帜和光荣的勋章，深深地迷住了这些绅士们，让他们变得更加狂躁。在战争的诱导下，每一个南方人都无法把持，难以控制。

南方人感觉到，虽然自己的人数少于北方，可在军事上的力量要略胜于北方；事实上，在战争还没有开始的时候，南方就把自己军队的规模扩大了一倍；凭着这些实力，南方一定能够很轻松地胜过比自己多三倍的北方军。在这场持久的战役中，南方有着绝对获胜的把握；因为民主的思想还没被南方人民完全接受，一旦发生战争，他们会绝对服从安排；南方的军官将领们经过无数次战争的洗礼，功勋卓著；南方完全没有内部的争斗，他们的内部原则只有一条，那就是可以在战争中随意派遣军队。而北方又是怎么样的呢？每一个命令下达的时候，每个志愿兵都会有自己独立的思想，去考虑为什么要这样而不是那样。在这个时候，他们的上级急得不知如何是好；当散乱的民兵队伍经过数周的长途跋涉来到敌人的一个窝点，却发现落入了敌人的圈套之中，让法国志愿兵和特务们集体围剿；党派之争也使北方在战争策略上举步维艰。北方人没有意识到，战争已经没有能够回旋的余地，因为他们仍旧是一盘散沙，没有南方人那样的热情，来唤起他们昂扬的斗志。引导他们为之去奋斗的也许只剩那所谓的原则和理想了。只有少部分人相信这个理想是对的，而这少部分人在经过了最初战争的挫败以后，也丧失了原本的信心。

二、南北战争爆发

在林肯发表完任职演说后的第二天早晨，一封来自萨姆特要塞的紧急信件就到了他的办公桌上，落款是安德森。在过去的几个月，对于他请求支援的信件，前任总统都束之高阁，所以，新总统一上任，安德森又马上写来求助信。他在信中说，他只能再坚持一周了，非常需要总统提供援助。当林肯看到寄信人是安德森时，他好像已经想起了什么，这个安德森就是三十年前与印第安人打仗时曾声援过林肯的那位军官。

查尔斯顿港周边的一座岛屿上面，就是我们这里所说的重要交通枢纽萨姆特，现在只有不到200名官员驻守在那里。1月份以来，由于北方党派内部分歧，所以这个地方一直没有人管。很长时间以来，北方也没有增派军队驻守这里。虽然一直谣传南方人在萨姆特这个重要枢纽布置了军事力量，可是现实情况却是这里一直很平静，到底是什么原因，可能南北双方都心知肚明。

赛华德提议放弃这个交通要道，这样可以平衡中部各州。斯科特将军也同意这个观点，也坚持认为北方是没办法守住的。这是妥协、退让的象征。没办法，林肯必须亲自给大家加油、打气。这样的事情一旦有了开头，以后就会经常出现。这是一个战略方案的问题，而并不是有没有勇气的问题。如果下决心让出交通枢纽，相当于不战而降，这样一个不好的开端，会让南方人更加自高自大。可是如果向那里公开增援的话，无异于暴露了自己的动向，会有引发战争的怀疑，而且那时欧洲也会伺机而动，反对派也会借此机会对北方大加斥责。

对于新任总统，他们已经埋怨多多了。一家非常有号召力的激进派报纸这样评价说："总统软弱无力，而且根本没有战略头脑，赛华德所奉行的退让政策几乎占据了他整个思想。"那么现在的林肯应该采取什么措施呢？在这期间他只做了一件事，那就是拒不接待叛军派来的代表。北方的民主党人也写信要求他从要塞撤兵，以维护联邦的稳定。他们说，"在这样一位总统的领导下，我们还有什么前途可言。"在那期间，大量的军官逃到了南方，公众也为之震惊。林肯则一直冷眼旁观，观人们的意愿，观报纸的舆论导向，观政党的反攻，他仔细地思索着人们的内心所想。就是这样的日子，他足足过了三个月。

时间一晃到了三月底，安德森已经难以继续坚持下去了，如果再不增援那里的将士们的话，恐怕他们就离死不远了。而这时的林肯正在白宫举办他的第一次国宴。宴席上，他身穿燕尾服，和光彩照人的玛丽一起站在门口迎接各位来宾。人们都想等会儿有好戏看了，可是林肯却非常平静地和人们寒暄着。宴会结束时，客人们可能觉得，看总统这么平静，形势肯定还是比较乐观的。事实上，这只是林肯做的表面工作，用以避免别人的怀疑而已。宴会过程中，他派人暗中通知各部部长在宴会结束后参加一个重要会议。当时他的表情可以用肃穆来形容。宴会结束以后，部长们齐聚在白宫。林肯对大家说，斯科特将军想要北方从萨姆特要塞撤出来，大家觉得意下如何。当天晚上，各位部长都是带着一颗忐忑不安的心回到家里的。几个小时以后，也就是第二天凌晨，他们还会再次莅临白宫商量这件事情，听总统大人的吩咐。林肯也终于知道该怎么做了，他打算派一艘船去支援重要枢纽的官兵。可是在行动开始以前，他们必须让南方知晓他们的这一行动，告诉他们这艘船只是给那里的官兵们运送补给的。如果南方对此没有异议，那么两全其美，不仅政府的名声恢复到从前，而且重要枢纽也被保护了。可是如果南方诉诸武力的话，那么就算战争打响，事先引起纷争的罪名就会由他们担着，他们应该为此负责任。而且，这样一来，北方的士气就会瞬间被点燃，人民的怒火也会让战争变得攻无不克，战无不胜。

就这样，林肯下达了他上任后的第一个命令。事情就如他预料的那样发展。北方的支援船才刚从纽约动身，南方就派自己的军队也赶往那里，双方几乎同时做出了反应。那艘没有武器只有给养的船还没有到岸，南方军队就吹响了战争的号角，萨姆特重要枢纽被南方的炮火猛烈袭击，坚守阵地的将士渐渐支撑不住，挂在城头的国旗也被猛烈的炮火炸成了两半，最后安德森被逼无奈，只有弃城投降。这时，全世界的目光都在这里聚焦。这一天，也就是4月14日，美国内战开始了。

萨姆特遭到攻击以后，北方人民彻底愤怒了：国旗也被战争损毁！一时

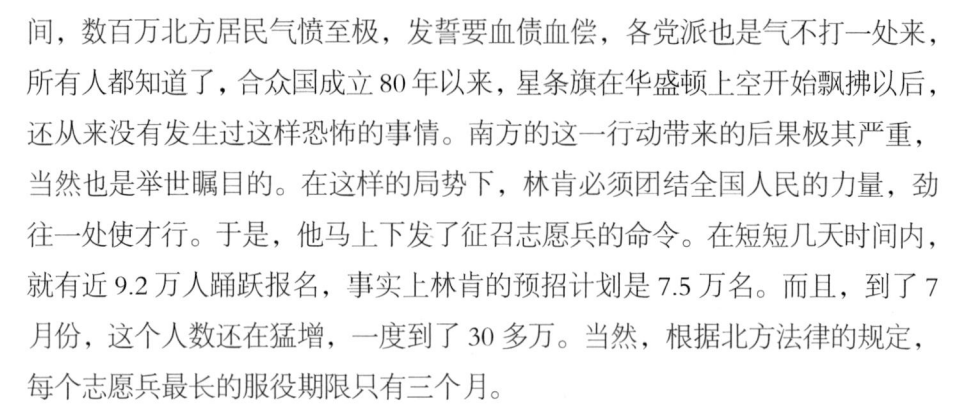

间，数百万北方居民气愤至极，发誓要血债血偿，各党派也是气不打一处来，所有人都知道了，合众国成立80年以来，星条旗在华盛顿上空开始飘拂以后，还从来没有发生过这样恐怖的事情。南方的这一行动带来的后果极其严重，当然也是举世瞩目的。在这样的局势下，林肯必须团结全国人民的力量，劲往一处使才行。于是，他马上下发了征召志愿兵的命令。在短短几天时间内，就有近9.2万人踊跃报名，事实上林肯的预招计划是7.5万名。而且，到了7月份，这个人数还在猛增，一度到了30多万。当然，根据北方法律的规定，每个志愿兵最长的服役期限只有三个月。

可是，一连许多天过去了，依然没有看到一个士兵来报到，可以自由调度的军队只有3000多人。那些招收的士兵都去哪里了呢？要怎样才能将他们迅速集合到一起，并进行训练呢？战场又要设置在哪里呢？马上要打响的这场战争，有点让北方难以招架。而且直到现在，北方依然没有制定一个详细的备战计划。

南北边界处的那些州又有什么动静呢？人们最关心的当然是首都的标杆，也就是弗吉尼亚州有什么动向。那儿曾经专门派人来咨询总统，对待南方联邦，他们应该采取什么态度。林肯给他们的答复和当年发表的就职演说里所说的一样。可是，没多长时间，弗吉尼亚州就宣布独立了。这样一来，波托马克河变成了南北两方交火的边界线。那里离白宫和华盛顿都非常近，从白宫可以清楚地看到南方的士兵正在边界线以南准备战争，5个星期以前，林肯刚刚入职时所担心的事情终于发生了。

新招的志愿兵无组织无纪律，根本不能随时调动。而且，弗吉尼亚已经独立出去，这更加加重了华盛顿的危机。这样一来，华盛顿就变成了一座孤岛，四周全是敌军，前后都是敌人，甚至连旁边的一座山谷也被敌军霸占。华盛顿的居民一天到晚在传递着消息：援军很快就来了，给养马上就送过来了。可是现在，危机重重的首都必须先采取一些应急措施。先用水泥在国会山前面砌一堵墙，上面再铺上铁板；先将妇女和儿童撤出去。坐镇指挥的正是七十五岁高龄的斯科特将军，这个前不久还是财政专家的他，现在是临危受命的陆军指挥。而另一位指挥官就是林肯自己了，他在一次战争中解救了一个被俘的印第安人，这也是他唯一的功劳。

可是，时间不等人，援军迟迟没有到。林肯心里非常着急，不停地在房间里踱来踱去。"为什么援军还没有到？"林肯不停地询问身边的工作人员。后来消息传来，原来援军在弗吉尼亚遇到了敌军的炮火阻拦。林肯只好一个人静静地待在房间里，长时间不发一言。几天以后，舒尔茨回想当时林肯的状态，他几乎是像一头被困住的野兽一样，找不到任何出路。因为首都实在太危险了，南方就算只派一支先锋队跨过波托马克河，他和所有的内阁成员就会沦为俘虏。突然，林肯好像听到了一声炮响，他马上惊呼起来："啊，快看啊，援军来了，援军来支援我们了！"几个月以来，他几乎每一分每一秒都在期待这一时刻的来临。可是好像不对，为什么大家表现如此平静？他连忙下楼，询问下面的内阁成员是否听到了炮响，他们都纷纷摇头。从门口望过去，街道上一个人都没有，他还向一位路人打听消息，可是答案依然是没有。难道刚才产生幻听了？在夜以继日的折磨中，他的精神世界几乎要崩塌了。人们不禁想知道，这样一位可以说是美国历任总统中最不擅长打仗的总统，能在战火中存活下来吗？

纽约过来增援的士兵终于成功抵达了华盛顿，他们坐在火车上进入了城里，所有的居民都走到那里，迎接来自纽约第七军团的将士们。面对官兵，林肯发表了这样的讲话："我现在相信，北方是可以协同斗争的。不过，第七军团是伟大之师，罗德·伊斯兰德也是个伟大的人物，你们是存在于现实中的。"在这样的场合说这样的话似乎不太合场景，有人持否定意见，有人觉得很费解，可是从这段话里，我们可以清楚地感知，当时的林肯肩上的责任有多么重。同时，其他地区派来的增援依然没有消息。像他这样一个初到华盛顿的异乡人，之前又没有从政背景，现在一下子坐在了代表最高权力的位置上，而且还遭遇了美国从来没有过的历史危机。现在不仅没有议会，也没有效忠他的内阁，一切都要他一个人定夺，好像历史上还没有一任总统像他这样为难过。

在所有人当中，只有李将军是最了解形势，明哲保身的。现在的他，正安然地待在弗吉尼亚的家中。虽然他也效忠祖国，不支持弗吉尼亚从合众国分离出来，可是当林肯请他率领军队时，他却拒绝了。他认为他做不出自己率领军队攻击南方的事。然后，他又马上向他的上级，也是他的同乡——斯科特将军请辞。老斯科特闻言非常沉痛地说，"两万大军兵临城头的情况也没有这么坏吧。"

也正是在这个时候,巴尔的摩也警示总统,支援的军队不能走巴城这条路。这样的话,军队就只能从城的边界绕过来。可之后巴尔的摩又说了,他们是保持中立的城市,就算是绕道也是不可以的。林肯马上回复道:"现在我们急需军队支援,他们只能经过马里兰州过来。因为,他们不能从天上飞,也不能从地底下钻。"

没多长时间,华盛顿周边就只有一条路可以让援军通过了,可是这条路敌军也可以通过。南北军队第一场战争结束以后,北方军队回到城里,国会大厦也成了伤员的休息地,随处可见伤员的身影。

一位战士由于绷带绑得太匆忙,鲜血不断往外渗。林肯看到了这一幕,这也是他第一次看到士兵的鲜血。他心里想,"多么冤枉的年轻人哪,对于他说,政治的概念还很模糊,可是他们甘愿来这里牺牲自己,只是因为一个目的,那就是'合众国要解体了。'"此时的国会大厦还没有遍地是鲜血,可是这个慈悲的总统眼前仿佛已经看到了大片的鲜血。此时的他也懂得了一个恒久不衰的真理:人们不会为了一个抽象的概念而战,他们只有为了保卫祖国才会如此。

三、兄弟之战

对于普通的两个平民家庭来说,他们很有可能在争吵后结下仇恨,老死不相往来。可是两个亲兄弟却不知道如何才能将对方视作仇敌。南北之间的战争就是如此,第一轮战争结束以后,整整三个月,双方都没有采取任何行动。他们彼此都需要好好调整一番,同时也需要时间磨平这种复杂的情绪。在这期间,南方没有去进攻已经危在旦夕的首都华盛顿,只是让机会从眼前白白溜走。这也说明了两个问题,一个是他们决策力不够果断,另一个原因可能是他们需要消除这种复杂的情感。

七月,议会召开了,林肯发表了特别重要的讲话。他从道德和历史意义两个方面,对南方战争进行了深入的剖析,也阐述了自己的观点。首先,他以一个总统的身份向还没有分裂的各州提出要求,每个州向政府提供四亿美元和四十万士兵。他说:"对某些人来说,这个数字或许还不到他们总财产的二三十分之一。"接着,他把建国初期和现在情况进行了对比,证明和过去相比,美国在经济上取得了长足的进步。"现在,每个人都要尽力保障我们的自由,这种欲望的强烈程度丝毫不逊色于七十年前。"

他还从金钱的角度对国家权力进行了阐述:"原来我们的国家是用金钱将南方的土地买过来,人们才在那里安居乐业。现在,他们从联邦独立出去了,回馈给国家的却不是金钱,而是炮火,这公平吗?南方人制定了新的《独立宣言》,里面将杰斐逊曾经说的一句话'所有人生而平等'这句话删掉了,原因是什么呢?在他们制定的临时宪法的前言中,将'我们是合众国的人民',换成了'我们,各个独立州的代表'。对于联邦来说,应该通过武力的方式让我们的政府得以保全,并把每个人肩上的担子都卸下来。让所有品质高尚的劳动者都忘了忧愁。如今我们必须想的和付出行动的也是如何保护好政府,让它正常履行它的职能,拥有反抗试图想要攻占它的强大势力的力量。在全世界人民面前,我们必须拿出自己的力量,向他们昭示:通过公平、公正的方法选举上来的总统,当然也有足够的能力解决内部纷争。只有选票可以决定谁来统治这个国家,只要选票是通过公平、公正的方法得出的,就不能诉诸武力。这样一来,所有人就会知道,通过选举不能得到的东西,即使打响战争也不可能得到。于是大家就懂得了,战争的挑起者是多么的愚昧、无知啊!"

这多么具有统治者的霸气啊!

他先是从数字出发,然后阐述自己的意见。先是面对全美民众,然后引申到全体民众。全世界人民的宏伟事业更加伟大,需要解决更多的问题。林肯一直认真关注着整个自由事业。他觉得,自由和合众国的利益相比,前者更加值得我们为之奋斗终生。他说,一场有关道德的大戏即将在全世界人民面前拉开序幕。

几个月以后,他又在演讲中说,这次战争的主要目的是保护民主原则,因为南方人想要恢复君主立宪制。

有个比较少见的观点,我想简单阐述一下。那就是,应该尽力让资本和劳动处于同一水平上。有人觉得,劳动只有和资本相关联,才能吸引人去劳动。于是新的问题接踵而至,劳动者为了获取资本而进行的自由劳动,和在资本的胁迫下,被动进行的劳动,到底哪个比较具有优势呢？说到底，问题的核心在于，劳动者的身份是打工者还是奴隶。

有人说，一个人只要打过一次工，就只能做一辈子雇工。可事实上，资本和劳动的关系并不是像他们所说的那样，任何一个自由人都不想一辈子给人打工，以上想法和结论都是不成立的。劳动先于资本产生，有了劳动才会产生资本，资本不会先于劳动出现。所以，劳动应该受到的关注更高。而资本具有自己的权力，和别的权力一样，它也应该受到法律的庇护。

当然，资本和劳动之间是互利互惠的关系。这种观点之所以会被人误解，是因为有人对社会劳动理解不深，认为这种关系存在于所有劳动之中。在我们的社会中，资本占有者只是少数人，他们害怕劳动，用自己所占有的资本请别人帮自己做事，或者用手里的资本强迫别人为自己劳动。

另外还有第三个层次，他们不受雇于别人，也不雇佣别人为自己劳动。南方州里有很多人就是这样，他们既不是奴隶，也不是奴隶主。他们有自己的农场或店铺，全家人都自食其力，自给自足。资本、雇工、奴隶在他们眼里都不存在。

刚刚踏入社会的时候，你会先为了获取报酬而受雇于别人，等你攒够足够的金钱以后，你就会自己买土地和农具，开始给自己打工。最后，又有一批刚刚进入社会的人来给你打工。这样的制度才是合乎常理的，它可以调动人们的工作热情，可以让每个人都拥有平等的成功机会。想想看，那些靠自己的双手赚得劳动果实的人多么受人敬重。如果不是靠自己劳动获取，他们是会鄙夷的。这些人绝对不会放弃自己所享有政治权利，更加不会放弃上进的机会。如果有人想要掠夺他们的自由，他们是一定会为之进行战斗的。

在战火纷飞的岁月里，一位总统能讲出这样的话，实在是不同凡响的。因为它的受众群不仅仅是农夫、雇员，还有南方那些贫穷的白人，让他们可以好好地反省自己的政治制度。

可以说，这番话所产生的政治影响，全部由林肯个人决定。他是一个很会运用语言技巧的人。可是他却在冗长的公告后面附了这样一些理论问题，和前面的内容相比，显得和主题似乎不相关。原因就是他一直强调的是全人类的自由事业，站的高度更高。

林肯自己给人砍过柴，打过短工，可是他并不想掩饰自己的过去。这片自由的土地是他的家乡，他通过自己的双手谋得生存。现在，他开始向自己的敌人，向整个国家提出自己的疑问。他觉得，整个世界都应该对那些给人打工，然后又凭借自己辛勤的劳动收获资本的人抱以尊敬的态度。

夏日的清晨，刚刚六点，阳光肆意挥洒在这片广阔的土地上，可是路上依然行人寥寥。有一个人路过白宫时，看到一个身穿蓝裤子，脚穿特大号拖鞋的大个子站在那，这两个人打起了招呼。大个子朝那人喊道："喂，你看到那个送报纸的小伙子了吗？他去哪了？如果你看到他，麻烦你告诉他，让他到我这里来一下。"就像在斯普林菲尔德一样，林肯依然保持着最原始的生活方式，人们还不习惯呢！

事实上，如果他需要有人替他做事，他只要拉一下书桌旁的响绳，马上就会有人替他服务。可是，他经常出现的一种状态就是，坐在书桌前开始办公时，才想到要叫一个仆人来。这时，他往往找不到他的秘书尼古拉，因为他上班太早了，估计是美国历史上上班最早的总统。平时，他从不遵守各种规矩，习惯随意自然。只有当重大任务来临时，他才会强迫自己规律作息。总统办公室位于白宫的南边，每天，他都要穿过半个大厅，才能从卧室赶往办公室。如果他不像今天这样在门口逗留一会儿，或者不早早去办公室，他就会在去办公室中途被人截住。直到三年以后，他找到了一条方便的小径，才避免了此类困扰。

林肯的办公桌很大，中间是供内阁开会用的巨大的会议桌，两边搁的是破旧的沙发。可是林肯却非常喜欢，他将两张沙发拼到一起，然后惬意地窝在上面看书。对于林肯来说，这应该是他上任以来最享受的一件事情了。在壁炉的上方，林肯找到了一张杰斐逊的照片，虽然已经年代久远，有点模糊，可是林肯却从来没有见过。后来，他又找到一张英国工人领导人约翰·布莱特的照片，挂在了办公室最显眼的位置。他这样做的目的是向公众暗示，他对英国这个极端主义者非常赞赏。办公室的墙壁周围都是各个州的地图，好像是昭示所有人，现在正处于战争时期。

时钟指向上午九点，9名内阁成员陆陆续续赶到办公室开会。林肯组建的这个内阁让全国人民都讶异不已。从他们的身份上，完全看不出这是个战备时期的内阁，因为从他们的脸上丝毫看不出现在正处于紧张的战争时期。林肯坐在桌子前面第一把椅子上，给大家详细汇报了目前的战争情况。他看起来是那么理智睿智，自信满满。可是人们都明白，这个已经53岁的总统以前从来没有主持过如此重大的会议，在那些政治老手们看来，这样的人是难以挑起重担的，至少他们不相信他。这位新上任的总统为什么不多选择一些自己的同仁和战友来组成内阁呢？现在的内阁成员几乎都和他没什么交情，一半是共和党人，一半是民主党人，要知道，那可都是他的对头啊。对于人们的这个疑问，林肯是这样解释的："我本人不就是共和党出身吗？这样的话，内阁里就有四位民主党成员和三位共和党成员，再加一个总统，两派正好势均力敌。"这是多么聪明的选择，他将敌人作为自己的内阁成员，安排在自己身边，虽然双方还是敌我双方。

可是，只要看一眼坐在身边的赛华德那懒洋洋的样子，他不会觉得自己是孤家寡人吗？即便他为此缺少了一份洋洋自得，而多了一份理智，他也不会感谢赛华德什么吧。是的，不管是从天资，还是从阅历，从学识，从名声上面，赛华德都有资格坐上林肯现在的位置。可是现在，他却屈居一个人以下，因为大家没有选择他做总统。他那帅气的外形加上沉闷的表情，你完全可以感受到他的难受。当林肯才上任时，如果有谁向赛华德埋怨说自己如何不甘心，他常常会气不打一处来，然后说，"你说你冤，可是你看看我，本来我就要当上总统了，可是却被人挤了下去，最后只能眼睁睁看着从伊利诺伊州来的一个小律师坐上总统的宝座，我的难过又有谁能体会？"现在，他的身份是一名内阁大员，可是他的心里总是不舒服。平时他最喜欢别人叫他内阁总理大臣，以至于大家也因此嘲讽他。

在林肯对面的另一位内阁大员，虽然从来不和林肯公然对抗，可是却一直保持沉默是金的态度。以前他也是林肯的对头，可是他觉得上天太不公了，这个人就是蔡斯[①]。他一直都保持一个表情，眼睛炯炯有神，从脸上可以看

[①] 蔡斯：美国律师和政治家，美国南北战争前的反奴隶制领袖。林肯任职期间，他是内阁中的财政部长，美国第六任首席法官，曾几度想要做上总统的位置。

出他活力十足，事实上他确实年纪不大。现在，他好像正想着遇到一个重大的转折，让失败成为成功的动力，开始一项更加光辉的事业。他一直都是强烈反对奴隶制的，甚至比赛华德还要冒进。他现在是林肯内阁的财政部长，以前他是首席大法官，所以他对那么复杂的财政数字驾轻就熟，就好像他是它们的主人一样。有时，他有点飘飘然，可是他对总统非常尊敬。他一生清正廉明，没有留下过任何败笔，总统十分放心把工作交给他。因为根据他的一贯工作态度，任何外来的干扰都是不需要的。

坐在林肯一边的是海军部长吉迪恩·舒尔兹。初次见他的时候，人们总会将他看成远古时期的一位船长，他双眼非常犀利，和海鸟的眼睛很相似，留着典型的白色水手大胡子，嘴巴大大的，头发是灰白色，可是都是卷毛。他的五官分明，像极了一头海熊。他在海军部长这个位置上已经待了四年多了，成绩斐然。可能那天他旁边坐的是弗克斯吧，他是林肯的国务秘书，政策上倾向于反对英国，非常具有年轻人的朝气，这一点可以对他的首领帮助不小。

坐在弗克斯身边的是他的姐夫，他也年纪尚轻，他就是邮政部长布莱尔。他家庭背景显赫，人脉极广，长着一个尖尖的鼻子，双眼射出犀利的目光，表情严苛。大多数情况下，他都是不发一言。猛的看上去，他还很像一位严谨的数学家。同弗克斯一样，他对叛乱恨得咬牙切齿，他们都是踏实肯干的人。

贝茨，内阁中来自于密苏里州的总检察长，为人刚直不阿，可是却有些小市民做派，平日里话也很少。看上去，他的双眼澄净，好像在告诉人们，他关心的只是现在，对未来并没有什么长远的规划。

如果林肯用他那双善于观察人的眼睛仔细打量周围的部长们，就会发现虽然六位部长性格迥异，可是只有第七位部长最吸引人的眼光。这张脸上没有胡须，前额很高，鼻子很大，头发灰白，可是也很少说话，双唇闭得很紧。他有点孤芳自赏，从来不把别人看在眼里。更让人觉得不可思议的是，作为一名内阁要员、陆军部长，他竟然没有一点大公无私的精神，而且他之前还是商人，转眼间变成了陆军统领。他不会打仗，更没有实际带兵经验，所以他没办法履行自己的职责。很快，他就卸任了。

这就是林肯的内阁，加上总统和副总统，一共是九个人。这样的内阁组成，包括7名性格截然不同的部长，在美国历史上来说是几乎没有出现过的。可是林肯的内阁就是这样一个分散型的内阁。林肯要想改变现状，就必须让所有人都服从他，一并听他指挥。对于林肯来说，要想很好地行使总统的权力似乎并不太容易。几乎每个人都觉得这位从来没有做过领导人的总统，是很难跨过领导内阁这个难关的。他从来没有在议会中担任过什么领导职务，也从来没有领导过内阁。而面对所有人的质疑，他并没有用太长时间去学习，去了解，他很快就对这些了如指掌了。他从来不按照规矩办事，他常和部长们就工作事宜进行闲聊，谈话的口气很像拉家常，可是他却很用心地去听从他们的意见，从来没有现场发飙过。他只是将自己认同的和不认同的观点区别对待，然后根据自己的想法进行汇总。他总是不露声色，所以他们很难判定他是怎么想的。他的秘书说，林肯是带着极度的真诚来领导内阁的。这位秘书后来还说，"他不仅敬重专业知识，也尊重自己的想法和决定，当然也尊重内阁成员的经验判断，而他做这一切时，是非常真诚的。"

在刚开始的几周时间里，他用他的刚毅做派树立了自己的威信。3月初，赛华德向林肯申请辞职。在战争之前，从他写给总统的一封信中，我们可以看到满满的控诉：

> 首先，我们上台领导这个国家的一个月以来，依然没有制定详细的对外方针政策。其次，议院和政府官员相互勾结，见缝就钻，让我们身心俱疲，内外交困。再次，如果我们继续对这些事情掉以轻心，我们的政府将会失去人民的支持，所以我们必须尽快拿出一个稳妥的策略，要不然整个国家都会摇摇欲坠。为了完成这项伟大的事业，我们必须将那些投机分子清除出我们的政党。然后，对于对内政策的确定，我知道我的观点比较个性化，大众很难认可。可是我要表达的主要观点是，我们应该在公众面前表示，我们不会再做解救奴隶的徒劳行动，应该将重点放在国家的和平统一上，国家的前途是第一重要的，政党之间的纷争应该符合整个国家的利益。最后，我的外交立场是，我觉得我们应该马上得到西班牙和法国的明确支持，这样才能有底气向英国和俄国提出条件。同时，我会派驻外使节去拜访加拿大、墨西哥和拉丁美洲，这样才能更加防止欧洲的阻挠。如果西班牙和法国的答案让我们不满意，我会马上召开议会，对他们发动战争。
>
> 不管我们实行什么方针政策，我们都应该一条道走到黑。而且，

我们必须选举一个有担当的人来负责这一切，从开始到最后都一直带领我们实行完成国家大计。至于这个核心人物，可以由总统本人来担任，也可以由某位议员来担任。如果这一建议得到同意，我们就不要再吵闹不停了，每个人都应该无条件服从这一决议。虽然这项工作也在我的工作范围之内，可是我既不会推诿责任，也不会超越职权。

这是赛华德给林肯发出的最后通告。虽然前一次他答应了林肯的邀请，担任了内阁大员，可是这一次他好像是亲自拿着枪跑到了总统面前，用内阁大员的身份威胁总统。对于他来说，他是想出访国外的，也不想掌握国家的外交事务。他说总统可以亲自处理此事，当然也附上了一些礼貌用语。可是等他把那句威胁的话说出来时，礼貌的外衣就被完全剥除掉了。从这封信中，林肯发现赛华德在萨姆特重要枢纽的问题上，还有总统的职责问题上，都是不够积极主动的，而且赛华德这种破罐子破摔的态度更是让问题解决起来更加艰难。在萨姆特这件事上，林肯一直主张的是继续坚守，因为如果北方退一寸，南方就会进一尺。而在赛华德提出的总统职责上，林肯也同样采取拒绝的态度。这两个事情的相通之处在于，前者是一群人要求总统做出让步，后者是一位内阁大员要求总统做出妥协。一开始，林肯就说，如果安德森故意从萨姆特撤出来，他就会离开白宫。现在，林肯又说，如果赛华德不想再出任国务卿，那么林肯也会让出总统的位置。

在赛华德写信的当天，林肯就给他回了信，信的内容是这样的：

亲爱的先生，您的来信，我看了很长时间，也思索了很长时间。在发表就职演说时，我就说过，我会虔诚地履行人民交给我的权力，确保国家的安全、人民的安全不受到侵害。对，这一点，您当时也是非常同意的。我还曾经给斯科特将军下达过一个死命令，要他不管付出任何代价，都要保住重要枢纽，这里面就提到了您现在所说的对内方针。昨天，圣多明哥传来消息，让我们的外交策略又多了一层新含义。而在这之前，我们一直忙着给各位驻外大使发信函和命令，所有的事情都进行得非常顺利，从来没有听到有人批评我们的外交政策。至于您在信的末尾提出的意见，我认为，如果这些事我必须做的话，在一项方针政策确定下来后，我觉得我们不需要再对此进行过多的讨论。虽然这样，如果在执行过程中出现什么问题，我依然希望，当然也有足够的信心听取内阁提出的意见。您的忠诚的仆人。

林肯的语气是强硬的，让人觉得他在这个总统位置上已经坐了好久。如果国务卿对总统的方针提出意见，林肯总统会举双手赞成，并且给予最大的支持。可是如果国务卿想置总统的意见不顾，而一心想辞职的话，那么他从一开始就不应该待在内阁里。有关对西班牙和法国打响战争一事，林肯更是没有说一个字。后来他私底下说，"现在我们打的这一场战争已经让人精疲力竭了。"有关外交的领导权问题就这样简单被确认下来，而那妄想分裂总统大权的念头也被扼杀在了萌芽状态。林肯说得很清楚，如果他需要内阁的帮助，他就会召开内阁会议，听取大家的意见。回信的结尾依然是那句一成不变的落款："您的忠诚的仆人。"

现在的赛华德应该怎么办呢？离开华盛顿？虽然他很骄傲，可是他一旦开始觉察到林肯比他道行高时，他性格中果敢的一面就会让他宁愿承认这一点。5月份时，他将一份准备发给国外的电文交给总统，希望听取他的意见。6月份，他在写给他的妻子信中说，"像总统这样既有聪明才智，又有领导魄力的人，真的不多了，他确实比我们要高出一等。"

五、非凡的总统

无论是以前在店里给顾客提供服务，还是以后作为律师帮当事人打官司，林肯都一直背离规矩做事。就算现在身为国家总统，当他和手下共事时，他依然会异于常规。可是由于处于战争时期，人们都对他的这种作风表示支持，因为灵活的处理方式反而可以在战争时期更好地管理国家。战争让规矩可立可废，可是灵活的作风可以让人感到更加舒心。

有一次，林肯派自己的一位心腹给得克萨斯州的州长送一份重要材料，他这种异于常规的处理方式得到了很好的运用。"这是一份重要信息材料，只有我本人和内阁知晓。现在我要求您像一位内阁大员那样发誓，请举起您的右手，好！现在您已经变成一位内阁大员了。"

"总统先生，为什么您不让一位真正的内阁成员去完成这个任务呢？"

"那是因为，无论哪一个内阁成员，都会被处以极刑。"

"如果我也这样认为的话，就不会派您去完成这个任务了。我之所以让您去，是因为您可以顺利抵达那里，然后待上一段时间，之后再安全回来。"于是，他终于让这个人同意完成此次任务。

可是当一位州长因为本州军队迟到一事而向总统表达歉意，并解释说是由于准备工作没做好所引起的时，林肯的回信非常严肃，他说："请您转告那几位负责此事的军官，由上帝作证，难道给士兵们发军饷也需要准备那么长时间吗？他们的重要性也只有在今天才体现出来。"有一次，一位参议员想让他做一件他不愿意做的事情，并说，"您一直说自己是根植于人民大众的律师，那么，如果您很好地完成了此事，您不是可以进一步提升您在人民心目中的形象吗？"林肯回答道："我的当事人也不能对我的意志反其道而行之，如果我的领导让您觉得不称职，我想以后你完全有机会让我下台。"

对这样的参议员，林肯实在难以控制住自己的讨厌情绪。对于他来说，现实情况才是最重要的，而他对形势的掌握也是受到了人们的普遍认可。

积极深入到老百姓的工作生活中去，和公众们联成一体，这是林肯一直以来的作风，也是他生命中不可或缺的一部分。而且，他的这种平民心态和作风不仅没有因为他的地位上升而减少，反而增强了不少。在那个战火纷飞的时候，他将每周中的两天规定为总统接待日，这时老百姓可以涌入白宫和总统面对面交流。这是一种真正民主的形式，一直被沿用到今天。直到现在，欧洲也没有一个王室和民众这样亲密接触。每逢接待日那天，林肯就会收拾起平常不讲究的做派，将自己打扮得整整齐齐地坐在那儿，认真聆听每一位上访者的诉说。当时的一位上访者后来回忆起来说，"总统看上去非常和蔼可亲，心情也很愉悦，他从来不会对来访者说不行这样的字眼，一定会给每个上访者一个满意的交代，所以当上访者离开白宫时，他都会非常振奋，更加有信心和力量了。"大部分时候，林肯都是扮演一个倾听者的角色。从对方的语言中，他可以大致明白他们的内心所想。他对上访者表现出来的耐心也十分令人钦佩。当他在走廊不小心撞倒了几位穷苦人家的小女孩，他会马上将她们扶起来并道歉。有一次，他发现保安正在和一位来访者争吵，于是他就让那位来和他商量正事的参议员稍等一会儿，自己则亲自跑到门口，将那位上访者的材料拿过来。有时，他还会亲自到门口欢迎上访者的到来。

他自己也察觉到，在他满足上访者需求的同时，他也经常被骗。可是，当他明白母亲是为了救出自己当逃兵的孩子，所以才假扮寡妇来求情时，他的心就会动摇了。虽然他心里很清楚这不是事实，可是他依然会同意他们的要求。他觉得，慈悲要比严厉好，所以他宁愿怜悯别人。要知道，战争已经让人们受够了灾难。

所以，所有人都非常支持和认可他的工作，他们对总统十分信任。可是，一向宽容的林肯也不喜欢那些骄傲的人。有一次，一位伯爵在普鲁士大使和舒尔茨的推荐下来见林肯，希望求得一个职位。他先是对自己的家世进行了介绍，吹嘘自己的家族有多少年的历史等。这时，林肯实在忍不住了，他说："只要您能当好一名士兵，没有人会研究您的家世。"

就是依靠他的聪明和幽默，对所有的来访者，他都可以轻松应对。可是，来访者太多了，他有点应付不过来了。在他就职后的第一个星期里，求职者带给他的困扰，比他对国家前途的担忧更甚，虽然后者才是他工作的重中之重。"记得在斯普林菲尔德时，想求职的人已经多得数不胜数了。可是和现在相比，简单就是小巫见大巫。我真是有苦说不出，被折磨得快要死了。"他用一句形象的话概括出了他的困境："当整个房子都被大火熊熊燃烧时，他却还要想办法给一些人在里面找房间安身。"

他一直尽力隐忍，可是当看到一些人的恬不知耻，他也会爆发。有个人尝试着在广告中打着林肯的旗号，林肯严词拒绝后，那个人还不死心。这时，林肯马上从椅子上蹦了起来，他说："您把我林肯当成什么人了？如果你坚持要这样做的话，那么没什么可说的，那边是门，请您出去。"有一位残疾人也前来求职，可是却说自己忘了带伤残证明。林肯说，"我怎么断定，您的腿不是从果树上摔下来断的呢？"林肯是土生土长的农民的儿子，对于农民的这种小伎俩，他是再熟悉不过的了。可是最后，林肯还是答应了这位残疾人的要求，给他提供了一个职位。

只有与生俱来的搞笑特质，才能让他在一个比较高的位置上来审查身边的人。他向人们点头致意，这种高高在上的姿态不仅不会伤害到别人，还会让对方不知道该怎么办，可是这却给了他调整的机会。这时，他好像又回到了参加巡回法庭的日子。他将每一位来求职的人都看作对方的辩护律师，他们既有有理的一面，也有无理的一面。那段时间，连他当年做邮政局长的同事们都来找他要职位了。有一次，一个人从西部带着求职信来找林肯。刚开始见林肯，他紧张得不能自已，一个字也说不出来。这时，总统突然把手放在他的肩膀上说"您的口袋里难道没有装着某位邮政局长吗？"那个人不明白是什么意思。林肯继续好脾气地解释道，"好，我已经非常明白了。每个来找我的人背后都有一个推荐人。我想，您一定是由某位邮政局长推荐的吧。"

还有一次，林肯和他的私人医生一起合作，让一个死缠烂打的求职者逃之夭夭。当着那位求职者的面，医生问林肯："您手上的斑点是怎么得的，您知道吧？"

"哦，您说这吗？这是天花，我全身上下到处都是啊，它会传染吗？"

"天哪，那当然，而且它的传染性还非常强呢！"

这时再看身后，那位求职者早已不见了踪影。

六、外交

有一件事林肯也必须要做好，那就是让所有的内阁成员和人民都充分信任他，相信他有足够的能力来处理好外交关系。可是对于林肯这个农民出身的律师来说，到哪去学习这些外交策略呢？比如大家都熟悉的道格拉斯议员，他那些高超的外交技巧是他在华盛顿政治舞台上花了几十年时间才练出来的。其他的内阁成员也是各有自己的特点，比如赛华德非常会写外交公文；取代道格拉斯担任外事委员会主席的萨姆纳对欧洲习俗十分了解。凯麦隆懂得各种外交利益的好坏。可是他呢？他会做什么呢？他只是一个杰出的受人敬仰的会讲故事的人。

具有这种观点的人，在政府官员中屡见不鲜。就算是在林肯过世几十年以后，很多年轻人都这样觉得。事实上，他们没有将林肯的聪明、睿智、能干放在心上，当然更不知道他还会高超的语言表达技巧和外交辞令。例如，在处理中立州这个问题中，他所表现出来的睿智，就让人不由得竖起大拇指。可是这种能力对一个五十多岁的老人来说是很难短时间就掌握的。我们只能说任职之初，他就自然学会了这些东西。

从他处理反对派报纸的做法，就可以充分看出来他已经练就了杰出的外交本领。格瑞利这位传媒业的老大对政府来说地位举足轻重，既可以让政府工作开展得风生水起，也可以让政府倒台。在斯普林菲尔德的一次见面，他们谈得并不顺利。可是现在，只要格瑞利愿意将自己的报纸作为政党联系外界的纽带，愿意为政府传达消息，那么林肯也非常愿意告诉他政府的策略。"如果是这样的话，他就会免费为政府做政策宣传，而且没有人会知道幕后操纵者是我。我对他极其信任，他于我的重要性不言而喻，他的力量有如十万大军。"

如何将边界问题解决掉，对于林肯来说也是一个非常大的挑战。从某种程度上来说，战争的成败和中立州的立场关系重大。国内意见一直不统一，所以增强联盟党的力量刻不容缓。在田纳西州和阿肯色州，只有很少的人愿意站在北方这边，他们的力量不足以阻挠这两个州想要独立出去的意愿，所以这两个州到底该如何定位还没有结论。特拉华州虽然没有得到联邦政府的明确指令，可是他们依然派遣了部队过来打仗。而马里兰州、密苏里州、肯塔基州关系到合众国的根本命运，而且留住这些州还是有很大胜算的。如果成功，将会非常有利于壮大北方的势力。刚开始，密苏里州长不想加入北方军队，可是那里的德国人却意志坚定地拥护北方，所以他们也要求参与北方部队。而另一方面，南方想要保全伊利诺伊州和宾夕法尼亚这两块大本营。所以，对这几个踯躅不定的州，如果刚开始还设想和谈的话，现在也可能要诉诸武力了。

在这样的情形下，林肯外交方面的智慧告诉他，现在只能从法律入手，对他们进行心理攻破，而且还要尽量采用比较和缓的手段。比如，当肯塔基州的州长想要退兵时，林肯是这样回复他的，"我非常理解您想要肯塔基州安定和平的迫切愿望，更何况那里是我的故乡。可是我却在您的来信中看不出一点您对合众国的忧虑，这让我觉得很可惜。"林肯虽然只说了一句话，可是却一语命中了问题的实质，当然也一点也不失风度。他将故乡这个概念从肯塔基州扩大到整个国家上，还用这种无可辩驳的方式让那位州长明白了自己的思想有多么狭隘。

没过多长时间，他就单独会见外国使节了，因为林肯知道，外国势力的参与对于战争成败至关重要。林肯就像是一位有着丰富外交经验的领导人，会见不同的外国使节，他的态度也会随之发生变化，他知道什么时候该平易近人，大大咧咧。一天晚上，4位庄重肃穆的加拿大人来拜访林肯。在那里，这4位来访者看到了另一位正在拜访林肯的教授。这位教授正滔滔不绝地给总统论述着战争给国家带来的危害。可是聆听的林肯呢，只是穿着一双拖鞋随意地坐在那儿，面部表情平静，有时会举出一些具体的数字来反对或同意教授的观点，令那位教授感到非常惊讶，可是林肯那平静的表情却让四位加拿大人印象颇深。等教授发表完他的观点以后，林肯又用一个黑人的小笑话来结尾。后来，那四位加拿大人都对林肯赞赏不已，特别是他那忧郁的古典气质，更是叫人难以忘怀。有一次，在会见两位分别来自瑞典和挪威的军官代表时，林肯给他们朗诵了一首瑞典诗歌，当然是翻译成英文的。可即使是这样，那两位军官代表特别是瑞典军官依然陶醉得不能自已。

泰国国王送给林肯一把长剑，以示友好，他写信给泰国国王表示万分感激："皇帝陛下的礼物我已收到，非常激动，里面有宝剑、象牙，还有两位小公主的照片等等。可是，还请陛下谅解，我国法律规定，总统是不能接受任何名贵的私人物品的，所以我会遵守规定，将它们交给议会，由政府监管。"在这之后，泰国国王又送给林肯一头大象，方便他打仗时做交通工具，林肯写信向泰国国王表示感谢，并回复说："如果在当前形势下可以让它发挥作用的话，我想我们政府会非常愿意收下它。只可惜我国纬度比较高，没有大象吃的食物，而且我们的运输工具是蒸汽机。我想，在不久的将来，它一定会发挥大用处的。您忠诚的亚伯拉罕·林肯。"

在写这些外交辞令时，林肯的眼眸中闪烁着睿智的光辉。现在，内阁里还没有专人负责处理泰国的相关事宜。赛华德都还没有想到，而且以他的才华，他也想不出来。这封信既表达了感谢之情也暗含了嘲讽的意思。可是林肯这位从小地方来的律师，从来没接受过训练，也没有这方面的经验，却凭借出色的才华，写出了这么优秀的文书。

令人啧啧称奇的是，以前那个胆小、怯懦的林肯现在应对各种情况都很坦然了。由于生活环境的变化，他可以在各种环境里游刃有余。现在，虽然还存在怀疑的目光和嘲讽的批评，可是他却可以在险境中求生存，牢牢地掌握自己的权力，用才智和威信让这个战火中的国家臣服在他的脚下。

七、兵败波托马克

战争刚开始打响时，北方的军事装备一团糟。他们虽然有武装齐全的士兵和劳动力，资本也比较丰富，而且萨姆特重要枢纽撤退以后，士气也高涨，可是北方却没有一个可以总揽全局的统帅，这很是让人忧心。总统虽然同时兼任陆军和海军的最高指挥官，可是他和之前的总统一样，对打仗这件事是完全不懂。而且，即便他是有着丰富打仗经验的老将军，也没有权力根据自己的意志来任命部队的最高将领，因为人民的意志凌驾于他的权力之上。在美国，社会舆论的力量非常之大，甚至超过了英国和欧洲国家。各党派和各州为强化自身利益，纷纷利用媒体、议会、俱乐部等种种力量给政府施加压力，以此达到让自己利益团体中的人任职最高指挥官的目的。为了实现这一愿望，他们竟然不惜动用武力。

如果不同意这些州长们的要求，怎么才能让他们心甘情愿地为战争征集军队呢？尽管后来，法律将普通兵役制涵盖了进去，可是总统还是得顾全到所有利益集团之间的关系，以免得罪任何一方。那时，总统的正义和道德一直被痛苦地压抑着，虽然他不想这样做，可是当前的战争形势让他明白，识时务者为俊杰。

"您必须给这位见您的人提供一个职位，至于干什么我不干涉，反正你要给我解决这件事。"这就是林肯写给斯科特[①]将军无数指令中的一个。信中所说的那个人对林肯可能并没有什么意义，也许只是个废物，可是出于利害关系考虑，他还是为他引荐了职位。可以想象，当他写这样的引荐信时，他是如何唉声叹气，这些事情让他烦不胜烦。他一向耿直，从来没有为自己的亲朋好友谋取过利益，可是现在为了某个团体的利益，而且还不是国家的利益，他就必须动用手中的权力去做这样的事情。

同时，知识的缺乏也让林肯十分困扰。他察觉到，仅仅凭借自学是难以

---

① 斯科特：美国将军，作为优秀的辉格党人，1852年，他获该党总统候选人提名，可是却因为辉格党在奴隶制问题上出现分歧，而导致竞选失败。南北战争打响时，他曾任美军指挥。

补充到足够的知识的。法律他可以自学，然后就可以帮人打官司。木匠他可以自学，然后就可以做一手好木匠活。盖房子他也可以自学，饲养牲畜、航运等，他都可以自学。可是现在下达最高军事命令时，他却无从下手。而当前的形势又非常紧张，南方已经有了自己的最高将领罗伯特·李将军，可是北方的人选却一直没有定下来。

这时，新闻媒体正在全力叫嚷着要向里士满出兵。因为大家都很担心欧洲会出面阻挠，所以他们想趁敌人还没有准备好时，一举攻过去。里士满是南部联邦的首都，他们定都在那里的主要原因是弗吉尼亚州是个重要关口。在这儿，他们可以对周边各个州进行胁迫，而且南方也想借此机会向世人暗示，他们离华盛顿非常近，如果他们乐意，他们完全可以去华盛顿走一趟，然后再慢慢走回来。所以，尽管西部战线拉得很长，可是这次战争却主要集中在东部小州内。

支援部队和志愿兵从各个地方源源不断地涌向首都，比人们预想的还要多，可是却缺乏正规训练，无组织无纪律，也没有一个统一指挥者。因为华盛顿和南北方边界非常近，所以有一万大军驻守在这里，以确保首都华盛顿的万无一失。这样一来，总统本人也必须亲自到前线，看望伤员、参加阅兵式、授旗帜等等。当他看到北方军民的爱国热情持续高涨时，他的心里又多了一层担心，因为北方还没有选出来可以总揽大局的军事将领。最后，林肯终于下达了命令，他任命布埃尔为俄亥俄军区总司令，任命麦克道尔为东北军区总司令。这两位都是名不见经传的人物，所以当声名显赫的弗莱芒特被任命为西部军区的总司令时，所有人都拭目以待。

虽然全国人民都希望林肯和斯科特能够尽快采取一些措施，可是林肯却认为，现在还不是对里士满发起总攻的最佳时机。他觉得交通条件不好，不利于抢占先机，所以他觉得可以采取各个击破的方针。可是斯科特却和他意见相左。7月份的一个星期天的下午，斯科特发布了对波托马克河南岸军队大反攻的命令，结果北方军一败涂地，伤亡惨重，损失了一大半人马。因为战争前，很多议员和居民都想要第一时间分享战争胜利的快乐，所以都离开了首都，这样一来，失败就更加惨重了。真可谓是好事不出门，坏事传千里。很快北方所有人都知道了这个坏消息，一时之间人人自危，人们纷纷认为南方会一举攻破首都，连部长和议员都面如土色，只有林肯镇定自若。就在第一轮战争失败的当天晚上，林肯终于下定决心学习战术了。可是于他而言，当前最紧要的事情是选举出一位更加杰出的指挥将领。人们希望有一位更加年轻有为的将领来统帅三军。毕竟，斯科特将军已经75岁高龄了，很难再承担重任。那么选谁出来最合适呢？想了很久，林肯也找不出一位战斗经验丰富，又受人民爱戴，又有号召力和影响力的人。可是经过多番比较，有一个人胜出了，从各方面来说，他的条件都是比较优秀的，他的名字叫麦克莱伦①。前不久，就是他准备将分裂出去的弗吉尼亚州一分为二，成立一个新的西弗吉尼亚州，并保护合众国的利益，将那些想要分离合众国的人全部赶出去，在人们中广受好评。虽然麦克莱伦在带兵打仗上并没有什么成绩，可是和其他人相比，他已经非常优秀了。据说他在美墨战争中表现突出，被评价为天才的军官，在克里米亚一战中打过胜仗。而且他也是民主党人，被称为"拿破仑第二"。

麦克莱伦今年三十多岁，相貌出众，气质高雅，是一位非常讲究绅士做派的骑士。平常他都是一副很严肃的样子，长着一个坚挺的鼻子，满脸络腮胡，眼睛深陷，面色发白。人们都这样形容他：和拿破仑身材很像，都是矮小型的。刚刚上任的麦克莱伦就开始燃烧他的三把火：首先他将东部军队更名为"波托马克兵团"。当他骑马出行时，身边总是护卫特别多，显得很有排场的样子。在给自己妻子写的一封信中，他这样说："我准备干一番大事业，惊天动地。"听这口气，好像他是杰斐逊。

这位北方新的陆军指挥官用休战来开始自己的工作，因为15万大军至少需要三个月的时间来进行操练。可是这时的林肯却焦头烂额，形势太过于严峻了，田纳西州东部危险。南部想要霸占此地，可是北方想方设法也要守住这个大本营。虽然这样，林肯也只能全盘信任麦克莱伦，遵从他的工作部署。而总统也好像变成了笼子中的野兽，几乎没有什么招架的能力。在这之后的一个星期，有位故交告诉林肯，麦克莱伦想自己做总统。林肯并没有表现得特别讶异，他说："这没什么问题，可前提是他先取得了战争的胜利。"现在，林肯唯一能做的就是在波托马克河②畔整合部队以向西部发动进攻，希望可

---

① 麦克莱伦：美国将军，在南北战争第一年整编联邦军队，成绩斐然。但因为多次不能取得对南部邦联军的胜利而备受批评。

② 波托马克河：位于美国中东部，源于西弗吉尼亚州阿巴拉契亚山的南、北支流，汇合于马里兰州坎伯兰东南部。现已发展为旅游观光区。

以在更加宽阔的西部战场上告捷。

八、北方的统帅

在圣路易斯，一位派头十足的将军也和麦克莱伦一样骑着大马，手拿明晃晃的大刀，他就是弗莱芒特。关于他的传闻，人们也听过一些。他是西部的开拓者、奠基人，十足的空想主义者，曾经被提名为共和党第一任主席，林肯五年前在他手下工作过一段时间。现在，林肯和整个内阁都十分相信他。虽然在波托马克一战中，他和很多同仁一样，刚开始都风光无限，可是后来一言不发。因为他们都没有战争经验，可是弗莱芒特却拥有一件底气十足的秘密武器，那就是他自己着手建设的一支特种保卫队。在这支神奇队伍的保护下，人们几乎见不到他的影子。和东部战区的将领一样，他们都对政府的信件置若罔闻。在瞧不起华盛顿这一点上，他们倒是惊人的一致，而且这也是他们唯一的相同之处。除此以外，他们在所有问题上都是你来我往，互不相让。

可是，和东部战区的统帅不一样，这位西部将军就算是在安稳时期也没有为军队做过什么贡献。这位将军狂妄的性格不久之后就使他成了军需欺诈的牺牲品，当然陆军部长凯麦隆也和此事脱不了干系。私底下，弗莱芒特擅自对下属的军官进行任命。而且几个星期以后，就有人向华盛顿揭发，说他秘密联盟，准备成立西部联邦。因为这种传言缺乏事实根据，所以林肯也没有放在心上，也没有派人彻查此事。可是，这个事件却向我们表明，当时北方的政局的确不容乐观。

8月份，林肯从一份报纸上看到新闻，说弗莱芒特准备颁发一道指令，将那些维护南方利益的密苏里人的财产全部上缴国库，而且还要将该州所有被奴役的黑奴放掉。听说这件事以后，林肯十分惊讶。从战争一开始，林肯就用一种政治家具备的掌控力、领导人的使命感，压抑住了他对奴隶的同情和解放他们的思想，这段时间他对奴隶制几乎是置之不理。因为他知道，刚开始他只有打响拯救国家的旗号，才能获得支持北方的各大州里大部分民主党人的认可。如果他对外宣称，这场战争的目的就是解放奴隶的话，那么他

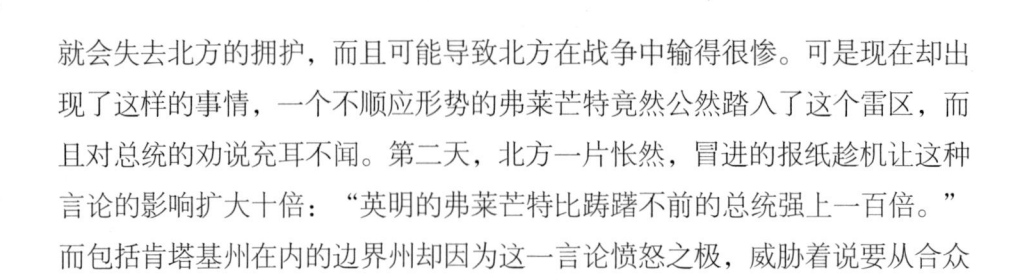

就会失去北方的拥护，而且可能导致北方在战争中输得很惨。可是现在却出现了这样的事情，一个不顺应形势的弗莱芒特竟然公然踏入了这个雷区，而且对总统的劝说充耳不闻。第二天，北方一片怅然，冒进的报纸趁机让这种言论的影响扩大十倍："英明的弗莱芒特比踌躇不前的总统强上一百倍。"而包括肯塔基州在内的边界州却因为这一言论愤怒之极，威胁着说要从合众国分离出去。这时的林肯应该怎么办呢？他会不会让这位将军下台呢？

不会。与之相反，林肯还特别友善地给弗莱芒特将军写了这样一封信：

我认为您公告的后半部分会招致不必要的麻烦，这会让南方本来拥护我们的人们改弦易辙，甚至会失去肯塔基州的民心。所以我恳请您收回或变更您的那些观点，并对外宣称那只是您个人的意见，并使之与议会通过的财产法第一条和第四条的精神相吻合。我是基于小心才给您写这封信的，一点也没要指责您的意思。我会派专人给您送信过去，以确保您可以在最短的时间内看到这封信。

真是让人瞠目结舌！对于这样一件大事，林肯在信中却只是不轻不重地提了一下。他尝试着向那位比他有名的将军表达敬意，并尽量不使用自己手中的权力，显示出了他宽大的胸襟，虽然前面所遇到的险境已经不容许他这样做。结果呢？刚开始，将军并没有做出答复。后来他才派了自己的老婆，也就是同样名声在外的统帅府的"总统帅"的女人，前来拜访林肯。

这个女人怕丈夫被撤职，所以在总统那儿闹得差点下不来台。半夜时分，她来拜见林肯，刚见面，她就对总统进行了严肃的批评，并威胁说弗莱芒特完全有实力重新站稳脚跟。像这样一个泼妇，林肯又是如何对待的呢？他保持了他农民一般的性格，后来他说："当时，我只有千方百计不和她发生正面冲突。"他不能以硬碰硬，因为他和整个国家的安危都不是开玩笑的。所以，林肯答应了弗莱芒特得寸进尺的要求，答应由自己亲自来修改公告。这样一来，北方有数十万人都批评林肯胆小如鼠，只会退让，而且那位将军在他们眼里的形象变得越来越光辉灿烂了。甚至，有的冒进派报纸公开发表言论说："林肯的位置可以让给弗莱芒特了，为了保住肯塔基州，我们还要丧失尊严吗？"

可是，林肯肯定，战略远比虚荣心重要，他根本不受舆论的影响，完全以自己独特的方式来对事情的根本原因进行分析："我非常敬重弗莱芒特将军，可是事情的发展是有规律可循的，一场战争的先锋领导者往往不是成功带领队伍走到最后的那个人，古往今来的规律都是这样。比如，摩西① 带领以色列人走出埃及，可是最后也没有找到迦南，他只是将胜利的交接棒递到了耶和华手上，耶和华才是完成整个大业的人。就是这个道理，第一个领导者所遇到的困难是以前从来没有遇到过的，所以他也受到更多人的诟病，被人指责，可是等到人们觉察过来以后，发现他们确实需要改革时，就会由另外一个人轻松完成这项伟大任务。"

没过多长时间，林肯就派亨特去制约弗莱芒特。在任职书中，他这样写道："弗莱芒特将军迫切需要一个帮手，您可以出任这一职务吗？当然您战绩卓著，我不能向您下命令，可是您能否为了国家大计，接受这一职务呢？"

事实上，亨特并没有任何战绩，而且在给林肯的信中，言语也是非常骄傲自大。于是，林肯给亨特的回信满是指责批评之意：

  我必须得说，我实在很难静下心来对您一封胡说八道的信件来进行回复。正像您所说的一样，我已经对您没有丝毫的信任了。可是您也没有什么失职的地方，您的问题是您无理取闹的信件。作为您的朋友，我想对您说一句掏心窝子的话，您现在正走在一条通向灭亡的道路上。请您无论如何记住这样一条："克己奉公就是您最至高无上的荣誉！"

最后，林肯还是被迫撤掉了弗莱芒特的所有官衔。

又是一个让人费解的问题，一向温文尔雅、慈悲为怀的总统会这样对待他的将军们。

现在，另一位将军麦克莱伦又是一副什么样的情形呢？三个月以来，他一直在波托马克河边操练十七万大军，并全部重新进行编排。他有没有发起进攻呢？总统是直接命令他进攻呢，还是继续对他进行谆谆劝导呢？不过，麦克莱伦一向是独行派，他是不会采纳任何人的意见的，当然总统的意见他

---

① 摩西：《圣经》中的人物，传说是他带领以色列人走出埃及的。

也不会听取。相反，他还在私人通信中一个劲地埋怨，说总统时常到军营考察，给他的正常工作带来了困扰。"每天，我都要忍受来自华盛顿的叨扰，我实在没办法再继续忍耐下去了。而且，我觉得，内阁聚集的都是一群无所事事的人，只会让人讨厌，我从来没有见过比内阁成员更加愚昧无知的人。"

这就是军事指挥家对战略制定家的嘲讽。既然军事家自夸聪明，为什么不去战场上建功立业呢？是因为敌我双方力量相差太大吗？敌我兵力是三比一。事实上，他从来没有赢得过一场战争，就被人冠以"拿破仑第二"的称号，他只是不想输了战争以后，自己的名声变臭了而已。他无数次地要求军队和敌方交火，可是最终都只是防守，长年累月下去，官兵们都闲得无聊。每天他都在汇报："波托马克一切安好。"这时，全国上下都惊慌起来，最后人们开始气愤地指责这个大骗子。人们在想，难道他有什么不可告人的政治目的？他肯定更想在敌后迎战以威胁当局给他提供更好的职位，而不想到战场上去勇敢搏杀吧。

可是林肯一直袒护他。特别是斯科特卸任以后，军中没有得力的指挥官，总统只好让麦克莱伦出任陆军总司令。总统也别无选择。也许正是出于这方面的原因，麦克莱伦也完全不把总统放在眼里，甚至总统只能巴望着这位统帅来下发最新作战命令。媒体界开始大肆报道此事，可是林肯依然保持他一贯的冷静和克制，他要的不是面子上的好看，他要的是麦克莱伦带来的胜利消息。有一次，这位将军回家时看到了已经等了他很久的赛华德，可他就像没看见一样，直接走到了楼上。过了一会儿，他才叫人传话，说他今天太疲倦了，不想见客。听到这句话的赛华德气得暴跳如雷，可是林肯却生生按捺住了。可是，从此以后，两人的关系就回不到从前了，林肯对他下达指令时也更加生硬和严肃。

从此以后，两人的关系蒙上了阴影，他们的友谊倾向于倒塌。麦克莱伦在写给总统的信中说："瓦莱克河情况危急！"可是他却依然坚守在波托马克河流域一动不动，他说他在等待最佳时机。林肯看见士兵又开始变得无所事事，内心非常焦急。他写道："如果麦克莱伦继续懈怠下去的话，历史也终将容不下他。如果他不想带兵，我倒想借过来用一用，也好让他看一看，如此壮观的队伍，到底能做些什么。"即便如此，在国会的监督委员会面前，林肯还是尽己所能帮麦克莱伦说好话。这时，西方军团也没有任何动静。这位总统还是非常干脆地给他的司令们提供战争用品，可是他们却依然没有任何动静，这让总统的怒火直线升级。他觉得自己成了一个大傻子，可是却又无可奈何。所以，可以这么说，面对这场战争，北方只有一位不谙战事的总统和几位只想占位置，却不想动真格的将军。

与此同时，林肯的处境更加糟糕，陆军部长凯麦隆引发的军供诈骗一案又让他火烧眉毛。这位内阁部长相信了军供商的谎话，导致官兵所用的物品全部是次品，凯麦隆自然成为人们攻击的对象。有人斥责他收了别人的红包，从中赚取利益，政府还专门成立了一个专案组，对此事进行调查。这时，林肯又站出来帮凯麦隆说话，他声称自己和内阁都将对此事负责。即便是对这样的人，林肯也愿意以自己的名誉为代价，承认自己也有错，而不想看见自己的同仁一个人背负罪名。

可是，凯麦隆做的另外一件事情也很让林肯气愤，因为他自作主张，对外宣称："所有想要用战争的方式来推翻政府的人都将被看成是对宪法赋予他们的一切权力的自动让出。因为奴隶的劳动和付出是暴动者所拥有的主要资产。所以根据法律规定，这一资产也将归政府所有。"凯麦隆的这一命令无疑策划了一场奴隶解放运动。这次，林肯必须出面阻拦。当时正值1862年冬天，林肯觉得提出这一问题时机尚早，事实也确实如此。所以，他赶忙命令邮局将所有印有凯麦隆命令的小册子停止印刷并收回，删掉了那段话。

这就是林肯，当他的同仁遇到麻烦时，他就会尽全力帮助他们，可有关国计民生的大事，他也绝对不会包庇他们。尽管他本人也非常怜悯他的部长，对那群和政府公然作对的人恨得咬牙切齿。虽然对这样两件事情的处理，采取其他方法会提升他的形象，可是他一向关注的事业的成功与否，而对于谁来完成这个问题并不是很在意，所以当他发现对手更能带领国家走向光明坦途的话，他也一定会将国家权力拱手相让。这一点在任命斯坦顿① 为陆军部长时得到了充分的验证。

斯坦顿原来是一名律师，后来曾在布坎南政府中任国防部长。林肯以前和他见过两次面：第一次是在林肯任职当天，他在讲台上瞧过他一眼。另外一次是在七年之前的辛辛那提，在过去的二十年，他从来没有体验过这种强烈的耻辱感。在审理政府和铁路一案时，人们从东部请来了两个非常有名的律师，其

---

① 斯坦顿：美国林肯总统时期的陆军部长，在南北战争中曾经拼尽全力指挥庞大的联邦军队机构，他处事干练，精力充沛，坚持严格管理事务，既铁面无私又刚直不阿。

中一位就是斯坦顿。因为政治方面的原因，他们也从西部请来了一个小律师，就是林肯。后来林肯就一直跟在斯坦顿的身边帮助辩护，因为他对此案非常了解，应该说是最了解的一个。这是林肯从事律师工作以来第一次远涉千山万水来办案，参加审理这个震惊全国的大案子。可是开庭已经几天了，林肯一直找不到说话的机会。每次轮到他发言时，那位斯坦顿就会抢过去，自己发言。事后斯坦顿跟朋友们聊到这件事，还专门嘲讽林肯："我可不愿意和一个农村人一起辩护，他衣着邋遢，就像一头非洲大猩猩。"在共同辩护的八天时间内，虽然他们同住一家旅店，可是斯坦顿瞅准机会就对林肯进行侮辱。

可在这之后，斯坦顿表现非常杰出。在上一届卖国政府中，他因为不肯出卖国家的利益而提出了辞职，彰显了他的正直。可是林肯当选总统却让他吃了一惊，这不仅因为他是民主党人，更因为他从来就没有瞧上过林肯。大选过后的几个月时间里，他依然竭尽所能地嘲笑林肯，对他的人身攻击相比以前有过之而无不及。虽然林肯也非常明白斯坦顿对他的蔑视，可是他依然决定任命斯坦顿担任陆军部长这一重要职务。

说来也怪，自此以后，两人并肩作战，相处得非常愉快。林肯之所以提拔他，有两个方面的原因，一个当然是因为他的政治立场，他坚决支持联邦合众国，另一个就是因为他是一个眼光长远，具有雄才大略，又充满智慧的人。他体形高大，头也很大，目光如炬，一看就是做大事的人，一个真正的血性男儿。其实他和林肯有很多相似的地方，两人都很冷静、正派、严谨。如果说林肯考虑周全的话，那么斯坦顿则少了一份细致。如果说斯坦顿雷厉风行的话，那林肯则考虑得太多。这样说来，两人在性格上确实是互补的。

事实上，没过多久，两人就成了亲密无间的好朋友。

九、学习战争

冬天来了，这时的林肯也开始学习战略战术了。这时双方都处于休战状态，而且将帅间的矛盾越来越突出，这时，林肯终于意识到，该是自己出马的时候了。因为宪法规定总统是军队最高指挥官，而林肯身边确实也没有可以担当大将的人，除此以外，还有一种强烈的使命感，这些都迫使他痛下决心去学习有关战争方面的策略，这样他便可以亲自率领军队。同时，他还发现处理外交关系就和处理人际关系一样，两者本质上一样的，所以他就将自己在平时处理人际关系时用到的技巧运用到外交关系中，结果很好，这让他信心十足。

林肯的秘书后来说，12月和1月这两个月，林肯一直潜心研究军事方面的书籍，精神着实令人敬佩。可以说，林肯天生所具有的聪明让他可以在如此短的时间内就领悟到其中的真谛。除此以外，他先前曾参加过印第安人的战争，也学到了一些宝贵的经验。现在，他的脑子里已经有了一个详细的作战计划，一个将敌人全面攻破的计划。他已经懂得了如何灵活运用战争技巧。虽然我们不知道那个计划的具体战略部署，可是战争的结果却会让我们从中看出一些端倪。

现在的林肯已经让他的将军们侧目了，在他们看来，他再也不是那个什么都不懂的总统了。1月份他给西部的比尔将军写了一封信，在信中，他对当时的局势进行了仔细的剖析："我想和您谈谈我对于这场战争的一点看法。我们在数量上占优势，可是在快速集结部队方面，敌军却占优势。如果我们不能一举攻破敌人的话，我们就难以掌握战争的主动权。所以，我们必须在同样长的时间内、在相同的地点将所有部队集合到一起，步步为营，这样敌人在战场上就不会抢得战争的先机。如果他们派其中的一个部队去支援另一个部队，那我们就马上集结优势部队，对第一个阵地发起总攻。"

这时，麦克莱伦又说自己生病了，不能发起进攻。林肯写了一封信给他，问了他几个问题，可他只是草草用铅笔写了一封回信。于是，林肯向他的上级，也就是新任陆军部长斯坦顿打听麦克莱伦的情况，并从他那里知道了一些从前不知道的信息。虽然麦克莱伦和斯坦顿私底下关系很好，可是斯坦顿却言辞犀利地批评了这位司令，他说："军队如果不认真打仗，就和腐败一样，看看那些正在西部拼得你死我活的人们吧，麦克莱伦军队的惬意日子也该结束了。"而对此，林肯依然谨慎又谨慎地处理。他请麦克莱伦参加内阁会议，让那些内阁要员对他进行审问。可是麦克莱伦却一再表示，没有总统的指示，他一个字也不会说。于是，林肯问他，他到底准备什么时候开始发起总攻，或者，有没有想过这个问题。

"当然。"这就是麦克莱伦既含糊又骄傲地回答。

"好吧，会议到这里结束。"到此，林肯宣布，会议结束，林肯也让第一次彻底决裂没有发生。可是会议结束后,斯坦顿却依然气得要死,他说:"我们有十位将军,可是每个人都只退不前,贪生怕死。"

而林肯却很镇静,私底下,他依然还在认真钻研着各种战争策略。因为他现在对军需已经非常了解了,所以他可以简单辨别出哪些是将军提出的过分请求,然后给予拒绝。他还去过一家船厂,现场了解战舰的制造原理和作战优势。有时,他甚至和几位海军军官一起在自己房间里试制火药的功效几何。

终于,林肯不想再等了,他发布了他的第一道军令:

"兹命令1862年1月22日为合众国陆海两军对敌军的总攻日,其中特别是在门罗堡垒和其周边的部队、波托马克军队、肯塔基州军队、西弗吉尼亚军队、凯罗部队和炮艇小部队。还有位于墨西哥湾的海军必须同时做好战前准备。"

这时,林肯和麦克莱伦在战略上意见不一致。麦克莱伦认为应该由一个半岛进入作战区,可是林肯却认为应该直接进攻里士满。林肯解释说:"如果对于下面的问题,你可以一一给我答复,我就会不再坚持自己的意见,同意你的要求。第一,你的主张可以保证比我的计划在时间和金钱上都浪费少吗?第二,你能保证你的计划比我的计划赢的可能性大吗?第三,根据你的计划取得的成效一定比我的计划取得的成果要大吗?第四,事实上,你的计划不能打乱敌人的交通,而我的却可以,这难道不能说明我的计划比你好吗?第五,如果出现不利情况,你的计划能有序撤退吗?"

对于这个疑问,麦克莱伦显得有点不知所措。但即便如此,麦克莱伦依然坚持他的主张,不肯妥协,所以林肯的这一计划并没有得到很好的贯彻执行。后来,报纸一直发表评论员文章说,如果当初依照林肯的计划执行,那么北方在当年的2月份就已经打了一个漂亮的翻身仗了。

战争的号角吹响时,也是林肯生活中最悲痛的日子。政治上他被反对派肆意攻击,社会上也有无数人嘲笑他,将领们瞧不起他。就在这种种恶劣的情形还在继续演化时,他的两个儿子都病倒了,其中一个还感染了传染病。没过几天,他12岁的儿子,也是他最疼爱的小儿子——比利,永远闭上了双眼,到另一个世界去了。

比利走的当天晚上,林肯一直坐在昏暗的病房里,脸上满是凄凉的神色,人也清瘦了不少。他将腿搭在椅子上,难过地喃喃自语。他知道,他以后再也见不到他最可爱的孩子比利了,他的心仿佛被撕裂了,悲痛之情难以述说。

可是就在他旁边，本来撕心裂肺的玛丽，现在则已经哭不出声音来了。

比利住院时，林肯照旧忙于政务。每次当他强自镇定从病房里走出来时，就会看见赛德华已经恭候多时了。要么是某个欧洲强国发来的电文，态度恶劣，有要挟的意思。要么就是斯坦顿传来的北军战败的消息，再要么就是遇到一位值得同情的老女人，请求总统可以释放她当逃兵的儿子。谁会知道当时林肯是什么心情呢？战争让他的儿子死于非命，失去爱子的痛苦也让他难以自已。

不久以后，他又从别人那得知，他曾经在万达利亚的老朋友贝克也死了。消息传来，林肯悲伤极了。他双手按住胸前，摇摇晃晃地走出家门，顺着街道往前走，卫兵给他敬礼，他都没理睬。

可是，全国人民都在关注着他，也正是需要他的时候，他必须抑制住自己的悲伤，转化成无穷的动力，马上振作起来。

十、朋友的疏与合

现在的林肯，也正是最需要朋友关心的时候。可是，这时他的朋友们都去了哪里？都在干什么呢？他们这时本应该团结在林肯周围才对呀！可是，大部分朋友现在的表现还不如他以前的一些竞争对手们。战争刚打响的前几周里，道格拉斯来见林肯，并非常兴奋地告诉他，他接到民主党内部的消息，要他在伊利诺伊州积蓄力量攻击北方。他说他会遵照林肯的指示，然后决定如何采取行动。这一次，身材高大的林肯和瘦小的道格拉斯，这两位曾经拼得你死我活的对手，竟然站在同一条战线上了。林肯原来曾千方百计要将这个老对手从伊利诺伊州剔除出去，而现在他却打算将他留在伊利诺伊州，以保证这个地方对北方的支持。道格拉斯依照林肯的计划行事，可是还没过几个星期，他就中风身亡了。林肯在白宫降半旗以示对他的敬仰和哀痛之心。为了能登上权力的最高峰，道格拉斯兢兢业业地钻营了几十年，可最终还是什么也没有得到。

有时能看见老朋友，对于林肯来说是一件非常开心的事情，可是有些朋友的表现却让人有点万念俱灰的感觉。比如，"黑尔"虽然已经成为一名军官，而且在他职务晋升的过程中，林肯也帮了不少忙，可是他好像一点都不感恩，还专门写信反对林肯。除此以外，林肯和赫尔顿一直保持着很好的朋友关系。他在给赫尔顿写信时，称呼虽然短可是却非常打动人："亲爱的威利，你30号寄给我的来信已经收到。对于财务方面的问题，你可以自行处置。你知道，我现在比较忙，不能继续和你说下去，就此搁笔，请原谅，愿上帝保佑你。你的朋友亚·林。"如果赫尔顿肯来白宫协助林肯，林肯一定乐意之至，可是赫尔顿却不想蹚这浑水，也从来没有对林肯提过任何要求。

除了几位老朋友一直和林肯保持比较纯洁的友谊以外，其他的朋友都对他满腹疑惑，或者反对，或者埋怨，特别是很多朋友对撤回弗莱芒特的《解放奴隶宣言》意见很大。收到老朋友写来的批评信，他会仔细阅读，然后亲笔给他们回信："这封信竟然出自您的手笔，我简直太惊讶了。您本人亲自和我一起制定的法案，现在您却反对我根据这项法案来办事，这真是太让人费解了。"他说，肯塔基州和合众国的利益息息相关，而且也关系到密苏里州和马里兰州是否留在合众国，当然也会对战争的结果带来很大的影响。"如果您不像现在这样摇摆不定，而是和从前一样和其他朋友一起支持我，我相信我们一定可以获得胜利。您忠诚的朋友。"

可有时，他也会难以控制住自己的脾气，会忍不住发泄一番，给那些心生埋怨的朋友写回信：

> 你在信中提到，我对待朋友和敌人的态度是一样的，我认为您所言不实。事实上，当我向敌人发动猛烈的攻击时，也正好是我的朋友束缚住了我的思想。如果不是因为他们没有做朋友的真诚，那肯定是因为他们不会想问题。实际上，这些妄自菲薄的朋友给我带来的麻烦比战争带来的还大。我希望自己可以尽力克制住自己的情绪，可是这一切也是有底线的，因为我还要对国家负责。我现在所做的都是我能力范围内的事情，可是大家要明白，并且记住，只要我还有能力，有办法，我就一定会坚持到底。

有一次，他得知一位朋友恶语中伤他，于是就给那位朋友写了一封信："我只做自己能做的事情，可是我会尽我一切能力保护整个国家。我不会背后伤人，行小人之事，因为我的责任很重大，我必须光明磊落地办事。"

有些以前支持他的人，因为觉得他办事过于小心谨慎，反而苛责他魄力不够。可是林肯身边本来的反对者，现在又转变成了他的支持者。这些人经过长年累月的观察，发现了林肯令人佩服的一面。像赛华德、斯坦顿和整个内阁，其中还包括参议员萨姆纳，都属此列。几年前，一次谋杀事件，差点让他壮烈殉国，可是现在他已经从道格拉斯的手中接过外事委员会主席一棒。他个子也很高，从他们最初交往开始，林肯就对萨姆纳印象颇深，而且萨姆纳一言一行间所展示出的高贵正是林肯身上所不具备的，所以这点让林肯更加佩服。这位绅士具有欧洲教育背景，全身上下闪耀着欧洲文明的光环，在这一点上，他和南方领导人极其类似，可是他的行为方式和性格又和南方截然不同，他不需要有奴隶随身服侍，具有贵族做派。

从始至终，萨姆纳都一直不赞成反驳，他甚至有些太循规蹈矩了。如果有人说问题要辩证地看，他就会非常气愤地说，"哪有什么另一面！"像他这样过于冲动的人是无法明白林肯周密的谋划和长远的规划的，而喜欢比较分析，缜密思考的林肯却很容易接纳他。林肯特别喜欢萨姆纳，每当萨姆纳口若悬河地开始冗长的演说时，林肯只是坐在一旁认真聆听，这对于他来说，绝对是一种享受。可是萨姆纳却对这位农民出身的总统身上慢半拍的思维急得直跺脚，对于林肯所谓的幽默他更是难以领教。当林肯给他讲了一个好玩的故事以后，他常常会傻愣半天，不知道是什么意思，只好不停地询问林肯故事中的某个细节代表的是什么意思。

虽然如此，他们还是成了彼此信任的好朋友。自此以后，萨姆纳也成为了林肯总统最好的政治建议者。在反驳这个问题上，他们两人态度一致，而且都觉得应该和平解决。十五年后，萨姆纳就在演讲中说过："我们的国家以后再也不会发生战争了。"可是话虽然这样说，现如今他们还是只能打一场保卫战。他们都认为，战争的基本目的是保卫国家，可是萨姆纳更多地将奴隶制作为战争的核心。

那时候，只有萨姆纳知道真实的林肯。在惠特曼的一首诗里曾经这样描述："他一直戴着一个灰色的帽子，穿的西装也非常平常。"爱默生也说："林肯是上帝派到美国来挽救国家的人，他对美国的贡献超过任何一个人。"尽管他们和几位诗人和政客都肯定林肯是一个朴素而又贡献杰出的人，但是还是抵挡不住更多人对林肯的反对声。

卡尔·舒尔茨① 相信林肯的人品，他说："林肯是一个不会因为妒忌别人的渊博而不尊重别人的经验和观点的人，他有时不坚持己见，这不是因为害怕任何人，或者害怕某件事，而是因为他很清楚自己的才能是有限的。面对那些比自己强势的人，他从容面对，要么决一高低，要么一起去做。他不会因为自己常常肯定其他人的价值和贡献，而担心那些人会因此超越他。他认为应该从普通人的逻辑去思考一些事情，这也是他聪明的做法。即使有的朋友会污蔑和误会他，他还是能从中检讨自己，不会把他们当成敌人。"

林肯在世时，舒尔茨就曾经这样评价林肯："他不是令人羡慕的天才，也没有太多伟大的志向，他一直和自由并肩而行。他就是一个人格至上的公民。他领导下的政府也是历史上最有名的。在这里，我可以大胆地说，50年以后，也许根本不需要50年，林肯就会名留史册，而且他的地位只在华盛顿之下。到时候，他的对手们的后代也会对他感激涕零。"

英特雷是一名外交官员，对人内心的剖析极为到位。因为他和俾斯麦②私下里感情很好，所以他总是有意无意地将这两位领袖进行比较。在英特雷见过林肯两次以后，他说："我和林肯见面了，交谈了不到半个小时，我非常荣幸能有这样的机会，否则我就算离开首都也不能如实评价林肯这个人了。他很聪明、睿智，为了真诚，人品可靠。我觉得，他是一个非常坦诚、公平、果敢的人。虽然他对处理内政事务和外交事务还有待继续提高，可是他丝毫没有遮掩自己的缺点。虽然他受任于危难之时，我们只能叹其不幸。可是，他用他的谦逊扫平了一切障碍。只要让他的决定被严格、公平地执行，那么这个国家在他的领导之下，一定会大放光彩。"以后英特雷又写道："他代表着美国民主，他公平磊落，根据自己的意愿行事，也不会自我骄傲。他行为端庄，做事严谨，是一位纯正的美国公民。他诚信、爱岗、睿智、勇敢、纯朴，当然他也有犯错误的时候，可是他勇于承认错误的勇气让人钦佩，并在此基础上不断改进，朝既定的方向前进。"

---

① 卡尔·舒尔茨：美国德裔政治家、记者、演讲家、富有献身精神的改革家，在世风日下的时期，他曾极力要求在政府中推行严格的道德准则。1860年支持提名A.林肯为总统候选人，提倡马上解放黑奴。

② 俾斯麦：普鲁士政治家，1817年建立德意志帝国，担任第一任宰相。帝国成立后，在外交上他积极推进和平政策，成功地维护了欧洲近20年的和平。

十一、白宫的女主人

现下，玛丽再一次感到失望了。她一直想要成为白宫的女主人，现在，她的梦想终于成真了，她是国家的第一夫人，可是又如何呢？战争铺天盖地地席卷着整个美国大地。因为战争，她没办法举办宴会，她好不容易举办了一次大型招待会，最后却被报纸一顿痛批，这让她直想骂人。几十年的耐心等待，精心侍候，却唯独忽略了一点，那就是，出身斯普林菲尔德律师界的小律师是很难一步就成功登上华盛顿这个社交大圈子的。事实上，这次成为白宫的主人，让她和林肯都有点惊慌失措。可是对比之下，两人的心态完全不一样，玛丽失望于自己的宏图大志，而林肯却完全不在乎这些外界舆论的评价。那些因为政治或婚姻的因素而必须待在北方的南方妇女，却看不起同样出身南方的玛丽，这让玛丽大为不解，就好像她们想从这位反对蓄奴制的总统夫人身上找到她们困在北方动弹不得的原因一样。有时，当玛丽的车经过，这些妇女们就会马上跑到楼上，然后在窗户边，边弹边唱一首南方的保卫歌曲以示反抗。面对四面八方涌来的反对之声和嘲讽，林肯表现得非常平静，而玛丽却没有这么好的耐心。因为她之所以到华盛顿，就是为了要显摆自己，和林肯的目的截然不同，林肯来这是为了脚踏实地地干事。

玛丽觉得，她首先要注意的问题就是服装。当得知林肯竞选成功以后，她曾经去纽约定做了大量的华美衣服，还为自己专门找了一名著名的黑人女裁缝，说这个女裁缝有华盛顿第一艺术家之称。这位黑人女裁缝曾经是南方总统杰斐逊·戴维斯的御用女裁缝。对于这位南方的第一夫人，玛丽是既瞧不起又嫉妒不已，这也直接影响到了她选择这位黑人女裁缝。所以，这位曾经做过三十年黑奴的女裁缝就变成了玛丽的私人裁缝了。而且，这位黑人女裁缝后来还和玛丽成了朋友，也是玛丽一生中唯一的一名女友，当然也是这位反对奴隶制的夫人仅有的黑人朋友。刚开始，她就为玛丽定做了18套衣服。第一件衣服还因为玛丽急着参加某个晚宴，所以被紧急加工出来。那是一件带着拖地长尾的晚礼裙装，呈玫瑰色，玛丽穿上非常合身，就像穿在所有爱慕虚荣又爱漂亮的女人们身上一样,玛丽穿上这身华服也是瞬间迷人起来。当林肯第一眼看见时,他就说:"天哪,我们家的小猫长了那么长的尾巴啊!"玛丽正听着不爽,林肯马上说,"不要误会,我是说这件衣服堪称完美!如果头和尾更紧密地连在一起的话,我想会更加动人。"

根据白宫约定俗成的规矩,举行宴会时,第一个进场的是总统和一位声名显赫的女士,然后才是总统夫人和另外一名男士。可是对于这项规矩,玛丽却颇多不满,她那要强的虚荣心不允许有任何一个人抢了她的风头。于是,每次她都会紧紧跟在林肯的身边第一个进入宴会厅。就是这样,白宫的老规矩也被玛丽打破了。

玛丽心里非常清楚,她和林肯走在一起的样子真的很滑稽。有一次,在一个小型宴会上,林肯用他特有的幽默细胞化解了这样的难堪。"女士们,先生们,我们就是总统夫妇,也是白宫最高和最矮的人。"当然,也正是因为如此,玛丽一直不乐意和林肯站在一起照相。如果有人给她拍了一张称心如意的照片,照片中的她身材婀娜,她就会将这张照片和林肯的单人照完美地结合在一起,用作报纸编辑用。同时她还说,所有没有经她同意的不恰当的地方都要删掉。

萨姆纳是唯一一个得到总统夫妇两人同时欢心的人。林肯觉得他很有才能,玛丽则欣赏他的绅士做派。除萨姆纳以外,总有一群莫名其妙的人待在玛丽身边。和玛丽曾经有过交集的维拉德曾这样写道:"玛丽让林肯不断陷入泥淖,她不仅在一些职位上进行阻挠,还会在内阁作决定时也插言。除此以外,还有一大批居心叵测的人围绕在她的身边,以此来影响林肯。而她却一点都没有发现,和这帮人来往依然很密切。一个名叫维可夫的人就是这群人中的一个,他是纽约一家报纸安排在白宫专门刺探消息的人。这人非常圆滑,自命不凡,很善于和别人打交道。我曾经亲眼见到维可夫是如何违心地赞美总统夫人的,可是夫人却显得非常高兴。如果换成别人,估计这个不知廉耻的家伙早就被逐了出去。可是林肯夫人却没有这样做,反而将他看作尊贵的客人,在穿衣、家庭生活等方面都对他百依百顺,甚至还邀请他和自己一起坐一辆马车。"

但凡玛丽去军队访问,她必定会选择那些乐于招待她的军团。而她对于那些来自南方的伪装成奴仆实则为窃取情报的妇女们毫无察觉。毕竟,玛丽本就出身于南方贵族世家,而她的三个兄弟以及几个表妹的丈夫都在南方军队中任职,更是有着剪不断理还乱的关系。起初,玛丽的一位表哥曾给他的表姐写过一封信,让她不必为自己身处华盛顿而心慌意乱，他们很快就会攻占那儿，接她回来。

玛丽非常同情那些拥护奴隶制的高级将领，虽然这一点是否是真的，我们已无处查询，可是想想她那不可一世的秉性、良好的家庭教育背景，这些都会让她产生强烈的同情心。特别是当战争刚开始打响时，白宫里是有些人举棋不定的。当林肯想让玛丽的一位姐夫到北方军队中任职时，他没答应。虽然他也同样来自肯塔基州，而且他的父亲还是北方的坚定支持者，可是他还是愿意支持南方。

玛丽曾经费尽心思，帮远在伊在诺伊州的姐夫爱德华斯谋求到了一个职位，这本来也没什么，可是当姐夫一家都对林肯感恩戴德时，玛丽不高兴了。她觉得她才是最大的功臣，还说自己的人格受到了侮辱。事实上，如果没有林肯的地位，这一切都只是虚无。和那些善于投机取巧的人相比，大部分情况下，林肯还是愿意将岗位留给自己的朋友们的。可尽管如此，他还是给他的老朋友们写了这样一封令他们内心惶恐的信。

在给爱德华斯姐夫的信中，他是这样说的：

> 亲爱的先生，听说您事业不顺，我非常焦虑。现在，我依然希望您的事业只是遇到了一点小波折而已，并不至于全盘皆输。对于之前您给我提的要求，我得先了解一些事情才能帮您完成。可现在我实在太忙了，没有精力来处理此事。可是无论如何，只要对政府利益不产生影响，也不会伤害到无辜，我一定会尽力满足您的要求。如果您愿意亲自跑一趟，我们面对面交谈一下，我会更加高兴。我会非常感激您能给我机会，让我为您做点事。

对于斯图尔特表弟，他也写了这样一封信给他：

> 亲爱的斯图尔特，丽兹表姐已经将你的信给我看了。在信中，你说让我派她出任斯普林菲尔德邮政局长，我觉得这事并不靠谱。你也知道，我已经派了××出任该地的检察长，并让我另一位朋友的弟弟出任土地局长。现在已经有人开始谣传，说我和川布尔将所有官位都分给了自己的亲戚，你说在这样的情形下，我还能继续这样做，让那

些小人们造谣生事吗？我听说，斯普林菲尔德人想要通过民主选举的方式选出邮政局长，我觉得你们可以让丽兹表姐去加参加公开选举。

他和反动派们一直在争夺着国家统治权，为此遭到反动派的各种攻击。就算他提出一个看起来无可挑剔的计划，也会有人鸡蛋里挑骨头。在这种情形下，玛丽还要为姐夫、妹夫、表弟、表姐们推荐职位，林肯难道不心存疑虑吗？而在玛丽那里，他又获得了什么呢？当然，有一点必须承认，那就是当华盛顿处于危难之时，是玛丽和孩子们一直围绕在他的身边，给他加油打气。可是现在她强烈的妒忌心让林肯难以忍受，如果哪位女士和林肯讲话超过五分钟，她就会派人去打听这位女士的情况并将她的名字记录在案。在一次宴会上，她竟然公开警告林肯，不要像一个年轻小伙子一样和小姑娘有说有笑。她又怎么会知道，林肯只有通过这种轻松的调侃，才能抓住他对女性那微妙的感情。

不过，除此以外，玛丽还给他生了好几个儿子。虽然夫妻关系一直不太好，还有急剧恶化的趋势，可是对于他们共同的孩子，他们的爱却非常强烈。四个儿子有两个已经去了另外一个世界，大儿子在读大学，小儿子塔德才刚满8周岁。塔德这个小家伙长得很结实，可爱，也很机智，是整个白宫的开心果。他经常来到父亲的房间，和父亲一起度过很多美好的时光。有时林肯还会带上塔德去访问军团，那个小家伙头戴一顶小灰帽，骑着一匹小马，小脸通红，显得非常可爱。将士们只要见到塔德，都会非常兴奋。晚上，如果有人去总统府洽谈事情，总会看到一个小男孩子坐在书桌旁仔细阅读，要么就是父子俩一起坐在地毯上看书，小男孩是在认真学习，而老男孩却只是想放松心情。

十二、关于废奴

渐渐的，战争的目的发生了改变，刚开始打响战争，目的是为了维护整个国家的和平统一，而现在只是想废除奴隶制。因为第一个问题尚还在解决中，第一个问题解决以后，才有可能实现第二个目标，所以问题、矛盾就开始不断出现。已经发生过的事情和未来要发生的事情都在由总统本人定夺，所以林肯肩上的担子很重，成绩也是有目共睹的。

战争刚开始是为了平定叛乱,所以北方人民众志成城,可是当战争进入持续状态后,党派战争又开始初现端倪。民主党和共和党之间的争斗,首先就是两党中的冒进派和退让派之间的斗争。在这种风云变幻的局势下,在人们用法律的形式废除奴隶制之前,奴隶制在很多地方好像已经处于无人管的状态,这让各个党派都焦灼不安。北方的废奴主义者在问,为什么总统不同意那些逃往南方的奴隶或被抓捕的奴隶加入反对南方的阵营呢?总统作为最高军事指挥官,做这样一个小决定,不是很简单吗?而边界各州的反奴主义者也在问,对那些逃跑或被俘的黑奴,有没有必要那么残酷无情呢?同时,边界州的奴隶主们也在问,为什么北方要和他们作对,反对奴隶制呢?

南方人做事非常精明,他们制定的法律不仅没有禁止和非洲做奴隶交易,也没有对北方进口奴隶进行禁止。这样说来,中立的边界各州既不用担心奴隶价格下跌,也不清楚南方是否还会从他们那里进口奴隶。

林肯该如何解决这些令人头疼的问题呢?不管怎么样,我们知道一点,那就是林肯不会完全一意孤行,他会从一个政治家的角度,对各方面的利益得失进行权衡后再做出决定。因为北方军队的大权在自己手上,而且那里支持奴隶制和反对奴隶制的人一样多。因此,他有足够的实力来解决北方的问题。就好像他的陆军部长所建议的那样,如果只是单方面采取行动,反对奴隶制,就会由此失去边界中立州的拥护,最后会影响整个北方的战局。

除此以外,那些欧洲的中立国也对北方产生了很大的威胁,包括英国在内的许多国家都对北方非常仇视。如果对南方进行军事封锁,会让英国棉花供应紧张,英国肯定对此非常不满。要想让英国高兴,林肯就必须在战争目的上加入解放奴隶的口号,这样一来的话,假惺惺的英国人就不会再去帮助那些南方奴隶主了。

当然,黑人们所过的水深火热的生活让林肯感触很深,因为他自己曾亲眼见过那些情况。这个问题压在他心里太久,以至于他从来没有和内阁成员们提到过这个事情,包括赛华德在内。对于这一问题,他宁肯和斯皮德这个老朋友写信交流,因为他们之前就在这个问题上讨论过,所以现在斯皮德是林肯最为依赖的朋友。他和萨姆纳也讨论过这个问题,两人达成了一致意见,那就是边界各州应该同意政府将奴隶赎出来。现在,林肯正在找寻一种更适合的过渡手段。在特拉华州,给奴隶主进行物质上的高额补助,以此来换得奴隶们的自由。林肯还亲自写信给那些反对奴隶制的参议员们,想要让他们和外界都清楚这样一个事实，赎回四个边界州奴隶所需要的钱，和军队87天的作战费用相一致。他对萨姆纳说，我们必须等到最合适的时机，否则就会引起北方的骚乱。因此，萨姆纳一直埋怨说林肯太过于小心谨慎，而那时的林肯却在埋怨部队一直停滞不前。萨姆纳曾说，在1862年新年时，向议会和全国公布《解放奴隶的宣言》，并企图通过这一行动所带来的荣誉光环来诱使林肯同意这一提议，可是林肯马上就给予回绝："不要再说了，我自己也非常清楚，只要和法律这两个字联系在一起的人都会名垂千古。"

28岁时，林肯就说过这样一句话：一个人如果不能让同时代的人们记住他，他就白来这个世上一回了。25岁时，林肯就非常崇拜历史上有些英雄豪杰们。同30年前那个意气风发的年轻人一样，现在登上总统宝座的林肯依然对现状非常不满，只有提到人类那些根本问题时，他才会信心倍增。而也正是这个时候，他内心的熊熊火焰又重新迸发出来了。特别是近一年来，他身上肩负的担子太重了，他几乎连呼吸都觉得困难，这个具有浪漫主义思想的人，看到了太多现实的残酷，所有政治上的疑惑也烟消云散了。现在，在他内心深处，梦想和现实、法律和理想比任何时候都让他激情难抑。

在他儿子死后的两周，战场上几乎没什么进展。那时，他请人找来萨姆纳，想和他商量一下。"我要给您看一下我准备在议会上宣读的一篇咨文，希望您可以提出修改意见。今天我就准备送到国会去。这篇咨文只是提出要限制奴隶制的进一步扩展，它以一种非常审慎的态度要求议会做出这样一个决定：'对那些支持废除奴隶制的州，合众国应该给予物质上的补助，以弥补由此带来的损失。'"林肯认为这种步步为营的解放策略是和平的唯一途径："根据我的判断，对所有人来说，都是百利而无一害的。政府发布这样一个法令，绝不是想说政府会对各州的奴隶制度提出质疑，因为这一问题必须由各州的公民来共同投票决定。"这个决议一经公布，马上就取得了国会的一致同意，决议还说，联邦政府为每一个奴隶出300美元的赎出费用。可是就算这样，也没有引起各州的广泛重视，它们依然缄默不言。四天以后，耐心耗尽的林肯将边界四个中立州的代表召集到一起，向他们仔细阐明了这一法案，可是结果却还是大失所望。

当然，收获还是有一些的，比如边界各州表示会根据宪法的规定，一步步将奴隶制废除掉。同时还说，如果此法不奏效，他们会采用其他办法。现在，积极行动派联合起来，通过了一项决议，禁止军队抓捕逃跑的奴隶。他们同时也承认利比里亚和海地为奴隶制国家。有一家报纸这样说："萨姆特重要枢纽的拱手送人已经让我们损失了75%的边界线，而这最后坚守的25%的边界线也被这篇咨文磨没了。"

自从内战爆发以后，总统再一次觉得自己就是国家的救世主，他开始进行大范围的改革工作，并完成了十四年前一个普通议员所提的议案，那就是：华盛顿所在的哥伦比亚地区宣布废除奴隶制，并向奴隶主赔付10亿美元；马上开办黑人儿童学校，让他们尽快接受教育。

可是才过了几周时间，他手下的亨特将军又引起了一个大麻烦。亨特将军对外宣称，"佐治亚州、南卡罗来纳州、佛罗里达州的所有奴隶获得自由。"对此，林肯马上发表反对文章说："我，亚伯拉罕·林肯在这里宣布，对于亨特将军发表的言论，合众国是蒙在鼓里的。所以，不管是真是假，内容都不具有有效性。在这里，我还要进一步说，作为海陆军最高指挥官的我是否有权力去宣布奴隶的自由，以及在某个特定的时候必须采取什么行动，都由我来决定，我不会允许我的战区司令们去做这一决定。"

可是，严肃的批评并没有让任何人改变想法，他再一次被冒进派包围了，他们一再要求被解放的奴隶进入国家军队打仗，因为战争的目的就是为了解放他们。对此，林肯回复说："我的议员先生们，我已经将大批量的作战必需品交给了肯塔基州、北弗吉尼亚州、西弗吉尼亚州以及田纳西州忠诚的人们。他们说过，如果他们拥有枪支弹药，他们就可以很好地防身，因此我将武器全部交给他们。要知道，这其中有些人就是反对黑人加入阵营的。如果我违背他们的意愿，他们很可能拿枪指着我们，那样我们就亏大了。我不能和你们一样这样解决这个问题，也许你们说的也有道理。可是我只能因为哈姆林副总统的利益而退让，也许他也同意这样做。"

十三、麦克莱伦

战争已经打响了一年多，可是西部依然悄无声息，特别是里士满那里更是音讯全无。麦克莱伦一直在延迟反攻时间，理由很多。因为什么呢？是他本不想发动战争吗？内战的精神在他的头脑里变成了一种假惺惺的骑士做派。难道他惧怕和南方的将领们分出胜负吗？还是他根本就不恨南方，或者他内心里一直想站在支持南方那边？也有可能他是一名民主党人，他想要争取更多的时间，让南北双方都无力再打仗，最后不得不达成和解，而那时自己就可以趁机以总统的身份出来主持大局？无论如何，在最后一次进攻完成后，他对保护首都一事无动于衷的态度，让林肯大为疑惑，至于这种疑惑有多深，我们无从知晓。可是，林肯已经开始密切注视麦克莱伦的一举一动，包括一些细节都没有放过。可是他给这位令人大惑不解的指挥官写的信依然保持本色，"请允许我再提一次我的意见，您不能再继续延迟进攻时间了。对此，我也帮不上您什么忙了。可是请您相信，我对您一直都是无比信任的，我也从来没有下这么大的决心来给您最大的拥趸，而且实际上我们一直都是这样支持您的。不过，您必须采取行动了。您忠诚的仆人。"

最后，林肯考虑了很久，还是决心认真处理东西战区的领导人员问题。因为在战争这一特殊时间，人员的问题已经危在旦夕。他先是将麦克莱伦的最高指挥权撤掉了，然后又把弗莱芒特的部分军权也撤回，并将这些权力交给了一位军事理论家——哈勒克①。而熟悉他的人都清楚，他只是一位纯正的口头评论家，直到战争结束，他一直都是林肯的总指挥官。而此时的林肯从战争中受益良多，经过长时间的学习、实践和思索，他已经能够自由根据情形的变化来做出战略决策了。所以，他在传达指令时，口气也变得更加强势起来，而且他的自信心也倍增。在发动反攻的日子里，他曾经给将领们发过几封私人电报。在给麦克道尔的电报中，他这样写道："除了守卫在弗雷德里克斯堡的军队，难道您不应该召集您手下的部队来共同守护华盛顿吗？作为该军队的最高指挥官，难道您不应该待在这里吗？好了，这就是我向您提出的观点。"给麦克莱伦的电报，他是这样写的："难道您不应该派人去捣毁敌人的交通线吗？您对那些堡垒有什么新的看法？在进攻里士满前，您必须要向南进军。难道您不能直接向城里扔炸弹吗？"给弗莱芒特的电报，他这样写道："据说您现在待在莫菲尔德，对吗？在此之前，我曾给您下发

---

① 哈勒克：美国南北战争时期的联邦将领。作为陆军总司令，他管理有方，可是却没有为联邦军队制定有效的总体战略。

过一个指令，要求您进攻哈瑞斯堡。而您现在这样做，到底是什么用意？"

当时，南方已经拥有了自己的第一艘潜艇，而在此之前，北方一直在海上占主导地位。不久以后，南方第一艘名为"玛瑞麦克"的潜艇在佛罗里达东海岸将北方的几艘战舰都打入了海底，林肯内阁惊慌不已。议员们也开始忧虑，之前对南方进行的封锁是不是会因此冲破？林肯则安静地坐在那里，脑子飞速旋转着，思考着应敌良策。第二天，纽约的"莫尼托"号战舰就一举打败了敌方，顺利扳回一局。在这之后，林肯打算去一趟南方，只带了蔡斯和赛华德随行。他们三人在当地巡视了地形，找到了进攻诺福克的最佳战略，当军队根据林肯的作战计划一步步发动进攻时，南方为了不让北方有反攻的机会，将所有的战船都烧光了。然后，北方军队紧追不舍，又攻占了南方最大的城市新奥尔良。

可是里士满依然被敌人掌控，里士满对于整个战争局势的变化非常重要。6月底，麦克莱伦终于下达了命令，让部队全速前进，可是就在离南方首都七公里远的地方，他却命令部队停下来，原地休整。如此一来，敌方就有了足够的时间来增派援军，也由此导致了七日战争的惨败。对此，麦克莱伦还辩称："这个问题的责任不该全部归罪于我，是政府没有为我的部队考虑。如果再给我一万人马，我绝对可以打个大胜仗。"接着，他还再次请求政府对他放一百个心，因为现在，他已经非常惧怕大家对他没有信心了。

现在，林肯只将他看成一个神经病患者，可是当下，却不能撤掉他。于是，他依然给他发电报，对他的失败进行安慰，并尽力满足他提出的要求。现在，国家又重新召集了三十万大军，而且服役期为三年。人们都说，整个政府再一次被麦克莱伦捉弄了。

可是，现在和以前不同的是，林肯开始掌握所有的权力。他不停地给各州州长们写信，督促他们加快援兵的速度。他还希望各州之间和各位将军们之间保持一致，共同对抗敌人。他经常到军团中去慰问，在波托马克的一次军事会议上，他将之前搜集到的逃兵数字公之于众，所有的军团军官们都很惊讶，并觉得很不好意思。显然，对于军事上的种种问题，他已经烂熟于心了。不久以后，他通过其他途径收到了一封麦克莱伦写的批评信："我已经再难以忍受那位笨蛋总统和他的内阁了，我们觉得，那里全是一些无能之徒，我想我们这支军队早晚要垮在他们手里。"林肯还为此回了一封信，信中只有寥寥几句："无论什么时候,只要你觉得条件具备,你就可以发动进攻,没有人会干涉你。"

十四、准备

战争形势的发展,让奴隶制问题的解决变得极为紧迫。战场上的情况越糟糕,奴隶们的机会就越大。因为军队的扩充需要奴隶们,而且还要稳定北方的冒进派,并影响欧洲的形势。信件、报纸和各类团体都发表一致意见,凯瑞森也一再督促林肯要赶紧做决定。一位瑞士政客告诉林肯,拿破仑三世[①]有偏向南方的意思。贵格会、牧师也一起到总统那里说,肯塔基州也派来了说客。

林肯再一次给边界各州的州长们写信说：

"我不想因此批评任何一个人,可是既然你们对于3月份我发表的咨文中提到的一步步解决奴隶制的方案予以认可,那么我觉得这场战争实际上已经宣告结束了。因为那个方案毫无疑问是截止到现在为止最有效的结束战争的方法了。让那些唱反调的州看看,在任何情况下,你们所在的州也不会加入他们的队伍,他们也许会一直将战争延续下去。可是,要是你们一直坚持保留奴隶制的话,那他们又会心存侥幸。将那些用于战争的财富都节省下来,不是更好吗？战争已经使该州的财政出现赤字了,如果继续发展下去,我担心贵州会难以支撑下去。如果我们现在就尽量避免战争,节约支出,那不是更好吗？如果你们和国家分别是买卖双方,这样的话不是比战争带来的伤痛要强出百倍吗？"

可是,边界各州再次拒绝了林肯的建议,消息到达了林肯耳朵里。那天,他和维尔斯、赛华德等人正开车前往公墓,准备给斯坦顿刚去世的儿子送葬。一路颠簸,难过和郁闷一直紧紧围绕着林肯,长久消散不了。这种极端的难过让他第一次将心里话讲了出来,以前像这种大事,他一贯是憋在心里自己消化的,就算是当年三月份那个决定性的意见,他也是一个人独自定下来的,

---

[①] 拿破仑三世：法兰西第二任共和国总统,后成为法国皇帝。他使法国在稳定却专制的政府统治下繁荣20年时间,可是最后在普法战争中将它引向了失败。

而没有同他的内阁成员们商量过。现在，他第一次和他们谈论起这个问题：

"我们必须动用一切力量保卫国家，我是不会轻易放弃的。现在我已经决定了，为了国家，我们只有运用武力了。我们必须将成千上万的奴隶解放出来，否则我们都会走向死路。"

"我们必须将成千上万的奴隶解放出来，否则我们都会走向死路。"在这里，那个曾经理想的目的从此发生扭转了。一开始战争的目的，现在变成了战争的途径。而之前为战争申辩的理由，现在成了战争终结的方式。最近几个星期，几天，林肯的思想一直在急剧地发生变化。既然命中注定由他来实现这一宏伟的目标，那他就只能采取分步实现的方式。通过这种具有嘲讽意味的曲径来实现自己青年时期的远大志向。

是的，他并没有做白日梦，而是一步步地向自己既定的目标靠近：南方的奴隶们依然在耕作，这样白人们才更有底气到前线打仗。如果此刻宣布奴隶们自由，那么大量的奴隶会趁机逃走，敌人的势力也会大大削弱。而与之相反的是，因为从南方逃走的劳动力涌向北方，北方的实力会大大增强。如果用法律的形式解决这一问题，就算是采取最柔和的手段也不会得到边界各州的一致认可，而林肯对这些问题非常了解。所以他打算用武力的方式来公布这一决议。三十多年以前，亚当斯就曾经大胆预测说，如果某一天南方成了解放奴隶的战场，那么总统作为最高指挥官就可以肆意做出决定。林肯改变了战争的性质，也改变了战争的终极目标，所以经过妥协换来的和平也烟消云散了。毕竟在经过了长时间艰苦的战争以后，原来解救国家的动机已经不那么单纯了。在这样的情形下，林肯为战争找到了新的道德依据，那就是解放奴隶，以后的每一次胜利都将成为解放奴隶的垫脚石。

战争开始后一年半时间内，北方之所以意见不统一，原因也显而易见了：北方本来就有四个蓄奴州，民主党人认为这远远不够，不能为战争作更加充足的后盾，所以一开始北方大部分人都反对战争。而现在新的问题又冒出来了，北方人只想将南方的奴隶解放出来，而对自己的蓄奴州却庇护有加，这不禁让局势又呈现出新动态：在大家一致谴责的南方奴隶制被废除以后，北方的理想主义者却依然要实行奴隶制？

林肯在做决定以前想到的问题，一年以后，他悉数告诉了自己的一位故交："从最早开始我就想废除奴隶制，如果奴隶制都算合理的制度，那么世界上就没有不合理的东西存在了。我的初衷从来都没有改变过。可是，我从来没有想过，总统的权力可以让我根据个人情感和信仰的变化做出决定。在任职宣誓时，我就不想通过宣誓来获得权力，然后在权力的应用过程中违背当初的誓言。我认为，在一个相对稳定的局势里，我的誓言会阻碍我发挥权力，根据自我想法来判定奴隶制的合理与否。为了维护宪法，难道我们就要弃合众国的利益于不顾吗？"

"根据自然规律，我们的四肢都应该得到很好的保护，可有时为了整个身体的健康，我们必须牺牲一部分。相反，没有人会蠢笨到，用整个身体去换一只手臂的健全。所以我认为，一些不符合宪法精神的措施也可以变成法律，为了合众国的利益，这样做是非常有必要的，也是十分识时务的选择。合理还是不合理，我会仔细去揣摩，我会为自己的决定负责任。当我在1862年3月、5月和7月连续三次向各州发起号召，要求他们有偿释放奴隶，我认为自己的这种行为可以避免将来无条件释放奴隶。可是他们都对此不理不睬，现在我觉得，良心在逼迫我做出最后的决定，要么置国家利益和宪法不顾，要么将黑人全部武装起来。我当然选择后者。我之所以这样考虑，也是为了维护整个国家的利益。"

因此，林肯的思想在痛苦地煎熬着。对于他发布的解放奴隶的宣言，他是经过了很长时间的思考才决定的。虽然在做决定前，他的同仁们就发表过不同看法，并提议他采取两边都不得罪的折中办法，可是林肯依然做出了决定，并打电话让法院的朋友斯维特专程来一趟。

早晨，斯维特空着肚子就来见林肯了。林肯先是向他打听了一下老朋友的情况，然后就给他读了凯瑞森一封关于废除奴隶制的信。然后，林肯又向他阐述了自己的观点，并谈到了所有可能性和各方的态度，这段讲述用了将近两个小时。

后来，斯维特回忆当时的情形说，"他在讲述自己的主张时，我觉得他并不是一定要我同意，只是想进行再一次修改。在我看来，他更像对自己诉说。"林肯讲完以后，又让他给几个老朋友带好，然后起身祝福他一路顺风，这次见面就这样结束了。

后来，林肯举行了内阁会议，会上，他对各位内阁成员说，对于奴隶制问题，他已经想好要怎么做了。他请他们来并不是要他们来提意见的，而只是通知他们。这种过度的自信会让人误以为他是一位霸道的独裁者。

之后，林肯就把自己写好的宣言读给他的内阁成员们听：

我，亚伯拉罕·林肯，美国总统兼美国陆海军总司令，在此宣布，以后进行的战争将围绕下面的目标进行，让合众国和各州恢复如初。我召开下届国会会议的目的就在于提请国会通过一项实际的决议，对所有当时没有离开合众国，没有参与反动组织，以及当时已经同意或今后将愿意采纳在各个领域一步步废除奴隶制的蓄奴州给予财政上的补贴，对该项补偿是接受还是拒绝由各州自由决定，并在非洲后裔本人和移民政府同意后方可执行。

从公元1863年1月1日起，在合众国所管辖的任何一个州和任何一个区域内，只要居民当时依旧在闹反动，那么那里被当作奴隶的人，从现在开始马上获得永远的自由。政府当局将从1月6日起通过告示，向外界公布哪些州的居民依然在反对合众国……

接下来，该宣言不允许任何将领将奴隶重新送回庄园，所有被解放的奴隶将被视作战俘，不会再受到剥削和压迫，并禁止被用于奴隶交易。不过，仍然归属于和平州的奴隶主们的奴隶必须重新回到奴隶主庄园。

美利坚民族，因为奴隶主们和反对奴隶制的人士之间无穷的争吵，已经被折磨得筋疲力尽了。现在，废奴主义者终于等到了武装解放奴隶的大好时机。这样做对谁更有益呢？当然，对那些北方蓄奴州的奴隶是没有什么好处的，它所针对的对象只有南方奴隶主们的奴隶。在这样的局势下，一个难缠的问题又出现了，用武力解决当然没有问题，可是总会留下一些历史遗留问题。从实际情况出发，林肯必须冷静地思考，做一个万全的决策，暂时不提到北方的奴隶问题，先将南方的奴隶问题解决掉。

这份宣言让内阁成员们也瞠目结舌。斯坦顿说："这个宣言比我以往的任何提议都要突破传统。"赛华德也说，"我当然支持这一宣言，可问题是什么时候对外公布比较合适呢？北方的节节败退已经让我们的经济状况很差了，工业不景气，人民的情绪也低迷，我担心这一决定会带来比较消极的后果，民众可能会误以为政府穷途末路了。鉴于此，我觉得应该暂时不公开这份宣言，应该等到我们在战场上能取得绝对性胜利时再宣布，现在我们没必要走这步险棋。"

林肯同意了这一提议，静等战场上的捷报。

十五、南方的领袖

新成立的南方联邦政府的总统杰斐逊·戴维斯就因为长了一副好皮囊而闻名，这和林肯因为长相丑陋而闻名一样。戴维斯身上具备了林肯所没有优势，当然林肯身上也具备了戴维斯没有的长处。

当林肯处境艰难，在磨难中一步步成长起来，并且依靠自己的双手，依托命运的照拂，做船员、当木匠、做店员、打短工时，当他在一切可能的情况下读书，对知识孜孜以求时，也就是当他在14至24岁黄金年龄时，和他同时代的杰斐逊·戴维斯则是一个家庭背景优越，从小过着贵公子生活的人。毕业于西点军校的他开始在军中任职的时候，林肯还躺在商店的柜台中偷偷看书呢。当林肯因为未婚妻的去世而茫然无助时，戴维斯这位年轻的中尉已经成为某位上校的女婿。在这之后的一年，当林肯负债累累，在没有任何把握的情况下进入律师界时，戴维斯的大哥已经帮他买了一些土地和一些奴仆，夫妻俩过上了衣食无忧的幸福生活，甚至连军中职务的提升也不用操心了。30多岁的林肯和戴维斯都迷恋于政治，虽然戴维斯开始的晚，不过两年以后，他就成功当上了众议员，而且在此之后一直都是众议员，不久以后还变成了参议员。而林肯呢，近十年来一直都没有任何政治地位和权力，当他47岁再来竞选议员时，也是失败而归。而那时，戴维斯已经成为陆军部长，对国家的政策，他的话有着举足轻重的影响。

戴维斯长相很好，脸上充满了自信。当然，人的外表也从某个程度上决定了他以后的道路。他一直以来都抱负远大，并一直坚称只有自己的观点才是最正确的。在他看来，宽宏大量并不是胆小如鼠的意思。而事实上，他那灵活的头脑和狭窄的心胸决定了他只能坐第二把交椅。他一直不屑和一些层次比他低的人站到一起，而总是跻身于大人物行列，以彰显自己的高贵。他经常大笑，可实际情况却是，他不是个善于讲笑话的人。他是一个工作起来不要命的人，如果他出任某个职务，他会非常准确地计划自己的时间。有时，他的手下甚至会惊恐于他强烈的时间观念和投入的工作态度。他有多重身份，他是农场主，家境殷实，奴隶众多。他又是陆军部长，军队都由他管辖。他又是演讲家，他常会犯极端主义错误。可是要说到说服力，恐怕除了拥护他的党派以外，没有人会钦佩他了。

除此以外，他为人踏实，说话大声，一心维护着他颁布的宪法，也对自己非常有自信。可就是这样一个铁骨铮铮的汉子，一直以来却被病魔侵袭。在他还很年轻时，他就患上了严重的眼部疾病，虽然后来治好了，可还是时不时会发作，经常会出现短暂性失明。所以说到这里，他又比林肯少了一样东西，那就是健康的身体。可是他有一个甘于奉献，和他同舟共济的妻子，这又是林肯所不曾拥有的。

他现在的妻子比他年轻20岁，是他的前妻去世后他才娶的。她非常了解戴维斯的脾气，她曾经在一封信中这样说，"他总是觉得自己的意见完全正确，他的这种极度自负也伤害了我。可是尽管如此，我还是非常愿意和他一起生活，他的声音非常具有感染力，总能适宜于表达自己的观点。"

他的这种秉性，特别是他在南方所拥有的家产和尊贵的地位，都让他不会在有关南方生死存亡这样的大事上有丝毫的含糊。战争打响的前十二年，他就曾经公开发表声明："我们这些南方的州代表绝对不会允许任何人来践踏我们的祖先们遗留下来的制度。如果用武力的方式可以消除矛盾，那么我们会一往无前，坚持到底。对于我个人来说，任何挑起反奴战争的人都是祖国的反叛者。"在他就要离开华盛顿去南方出任总统时，他在致辞中说："我真实地感受到，我们之间过去的争论非常厉害。可是现在，当着上帝的面，我还是要对你们说一句，祝你们一切顺利。总统先生，各位议员先生，既然我已经明确表明了自己的态度，接下来我就会全力以赴，那么我就只有祝大家生活幸福了。"

他马上回到了南方，出任新联邦的总统。南北双方相比较，差异并不是太明显，他们之间的对立在两位领袖的性格和过往经历上表现得特别明显。林肯说过："如果奴隶制的存在是合理的，那么世间就没有不合理的东西了。"而戴维斯则在南方国会上对北方大声宣称："就算奴隶制不合理，可是那和你们又有什么关系。"这两句话所表现出来信仰和看法是多么不同啊。他们两个人，一个是哲学家，一个是政治家；一个是理想主义者，一个是现实主义者。两人各为双方的领袖人物，这一点也没什么好奇怪的。他们正好很好地体现了双方的思想，两人内心所压抑的冲突，也正好体现了南北双方交战的矛盾所在。

和这两位总统形成鲜明对比的是罗伯特·李将军，一位非常熟悉这位老将军的人这样评价："他的出现是美国历史上的奇迹。"从青年时代开始，李将军就积极要求上进，他的祖父在为自由而战的战场上壮烈殉国了，父亲曾经拿米尔顿、弗柯勒、波普、洛克等人的例子来教育他。父亲早早去世以后，他和操劳的母亲相依为命。21岁时，他娶了华盛顿的孙女为妻，他非常爱国，和林肯一样，他对祖国的命运非常担心，可是上天却和他开了个玩笑，让他带领军队去实现这种解体。和戴维斯不一样的是，他为人坦诚，胸襟很大。

李将军那种从一而终的、坚持不懈的精神在他的炮兵工程师的经历中，还有他美满的家庭生活中展现得淋漓尽致。他给妻子写的家书甚至成了国家宝贵的精神食粮。他那高洁的品性、绅士的做派、灵动的双目，似乎都在告诉人们，他绝对不是一个野心家。对于他来说，责任第一位，他拒绝一切任命，只想追求内心的平和、安静。他的言谈和林肯一样让人称奇，可是他的性格却和林肯迥然不同。林肯遇到过太多的挫折，最后才找到自己应该走的路，可是李将军从一开始就给自己定好了位，他只能做军队的总参谋长，而不是做军队的领军人物。虽然在对墨西哥战争中，他立下了赫赫战功，可是他本人却和林肯一样，对战争和流血讨厌至极。在攻占了一座城池回到家乡以后，他写道："我对官兵们一点都不担心，我担心的只是那些饱受战争摧残的普通百姓们。一想到他们过的凄苦生活，我的心就像在流血一样。你难以想象战场是多么冷血无情。"从这里可以看出，李将军，这位杰出的军事谋略家，实际上还是爱好和平的。

当这样一个人看到自己用毕生的时间修建起来的坚固根基发生动摇时，他的情感要如何承受呢？合众国岌岌可危，对于他来说，这个消息无异于爱人背叛自己，或者就像听见自己的家背叛自己一样。作为一名军人，他在政治上一直不受任何人的牵绊。作为一名清教徒和自由习俗的追随者，就算是在家中，他也不会去理睬邻居和同事们的忠诚立场。奴隶问题越来越严重时，他说，"在任何一个州，不管是从道德上还是从法律上，奴隶制的存在就是残酷的代表。"可以说一语中的，"我认为白人的罪行要比黑人多得多。"这也刚好是林肯内心所想，甚至完全一样。他们的思想竟然如此如出一辙。接下来他还说："和生活在非洲的黑奴们比起来，这里的奴隶的境况要好得多。

他们所经历的痛苦和磨难，是他们的种族一定要经历的。希望以后这种生活可以永远结束，迎来生活的曙光。至于这还需要多久，恐怕只有上帝知道了。"

可是，时代变幻无穷，他又一次处于政治的中心。林肯当选总统以后，李将军认为该到了做最后决断的时候。他给儿子写信说，"我所能想象到的国家最大的危险就是合众国的瓦解，因为这代表着严重犯罪行为的出现，我们也会因此遭受磨难。就算是牺牲个人名誉以外的任何东西，我也一定要阻止这种情况的发生。如果一个国家必须依靠武力来维持生存，如果一个国家用内战取代了同胞感情的话，那么这个国家也离覆亡不远了。如果联邦分离，那我就告老还乡，和家乡的人民一起共患难，为了保卫家乡牺牲在战场上也在所不惜。"这里，他说话还是有点含糊，既有对正义的向往，又有逃离现实的想法。

3个月以后，林肯派人来请他出任统帅一职，因为有人说他是当时最杰出的指挥官。对于他来说，这是一次虐心的折磨，到底是爱国，还是叛变国家？前段时间，他刚想到这个问题，为什么一定要让他来领导军队，和自己家乡的人民拼个你死我活，甚至要把对方毁掉。他显然不想这样做，更何况他也没办法做到。于是，他干脆利落地拒绝了林肯的请求。又过了两天，他将一切军职都辞掉了。在给斯科特将军的信中，他对将军表示了无限的感激："将军，感谢您多年以来对我的照顾，我非常感激，可是不知道如何报答才好。我希望您可以设身处地为我想想，我做出这一决定也是迫不得已。希望您能理解，您的宽广胸襟我会铭记在心。"在这封信中，他表示他会离开军队，回到家乡。

可是他真的可以在此时回到家乡，将一切政治漩涡都甩到脑后吗？他真的可以躲避现实的种种纠结吗？显然不行。30年了，他一直在军队生活，征战沙场几十年。从小，他就在弗吉尼亚的山水之间穿梭，和太阳并肩而行。弗吉尼亚边境和南北边界很近，情况非常危急。如果所有的人都在备战，那他还会事不关己，高高挂起吗？像他这样一位声名显赫的大将军可以允许自己在家里安享晚年，或者是照顾伤员吗？明显不可能。如果那样，他有何脸面去面对家乡父老。他无从选择。李将军正是因为自己的家乡的地理位置，情况很糟糕，他才在大难之前接受任命，出任南军统领的职务。除此以外，他对这片土地非常了解，在这儿打胜仗的几率更大。

可是，他的内心一直都没有放弃正义。虽然他不迟疑他自己的决定，可是他还是派人给自己在北方军队任中尉的儿子带了一封信，让他根据自己的良心来选择自己要走的道路。"我不想让我的思想影响了他,决定他的选择。如果我走错了路,也许他会比我做得好。至于走哪条路是个至关重要的问题,而这个问题必须由本人来决定。"这里的处理方式和林肯的宽宏大量是一个意思。一年以后,他在这方面的宽宏大量越发显现出来。他的岳父曾经在遗嘱中说,他所拥有的奴隶将于1862年某月某日被释放。到了那一天,李将军确实这样做了,让奴隶们获得自由。这位南军的最高将领还亲自给这些奴隶颁发通行证,让他们越过防线去北方。

李将军的一位助手杰克逊也是非常优秀的军事人才。杰克逊少年时生活很清苦,家庭背景纯正,他本人也信教,而且非常有正义感和担当。每天他都会在固定的时间做祷告,一生都是如此。在战争时期,他比任何人都坚定。而且,杰克逊和林肯一样,也非常信仰迷信。在这以后,他对宗教信仰几乎到了痴迷的程度。去世之前,他还留下了一句具有宗教意味的话:"好吧,一切都归于平静了。"

杰克逊的死也非常具有嘲讽的意义:一个在军中备受大家敬仰的人,却是被自己手下的将士扔炸弹时误砸中的。在被抬往医院急救时,因为一名抬担架的士兵腿部中了一枪,所以他再次摔到了地上,彻底迎接死神了。有人说,如果他还活着,战争结果也许会不同。当然,事实上这场战争的结局并不取决于这几位将军的表现。北方所拥有的综合实力以及它对南方实行的禁锢措施,也一定会取得最终的胜利。

不过,北方离最终的胜利时刻还有几年的时间。

十六、等待(上)

欧洲的势力在南北双方的后面起着很大的影响力。总体而言,欧洲对南方还是比较支持的。两年以来,拿破仑三世总是对战争进行干涉。但是他的立场一直含糊不清,因为支持南方并不是他真正的目的所在,他只为了侵占墨西哥。对于美国内战,俾斯麦是保持中立的,后来他说,对南方他是很同情的。只有沙皇俄国是支持北方的欧洲列强,因为在美国内战爆发的时候,俄国的奴隶制刚刚废除,因此它觉得根据自己的情况更应该支持北方,同时还可以掩盖它反对英国的态度。

如果欧洲进行干涉，英国就是关键，因为所有人都知道英国是南方背后的强大力量。英国工商业把美国北方作为它的竞争对手，而把南方作为它的主要取材之地，因为英国的工业原料很大部分都是来自于美国的南方。现在，因为北方不再从南方购进原材料，从而导致了南方的棉花等一些原材料没办法输出到英国，因此英国的工业面临的境况是很窘迫的。历史学家责备南部联邦是没有理由的，因为美国在80年前才独立，而很多大国都希望美国破裂，这样的话，美国的势力在很短的时期里都不会增长的很快，也不可能称霸海上，他们这些老牌强国的利益也就不会受到威胁。就算是一些道德学家，也有部分人是对南方表示支持的，他们这么做，是因为南方的势力相对较弱，而这些人对弱者都是很同情的。格来德斯一般认为战争的起因是很荒谬的，狄更斯更是对任何挑起战争的原因都很反对。狄斯罗里一直都是持中立的态度，而达尔文、泰尼森、约翰·斯图尔特和米尔对奴隶解放者都表示很同情，希望用这样的方法对美国的声誉进行挽回。还有英国的工人阶级和一部分中产阶级市民在他们的背后。虽然他们会因为工厂的倒闭而失业，会无家可归，但是他们的这个信念是一直不变的，对自由的追求是无关肤色的。

那时，一个勇敢的北方水兵拦截了一艘英国船，这艘船是从南方海港出发的，名字叫"特伦特"，有两个南方的代表在这个船上，他把他们押上了岸，而且使用的是武力。这样的话，英国就被迫加入了战争，因为他们找到了借口。伦敦和华盛顿也争论了一番，有很多种解决问题的方案。在这个时候，林肯只是静观局势，他察觉到，这件事情一定不能被夸大，当年度布朗事件就是被渲染夸大的，同时，他也意识到历史在发展，在更替，于是，他决定再赌一次，他说："反叛者们会成为大家攻击的对象，这是我很担忧的事情。对于中立权，我们解决这件事会根据自己的原则。我们和英国打仗也是依照这种原则的。如果英国第一个不赞成，要求我们放了人质，那我们只有服从，并且我们还要道歉。"在国家面临危险的时候，林肯伸出了援助之手，国家也在他的带领之下脱离了困境。

战争时期，林肯对于收复土地的问题总是小心翼翼地处理着，也没有任何的处罚。他说："蛋破了是不会恢复原貌的，路易斯安那除了接受它以前的联邦位置外，别无他法，要排除那些已经破了的蛋，我们只有快速地行动，才能尽可能地挽回。政府肯定不会把赌注全部放在这场游戏里，而任由一个子都不愿拿的敌人摆布。敌人应该知道，他们想要推翻政府的企图，在经历了十年之后依然没有取得成功，他们已经无法再轻易地回到联邦大家庭。如果他们还想把原来的那个合众国恢复的话，我觉得现在时间到了。"

  同时，林肯还焦急地等待着战争的胜利，因为如果战争取得胜利，他就可以把他的解放奴隶的宣言公布于众了。但是他再急切也没用，战争的形势一直不明显，而且越来越混乱。8月底，北方的新将军和他带领的军队在布尔溪被打败了，李将军的军队取得了胜利。之后，李将军率领大军进攻马里兰州。这次战争的失败主要是麦克莱伦导致的，他不服从命令，故意延迟了进攻的时间，最后导致另一位同行的将军无法一力抗敌而惨败。但是，麦克莱伦没有因为这次的失利而受到任何影响，相反，他的权力得到了进一步的巩固，因为林肯希望给予他足够的信任而激起士兵的斗志。但是对于林肯的这一做法，所有的内阁成员都是很反对的。事实上，虽然麦克莱伦很适合这个工作，在士兵中也很有威信，虽然与共和党相比，民主党的他更难处置，但是林肯已经让他做了很长时间的统帅了；不久林肯就会知道，麦克莱伦道德低下的程度远远超过了他的预料。

  究竟是不是真的，我们没办法知道。但是可以肯定的是，林肯在这种情况下发了誓。他没有用宗教的仪式，也不是信仰或者是迷信，是介于这两者之间的。总而言之，他内心的恐惧是依靠这种方法掩盖的。他向上帝承诺，如果战争取得了胜利，他就把宣言公诸于众，解放奴隶。这篇解放奴隶的宣言是他一生中唯一一篇慷慨激昂的文章，如果说他平时说话一直带着嘲讽的语气的话，那么在这篇宣言里，他把自己火热的激情表达得淋漓尽致。他在描述对符号的体验、对梦想的追寻和对迷信和宿命的信任时，都带着哀伤绝望的语气。对比一下，我们就会知道，他和其他的大人物没有什么区别，总是会在困境中突破自我，找到出路，并且制定合适的对策，立刻投入实践。

  在这漫长的等待过程中，林肯一直心急如焚。尽管当时他已经成为了总统，但当他在斯普林菲尔德的家中坐着的时候，他还没有官职，任何事情都做不了。而两年之后，他已经掌握了大权，当上了总统，同时兼顾陆海军最高统帅之职，但也只能等待着他的将军们赢得战争的胜利，只有取得战争的胜利，他才可以把那锁的很久的抽屉打开，拿出他那慷慨激昂的宣言，并诏告天下。可是他还是毫无办法，唯有等待。周围发生的很多事情都迫使他要尽快把宣言公布于众，但是他的头脑是很清醒的，他曾经发过的誓需要他暂时按兵不动，尽管他已经为这一刻做了很长时间的准备。

一帮神职人员来找林肯，表示反对奴隶制，林肯说："只要时机一到，我会倾尽全力来完成我的承诺。"据当时的人们回忆，他在说这些话的时候脸上有些落寞，看上去很累，但还是勉强露出笑容。一次，十几个贵格会教徒来找林肯，对他的演说进行严厉的评判，这让林肯很无奈，只好自己出来辩解。当有人说林肯违背自己的初衷的时候，林肯回复说："这是我应该做的，因为我鄙视那些越来越愚笨的人！"他对另一个人说话的时候换了一种农民式的口气，他说："命令不能决定一切，仅仅凭借命令是不可能实现奴隶的解放的。别人可以听从我们的命令把牛犊的尾巴当作是牛腿，但是牛犊自己是不会这么看的。"

有时候，他看似温和的话语中总是充满了让人匪夷所思的东西和刻薄的讽刺，那些芝加哥来的神职人员早已经感受到了他的这种风格。林肯对他们交上来的文书都用书面回复，表达出自己对他们的观点的不赞成：

……双方的神父却都认为神的旨意只有自己能传达。但是我觉得，出现这种情况，无非就是其中的一个教派有道理；也许在某一个方面，他们都是无理的。接下来我要说的话希望大家能够理解，不要认为这是大不敬：在处理与我的职责有关的问题上，上帝如果能够让众人接收到自己的旨意，那么我觉得他直接传达给我是最好的做法。因为我是一个诚实的人，去理解上帝对这一问题的旨意是我最急切的愿望。如果所有的一切我都能领悟，那么我一定会倾尽全力去实践它。可是，现在时代已经变了，信奉神灵显灵的时代已经一去不复返了，所以，我是不可能得到神的昭示的。我现在应该做的就是对与这个问题相关的东西进行仔细的研究，预测可能发生的情况，制定最合理的方案。

以目前的状况，公布解放奴隶的宣言会有哪些好处呢？一个不被大家信任，不能给大家带来希望的宣言我们是不愿意公布的，那就好比是教皇对着空旷的星空自言自语。现在，我还不能让宪法在反叛各州实行，我的宣言又怎么可能解放奴隶呢？一项决议刚刚在议会中被通过，南方反叛州的奴隶主们的奴隶们投靠北方会受到保护，找不到什么理由可以确定我的《解放奴隶宣言》会比这项决议好。举个例子来说，在结束了布尔河和布尔溪战役后，一支军队举着白旗从首都出发，去战场上把尸体都掩埋起来，搜寻受伤的战士，而南方的叛乱者们瞅准时机抓走了去支援的黑奴，这些黑奴又被带回了南方……这些都被我看作是战争的举措，是根据它对镇压叛乱到底有多大的帮助来决定的。

如果我们给黑人每人发一支武器，我担心敌人很快就会掠夺走；实际上，现在我们的白人队伍都没有那么多的装备来武装，更别说黑人了。在联邦队伍中，来自世界各蓄奴州的有五万人，如果应你们的要求公布宣言，他们就投靠了敌人，那么我们就会得不偿失……只要上帝把旨意传达给我，我绝对会遵从的。

他就这样用很巧妙的语言粉碎了神父们的幻想，就好像是他们在讨论人类幸福的问题，好像他采取这样的行动是这一帮人逼的，因为他们不仅仅只满足于预算，而是要付诸实践。而林肯在回答中用上帝来贯穿始终，这给神父一种他心中有上帝的感觉。之后，批判他冷酷无情，对奴隶没有同情心的言论在社会上，报纸上，宣传单上，随处可见。有人批判他说：他为了避讳，用"黑人问题"来代替"奴隶制"。因此，共和党在几个州内的选举中支持率都很低。格瑞利是《纽约论坛报》的实权人物，他在一封公开信中对总统进行了指责，说他在处理路易斯安那的问题上不合理，"因为边界各州的威胁，他胆怯了，……令人诧异的是，如果我们大部分的军官为了奴隶制而带领着志愿兵进行战斗的话，也许胜过平定叛军。"对于这些，林肯会怎么做呢？是为了面子，写一封官方的答复信给格瑞利呢，还是有别的方法？在这篇公开信发表的当天，林肯以格瑞利的方式亲笔写了一封公开信，对格瑞利进行了回复。这篇文章采用了苏格拉底式的对话形式，令人难忘：

就算我不赞成你信中的一些观点，在这里我也不会做出反驳。
就算我对你信中的一些推论有些疑虑，在这里我也不会与你讨论。

如果你在信中张狂无礼，带着激动的情绪，出于对你这位好朋友的敬意，我不会计较……

　　我应该做的是对合众国进行挽救。在不违背宪法的情况下，我要找出最佳的方案去挽救国家……有人觉得，如果奴隶不能同时得到解放，那么他们也不会想着去挽救国家，对于这些我是不会妥协的。如果有人觉得拯救合众国和废除奴隶制必须同时进行，我是不认同的。我们应该先拯救合众国。如果不解放奴隶制就可以把国家拯救了，我是非常愿意的；如果只解放一部分的奴隶，我也是愿意的。我有一种信仰会一直存在于黑奴和奴隶制的问题上，那就是：每个决定都必须对国家有利；假如我认为我做的事情会损害国家，我会及时改正；但是假如我认定我做的事情对国家有利，我一定会努力完成。在这里，我根据我自身的观点和自身职责的考虑表达了我的看法，没有丝毫改变立场的意思，那就是，世界上的每一个人应该享有自由、平等！亚伯拉罕·林肯。

在欧洲，还没有哪个国家的领导人像林肯这样做，就算是在和平时期也没有。这种行为在美国也没有出现过，有哪个总统会对别人的狂言做出这样的回应呢？而林肯就这样做了，他反驳的条理清楚，有逻辑，很诚恳，找不到任何不足之处。他在给格瑞利写完信之后，用很温和的语气对朋友们说：和格瑞利的这个事情，让我想到一个故事，故事的主人公是一个青年，个子很高，他的妻子个子很矮，妻子一直想捉弄丈夫，而且还不让丈夫反抗，丈夫表现得很大度，他说：'随她吧，又没有什么大的伤害，毕竟这对她来说是不可缺少的。'"

十七、等待（下）

林肯的那份解放奴隶宣言至今还被隐藏着，也不会轻易被公开，他正在等一个最有利的时机。一直以来，他都反其道而行之，并坚持努力着。他知道了如何用睿智和清醒的头脑去思考问题，并慢慢解决它们。在这段时间里，他也相信自己以后承担的责任更加重大，所以他不能一时冲动。

在他任职期间，他用他的行动和举措证明，相较黑人问题来说，他更在乎的是人身自由。如果自由要以合众国的利益为代价，他是绝对不会答应的。在后来与黑人的接触中，他用他的行动充分表明了他的立场。

林肯在白宫接待了几位前来拜访他的黑人代表，带头的是一位神父。他们来这只是想询问一下林肯对已经获释的黑人移民问题有何看法。林肯和他们一起坐下来，耐心地告诉他们政府已经调取了专门的资金来解决这个问题。之后，他又很有诚意地给大家讲解了一下情况：

许许多多的黑人因为生活在白人之中而遭受苦楚，但是也有许多善良的白人为了你们生活的现状踌躇不安。总之，我们都是生活在水深火热之中。我们不得不承认，我们是一家人，是因为什么原因而分开我们，我觉得你们这些代表都是自由之身吧？

是的，朋友们。

也许你们很早就已经获得了自由，也可能生下来就是自由身。可是我觉得，你们的种族此刻正被不公平地对待。这种磨难是任何一个种族所不能承受的。就算你们不再会是奴隶，你们也将不能得到和白人相等同的权力和利益。可这种自由和尊重正是我们大家所为之奋斗的目标。在这片广袤的大地上，你们之中却无人勇敢地站出来跟我说，我们和白人是平等的。就算是在最最人道的地方，对你们也是有所保留的。这是我们所有人都心知肚明的，也是我所无法改变的。这场战争之所以爆发，就是因为我们不是相同的肤色。因此，若我们分开，也许是最好的选择。我清楚地知道，你们中很多人都是自由之身，而他们的条件也相对优厚一些，所以他们不会像那些如今还是奴隶，只能靠移居国外来获得自由的黑人一样坚定。

也许这些话说出来太残忍了，可这就是事实，因为他们非常讨厌和你们这种获得自由的黑人生活在同一片土地上。假若你们能够帮助白人的话，那么一条让许多黑人获得自由的捷径就摆在你们的面前。可若是要让那些还未获得自由却受尽了折磨的黑人来和我们交涉的话，我们一定坚持不到最后，因为这项任务对我们来说太艰巨了。如果在座的有能力的黑人代表能领头的话，那就事半功倍了。

如果华盛顿将军一直甘做英国的子民，也许不会遭受那么多苦难，那他的一番伟业能够成就吗？就是因为他所承担的责任对他的民族有所贡献，他没有自己的后代，却为了千千万万其他人的子子孙孙付出了他的全部，他觉得他是充实而幸福的。我想不通，白人和黑人有何不同。不论白人黑人，都是以维护自身的利益作为出发点的。我希望大家慎重考虑我的提议，因为它不仅仅是为了我们这代人的幸福，也是对造福全人类的幸福有所帮助的事业！

林肯在这个时候变成了一名诱惑者。从他的字里行间，我们可以看出，林肯是在提醒黑人，他们的移民问题应该由他们自己来解决，不然政府也会强迫他们这样做。此刻的情形也许是他有生以来第一次遇到的，他是房间里唯一的白人，几位黑人就围坐在他的旁边。在他的谈话里，林肯再一次说到了华盛顿总统，他想让这些黑人了解，他们应该为了自己的兄弟姐妹们，为了他们的解放事业而背井离乡，直至付出自己的生命。

抽屉里，那份宣言还默默地躺在那里，期待着从战场传来捷报。他现在不论是早上还是晚上，都会不由自主地去国防部一趟，在电报室阅读最新的电报。他经常会把收到的电报读了一遍又一遍，就怕会看漏什么最新的消息。之后，他也许会亲拟一份电报，左手托腮，眼神犹疑，静静地思考着，右手放在稿子上，嘴里不停地喃喃自语，再一一把它们写出来。这像极了他年轻时的模样！直至最后，他觉得所有的句子都很流利，很通顺了，才会放下笔来。30年来，这种习惯一直保留着。很久以后，一个当时在电报室里任职的军官回忆说，那间电报室对林肯来说意义非凡。他不仅在那里获得了最新的消息，更是他人生中不可多得的隐居之所，一个别人不知道的好去处。他经常以一种怪异的姿势来读电报，他半躺在椅子上，右腿往下耷拉着，吊在半空中，他非常认真地一封接着一封地读，忽然又会从第一封开始读。

林肯一直在盼望着胜利的消息，他现在有些坐不住了。夏天的时候，他把全家都带到离华盛顿三英里远的一栋不起眼的小房子里度假。那间房子紧挨着战场疗养院，所以他经常能够看到有伤员从那里进进出出。后来，一个当时陪他来过的朋友回忆说："你若在那时看到他的神情，你一定看得出他那痛苦的心灵正承受着煎熬。"有一回，林肯突然停下来说道："看到这些受伤的年轻人，我无法忍受这难以言表的痛楚和随时都要面临死亡威胁的痛苦。"他的朋友在一旁拍着他的肩膀说："不要怕，不是您说的吗？胜利一定会到来的！"林肯表情沉重地长叹一声说道："对，一定会胜利的，可是它来得太晚了！"

有一次，林肯知道他们的人违背原则，逼迫几个贵格会教徒入伍打仗时，当即下令放这几个教徒回家。当时，斯坦顿就军纪法则对这一做法提出抗议，林肯却说："可是这就是我的意愿！"

还有一次，有24名逃跑的士兵要被判处死刑，林肯却怎么也不肯在判决书上签名。军官们说，如果不杀鸡儆猴，以儆效尤的话，怎么能稳定军心。林肯回答说："将军们，你们难道看不见吗，我们国家的老弱妇孺还不够多吗？你们还要扩大他们的队伍吗？我绝不答应！"

在访问军营的时候，他会十分谦虚。因为他时刻提醒自己，自己没上过战场："我在这方面孤陋寡闻，不如一个少尉。当战士们围坐在我旁边的时候，我觉得我说什么都是不合时宜的。"他曾对一个团的战士们说过："你们的团长告诉我，你们对我在国家面临困境时所做的选择持支持的态度。为此，我要诚挚地感谢大家。可我要说的是，你们所付出的一切是最高尚的，你们的行动是最有贡献的，我远远不如你们做得多。谢谢大家！"

有一次，林肯的幽默风趣有了用武之地。那一天，他正阅兵的时候，跑过来一位军官，将军曾当着他的面说要杀掉他。林肯望了望这两人，戏谑地说："若我是您，就算他说过这样的话，我也不会害怕。因为，如果他要这么做，那你们现在还能站在这吗？"

有人曾描述他在授旗仪式上的两种截然不同的表情。一种是身为国家领导人的庄严和睿智；还有一种是看着旗杆的表情中略带一点疑虑。后来才知道他是觉得旗杆太细了。

曾有人问他，对方的人马有多少的时候，他说："应该差不多有120万。"

"不是吧，有那么多吗？"

"是的，我那些打了败仗的军官们时不时跟我抱怨，说我们的兵力至少比敌军要少3倍，而按这个数据来算，我们的有40万，乘以3倍，那不就是120万吗？"

十八、决心

麦克莱伦在九月中旬终于决定出兵反攻了，他的军队在安提塔姆打败了李将军，逼迫他撤退了数公里。在东部的战场上，让对手退后几公里已经很难得了。这次胜利，对于处在焦灼状态中的北方和保持观望态度的欧洲来说影响很大。林肯特别激动，他致电麦克莱伦："不要让他跑了，给他点厉害瞧瞧！"之后，林肯又亲自来到麦克莱伦的军队，督促他乘胜追剿。但是，他对此毫不在意，只追了一小段就安营扎寨了。

此刻，最紧要的任务就是利用胜利所发挥的政治效用大做文章。因为不久之前，英国企图让南部联邦的身份合法化，而南方在此次战斗中的失败，一定会暂时让英国人改变主意，至少暂缓做出决定。

林肯也对这次的胜利表现出了极度的兴奋，他必须把握这次机会有所动作，大显身手，在安提塔姆一战前，他这样写道：

> 上帝主宰着万物！在所有激烈的战争中，敌我双方都觉得自己是代表上帝的意愿的。但事实上，一定有一方是错误的，或者两方都是错的。上帝不会既支持又反对同一件事情。当下的内阁里，上帝的旨意也许与两方的意思是背道而驰的。正因为人们有所行动，所以才能被上帝当成实现愿望的最好工具。我想，上帝并不希望停止这场战役。人们本不必相互残杀，上帝只需用他无形的能量，来化解人心之间的矛盾，救赎家国天下。但是战争既然无法避免地来临了，至于什么时候结束，哪方是赢家就看上帝的权衡了，所以战争会继续下去！

林肯写下这段文字时，正处于战争时期，这段独白隐藏的意念所带来的效果不言而喻，是非常珍贵的。我们由此能够读懂他相当哲学的内心世界。没有以我为尊的傲气，没有对敌人的轻视，更没有因为了解上帝而看高自己，这就是林肯在晚年所说的叫命运的东西。从他的字里行间，似乎察觉不到他对上帝

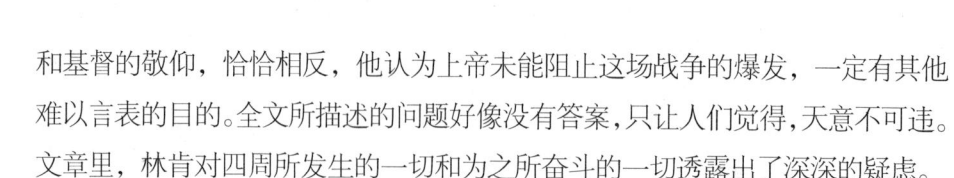

和基督的敬仰，恰恰相反，他认为上帝未能阻止这场战争的爆发，一定有其他难以言表的目的。全文所描述的问题好像没有答案，只让人们觉得，天意不可违。文章里，林肯对四周所发生的一切和为之所奋斗的一切透露出了深深的疑虑。

林肯在文章中用了两个但是，这是他从青年时代起就惯于用的文笔，就像是大调三和弦和小调音区互相掺杂，时常渗入他郁闷的心灵。

对他来说，任何时候他都要打起十二分的精神。因为不管是战争的信念，还是命运的意念，总之，奴隶制的废除是必须的，它的存在是一种罪恶。安提塔姆战役后的第五天，他召开了内阁成员会议，无人知晓会议的内容。曾几何时，他听到部队失败的消息时，总是镇定自若。可现在，在战争前途一片光明的九月里，他却心乱如麻；他要向那些不理解他的同胞和战友们敞开心扉，把宣言公之于众！几经过去的一年，因为他的犹豫不决，南方气焰跋扈，人们深受其害，现在他终于决定有条不紊地来实现它。在最后拍板时，他用他政治家的眼光和忧患意识，对他可能预见到的后果有所怀疑之外，还有他谨言慎行的性格阻挡了他的脚步。所以，当他面对内阁部长们惊讶的目光时有一些退却。他是如何破解这一难堪的局面的呢？他给大家读了一段他最喜欢的作家阿特穆斯·华德新发表在笑话报纸的讽刺故事。

那些部长们也许谁都不会了解他的做法，甚至还会谴责他，要是他们清楚林肯召开这次会议的真正意图的话，一定会更加反感。这个像极了吉普赛人的总统，就算在他生活最低迷，国家最危难的关头，笑话和幽默也时常伴随左右。它们是他的精神食粮，不可或缺。可是没过多久，他放下报纸，严肃地对大家说：

> 就像大家理解的一样，我对战争与奴隶制的关系这个问题仔细做了长久的考虑。当反军胁迫弗雷德里克斯堡时，我已下定决心，要把他们从马里南州驱逐出去，我会把这份宣言发表。我对天发誓我将为此付出我的生命。我不需要你们的任何评价，因为我已经决定要这么做。我绝没有不尊重大家，我非常了解你们的想法。若是你们对宣言的内容有更好的措辞，我会悉心接纳，也十分感激大家。我想也许有人会比我做得更好。如果有比我更得值得人民信任的人，我愿意随时退出，让他来替代我出任总统的职位。虽然我知道，民众对我的信赖大不如前，可是我坚信，就算大家能够找到比我更优

秀的人，那也是需要时间的。现在我还在这个位置，我就要竭尽所能地做好我分内的事情，担起我该负的责任，选择一条正确的道路。

在这段话里，有刚刚的迟疑吗？有为难吗？有看到内阁成员们的无语的表情吗？感知到了林肯的孤立无援了吗？为什么会说要别人来替代他？为什么说话的态度如此强硬，那是因为不想有人来反驳他。他需要用自己的能力做出决定，在表达的时候，他双腿颤抖，就如同小伙子在向心爱的姑娘求爱时一样，底气不足。因他那天生的诗人气质，让他在考虑问题的时候面面俱到，以至于迟迟做不了决断。可是，俗话说，在其位谋其政。也许，就像他说的："我坚信，上帝会用他的力量帮助我做出正确的选择。"

这时，内阁成员们知晓了他的目的，他们觉得，在他说出"上帝"二字的时候充满了犹疑。在这历史性的时刻，一个来自西部小城的庄稼汉和小律师要解放奴隶制的强烈愿望，把一抹温暖的光芒洒满了整个内阁。在经过短暂的议论之后，他用无比生动的口气对大家讲述了，在他身处逆境时他如何像那无助的婴孩一样感到局促和慌乱。他表示，把叛军从马里兰州赶出去是他的终极目的，是取得最终胜利的标志。

就好像再一次对不同的看法加以辩驳一样，林肯在1863年的新年宣布发表了《解放奴隶宣言》。

十九、混乱

宣言所带来的影响是很严重的。在北方，交易所关停，选举失败，共和党成绩平平，民主党在一旁煽风点火，造谣生事，局面一片混乱。在南方，人们不为所动，因为奴隶们正老实地在庄园里辛勤的劳动，奴隶主们无需担心奴隶们会逃往北方。南方的报纸叫嚷着：南方的所有奴隶都别想被释放，因为奴隶主们对他们关怀备至，他们感激涕零。欧洲许多国家也开始施加压力，致电要挟；除了英国数千名纺织工表示支持，虽然棉花稀缺，工厂停业，工人失去工作，可是他们被林肯在解决这个问题中的表现出的诚意所感动，理解林肯的只有他们，因为他们和林肯的看法一致，他曾说"钱财是身外之物。"

林肯没有什么回应。他写给副总统的信中提到："宣言发表已经有六天了，新闻界和各界人士对此赞赏有加，可是汇率却跌到谷底，报名的队伍也停滞不前了。如果我们认真总结这些情况就不难发觉，许多的地方不合人意。我们的军队数量也比六天前有所减少……我非常希望自己能以亢奋的心情写信给您呀！"

此外，党内也因为这份宣言的发表出现了动荡，就连林肯的一部分老朋友也开始谴责他，而卡尔·舒尔茨就是其中之一。在这场战役中，就连舒尔茨这样的老朋友都不理解，林肯所遇到的难题更加棘手。过了几天，林肯和舒尔茨坐到了一起。在卧房里，林肯见到了这位老朋友。在壁炉边，他轻轻拍着挚友的膝盖说道："年轻人，说实话，您对我的看法是怎样的。本来我不该在乎，可是我们之间应该是没有隔阂的，所以您是最能理解我的，是吗？"接下来，林肯又和他谈到了军事任命上的一些想法。

因为，麦克莱伦那残存已久的深藏不露的野心终于暴露出来。他在安提塔姆战役前就在半岛上会见了纽约市长，民主党的代表。听说，那时的民主党人要举荐他为1864年的总统候选人，为了这个目标，他才会积极与南方政府达成共识，结束战争。经过周密的衡量之后，他书面采纳了这个提议。后来在一位军官的劝诫下，他立刻烧了那封信。战争停止后，那位民主党代表又一次成功游说他后，当时就有几位赞成攻击的军官提出辞职，表示抗议。在这场战争中，麦克莱伦的卖国行为到底有何评判，谁都说不明白；可是林肯非常清楚，要是他还想赢过李将军，他就一定不能再用麦克莱伦了。

已经过去了5周，麦克莱伦一点进攻的意思也没有，他觉得军队太疲惫了，没有必胜的把握；对此林肯做出了简明的回答："您千万不要动怒，我想问您在安提塔姆战役之后，您的军队做了什么以至于如此疲惫？"他还写道："敌人的攻进线路是一道圆弧，可您的线路却是这道弧线的内侧一弦，而两边的道路差不多。如果我是您，我一定会竭尽全力围攻敌军的防线，誓死也要让敌人全军覆没在里士满。如果我们什么都不做，就不会有一点胜算！"此时，林肯命令哈勒克禁止麦克莱伦进攻。紧接着，他又致电麦克莱伦："请您如实地告诉我，在援军没到之前，您会按兵不动，是吗？"

十一月，林肯痛下决心，撤除了麦克莱伦的所有职务，共和党人伯恩赛德替代了他。可是为时已晚，这时，叛军的力量已经更加强大了。十二月份，伯恩赛德刚迎战就出师不利，大败于弗雷德里克斯堡。

二十、签署《解放奴隶宣言》

　　林肯对军队的一系列问题都非常失望，不得已必须对军队纪律三令五申。当林肯知道有个年轻的旅长因为大意而沦为俘虏后，他说："我们丢掉的战马太多了，实在太可惜了。我每天都可以任命一个新旅长，可是战马失去了就不会再有了呀！"他在写给肯塔基州一位官员的信中这样说道："在您求我让那支军队重回肯塔基州作为对他们进攻的奖励时，我觉得您一定没有想到后果，开这样的先例只会让我们的军队更加懒散。我自然也希望这次的战争不要打得如此轰轰烈烈，就算我们有时间喘息，可战争却是不长眼的，它是决不允许我们有一点点懈怠的。"有人报告林肯说，一个少校曾经扬言，这场战役的目的就是让两方部队在陷入难以支撑的境地时再互相妥协，其本意是不伤害奴隶制。那个时候，战争也就会随之结束了。听到这里，林肯当即下令："我想任何一位军官都不该发表这种言论，请立即撤销这位军官在国家和军队中的所有职务！就算他以往是绝对效忠于国家的。"当一个罪恶的奴隶贩子想求得林肯的饶恕时，林肯态度坚决地拒绝了，并果敢地在判决书上签名。

　　新的一年到来了，林肯有些力不从心，身心俱疲。年度会议12月份就要召开，作为总统，他和南北双方敌对的局面愈演愈烈。有着重要意义的1863年1月1日已经到来了，可是战争不知何时才会结束，这期间，朋友们拥戴他，对手们袭击他。那时，一个6年未曾见面的老朋友来看他，被他那憔悴的容貌惊呆了。他说："他身上已没有了往日的活力和生气，脸上只有死一般的灰白，本来炯炯有神的双目已然没有了光彩，取而代之的是悲伤的神情，目光游移不定，这是我从不曾看见的。"

　　时间在一分一秒慢慢地流逝，不安稳的一年将要成为历史，而战场的局面仍旧没有好转。国内大部分人觉得林肯会把公布宣言的时间推迟。事实上，那个时候，林肯正在为实施宣言做着全方位的准备工作：南部一些还未脱离合众国的小地区被控制住了。这样一来，就可以更好地实行惩罚措施了。与此同时，他还要针对不断出现的新问题，考虑如何安置那些快要获得解放的奴隶们，怎样让他们自愿去参军。让军官们知道，不论是黑人士兵还是白人士兵，他们的权利都是平等的，不容歧视。

　　林肯非常清楚地知道那些举措的争论点是什么，在看到英国人对于这些举措的评价时，他心灰意冷。那些文章说，林肯若是在某个地方难以发挥，就会把那个地方的奴隶制废除。可他统治的地方，奴隶制就会安然无恙。对于一直研究这个问题的林肯来说，他比任何人都清楚，这种评价背后的危险。他确实说到了点子上：我们就像是捕鲸的猎人一样，当我们异常艰难地用叉子叉到了鲸鱼巨大的身体，却会因为鲸鱼胡乱摆动的尾巴而葬身海底，因此我们要非常冷静地掌好舵。他觉得战争的意义就是要为奴隶解放而战斗。林肯非常激动地发布了这一令他热血沸腾的思想："此刻，一部分黑人已得到了人身自由。未来，当他们回忆起来，将会非常骄傲。当年，他们凭着自己聪明的头脑和英明的决策，过人的胆识，拿着枪，和白人兄弟们完成了伟大的革命。"

　　说到这里的时候，他的幽默一如往常。新年头一天的晚上，一个狂傲的牧师来劝告林肯，林肯说："牧师阁下，我觉得您应该清楚，彼得鲁要做却没有做成的到底是什么。"

　　他曾这样说过："既然上帝都愿意人类奴役自己的同胞，又没有阻止战争，那么他们肯定从中得到了启发。我愿战争早点来到，敌人也是一样，我们双方都觉得自己会赢得胜利。上帝又能如何对待这个问题呢？少年时，我曾研究过《伊索寓言》。书页是木头做的，很旧很烂了。那本书中有一个故事，讲的是4个白人为了让一个黑人变白，把他放在容器里，用石灰浸泡，可最终，黑人被闷死了。就算我们结束了战争，可黑人的命运将会是怎样，谁又知道！"

　　林肯那充满热情的心灵也会变得心灰意冷。随着新年脚步的逼近，他对在宣言上签字的含义有了更深层次的了解。他将发表的只是那份宣言的一个结构：

　　按照宣言，我，亚伯拉罕·林肯，美国总统，现在按照宪法赋予我的陆海军最高权力，作为压制武装反叛国家权力和政府的战争策略，于今日，即公元1863年1月1日宣布：（当中提及了南方10个蓄奴州和支持联邦的各州的名字）凡在上述地区被奴役的人，会永远得到自由的权利；美利坚合众国一定会承认他们的自由。

　　在这里，我要对那些被宣布得到自由的人们说，若非自卫，决不允许任何暴力行为的发生。在这儿，我提醒他们，在所有合理的情况下，任何劳动都能获得合理的报酬！

我宣布，只要是符合条件，都能参加国家的军队，保卫祖国，人民和国家领土，加入海军舰队服役。

这一政策是公正的，法律所认可的，也是军事需求。我希望上帝保佑它，也望人们能够意识到这点。

在这里，我授权并盖上合众国国玺，以表示诚信。

公元1863年是美利坚合众国独立的第87年，1月1日，首都华盛顿。

林肯在他拟定的宣言原稿里，后面的第三段是不存在的。在新年的头一天，在内阁公布这份原稿的时候，有人认为，要运用上帝的力量来发表这份宣言。

林肯觉得这是很棒的提议，当即就在后面加上了这段话。那天下午和第二天的早上，他又亲自誊写了一份。他非常紧张，因为几个军官斗嘴，他就态度坚决地给哈勒克总司令写了便条："如果你不在危难中相助于我的话，我会很失望的。因为此时正是我最需要你的时候，如果你不帮我的话，你的军事才能将一无是处！"

可是，没过多久，他就拿回了这张便条，在便条下方做出了解释："此便条已收回，因为哈勒克将军会觉得这种口气过于粗暴了。"

外面，来跟他恭贺新年的民众已经涌入了白宫，他必须出去了。直到下午，他才回到了办公室。赛华德的儿子一直在等他在宣言上签名，他拿起钢笔说道："这是我首次觉得签字时如此安全。可是，我的手臂刚刚和太多人握手，现在已经麻木，开始不听使唤了。以后有很多人会看到我的签名，若是他们发现我在签字的时候手发抖，那是他们一定会想，当时的林肯肯定举棋不定了！可是无论如何，我都要签字的。"

当他签下自己名字的时候，他还在怀疑，这会是正确的决定吗？可是，他知道，历史的责任是永远不可磨灭的，而疑惑只是暂时的。他预测到，这场战争策略马上就会成为一种全民的信念，被人们所接纳，先辈们的精神和愿望会真正变成现实。同时，他也意识到，那些遭到不公平对待的人们，将会因为他的签名而获得永久的自由，得到平等的权利。所有被奴役的人们，也包括他在南方第一次看见的那个混血女奴。

想到这里，他坚定不移地拿起手中的笔，铿锵有力地写下了自己的名字：亚伯拉罕·林肯。

第五部
战争与献身（1863—1865）

一、格兰特将军

1860年，在伊利诺伊州的一个小城，当所有的人都在为奴隶制吵吵闹闹的时候，有一个卖皮具的人却好像什么事都没有发生，仍然神情自若地去找鞋匠们来买他的皮具。这个人脸色有点苍白，个子不高，四十多岁的样子。由于来到这里的时间还不长，这次选举轮不到他参加，所以他也不会去关心这次大选。他的父亲和大哥比他先来这个城市，他是因为他们才来到这里的。来这里之前的六年，他走过了很多地方，做过很多事情，遇到过很多困难，一直没有能力去改善家人的生活。想到自己已经四十多岁的年纪了，他常常会因此不开心。

他二十多岁时在军队，从中尉一直做到上尉，生活蒸蒸日上。即便是在战争时期，他也能像在和平时期一样不愁吃穿，这一切使他差点忘了自己在西点军校时那些有钱人家的孩子瞧不起他、欺负他是皮革匠的儿子的事情，但是西点军校仍然给他留下了很大的阴影。军队的上司非常赏识他的能力，可是，这一切还是不能让他喜欢上在军队的生活。8岁的他尽管还只是个孩子，但是那时候他非常聪明能干，已经会帮着父母一起在庄园里喂牲口做事。长大成年后他光荣地加入了西点军校，他没有因为对射击、流血和战争不感兴趣而落后，而且在后来的美墨战争中因为骑马作战的能力超强而让很多人都知道了他。但他讨厌战争，不喜欢那些武器机械，仍然喜欢大自然的一切。那时候的他非常害羞，有点像女孩子一样，从来不会让自己的身体裸露在别人面前一点点。看到他的手的任何人都不会以为这个人会和战争有什么关系，因为他的手看上去太细腻美丽了，这一切使得他有了一个"小美人"的绰号。

他的性格一点都不外向，从来不会主动。表面上他和母亲一样相信上帝，其实在内心里，与命运相比，他更相信有些事情不是必然发生的。他出生的时候，父母并没有急于给他取名字。直到他六周以后，父亲用利塞斯和赫若姆给他取了两个听起来有点怪的名字。去西点军校报到注册时，又把他的名字写成尤利塞斯·辛普森。他自己根本不会在乎名字是什么，也就随它去了。他这个听起来像巨人的名字，和他的"小美人"的个性格格不入。他本来就对女人没有兴趣，后来娶了一名奴隶主的女儿做了妻子。这个女人是个眼睛斜视，长相平常的女人，这使得本来就羞涩文静、不会主动的他，一点都没有男女之间的愉悦心情，结婚只是找个人搭伙过日子罢了。

美墨战争发生在他25岁左右的时候，那时候的他在军队里，每天都喜欢喝酒，渐渐地染上了酒瘾。即使他努力想离开与酒做伴的生活，甚至办过禁酒协会，但是他已经到了一步都离不开酒的状态，而且变本加厉，使得他32岁的时候，还是因为喝酒的缘故被免去了上尉的职务。失去官职以后，他连回家的路费都没有，还是军队的战友们拿出钱来给他，才让他得以回去。后来的南部联邦的总统杰斐逊·戴维斯就是他当时的司令官，他的父亲知道他因为喝酒要被辞退的时候，曾经写了好几封信给戴维斯，但是都没有使戴维斯同意把他留下来。这件事过去了十年以后，当年南方的上尉率领的北方军队战胜了戴维斯率领的南方军队，这使得戴维斯心里有一种说不出的滋味，甚至后悔十年前辞退他的这件事情。

从军队回去后，这位上尉并没有留在家乡，而是到处奔波，嗜酒成性的他一点都没有改变。他也尝试去做许多工作，但几年的时间里，都是没有任何结果。他去干过庄稼活，但他一点都不会做；一会儿在离路易斯很近的集市上帮木材老板做工人，一会儿又是庄园主的经纪人，一会儿又去做建筑工，后来还做过收账员等。由于工作不能安定下来，他做活的地方也不固定。他的朋友们知道只要遇到他就是来借钱的，都不想看到他。走投无路的时候，他找到了老父亲，在那儿几乎没有认识他的人。父亲安排他在自己的店铺里做事，不再让他到处乱跑了。

战争开始了，林肯在全国范围内召集军队。他由于过去在军队做过上尉，早就自己组建了志愿兵,还用起了父亲给他取过的一个名字——尤利塞斯·格兰特①。他带着自己的志愿兵队伍到了斯普林菲尔德。当他的部队真的要并入军队的时候,他却没有亲自去指挥,而是让曾经受过他培训的上尉去帮他。他自己并没有穿着部队的衣服,还是和以前一样一副懒散的样子,把烟斗含在嘴里,右手拎着一个袋子,像逛街一样悠闲自在地在队伍的最后面走着。这个人就是在林肯手下做过联邦军总司令,美国第十八任总统,名声显赫的格兰特将军。当战争中军号吹响的时候,他一开始还能像风一样立刻跑到战旗下面,让人误以为在他身上还能看到以前在军营时的那种节奏。可惜好景不长,没多久他就不再有这种出人头地的思想,主动把自己放到不重要的位置上去了。在斯普林菲尔德的大街上经常看到的那个穿着不整齐的人,让人怎么也不会把他和美国总统联系起来,40岁时的他,依然是这副模样。说起格兰特,没有人会觉得他好,更不要说他就是那位新总统了。格兰特根本没有钱去购买军队的装备,他逼迫自己不管有多大困难都要去想办法克服,这次他是下了很大的决心重新回到军队,加入到这场对他人生转折意义重大的战争中去。

  格兰特因为以前在部队有过丰富的作战经验,加上他严谨的工作态度,很快就成为军队中不可或缺的有用之才。和以前不一样,他告诉自己一定要努力让自己获得成功。短短两个月,他当上了上校团长,他指挥着一支有2000名志愿兵的队伍,一路奋战到了密苏里东南一带和南北方交界处。他居然不需要动用任何武力,只是用了一篇宣言就攻下了第一个小镇——派丢卡。格兰特在军队中表现相当突出,很快就得到重用,因为北方军队那时候正需要他这样有作战能力的人。他在宣言中写道:"我们是政府派来这里保护大家的军队,不要误以为我们会和大家在信仰方面产生分歧,我们来这里的目的只有一个,就是和大家一起击退那些叛军和他们的同党。我们要团结一心共同击退叛军,保守国家的尊严和利益,让大家生活在和平的环境里。请大家放心,有我们在这里保护着,你们以前怎么样工作和生活,现在仍然一样。有一天你们强大了,你们自己能够保障政府和你们自己的权利,我会很放心地让部队离开这里的。"这篇呼吁书使大家头一次认识到格兰特简洁的说话

---

  ① 尤利塞斯·格兰特:美国将军,南北战争后期的联邦军司令,第十八任美国总统。

风格和坚强的性格。林肯也是许多读过这篇呼吁书的人中的一个，他从中掘到了一块"金子"，看到了一个很少有的人才。

肯塔基州人深受这段话的感动，所有的人都愿意和格兰特一起坚决支持合众国。林肯也非常肯定地认为格兰特能说出这样的话，也一定能对整个西部局势有极强的控制能力。

很快，整个国家的人都知道了格兰特，对他的战绩赞叹不已。他指挥的军队在多纳尔森堡把敌人打得落花流水，尽管这样，吃了败仗的敌人还是联系上他，希望他告诉他们怎样才能愿意撤走军队。格兰特告诉他们："马上无条件投降并交出你们的大本营。"这个铿锵有力的声音让北方军队士气高涨。人们高兴极了，格兰特这个名字也因此在人们中间广为传颂，成了"无条件投降"的代表。加入部队只有短短的一年时间，这个曾经的臭皮革匠的店伙计就被提拔为少将，而且还为北方今年最重要的一次战役做出了重要的贡献。可是，现在的格兰特又恢复到从前的样子，整日和酒精为伴，经常喝得烂醉如泥，他的上司也开始有颇多怨言了。即便是这样，林肯依然把他留了下来，之后又让他担任田纳西军区的最高长官。可是没过多长时间，包括哈勒克将军和很多内阁部长在内，还有一些报纸都对他的行为进行指控。甚至还有一次，他在写信给上司时，由于措辞原因，让上司十分气愤。事情发生以后，他本人也相当后悔，担心受惩罚就是很正常的事情了。面对媒体铺天盖地的指责，他并没有申辩什么，也不会狡辩什么。当总统将本应该传达给他的命令传达给了他的属下，之后在没有经过他允许的情况下就私自行动时，他也没有埋怨什么。他既没有因此把哈勒克当仇人，也没有因此让部下难做人。他一直保持沉默，政治中维持中立，安安静静的。他这样的秉性甚至让人觉得，他只不过是一位普通的军官，他之所以打赢了两次战争，完全是出于偶然。可是他依然特立独行。骑马作战时，他从来不戴手套，也不穿军装，他这身打扮穿梭在身穿制服、威风凛凛的将军们中间显得十分突兀。就好像那个从不打扮，邋里邋遢的总统站在一群道貌岸然、举止优雅的绅士们中间一样，他们两个简直如出一辙。也正是格兰特这种生性自由、不受礼俗限制的性格让林肯印象颇深。于是，林肯不介意所有人对他的攻击，只是淡淡地说："再等等，他会好起来，他需要磨炼。"

林肯和格兰特的成长经历和生活背景都很像，小时候都参加过体力劳动。

16岁，林肯被人看作是最优秀的伐木工人，而10岁时的格兰特已经离开家乡，前往40英里以外的另一座城市生活了。虽然都从事过体力劳动，可他们同时相信，人类的智慧是无穷的，他们不希望一直靠体力来维持生存。他们天生的那种纯朴真诚的性格是那样的坚定，以至于格兰特虽然整天混迹在西点军校那群公子做派的子弟中，却依然没有改变本色。他们两个都不在乎外表，也不注重打扮，行为不受约束，生活随意而行，而且都对女人感到恐惧。和他们的同行相比，他们所遭遇过的挫折太多了。只有命运才能迫使他们走到今天的地步，他们必须竭尽全力发挥自己的聪明才智。他们用最简单的手段来处理最烦琐的问题。在风云变幻的政治问题和战场上，他们崇尚最简单的就是最有效的。而且，他们的指令往往干脆、明晰。

当然，他们两个人还是有很大差距的。林肯做任何事情都会克制，而格兰特则对酒精非常痴迷。他之所以沉醉于酒精，是因为他那种内向的性格无法像林肯那样自我调节，获得解脱，而这一点在青年时代就对他今后的人生产生了非常重要的影响。以后，当他建立了赫赫功勋时，他却得不到别人的认可。林肯不管是在思考问题的能力上，还是在教育水平上，还是在哲学辩证方面，都比格兰特棋高一着。林肯的脑子里有一股向上的动力，这让他非常有信心走出泥淖，走向光明大道。从青年时代开始，林肯就是一个想象力特别丰富的人。这一点格兰特不曾拥有。正是这种丰富的想象力让林肯可以深入了解周围人的内心世界。以上这些，格兰特只有和林肯相处很久以后才能发现自己和他的共同点。可是林肯不需要这些，他只需要远远地注视格兰特就可以看出二人的共同点。从战争发生重大转折的那一年开始，林肯就从众多军官中提拔了格兰特，并让他担任重要职务。

如果没有林肯这个伯乐，格兰特也不会在后来成为民族英雄和常胜将军。

二、势如破竹

战争打响的第三年，也就是1863年4月份，走马上任的新总司令才命令部队进攻对整个战局都非常关键的维克斯堡。如果这场战争仅仅发生在南北之间，那么南方肯定以为自己胜券在握了。也许也可以这样说，北方最多也就是通过封锁战略进行持久战,直到南方体力耗尽,北方再集中优势兵力各个击破南方的势力范围,才能赢得一些主动权。可是对这场战争起到重要作用的正是北方的各种禁令。所以,南方没办法从欧洲进口任何东西,包括枪支弹药和原材料。同时,南方的出口线路也被北方阻拦了。最后,南方仅有一两个港口掌握在自己手中,并以此在北方的要挟下少进口一些物品。可是,只要密西西比河是敞开的,他们就可以从得克萨斯州绕道墨西哥,照样可以从欧洲进口粮食。所以正是因为如此,北方才必须要将南方仓库的大门——维克斯堡给关闭。

和以前进攻新奥尔良一样,北方依然沿用的是陆海两军一起上,水道上使用的是加装了加农炮的战船。格兰特非常英勇地将维克斯堡和北方的联系通道堵死了,就像当年波拿巴进攻意大利一样。在接下来的战争中,他连续两次击败了敌军,并将那座城市包围住,斩断了它的供给来源,并在最后给予它致命一击,让叛军只好乖乖投降。而那天刚好是美国独立日,城内大约三万叛军放下武器投降了。接下来,他率领部队直击休德林城堡,使北方军队在密西西比河上可以一路畅通。两年以后,北方的第一艘战船顺着密西西比河从圣路易斯开往新奥尔良。面对这一历史上的重要时刻,林肯激动得不能自已,他松了一口长气,并说:"现在的态势非常好,这条母亲河又恢复畅通了。看它,欢快地歌唱着,朝着宽广的大海奔腾而去。"

同时,又有一位将军在战争中失利了,给北方军队带来了不好的消息,这个人就是胡克[1],公认的北方取胜的福星。1月份开始,他就替代了战绩一般的伯恩塞出任北方军的总司令一职。可是,因为他的过于自信和不够细心,5月份的钱瑟勒斯维尔一战中,北方军被全面击败。这次失败让李将军在不久以后发动了第三次进攻,当然也是最后一次。果然,李将军来了,他的军团从马里兰州一直打到宾夕法尼亚边界处。看到这种局面,北方军队慌了,纷纷请愿重新起用麦克莱伦,可是胡克本人却表示了拒绝,于是林肯最终起用了米德[2]担任总司令。米德看上去呆呆的,似乎弱不禁风,他最大的

---

[1] 胡克:美国南北战争时期的联邦将领,1863年改编波托马克兵团取得成功。他的战绩胜负各一半,因而享有摇摆不定的名声。

[2] 米德:美国陆军军官。在宾夕法尼亚葛底斯堡打败南部邦联军,对南北战争起到了决定性作用。

特长就是空谈。

当这位新上任的北方军总司令和李将军决战时，这两位将军以及所有的美国人都觉得，战争就要决出胜负了。因为按照当时的形势，只要南方取得这场战役的胜利，那欧洲列强就会马上宣布承认南方联邦的合法性，而北方反战的民主党则也会因此获得竞选的成功，并得到民心。

战争打响后的第三天，米德就大胜而归，而同时，格兰特也在另一个战场上传来好消息。1863年7月初，北方军队在葛底斯堡战役和维克斯堡战役中都大胜南方。如果北方这时趁势南下的话，也许这场战争就结束了。北方的形势非常乐观，华盛顿也摆脱了危险的境地。而南方则撤退到了大西洋沿岸一带，改攻为守。北方的禁令对它而言是非常严重的打击。除此以外，南方军队中的重要将领杰克逊将军的牺牲更是大大打击了南方，使它摇摇欲坠。实际上，南方在以后的两年中又勉强支撑了下去，之所以延误那么久，主要是因为北方一直以来都把握不到最佳作战时机。当然，这和李将军的盛名也有一定的关联。

林肯任用了格兰特以后，他本人就不再上阵亲自担任指挥官了。当年他之所以亲自研究战略，指挥打仗，并不是想要独霸军权，只不过当时的形势所迫，他只能选择那样做，实在是无奈之举。当时，他在向各军团的司令们下达指令时，后面总会加上一句："……这不是命令。"事实上，如果从一开始北方的将军们可以听取林肯的军事战略的话，可能现在北方已经胜利了。当时，他就曾经规劝过胡克，让他到河对岸指挥战斗。因为如果军队被困在河上的话，那它就会像一头困兽，进退不得，只能被前后夹击。之后，他又写信给胡克："如果李将军的先锋部队已经到达马丁斯堡，而大部队还在弗雷德里克斯堡和钱瑟勒斯维尔之间缓缓挪动的话，那我认为这样的行军方法会有很大的弱点。您是否可以派人给它狠狠一击呢？"但是，那位狂妄的胡克将军却置若罔闻，结果在接下来的战斗中节节败退。后来的报纸对此发表评论说：那位军队统帅的行为实在是让人气愤，倒是那位"外行总统"看出了问题的实质。

如果说，林肯把胡克评价高了的话，那他并没有看走眼，只是胡克的人品和性格折损了他的能力。

当年胡克出任波托马克兵团司令时，林肯就曾经给他写过一封充满怀疑的信。这封信怎么看都不像要让他担当重任，更像是写给一位无关痛痒的将军的：

> 我必须告诉您，在某些问题上，您做得很不妥当。我一直认为您的军事才能是杰出的，而且非常勇敢，这也正是我所赞赏的。同时我还相信，您没有将政治和军事混淆到一起，这样做是正确的。对您来说，自信是非常必要的。您有满腔豪情，有远大的志向，在一定范围内对您是有益的，至少好处比坏处要多。可是，我听说在伯恩塞德担任该军团指挥官时，您就不服他，显示了您的狼子野心，而且狂妄自大。在我看来，这种做法，不管是对整个军队来说，还是对您个人来说，都是百害而无一利的。
>
> 除此以外，我还得知，您最近曾放言，说国家和军队需要一名独裁统治者。对此，我不想批评您什么，甚至快要忽略贞操是最好的嫁妆了，所以我现在才信心十足地委派您做指挥官。只有战绩显著的将军才有能力扶持独裁者。现在，我希望您在战场上多打几个漂亮的胜仗，而我本人也非常乐于冒一下当独裁者的风险……另外，对于您原来在部队里面灌输的挑上司的刺儿、怀疑上司的作风，我非常担心。而且，这种思想对您个人来说也极其不利。但是，我会竭尽所能地帮助您。如果军队中出现这种风气，那么不管是您还是拿破仑复活，都别想再担任指挥官。现在，您一定要小心行事，请您昂扬斗志，去战场上展现您的风采吧！

这是林肯写信的一贯风格，他最近写给将军、部长以及请愿者的信，都可以看出这种风格。他已经不再用请教、建议等咨询口气，而是直接以一个年长者、领导者的身份，用一种严厉的口吻说出来。虽然他也知道人无完人，自己也是一样。可是他积善成德，作为一个国家的领导人，必须严肃一些。当然，在这种强势的语气中还是经常会出现搞笑的身影。在他的信中，嘲讽是永远少不了的。虽然他对很多人都没有了耐心，可是他依然可以和他们和平共处，这里的嘲讽就很好地验证了这一点。

战争形势变幻莫测，这让林肯非常忧心，他夜夜失眠，心中起伏万千。

就在他给胡克写完这封信的数月以后，胡克又打了个大败仗，这让林肯心力交瘁。一位旁观者回忆起当时的情形时说："3点多的时候，他走进来，那满面愁容的样子真让人难以忘怀。当时，他手里拿着一份电报，本来就有点暗的肤色变得灰白，几乎和他背后的墙纸融为一体。人们说，那是一种'法兰西灰白'。他用颤巍巍的语气说：'麻烦您念给我听。这是从前线发过来的电文，现在军队正在往河的南边撤退，也许已经淹没在河底了。'当那个人大声念那封电报时，林肯的表情真是让人难以看下去，让我很难过。他不停地来回走动着，两只手放在背后，嘴里不停地说着：'我的上帝，这可怎么办啊，我怎么向全国人民交代啊？'而且，他马上派人准备战船，他要亲自和哈勒克一起赶往军营。"

没过多长时间，米德就在战场上取得了胜利，在他受到人们的夸赞以前，林肯给他写了一封信，征求他的意见，问他能否让战场上连连失败的胡克将军在他手底下率领一个军团。在这封信中，林肯非常小心："我希望在回信中可以看到您的真实想法，我保证，这封信的内容除了你知我知，不会有第三个人知道。这样的话，就不会让您处于尴尬的局面。我希望在处理他的问题之前先征求您的意见，当然，你完全不必要为了哄我开心而做出违心的回答。"

事实上，林肯一直觉得，联邦军队的最高统领非格兰特莫属。当初，在写给格兰特的信中，他就鲜明地表示了自己对他的欣赏。后来，在写给反对格兰特的人的信中，他说："我们必须依赖他，因为他在北方全力作战。"当有人向林肯告发格兰特过度饮酒时，虽然他本人还颁布过禁酒令，可是他依然借用当年乔治二世对那些批评他手下的将军希尔夫所说的话，维护格兰特说："您知道他喝的威士忌是什么牌子吗？如果您知道，您一定要告诉我，这样，我派人去买一大桶回来，让其他将军都喝一点。"

占领维克斯堡以后，林肯给格兰特写了一封信：

> 截止到现在，我们好像还没有见过面吧？我写这封信的原因就在于此，我想向您表达我的谢意，感谢您为国家做出了突出的贡献。除此以外，我还要多说几句，您起初到达维克斯堡时，我以为您会直接穿越山谷，可事实上您没有这样做。当时，我心想，您肯定要

输了，我只好寄希望您在战略上比我棋高一着，是我考虑不够周全。当您转而向北进军时，我还怀疑过您的战略是不是错了。可是现在，我只能承认是我错了，您的战略才是最正确的。

您忠诚的亚伯拉罕·林肯

林肯之所以伟大，就全部体现在这儿了。事实上，没有人知道当时的他是如何想的，更没有谁让他讲出心底最真实的想法，至少格兰特没有这样做。可是他因为自己曾经质疑过这位将军的才能而感到很羞愧，觉得必须给对方道歉，于是他真诚地表达了歉意。当格兰特在战场屡战屡胜时，林肯觉得和对方坦白比较好。他从来不会担心，如果对方误解了自己，很有可能会让自己没有威信。不过，他非常了解自己身边的人，他也很清楚，自己交往的都是些什么性格的人。

现在，林肯比从前更会洞察别人了，如何待人处事，他也能够运用非常娴熟，这充分彰显了他对人性的深刻理解。他也懂得，如果对别人过分关注会让对方无所适从。

三、法兰狄甘

"根据民众的意愿来做事肯定是对的，如果不理睬他们的愿望，一意孤行，只会遭到挫败。所以，关注民众意愿的人要比那些只会遵守法律、专横跋扈的人更容易取得成果，因为让法律得到执行恰好也是民众的意愿所在。"

这是真正的美国民主思想的体现。这个从西部走出来的总统，一直以来都相信自己离不开民众的支持，而这也是让他不断努力向前的动力所在。随着战场上将领之间尔虞我诈的斗争越来越少，党派之间的纷争也越来越少，南北双方的斗争达到胶着状态，不管是站在反对立场的民主党人，还是支持战争的激进派成员，都盼望这场战争早日终结。在这个问题上，他们唯一的不同点就是，前者希望在退让的基础上结束，后者则希望用武力来终结。和之前的战争一样，这场内战中的战时临时法律和战争时所征召的军队再次被反对派所利用。

林肯尝试着把战争中自己的最高指挥权运用到处理日常事务中，可是这在美国非常难以实现，比任何一个欧洲军事国家都还要难。就算是某位著名的法学家可以从战争时期找到一个对林肯有利的榜样，那么我们也会很明显地看到，在具体运用过程中依然会困难重重。国防部可以在国内进行逮捕活动，它是出于政治上的考量，可是如果超出了职责范围又该怎么理解呢？这是一个政治上的问题。除此以外，战争的真正需求是什么，某个政党想要选择，采取的又是什么手段？这是一个政治问题。林肯公布一项补偿法令，同时申请国会赋予他更大的职权，因为根据过去的某个条款，在某位部长生病或去世以后，总统有权启用新的人选。

战争接近尾声，林肯的手段也越来越严格了。这个曾经释放过上百个逃兵的总统现在下令，将上百个造谣者全部逮捕起来。而这种举动让他受到了人们的质疑，有人说他软弱无能，有人说他是专制的国王。

不管怎样，这位专制的国王越来越被人们所熟知了，因为对于他一心维护国家的心情，民众也表示理解。特别是战争接近尾声时，赛华德和斯坦顿一起公布了一项法律，对那些南方来的间谍、造谣生事的人进行保护，虽然这一法令和林肯的想法有所不同，可是他依然表示了支持。因为如果他想要将这场有一半人还在反对的战争打下去，并取得最后的胜利的话，那么他只能这样做。但就是现在，依然有人不断生事，唯恐天下不乱，甚至让南方人气焰更加嚣张。就在前不久，有位议员在国会上的发言让全国人民都为之震惊，他说他非常同情南方，并说总统一向狂妄不容人，而这种高高在上的思想只会让国家陷入纷争和流血中。"我认为，包括在座的每一位都是这样想的，那就是南方会胜利，永远不会失败。"

这位议员就是法兰狄甘。没过多长时间，他就从华盛顿惨兮兮地逃走了。可是，因为他在俄亥俄地区拥有绝对实力，所以反动派对总司令的命令置若罔闻。于是，总司令下命令说，不管是谁，只要被人发现和叛军狼狈为奸，或者是助长对方的气焰，都一律被当作叛国通敌者论处，并按军法处置。在一次大型演讲中，法兰狄甘直接对林肯进行了人身攻击，还说，总司令所下达的指令其实是被人所看不起的一个圈套，而这个圈套正是林肯精心设计的，这让所有崇尚自由的人都感到无比气愤。他还说，当时北方已经有50万人加入了南方的秘密组织，很多人还佩戴有支持南方的标志，并一再宣称消息绝对可靠。"杰斐逊·戴维斯要比林肯民主得多。"虽然总司令本人是民主党人，可是他对这样的说法依然非常气愤，于是他派人将这位议员逮捕了，并关了起来。

林肯对总司令的这一做法感到非常意外，当然他意外的并不是总司令的本心，而是处理方式欠妥。可是除了这个方法以外，他还能想出什么办法来对付这个无事生非的人呢？在那位议员看来，林肯就是一个专制的暴君。面对周遭的种种不顺，林肯时常会觉得自己有心无力，被各种阴谋算计弄得筋疲力尽。他不止一次地问自己，如何才能让所有事情都圆满？如果自己现在退隐江湖，能否平息现在的纷争？每次当他遍寻不得问题的答案时，他就会将自己看成是合众国的儿子，肩上背负着国家的重担，他就会摆脱这种内疚的情绪，将烦恼转化成动力。而现在有人私底下叫他"林肯国王"，他又该保持何种心态呢？

可是，他是林肯，他永远有解决问题的千万种方法。这时的林肯也找到了一种非常巧妙的解决之道：他不仅修改了法兰狄甘的判决书，还把这个狂妄的议员释放了，而且在南北方达成协议以后，还专门把他转交给了南方人。这一系列举动马上就起到了很大的轰动效应。南方人齐声呐喊：北方终于跨出了民主的一步，而在北方却是批评声一片，甚至有上百篇文章专门对此事发表意见。这些报纸文章都一致认为，法兰狄甘不是战犯，他犯的是出卖国家利益的罪，不能交给叛军处置，这种做法对国家是极其不尊重的。而此时的林肯却非常沉着。因为他知道，在美国，除了社会舆论的力量，美国人的幽默感也具有非常强大的力量。这一事件一旦发生，法兰狄甘以后一定会被无数人取笑，成为人们茶余饭后的话题。

那时，法兰狄甘也许正面露尴尬地站在他的敌人们面前，进退两难吧。如果他能让南方退让，就算南方采纳了他的意见，他依然会忧心南方在北方势力的减弱会影响民主党在那里的影响力。而如果由他出面来动员南方人去攻打宾夕法尼亚州，肯定会遭到北方的一致批评，让他们团结成一股力量共同对付叛军。于是，他只能模棱两可地向南方人建议，一年以后，北方就会迎来新一届总统选举，到那时，林肯也会下台，成为历史的尘埃。从外表看来，南方总统对他十分友善。可事实上，他心里从来没有认可过法兰狄甘。没过多长时间，这位走错方向的议员就坐船前往加拿大了。在那里，他还给北方写了一封公开信,并声称南方准备抗战到底,可是这封信却没有引起多大的反应。后来当法兰狄甘回到家乡时,也没有引起林肯的关注,因为那次林肯将他移交给南方的举动,已经彻底损毁了他的形象。

在处理这一事件时,林肯表现出了和其他政治家不同的处理方法。他并没有以自己的威严为重,而是让广大民众来拿意见。法兰狄甘被关进去不久,林肯给一位反对自己的州长写信:

> 法兰狄甘之所以被政府关押起来,并不是因为他做了严重损害政府名誉和总司令个人名誉的事情,而是因为他损害到了军队的名誉。要知道,整个国家的前途全仰仗在军队身上了。如果他一定要和军队唱反调,那军队也一定会动用军法来处置他,这样做也是遵从宪法的精神。事实上,如果是我遇到这个问题,我不知道自己是否会下决心来逮捕他,这并不是推脱责任。我觉得,根据人类共同遵循的规律,由战争的最高统帅来处理这样的问题比较恰当。当我听说法兰狄甘先生被逮捕的消息以后,我的内心也很不是滋味。这是因为,我觉得没有很充分的理由来逮捕他。无论如何,在不危害公共安全的前提下,我也愿意放了他。除此以外,我还认为,由于战争还在继续,刚开始还一团糟的媒体报道和行为都演变成了规则,走向更加规范化的道路,所以以后我们不需要再动用武力了。

这封信的公开发表,又让民众对林肯重拾了信心,因为就算是面对自己的对手,他也表现出了他的博大胸襟。

当法律和政治联合到一起时,林肯坚持的首要原则是正义。当他听说密苏里州的一位将军准备将一位神父送到境外时,他马上派人找到了那位神父,并了解了整个事情的前因后果。然后,林肯在给那位将军的信上说,"在询问他以后,坦白地说,我也觉得他的立场比较偏向南方。可是,我觉得他的人品比较可靠。他曾经发誓说要将联邦的利益放在第一位,而事实上他也是这么做的,从来没有违背过,所以他并不会威胁到我们的政府。我不知道,您是否只是心里存有疑虑而要将这位神父送出去呢?"和当年做律师一样,林肯的正义感一直都存在,而且比原来更强。在斯普林菲尔德时,正是在这种正义感的驱使下，他才坚决要对某位大人物判刑，而只是为了拯救某位小人物。

上面所提到的第一封信是林肯写给田纳西州州长西蒙的，他和林肯曾经是水火不容的对手。在征兵问题上，他们的意见完全相反，都不退让半分。西蒙一直不支持在大城市招兵。为了解决此事，林肯专门请他到自己这商量，可是西蒙却在3周以后才给林肯写回信说，自己太忙了，抽不出时间到他那儿，但他会因此事给林肯写信的。事实上，他是不想和总统扯上关系而丢掉了自己的名声。同样，斯坦顿邀请他，他也是置之不理。那年夏天，因为政府的征兵政策，纽约的外国人发动了起义。四天内，这些起义分子在纽约城内烧杀抢掠，很多黑人在这场战争中被无情地屠杀了，有一家黑人孤儿院也沦为了牺牲品。面对这样的情势，这位州长却在对外宣讲时还和那帮土匪表现得情同手足，态度非常模糊，还劝他们要理智，他会帮他们争取权利。就是面对如此复杂的形势，林肯依然沉着地走到了最后。

一年以后，芝加哥又发生了类似的动乱。这一次，林肯实在难以容忍了，气愤和失望源源不断地涌向他。当时，《芝加哥论坛报》的一位代表和另外两个人一起去斯坦顿那里，声明了自己反对征兵的态度，然后他们又去见了林肯，林肯又和他们一起到了斯坦顿那里，一起商讨征兵的问题。开始，林肯只是静静地扮演一个听众的角色。可是猛然之间，他从椅子上一跃而起，两眼似乎要喷出火花，几乎是大声吼叫："先生们，想想以前吧，芝加哥和波士顿是态度最鲜明的支持战争派。西北部和新英格兰一样，正在和南方军队拼死作战。你们中的大多数人都应该为那些牺牲的人负责，因为他们是响应你的号召应征入伍的。你们的目的是解放，现在实现了。而在你们愿望达成以后，在我为了实现你们的目的而征兵时，你们却一个个出来说不同意征兵，你们难道不为自己感到羞耻吗？坦诚地来说，我完全可以让你们去干比征兵更具有挑战性的工作。好吧，现在请你们各自回家，为我征召6000人马。还有您，麦迪尔先生，您的表现真叫人难以直视，活脱脱一个懦夫的形象。您和您的报纸比所有西部人都要支持战争。您完全可以号召到更多的人，可是您却说你们的安全没有保障，应该由别人来保护你们。现在赶紧给我回家去，将部队给我号召起来。"

这种情况非常少见，没有人预料到，一向温文尔雅的林肯也会有爆发的一天。他的愤怒情绪完全是情理之中的,他的批评也是非常有道理的,几个来访者都不再提反对征兵的事。没有人会想到,这就是那个和善待人,带有嘲讽意味的林肯。

四、复杂的战争

此时的南方,民不聊生。当它的最后一条和欧洲联系的通道被北方抢占以后,南方几乎再也找不到一个人去突破这道封锁,这也让南方几乎无力负担自己的日常生活,他们没有粮食、衣服、药品、武器、食盐,冬天缺少煤来取暖,夏天缺少水,不仅皮革、木头缺失,就连伤员的伙食都难以保证,很多人都开始忍饥挨饿。因为缺少后勤供应,南方军队的人数急剧减少。如果没有武力进行镇压,恐怕南方已经到处是反动起义。为了解决眼前的困难,南方规定凡是17至50岁的男子都必须应召入伍。可是,就算这样,又出现了另一个非常普遍的现象,那就是很多有钱人找人代为入伍。于是,有人指出,这完全是一场为富人而打的战争,去到部队作战为国牺牲的全是贫苦的老百姓。可是,他们不敢公开发表自己的意见,因为那里的报纸都被富人掌控着,人们无法自由发表言论,稍不注意就会遇到危险。是的,只有和杰斐逊·戴维斯颁布的战时法令相比,人们才会恍然大悟,原来林肯公布的战时法令是多么合理、科学。

战争进行到尾声的时候,南方唯一具备的优势就是他们一直都高涨的热情。和北方反战者们天天四处唱反调相比,南方一直都团结一心,根本没有反对者兴风作浪。虽然他们的高傲心理已经受到严重的打击,可是他们依然冥顽不灵,以至于他们不仅不同意北方提出的交换战俘的要求,还横加阻拦。当时,北方将那些身为战俘的南方人和居住在北方的南方人组织起来,让他们宣誓以后效忠北方,才让他们回到南方。可是,这些人刚回到南方,政府就强行他们服役,对抗北方。当时,有人气愤不过,也建议林肯以其人之道还治其人之身,可是林肯严词拒绝了。他觉得,如果那样做的话就很对不起良心,于是,北方人就将怒火发泄到了居住在北方的南方战俘身上了。其中,命运最悲惨的就是那些两次沦为战俘的黑人了。他们一批批被赶赴刑场,他们将面临不用审判的死刑，北方人这样做是为了杀一儆百。在这种愤怒情绪的指引下，北方的军官们开始在占领区域内进行肆无忌惮地屠杀，就好像当年新奥尔良的巴特勒一样。战争结束的头一年，北方军队在弗吉尼亚州的一系列出格的举动已经令人发指了，甚至连北方人自己都会担心会受到报应。

随着战争的继续发展，战争的性质也开始不那么清晰了。很多民间秘密组织都开始涌现，有"自由之子"，有"骑士勋章"，有"金环骑士"等等，可是这些组织不同类型的道德原则正好符合那些底层人们的思想。这些人文化水平低、没有枪支弹药，有的还是谍报员。林肯本人和他的政府里平常公务繁忙，可是有时也会派一些人去清查这些组织，逮捕几个带头人，可是从来没有进行过一次全盘对付。他一直希望用自己的诚心、幽默去感动他们，以求用更好的方式去解决问题。对他在战场上的对手，他还一直称呼他们为"南方的绅士们"。与此同时，他还对外声明，南方并不是他国，而只是合众国的一个组成部分。"你们知道的，对于军队中流传的这样一句话，我一直难以接受，那就是：'将这群家伙从我们的国度赶走，'难道我们的将士们就没有这个意识，我们其实是一个国家吗？"

战争性质的改变时常让林肯陷入困顿中。麦克莱伦让南方的李将军成了他的手下败将，可是他并没有锲而不舍，而是在百般徘徊中白白错失了良机。对于这一举动，林肯曾经大为愤慨。葛底斯堡战役中，米德败退时，曾经引咎辞职，林肯为此竟给他写了这样一封信：

> 当时我的心情比较郁闷，所以才会对你发火。自从葛底斯堡战役以后，我一直整日处于忧虑之中，一直对你、库奇将军，还有史密斯将军抱怨你们作战不利，没有主动出击，甚至放纵敌人的逃跑等等。如果你想知道更多一点的事实，等我们都心情比较愉悦时，我再慢慢讲述给你听。

之后，林肯又讲对战争中每个作战良机进行了一一的分析：

> 除此以外，亲爱的将军，我觉得对李将军逃跑一事，你的认识深度不够，那样岂不是养虎为患。当时抓他就像瓮中捉鳖，再加上

北方接连几次的胜利，这场战争就可以提前结束了。

可是这封信林肯一直保存在自己手里，也许他是经过了审慎的思考才这样做的，所以是理智的选择。就算这样，他依然担心，北方将军们沽名钓誉的做法会让国家一直处于战争之中。这就是林肯，一旦发现自己所宣扬的正义感会被人错误理解成惺惺作态，那他宁可将这封信丢弃。事实上，这几年，他怀疑过多位将军，这一次他依然保持了原有的作风，只是因为他想保全这位在战场上建立累累功勋的将军。

正是他，将南方视为祖国的一部分；也是他的妻子，有很多兄弟都在南方军队中对抗北方；也是他，因为他有一位素未谋面的外祖父，他具有了一半的南方血统。那么，这位白宫之主，人民意愿的代表，又在做着什么样的思想斗争呢？他的将军们，肯定和他一样有着同样的思想活动，远大的志向和高涨的热情让他们不得不在战场上拼命厮杀，可是当时他们又必须丢掉那仅有的一点信仰，去屠杀他们南方的同胞。这场旷日持久的战争，用林肯的哲学思维来分析，不正是一场游戏吗？不过和一般游戏不同的是，它的游戏规则还没有具体确定下来，所以结局也就难测了。

所以，他从来都赞同为了战争而进行的和解。他派了两位谈判代表，越过边防线去和南方的戴维斯洽谈。可是，他们却只是商谈了一些宗教和对法宣战的事情。最后，这两位代表回来时，却带来了完全不同的结果。主张和谈的领袖格瑞利一直以来都对林肯的武力政策表示反对。刚开始，看到林肯对奴隶制迟迟不采取行动，他表示非常不满。可是现在，看到林肯在这一问题如此干脆果断，他也不高兴。今时今日，他希望南北双方尽快达成一致。第二年夏天，格瑞利给总统写信说，南方派来的和谈代表正在加拿大边境处候着，身上还有戴维斯亲笔写的信。林肯私下向《纽约时报》打听了，格瑞利的满口谎言，便没有采纳他的意见。于是，他就将计就计。既然有人想要引起他人的关注，那就让他本人去实践吧！于是，林肯就派格瑞利作为和谈代表去会会那两位南方来的代表，看他们身上是否有戴维斯的亲笔信。受到这种调戏，格瑞利当然不会善罢甘休，于是他反过来对总统进行了反扑。可是林肯却面不改色，慢悠悠地说："我生活在西部时，经常会看到那里的人们不断修鞋，一直到鞋上的皮子无法再修才作罢。我觉得，格瑞利就像这鞋子上的皮子，已经不能再挽救了。"

一年前，林肯曾给有关人士写了一封信："凡是提出了有利于国家统一、和平解放的建议的人，政府都会认真考虑，并对提建议的人进行国家奖励。"

这一举动，实际上是反对了所有妥协派的意见。没过多长时间，林肯的老朋友，也就是南部联邦的副总统，民主党主和派领袖斯蒂芬斯在法兰狄甘的劝说下，尝试带着杰斐逊戴维斯的亲笔信和林肯和谈，被林肯严词拒绝了。林肯当时是这样说的：

"斯蒂芬斯先生的想法是超乎现实的。联邦和叛军间的会谈可以通过别的渠道来洽谈。"

五、解放奴隶

有句话深刻反映了林肯对白人工人和黑人工人的同情和怜悯，他是这样说的："上帝一定是博大无私的，对所有人都给予了同样的爱护，否则人类也不会诞生。"他这么说既不会伤害到别人，也不会是哪个死读书的人可以讲出来的。还有一次，林肯说，"如果上帝可以忍受奴隶制的话，那么他在创造人类的时候，就会有所选择，让那些不劳而获的人只长嘴巴不长手，让那些每天辛苦劳动却没有收入的人只长手，不长嘴巴。"

就算平日的工作再繁忙，事情再纠结，压力再大，失败的次数再多，党派的争斗再激烈，林肯也从来没有失去过必胜的信心和前进的动力，他一直高昂着自己的头颅，大胆往前走。在追逐的路上，他逐渐醒悟，在瞬息多变的世界里，有一条亘古不变的原则，也是人类一直恪守的原则，那就是道德，战时道德。战争快要结束时，他说："我们的世界似乎对自由这个词并没有严格的界定。每一个人都说自己拥有自由，可事实上却并非如此。有人觉得，一个人如果拥有足够的财富，可以肆意妄为，这就是自由；而也有人认为，一部分人可以奴役别人为自己劳动或者攫取他人的劳动果实为自己所用，这就是自由。比如说，一位牧民看到一只羊快要被狼吞噬，于是出于好心救下了那只羊，可是当羊对牧民表示无限感激时，那只狼却在大声咒骂着那位牧民，埋怨说那位牧民阻挡了他行使自由的权利，因为他的猎物被牧人从眼前夺走了。特别是当那只羊是一只通体黑色的羊时,狼就会更加觉得自己的自由权利受到了侵害。"在这里,林肯的小农意识、哲学家的思考方式、政治家的冷静结合到了一起,变成一句话,那就是我们所有人所需要的自由和公平。

在他的一生中,现在是他感到最亢奋的时候,他一生所孜孜追求的公平和自由正在一步步实现。对此,他给出的解释是:"每每听到有人对奴隶制大加赞赏时,我真想让他也亲自尝一下做奴隶的味道。"

有一次,两位妇女专程从田纳西州赶往华盛顿,祈求林肯放了自己作为战俘的丈夫。有一位妇女在第三次面见林肯时,曾一再表示,她的丈夫是一位虔诚的宗教徒。林肯最后答应了她们的要求,还她们的丈夫自由了。可是他却对那位妇女说:"请跟您的丈夫说,我虽然没有权利对宗教指手画脚,可是,我觉得,如果一种宗教只会引导人们去做叛变国家的事,不教导他们去帮助那些正在受到压迫的人们,而只是让他们衣来伸手,饭来张口。那么,我觉得这种宗教一定没办法让他的教徒死后升入天堂的。"对于这段话,林肯自己都很引以为豪。在以后的场合中,他也经常说,这段话是他一生中最简短出彩的演讲。在一次演讲中,他也说:"从来没有人甘愿去做奴隶。可以明显看出,没有人要的东西肯定不好。"

到现在为止,《解放奴隶宣言》的问题一直还悬而未决,可是几乎所有人都对它的历史价值了如指掌。有人想为林肯画一幅肖像,将他宣讲宣言的情形刻画出来。于是,林肯就端坐在那里,一边对内阁会议上的情形进行描绘,一边兼任模特。在他看来,那场会议好像已经过去了一百年,实际上才过去了两年时间而已。经过了这么多的痛苦,到现在,激进派依然不信任他。萨姆纳想要在短时间内通过法国大革命的形式,向人们宣扬"法律面前人人平等"的口号。可是,《在全部州内禁止蓄养奴隶的宪法补充案》虽然在参议院获得了一致通过,可是在1864年夏天,在众议院表决时却被毙掉了。从始至终,《解放奴隶宣言》都被林肯看成是战时法令,战争的终结就代表着这项法令的终结。现在,他打算将这个难题抛给人民大众,也就是通过人民的力量通过一部法律,来解放南方的黑人,当然一直到最后,黑人士兵才被释放。

现在,宣言的主要目标实现了:战争最后一年的开头,有10万黑人在北方作战部队中,而战争结束时,人数增加到了15万。虽然南方口头上说这是对白人的凌辱,这也是欧洲一些国家的说法。可是,南方人不也同样征召了包括印第安人在内的其他有色人种吗？而且，他们在讲这样的话时，一点也没有觉得，在战争结束前的最后几周里，他们自己在这个问题上做得多么残酷。这时，民主党人借机要挟林肯，要他马上对外公布宣言是无效的，这样让南北双方达成一致，他们只要凑合着过就行了。可是这一套对林肯根本不管用，他说："我只要在职一天，就一天不会同意宣言通过或经由议会宣布获得自由的奴隶们再次变成奴隶。和你们的所想不一样，对那些会危害到国家的东西，我是会不遗余力地打击的。"

在奴隶制被废除之时，问题还不少。林肯本来设想的是先还奴隶自由，然后再将他们送到国外生活。他可以预测到，如果让白人和黑人生活在一起，肯定会出现很多问题。所以，他想在圣多明哥边境上开设一个殖民试验区，让获得自由的奴隶在那里生活。可是，让人想象不到的是，当地的人却将黑人们交到了一个骗子手上。可是这个骗子却打着自由协议没有政府印章的旗号，宣布黑人们并没有获得实质上的自由。对于这一点，黑人们相当懊恼，林肯也因此烦心不已。最终，在他的再三督促下，黑人们才坐上专门为他们准备的轮船回到华盛顿，加入军队了。

一开始，只有很少的几个州愿意接受这种挑战，用黑人来帮助作战，其中一位州长就是田纳西州的州长约翰逊。林肯给他写了一封鼓励信，建议像他这样一位有着出色领导才能的人应该马上成立一支黑人队伍。"我觉得，您是蓄奴州一位杰出的公民，而且您原本就是一名奴隶主，当然对这方面的见解更深刻，黑色皮肤的人对国家的重建工作起到了多么大的作用。不过到现在为止，这部分力量还没有被利用起来。我觉得，只要敌人看见我们由五万黑人组成的庞大队伍，他们就会心惊胆战了。只要我们一直这样做，我们就会勇往直前。"同时，他还建议，对白人俘虏和黑人俘虏要同等看待。可是没过多长时间，形势就急转直下了。在马里兰州一条河的入海口，一场暴乱在白人军队中爆发，罪魁祸首是有色人种军队。在动乱中，一名军官不幸遇害。密苏里州也发生了类似的事件。除此以外，还有消息从肯塔基传来，说那里的居民到处抓捕黑人，让他们一定要对外作战。

这种种事件的发生，让人们一时间心神不定。为了给广大民众一个交代，林肯发表了一封公开信。这封信发表于斯普林菲尔德，在场有很多支持联邦的居民，林肯通过这封信，也对一位没有到现场的反对者进行了斥责：

在这里，我想对那些有不同意见的人讲几句话。我知道，你们也非常向往和平。你们之所以指责，原因在于我们现在还处于动乱时期。可是，要想获得最终的和平，有三条途径可走：一是动用武力。这条路，我们现在正在走着。你们愿意这样做吗？如果你们愿意这样做，那我们就是志趣相投的。如果你们不同意这样做，那我们可以选择第二条路，那就是让合众国解体。我们是百分百不会同意这样做的，如果你们觉得可行，那你们应该明确表达你们的态度。如果你们不想动用武力，可是又不想解散联邦，那我们就只有退让这一条路可选。你们说，你们不想为了黑人的自由而去牺牲自己。那么请看看那些黑人吧，他们中间有人愿意这样做，可是于我来说并没有什么意义。你们就当是为了拯救国家吧。我之所以发表这篇宣言，目的在于请你们在保护联邦上面也出一份力。我觉得，在你们为了整个国家的前途而抛头颅、洒热血时，就算黑人们也起到了停止助力叛军的作用，敌人的实力就会大大减弱。难道你们不是这样认为的吗？我觉得，如果军队中有更多的黑人士兵加入，那么我们有很多白人就可以坐收渔利了，这样不好吗？当然，黑人做事和其他人一样，也有很强的目标性。如果我们一点也不帮他们想的话，他们又怎么可能过来帮助我们呢？他们既然这样舍生忘死，就肯定有所图谋，而这个目的就是帮助他们获得自由。而且，我们一旦向他们承诺了，就一定要做到。

林肯就是用这种苏格拉底式的口气，在战争爆发后的第二年，林肯依然在和民众讨论这场战争的动机、目的。因为林肯觉得，只有当民众对战争的全面性有了深入的了解，北方才有可能取得战争的胜利。林肯知道，自己所针对的对象都是农民、小商人、庄园主，是千千万万的百姓们、士兵们，所以他所说的话都是符合他们的思维习惯的。他没有使用过于极端的说话方式，也没有刻意夸大，也没有字斟句酌，他用词相当大众化，风格和道格拉斯明显不一样。他的这段话，只有一个长时间和人民大众心意相通的人才说得出来。

在针对这一问题发表的另外一篇演讲中，他曾经用非常严厉的语气说：

"我非常具有责任心,我也完全相信黑人,并坚定地使用他们的力量。因此,我会对全体美国民众负责任,对所有基督徒和历史负责任,在我生命就快接近终点时,也会对上帝负责任。"

六、欢乐的聚会

今天的华盛顿格外热闹,街头巷尾车水马龙,几乎全国各地的人都在向此聚集,因为今天他们尊敬的总统林肯将在这里任命格兰特为陆军总司令,同时还将授予他中将的军衔。大家都想借此一睹这位未来总司令的风采,要知道自开创者华盛顿以来,还从没有人拥有过这种荣幸,所以很多人都慕名而来,早早地聚集在白宫的会客大厅等待着。这位总司令的产生也是响应了民众的心愿,1864年3月,正值南北战争的最后阶段,战争局势明显的显示胜利是属于北方的,人们渴望着一位英明神武的总司令带领着将士尽快结束这场战争,为此还编了一首歌谣,其中就有这么一句:"林肯总统,请您为我们挑选出一位杰出的总司令吧!"

格兰特是在当天晚上到达的,他没有大张旗鼓地昭告自己的到来,而是带着时刻都待在他身边的小儿子安静地来到了华盛顿,在一个普通的旅馆安置下来后,又悄无声息地来到了白宫,和林肯有了第一次的会面。

格兰特很厌恶政治家之间尔虞我诈,钩心斗角的内部斗争,所以很少与政治家打交道,自然也鲜有机会来华盛顿,他这次的到来很低调,就像一个普通的士官一样走进白宫,直奔会客大厅,他觉得他应该能很容易从人群中辨认出总统先生来,所以不需要士兵的通报和引见。会客大厅里挤满了来客,嘈杂的议论声都快把房顶给掀翻了,幸好他没有带自己的夫人一同来,不然她非被挤晕不可。格兰特就在这拥挤的人群里一边艰难地前进一边张望着寻找总统,这时林肯已经先看到了格兰特。当他们互相致意时,周围挤满了人,两个人都难以动弹,这种情形让两个人都显得有点尴尬。

在士兵的帮助下,两人终于脱离了拥挤的人群。为了不再陷入拥挤的宾客当中,士兵不得不在他们两人面前摆放了一排沙发。现在,林肯终于有机会向大家介绍格兰特将军了,但是阻隔的沙发阻挡了宾客们的视线,于是格兰特只能站在沙发上，让大家来一睹这位战场上英勇杀敌的英雄的风采。当格兰特事后说到这件事时，他把这次会面比作是自己参加的所有战争中最可怕的一次。

在第二天的内阁会议举行授予仪式之前，林肯担心格兰特没有演讲经验，特意为他准备了一份演讲稿让他提前练习，并特别交代他在发表就职演讲时注意不要因语言不当引起其他将军的嫉妒之心，最好能在演讲中表扬一下波托马克军团。可是格兰特一点都没有按林肯说的来做，他的演讲内容仅仅是自己在半张白纸上用铅笔写的几句话，就像当年的华盛顿一样，简短而快速地结束了就职演讲，因为他从内心不愿意接受一个政治家的摆布，所以才出现了与预想完全不同的情况。

在来华盛顿之前，曾有人告诫格兰特不要把作战计划告诉林肯，但事实是林肯从来没有这样问过他，哪怕是相关的问题。虽然两人交谈的机会和时间并不多，但是从交谈中两人都能感觉到对方的认真和诚恳，这让格兰特对林肯有了些许好感，不过他依然讨厌华盛顿。正事一办完，他便立刻准备动身回军营，就连总统夫人玛丽的宴会邀请他都拒绝了。

有人劝道："总统夫人的宴会是专门为你而办的，如果你不去的话，整个晚宴就没有意义了。"

"可是时间紧迫，我也是身不由己，虽然我知道我的参与对这个宴会很重要，可是与国家的利益相比，这就不算什么了。要知道，如果我因为宴会而耽误了回程的时间，那我们国家则很有可能损失掉上百万美元。"格兰特这样回答之后便离开了华盛顿。

经过这一次的接触，林肯对格兰特很是欣赏："格兰特是我见过的最稳重却又最低调的年轻人，不显眼却又给人一种似曾相识的感觉，同时他的行动力又很强，我相信他每到一个地方，那个地方就会行动起来，我想我们正需要这样的一位总司令……这次会面的时间并不长，关于这次的作战计划我是一点都没问，格兰特也一点都没提，但是这样正合我意。曾经有人建议我亲自制定作战计划，甚至希望我亲自领兵作战，可我并不擅长行军打仗，排兵布阵，虽然我愿意拼尽全力去做到大家要求的那样，可最后的结果肯定是事倍功半，所以将打仗的事情全权交给我们英勇善战又颇有主见的将军何尝不是最好的选择？再让我们看看其他的将军们吧，他们更擅长的是在自己的队伍中寻找他们缺乏的而我又无法提供的东西，比如说骑兵，他们明明知道我们国家缺少马匹，但是却总拿这个作为打不了胜仗的借口。我以为格兰特也许也会需要骑兵，可是当我写信这样询问他的时候，他的回答却是：'没有坐骑的骑兵对我来说一点用都没有，要么让他们改编成陆军，要么就让他们回家吧！'"

林肯很高兴自己的选择没有错，格兰特将军质朴与踏实的作风让他很是满意。大概格兰特将军也是唯一一个没有对林肯提什么要求的将军，因为他本来就对林肯没有什么期望，而林肯则因期望太多，所以从不对格兰特指手画脚地命令什么，这种相处方式极其融洽。没过多久，林肯又给格兰特总司令书信一封，以长者的口吻写道："您的工作表现得非常出色，我非常满意，但是在此之前我们没能见上一面，所以我只能通过书信方式来表示对您的满意和感谢。关于新的作战方案，我对具体内容并不感兴趣，因为我相信您一定不会让我失望，您的做事态度一向严谨有分寸，所以我对您完全放心，战争前线就交给您全权指挥了，我不会对您有所干涉的，如果您有什么需求，请一定告诉我，我一定会尽力达到您的要求的！愿上帝保佑，你们早日凯旋归来！"

当战争快要结束的时候，也是林肯的人生之路即将到达终点的时候，不过这是后话了。

格兰特的手下有个得力干将谢尔曼[①]，他具备一般人难以比拟的军事才能，做事雷厉风行，性格乐观开朗。他私下里待人亲近和善，但是在军规面前以身作则，严格要求每一个人，他一直把格兰特当作自己的榜样，为此一直努力着。格兰特离开军营去首都接受任命的这段时期，将军队指挥权交给了谢尔曼，他果然不负所托，做足了准备，一举战胜了叛军将领约翰逊，将叛军赶出了亚特兰大。紧接着在9月份，他又率军占领了叛军的腹地，为南北战争的胜利提供了有利的先决条件。

如果单从军事才能方面来看，李将军似乎比格兰特更胜一筹。格兰特的战争策略比较单一，就是勇往直前地追打敌军，对士兵的体力消耗较大，不过好在北方在不断占领南方的地盘，可以不断地给军队补充新鲜力量，而敌

[①] 谢尔曼，美国南北战争中的一员将领，曾领兵攻进佐治亚和南、北卡罗来纳，取得多次胜利，也是现代战争的设计师。

军相对来说就只有消耗没有补充，势力在逐渐减弱。按理说在这样一边倒的局势下，格兰特的部队要取得胜利是轻而易举的，但是李将军依然在奋力反抗，努力争回失地，依靠着残兵败将和他巧妙的作战计划与格兰特不断地周旋，让格兰特吃了不少亏，一次又一次地给格兰特制造了麻烦之后再在格兰特的眼皮底下溜走。如果把两人的对战比作两人的对弈，那么格兰特就是占优势的一方，而李将军就是出奇制胜拼命追赶的一方。战争持续到6月份的时候，北方战场频频失利，连格兰特都有些不安了，林肯却仍表现得很淡定，即使是7月份再现了3年前的那样的局势，林肯也依然表现得很镇定，这时格兰特正率领15万大军向彼得斯堡逼近，而李将军却派遣一支秘密部队突袭首都。

此时的首都已是空城一座，波托马克兵团也在远方作战，眼见敌人已经近在眼前了，城内的少数新兵根本就抵挡不住敌军部队的攻击，形势十分危急。唯一的办法就是让总统和一些重要的政府官员先坐轮船突围出去，放弃首都。可是林肯并没有逃走，他似乎感觉不到死亡的逼近，反而十分镇定地走到要塞去观看当前的形势，子弹呼啸而过，轰鸣的炮弹声就响在耳边，但他还是冷静地电告格兰特，让他保持清醒，保持谨慎。最终格兰特的救兵及时赶到，将华盛顿从危机中解救了出来。

事后，部长维尔斯回忆起那时的林肯，他经常一个人独自坐在白宫外，或者是背靠在要塞的城墙上，脸上没有显露出一丝的不安和害怕，就像平常一样镇定，根本看不出来他实际上正处于生死存亡的紧要关头。

七、纷繁时世

下届总统的当选决定着合众国的未来发展方向！南北局势依然十分紧张，虽然上届的总统选举加剧了南北矛盾，但是南方相对温和的立场对矛盾的进一步激化有些许的缓解作用，而这一届的总统选举所造成的矛盾主要来源于竞选结果，因为这次的结果决定着南北战争的继续与否。民主党人一直反对战争，主张南北和解，如果由民主党人当选总统，那么战争的胜利与否就不重要了，同时还会助长南方的气焰，打击北方的士气；如果是共和党人当选了总统，那么毫无疑问，战争一定会进行到底分出个胜负来！

攘外必先安内，内部都不安定如何能抵御外敌呢？共和党内部就面临着这样的问题，林肯的领导决策受到了质疑，之前激进一方的党内成员认为他的政策不明确，当林肯宣布了废奴制度后，他们又声称这是林肯为取得战争胜利所施的计策。另一帮以格瑞利为代表的人则要求更换共和党的下届总统竞选人选，他们先是提名巴特勒·罗斯克兰，之后又改为弗莱芒特。如此混乱的内部情况，林肯也是很无奈，只能感叹道："最高兴看到我们党内现在这样的情形的人莫过于杰斐逊·戴维斯了！"

还有更让他担心的事就是自己的内阁了。财政部长蔡斯一直让他心有所忌，蔡斯在工作方面无可挑剔，工作非常出色，为国家做出了不小的贡献，可是他的野心太大了，一直觊觎总统之位，而且费尽心思图谋策划。他先是公开宣称自己对总统一职不感兴趣，紧接着便向林肯提出了辞职申请，使林肯处于被动。如果可以的话，林肯当然乐于答应了，然而为了顾全大局，他的回复是："我从朋友那里了解了一些事情，还有一些他们送来的材料，不过我还没看，因为我觉得没有必要知道得太多，关于你辞职的事情，我从国家发展的角度来思考过，认为没有必要更改现状，所以，我暂时不会接受你的辞职，请你安心地继续为国家效力吧！"

蔡斯的行为林肯都看在眼里，但却表现得不为所动，他对蔡斯的评价是："他从来不会对待别人不公，但是他总是附和着反对派那边，来显示他所受到的不公正待遇。从工作方面来看，他确实很出色，大概没有人会比他更合适做财政部长，不过这也只是在一般情况下。而现在，他感到难受，所以他要让别人比他更能难受，他才能感觉到好受，实际上这么做只会让大家都不好受而已！"

林肯和蔡斯始终是保持着不好不坏的关系，维持着一种微妙的平衡。偶尔要是听说蔡斯最近有什么不开心的，林肯还会暗自高兴一下。在一次和朋友的聊天中，林肯提到了蔡斯，不过他先是讲了一个小故事："在农村，马是很常见的吧，那你肯定也遇过这种事情。那还是在伊利诺伊州的时候，我和一个兄弟在农场里干活，他牵着马，我在后面扶犁。一开始马走得很慢，可是突然有一阵它跑得飞快，我几乎一路小跑着才勉强跟上。好不容易它停下来了我才发现，原来是有只大马蝇叮在了它屁股上，才让它跑那么快的。

于是我赶走了马蝇,可是那个兄弟却埋怨我不该赶走马蝇:'你怎么把马蝇赶走了呢?没有马蝇叮它,它就不会跑得那么快了!'现在的蔡斯就好比是那匹马,正被一只叫'总统梦'的马蝇叮着卖力地跑着,所以我才不会赶走这只马蝇呢!"

林肯总是这样,用一些小小的趣味故事就将很多事情解释得清楚透彻,就是这样不经意间透露出来的朴实的作风,给美国的发展带来了巨大的贡献,给美国人民带来了福音。他的诚恳和理智,让人们逐渐喜欢上他,他的机智和谨慎让人们更加信任他,他的仁慈和精彩的演讲让人们更加爱戴他。最终,这位来自辽阔西部,来自大众之中的总统先生成功地成为了共和党在下届总统竞选中的推举候选人,原先对他有所怀疑的人也因为他外在的迟缓而一改原先的抗拒,变得支持他了。

虽然他的想法和建议经常受到人们的误解和抗议,可是在人民心中他还是拥有很高的威望,这是为什么呢?其实原因很简单,他的聪明机智总是能很巧妙地解答别人的疑惑,他朴实风趣的演讲和坦诚公开的书信总是能让人民感觉到与他心灵相贴,对他产生信赖和崇敬。他的朋友们为此还在报纸上发表了一篇名为《林肯的故事》的文章,让更多的人更加了解林肯,也为他的竞选开了个好头。林肯自己也很清楚如何能为自己拉到更多选票,在一次访问中,他说了一段对他的竞选非常有利的话:"在这里,我不想夸耀自己有多么的优秀,有多么的出色,我只想起了以前的一个小故事,想在这里和大家分享一下:一位荷兰的农民在赶路途中告诫自己的同伴:'千万不要在即将过河的时候换马。'"这个简单的故事所影射的道理即使是白发苍苍的老人也能听明白,一语中的,一句话就让人们更加坚定对林肯的选择了。

在6月份的提名大会中,除了一些激进的共和党成员以外,大多数人将选票投给了林肯。会议还没结束,蔡斯和几位共和党人就退出了,他们还对媒体说道:"林肯对国家的热爱和对宪法的忠诚让我们很是佩服,而且他的机敏智慧也是非常人所能比的。他当总统的那几年,工作兢兢业业,一切都是以国家为重,为国家和人民做出了不小的成就,他发表的《解放奴隶宣言》我们也很赞同。"在林肯的竞选方案中,依据宪法证明了《解放奴隶宣言》的合法性,他的再次当选即意味着必须在奴隶制问题上坚定立场,明确目标,这对林肯来说并不容易。

林肯的接受函内容简单而直接："我想大家之所以推举我为候选人，是因为大家对我的基本思想的赞同，需要我继续完成现在还没有完成的事业，并不是因为我有多么的优秀多么的高尚，而是因为我比其他人更适合完成现在未完成的任务……我很感谢大家对我的支持和认同，我将荣幸地接受这次推举。"这次的接受函完全是林肯自己写的，他没有像上次那样去找老师帮忙修改，因为他知道就算是找了也会被婉拒的。他必须时刻注意自己的言行，因为和四年前相比，他现在是一位总统，决不能因为下届总统的竞选而失了现在身为总统的身份。

此时，民主党内部开始变得不平静起来，党内成员因为战争问题起了争议，以西蒙为代表的一方认为战争应该继续下去，直到分出胜负，而以法兰狄甘为代表的一方认为应该立刻结束战争，两方各持己见，经过了一番争执后终于达成了一点共识——当前的战争是失败的。为了能够达成共识，民主党需要推举的总统候选人既不可以是盲目的冒险家，也不可以是失败论者，因此最好的人选即是一位已被撤职的将军。这样一来，认为现在的战争失败的选民和希望早点结束战争的选民都会选择支持他，而以前的麦克莱伦将军即是最好的牺牲品人选，麦克莱伦也适时的向外界透露，如果当初是他来领导这场战争，那么一定不会是现在这样的结果。

民主党人不断地指责林肯战争决策的失败，却对之后的连续胜利视而不见。他们在指责军队在攻打彼得斯堡时耗时太长，劳民伤财时，却看不到格兰特再次发动攻势占据的战争优势。他们不惜以卑劣的手段削弱民族团结来达到自己的目的，他们的立场仿佛更偏向于南方，让人费解。

在芝加哥的竞选宣言中，他们讲道："战争的起源是为了统一联邦，然而经过了4年的武力方式，仍没有达成我们的理想。现在，我们要以正义、人性和自由为名，达成人民的意愿，尽快结束这场失败的战争，或者是寻求其他的方法恢复国家和平，建立所有州共同参与的议会。"

民主党以此宣言表明了对林肯总统工作的不满，对他的和平主张的质疑，然而口口声声说是为了联邦统一的民主党人杰斐逊·戴维斯反而是最不愿意看到联邦统一的，他和林肯做了多年的死对头，从不会放过任何一个攻击林肯的机会。麦克莱伦的加入使得林肯不得不为了达到所谓的和平提前结束战争，这和林肯原本的意愿是相违背的，可是却又不得不这样做。眼前的问题还没解决，民主党却又在此时埋下不知道什么时候会爆发的祸根，这让共和党忧虑不已。脱离了预期范围的发展局势让林肯烦躁不已，情急之下，他还让西蒙转告他民主党人，如果他们能够领兵作战，打败南方叛军，那么他会心甘情愿地让出总统之位。

八、连任

夏天，在"士兵之家"一间非常破旧的屋子里，林肯曾在那儿暂住过。一天晚上，他和卡尔·舒尔茨聚在房间里，林肯倾诉着心中所思所想，而卡尔·舒尔茨则陪伴身侧静静地倾听着。诉说时，里面看好似要将所有烦恼统统抛之脑后，以便于洗涤自己的大脑和心灵。

其他人真的会攻击他做这件事情的出发点吗？他们这样质疑讥讽他的伟大目标，难道就可以说明他们自己的伟大吗？难道这样做是公平的吗？

林肯说："他们紧咬不放，逼我退出竞选，虽然我是被党内同仁一致推选出来的。如果我自己愿意，那么我自然会主动放弃。其他人或许在自己的岗位上做得十分优秀，这一点我无置可否。但是，我成功当了总统，那位能人却没有当选。倘若我现在退出，将总统之位让给他，那么他极有可能拒绝我的馈赠，而那些拉我下马的人就会渔翁得利整个你死我活，最后，他们所推选出的总统又无法让他们满意。这样来说，我的退出并没有获得圆满，只能让局势更加混沌不明。况且，我一直以来兢兢业业，诚恳地实践着自己的诺言，公平相待，一视同仁，竭尽全力不伤及他人，不冤枉他人，这一点上帝可以证明，我所说毫无虚假，全是事实。可是到头来那又如何呢？我曾经的好友们，他们本应该十分清楚我的为人，但是他们竟然指责我醉心于权势，斥责我为一己私利，而弃公众利益于不顾，私下里做出一些违背道德的事情。而当那些人联合起来推翻我时，难道是为了维护公众利益才如此而为吗？他们真的有为公众利益考虑过吗？我诚心地希望他们考虑过，真心希望！"

当时，屋子里的光线早已十分昏暗，林肯隐在暗处吐露出自己的心声，而当舒尔茨点上灯时，他才发现林肯的眼角早已湿润。

没过多长时间，林肯快要被工作拖垮了，一位政府官员看在眼里，便劝他出去休息一段时间。他只是说道:"无论什么于我而言都是一样的。不管去什么地方,我的思想也会如影随形,一直跟着我。我无法摆脱这一弱点,但是我保证,那绝对不是什么野心和权欲。我一直坚信,在11月份时国家的前途就会被决定下来,而民主党人的所有意见都会在慢慢毁掉国家的过程中逐渐消失的。

"但是,麦克莱伦却极力建议用武力解决叛乱。

"只要稍微动点脑筋,人们就会发现,民主党人的方法并不能打败叛军。他们只会将北方白人士兵的性命白白送掉,然后无疾而终。现在,已经有将近15万名黑人士兵加入了这场战争,其中的大部分人都是站在我们一边为我们奋力拼杀浴血战斗的。民主党人希望解体黑人军团,和南方奴隶主达成共识,恢复奴隶制。这就会把那些在南方努力解救北方战俘的黑人再一次变成我们的敌人,而这只是为了取悦他们主人的不切实际的幻想而已。这样一来,我们的敌人就不只有一个,而是有两个了……你们想要通过这样的方法去取悦我们的敌人,然后再卑躬屈膝乞求他们和我们重新达成联盟、组成联邦吗?如果你们真的想把这些正在为我们浴血奋斗的黑人们解散,让这15万黑人倒戈投向敌营的话,那么用不了3周时间我们就可以结束战争了。曾经有人一而再再而三地向我建议,为了求取奴隶主们的感激,我必须将那些黑人抓起来。我认为,我们绝对不能这样做,倘若这样做我们都将会成为千古罪人!"

这一年8月,林肯心中踌躇不安。他体会到了那种沮丧的情绪,那种每位先知都无法体会到的情感,对于思想通透的人而言,好像世上所有的一切都在远方等着它来探寻。他禁不住问自己,自己是否该远离自己了?这种日子是否已经来临?如果他现在选择放弃,那不就意味着让一个冒进的或者主和的继任者在对北方有利的情形下,转而再去分裂国家或者在没有十足把握的情况下将南北两方强行拉在一起吗?但是即便林肯不愿从竞选中退出,麦克莱伦仍然有取胜的可能吗?这个长于南方,周身都遍布奴隶主习气,追求物质享受和贵族生活的民主党人,难道不会被自己的爱憎所左右,再次把奴隶抓起来,从而使得战场挫败而又丧失了个人理想吗?如今早有传言,如果11月麦克莱伦当选总统的话,他不会等到明年3月,而会立即抢夺政权。而对于这种传言,林肯表态,无论出现什么情况,他都会恪守职责,直到宪法规定的最后一天任期为止。

倘若麦克莱伦当选总统后，又和四年前一样分裂成两个政府的话，那又该怎么办呢？4年前，在11月到3月间的那段时间里，因为这一个问题林肯烦不胜烦。难道在这一段时间里国家又一次会因为一次居心叵测的内阁要员们之间你死我活的斗争而无法组成一个统一的政府吗？这比起其他事情都重要许多。在这段相对平静的冬季时间里，林肯是否可以充分利用一下麦克莱伦的征兵能力呢？思及此处，林肯决定建立一个战备情况下的临时政府，并确定了临时政府各部门部长的人选，而这些部长所需要做的事情便是在这份名单上签上自己的名字。名单上写着："今天早上和过去几天相同，本届政府似乎会在大选中失利。倘若真是如此，那么我就有义务在选举结果产生和就职宣誓之间的那段时间里为新当选的总统尽心尽力，维护联邦和政府，这是因为他在大选中取胜的情况彰显了他日后绝对做不到这一点。"

后来他在私下和别人说起，他当时的做法是为了在麦克莱伦获胜后利用他的威望进行征兵。同时，还可以保证麦克莱伦无法按照自己的计划提前夺权。此外，在这中间四个月里，林肯还可放心信任他的老同事们。

但是用什么样的方法才能让这些内阁成员们签字来保证对自己的忠心呢？林肯再三思索，4年的同事已经让他们变成足以信赖的朋友了吗？维尔斯和斯坦顿对他都是忠心耿耿的，但是他们却彼此猜疑，相互妒忌，导致长期以来这两位部长的关系一直好坏参半。"如果斯坦顿觉得我是一头驴子，那么我就是一头驴子。这是因为他向来是有证据的，而且一般而言，他头脑清醒而且对自己有非常明确的认知。"声势地位显赫的布莱尔被林肯撤了职，虽然事出有因。起初，赛华德对林肯很有意见，但现在却为了林肯和他的同事们闹翻了，最后，林肯所独有的那种有悖常规的处理方法也使得他无法聚集这几位同事的力量，领导着他们一同前进。于是，总体而言，他的内阁并不是一个非常可靠的内阁。而且，在这个内阁中还有两位上任不久的新成员，他们还没有经过考验，因此在他们面前，林肯不得不掩饰了自己的想法。但是，现在他需要这些同事的签名。要怎么解决这个问题呢？于是，在召开内阁会议时，他将那份备忘录折好放在桌子上，并让各位内阁成员在不宣读文件的前提下签了字。会议之后，他便将那份备忘录密封好带走了。

尽管各位内阁成员不知所措，但最终都平心静气地签了名，这一行为对证明林肯那一向符合道德原则的威信和影响力有着举足轻重的意义。他只是坐在那里——并不是在朋友中间，而是在内阁成员们中间，其中最多只有两位官员和他有着友谊——但是他就是这样让他们十分平静地在那份连他们自己都不明其理的文件上签署了自己的名字。倘若很多年之后，人们想要评选出一份文件来代表林肯的性格特点的话，那么这一份备忘录一定会当选，这是因为那里面充满了一位智者丰富的经验以及未雨绸缪的机智。

就在这份备忘录签署后不久，战场上便传来了好消息，对于佐治亚州的进攻，谢尔曼取得了压倒性的胜利，而且没用多久时间便拿下了亚特兰大，林肯也终于可以给那些反战主和的民主党人一个漂亮的答案了。他马上下令，让全国人民为这一胜利而感恩一天。如今，军部军团已经成功打入敌人咽喉地区，林肯再一次听到了胜利的呼唤。而这时，加拿大边境一带事故频发，抢劫银行、谋杀、盗窃事件屡禁不止，这也让人们感觉到，战争期间发生暴乱而引发的后果是多么的严重；舒尔茨仍与四年前一样，为了帮助林肯成功登上总统的宝座而毅然决然地放弃了将军的职位；甚至在蔡斯和林肯对立数月之后，又重新回到他身边为其助选。在这样一种欢欣鼓舞的胜利氛围中，民主党人再攻击战争的种种缺陷也只会对自己的名誉造成难以弥补的损害，而看到连麦克莱伦都衷心希望林肯能够连任总统，民主党的领袖们也更加跻踌难安了。而南方在无意中也帮了林肯一把，因为在南北双方交换俘虏时，南方总会先行询问那些即刻将被释放的北方俘兵，倘若他们回到北方会投谁的票，然而只有那些选择民主党人的士兵被放了回来。因此，民主党人颜面尽失。除此之外，北方军队的官兵们都支持慈悲善良的林肯连任总统。

林肯面对这种群众呼声，自然有法子面对。在接见俄亥俄军团时，他曾经说道："因为偶然的因素我才暂时当选总统。每一个人的孩子都有能力入主白宫，就像我父亲的儿子已经做到的那样，而我就是一个鲜活的例子。这场斗争必须继续下去，为了让你们所有人都可以依靠勤奋的劳动和聪明的大脑，通过我们自由的制度去获得广阔的发展空间和平等的生存条件，为了让你们所有人都可以在自己的人生历程中享有平等的权利，以进行公正的奋斗。只有如此，我们才不至于失去我们本来就具备的权利。"

大选当日下午，林肯和往常一样坐在国防部的电报室里读电报。但是那一天，电报上的内容不再是前线的战报，而是关于选举的情况。或许，这时他又想起了4年前的那一天，自己独自一人坐在斯普林菲尔德的家里眼巴巴地等待着来自远方的消息。这并非偶然，4年之后的这天，也同样与4年前那一天相似，经过半年的奋斗，在竞选的最后一天，他终于不用再为此奔波了。斯丹顿会将有关选举的电报仔细地读给林肯听，林肯认真听完后会就此作一番评论。而当两人都无话题可以说时，林肯会突然大声地问身边的秘书：

"您听说过皮卓勒姆·奈斯贝的趣事吗？"

"我以前看过一点，但是觉得不是很有意思。"

"那好，那就让我来举一个例子，你来听听看吧。"

紧接着，他就从口袋里拿出了一本这位作家的书，并大声朗读着书里的笑话。这一次，是林肯在读，斯坦顿在听；如果朗读中间有新的电报发过来，那么就是斯坦顿读电报，林肯听了之后再接着讲那些好玩的笑话。这种时刻的紧张程度绝不平常，就连林肯这种一向克制的人也忍不住用笑话来调节情绪，放松心情。虽然这些笑话曾经让许多人鄙视他，但他仍旧不舍得丢掉它们，好像那位50年前的擅长观察人与物的作家，早已看透了林肯的内心，这自然毫无修饰的心灵。

最后，林肯凭借绝对多数票的优势再次当选。他获得了212张选票，而总数仅仅为233张，所有选举州中只有三个州没有投选他的票，其中就有他的家乡——肯塔基州。而南方的退出便是导致首次当选和再次当选之间的票数之差的原因。

当选后的第二天晚上，林肯在一次集会上进行演讲，他说道："感谢上帝，感谢民众对我的支持。尽管我对于民众的理解非常感谢，却仍非常有自知之明，我的感激中没有掺杂一丝一毫个人的骄傲和自豪，我更加不会因为赢了谁而洋洋自得。"

演讲之后的另一个晚上，在听完悠扬的《小夜曲》之后，他再一次在谈话中阐述了他的国家方针：

> 一个政府如果没有足够强的实力来保卫民众的基本权利，那么这个政府是否有足够的力量在危险时刻进行自救呢？长久以来，这都是一个无法解释的难题。人性是无法改变的，所以如果遇到和现在相似的情况，那么现在的一切必定会重演一次。在将来任何一次国家遇到的危险中，都会与现在一样同时出现勇士和懦夫，笨蛋和

智者，坏人和好人。所以，我们必须反思一下这一事件中出现的所有事情，从中吸取教训，收获经验，但不能因此而伺机复仇。

但是这一次大选也表明，人民的政府，即便是处于持久的内战时期，也仍然能够经受住全民选举的考验。直至今日，在这片国土上这种情形才得以出现，这同时也彰显了我们的强大和力量……但是一想到其他人不会因为这个选举结果而沮丧失望，我就由衷地感到欣慰。

在这里，我希望能够和所有人一同前进，无论是那些以前和我意见相左的还是与我志趣相投的人们！此刻，在我的演讲将要结束的时候，请所有人和我一起向我们英勇的士兵和军官们献上最崇高的敬意！

没有一个关于胜利的字眼，没有一丝一毫成功者的自以为是，没有一点对于人性的质疑，几乎就像是一次平凡至极的致谢讲话。他只是向人们提了一个小小的要求，而且还是以一种格外平静甚至还带着一丝愧疚的口气讲出来的：在这种四面楚歌的情况下，不要再你争我斗了！

他拥有一套与人和平相处而又巧妙睿智的处世方法，这可以从他对待竞选成功的态度上看出来，而他正是用这种态度与南方人民谋求和平，并重建统一联邦的。更重要的是，现在他已经具体细致地去做这件事情了。

九、重建

"我愿意凭借我的道德、良知，我的理智来领导这个国家。即便我最终下台了，在这世间遭受了所有朋友的背弃，但只要我没有违背自己的良知，那么我也无所畏惧。"如果在这一段时间里战场上没有频频传来大胜仗的捷报来证明他的决策正确的话，那么他这种治国理念极有可能会帮助他成功连任。因为他向来按照这种原则行事，所以在他任职的最后一年里，国会里经常有人会攻击他，指责他越俎代庖，或者在一些重大问题上独裁专制。

实际上，对于国会是否真的有权利，或者是在什么情况下有权利将那些来自被占领州的新的或原来的参议两院员拒之门外的情况他也一直踌躇不定。在边界州中，这是一个十分棘手的难题。在这一年里，人们纷纷质疑密苏里州的中立立场，形势也动荡不安。林肯为此向该州州长提了一个建议，直至今日，这条建议仍然被看作是一条应该备受军事政府重视的规律，"请增强您的军事实力，让它有足够的力量抵抗外敌，以维护本地区的平静。但是，万万不能让你的军队去打扰或者伤害你的居民。当然，做到这一点十分困难……或许只有敌我双方同时向你示好抑或对你发起进攻，你才能够圆满地解决这一问题。一旦有一方对你进行攻击，而另一方却同时对你加以奖赏，这种情况你一定要小心谨慎，更要避免这种情形的发生。"

自1863年起，路易斯安那州和田纳西州就想要成立一个新政府，并重新加入联邦。就在这一措施将要付诸实践时，人们才发现这根本没有突破口，就好似要将早已断开的线再次连上一样。于是，林肯像一位经验丰富的外交家一样立刻给上述两个州出主意。为避免让别人觉得他自以为是、鲁莽行事以至于遭到议会和反对派的攻击，他谨慎又谨慎。那年夏天，他在写给一位路易斯安那州的将军的信中提到："虽然我心中很清楚，路易斯怎么做才会有前途，但是我觉得，我仍然不便插手此事。如果你们通过一项新的法令来承认《解放奴隶宣言》，并且在其还没有真正实施之前就执行该宣言，那么我会由衷地感到高兴。倘若接受这种合理的制度能够让两个种族逐渐摆脱现在对立的关系，以焕然一新的姿态和平相处，那这一定是一件伟大的事情……"

等事情缓缓进入中期的时候，他再次写信给路易斯安那州州长，说道："……在这里我想给您提个建议，您现在迫切需要关注的事项就是'选举权'问题。我希望您可以考虑一下，让一些黑人也加入到选举活动来，比如那些曾经为我们浴血奋战过的黑人士兵和那些有一定知识水平的黑人们。在将来的日子里，这些黑人一定会对我们有帮助的，并且在新的时代里，还会有助于自由的维护。"当初，在决定关系到国家命运的大事时，林肯的语气总是含糊不清的。但此时他的心情十分郁闷烦躁，以至于他在写信给田纳西州州长约翰逊时用了一种近乎逼迫的语气，这是极其少见的情况：

  现在，田纳西州的叛军已被驱逐了出去，整个地区一片安宁。
  我想你应该十分清楚，现在终于到了我们该重新组建一个可以信赖的州政府的关键时刻了。即便不需要我的刻意提醒，这件事也已经火烧眉毛了！比起我们这儿的人来说，你和你的亲友们绝对能够找到解决问题的圆满方法。所以在这里，我只是提供一下建议而已，并没有其他的想法。重建州政府并不是要把该州的统治权和它在议会中的代表席位拱手让给我们的敌人，也不是要对我们的政治盟友进行监禁或流放。如果约翰逊州长的退位和哈里斯州长的上台可以终结田纳西州人的斗争的话，那么我们所进行的斗争对该州甚至对整个国家来说都百害而无一利，局势绝对不能朝这个方向发展！你们必须扭转局势让其朝着另一个方向发展！

在林肯的一生中，他使用这种拿破仑式的口气："这件事非常紧迫！"仅仅只有一两封信而已，就好像有一种莫名的强大力量在督促着他安排一切似的。

而在这个时候，国会中又出现了另外一种相反的态度，有人主张依据新的重建计划进行，而摒弃总统的建议。众所周知，林肯在连任之前就亲自把重建宣言与大赦天下联系在一起：如果那些重新被占领的各州政治犯想要无罪释放的话，他们只要发誓以后对宪法、法案绝对服从并衷心拥护《解放奴隶宣言》。这些举措被国会的大部分议员指责过于柔和，林肯推行的赦免政策也被批评为是一种政治错误，而且人们认为这一政策太宽大了。或许，那个时候的林肯已经预感到自己时日无多了，已经没有多少时间来按部就班地完成他的重建计划了，所以他才会一而再再而三地催促国会，以便在最短时间内实现他那个日思夜想的心愿——解放奴隶。

"战争已经临近尾声了，我们早晚都会从南方撤回军队。我希望您能够竭尽全力让那些已经获得自由的黑人有权参加选举！在撤军以前，我们必须清楚地看到他们已经成为了联邦的正式选民。一旦撤军，选票就成了他们的唯一保障，他们必须享有这一权利。现在的我能够清晰地预见到未来所要发生的事情！"在当时那种情况下，林肯就已经想到了战争结束以后的和平任务，因为只有和平才是他唯一的追求。他似乎听见了内心的呼唤，引导着他为人民的自由和权利而坚持向前！

在战争打响的第一年里，他因为内外受挫，力量之泉的源头干枯，所以泉水也流淌的非常缓慢；而现在，他终于又可以听到泉水涓涓流动的美妙音乐了。他青年时代就一直关注的"人人平等"仍旧萦绕在其心头，即便他当上了总统，他最初的梦想也一直都在。对于这一点，工人阶级对他是交口称赞。在他当选总统之后，英国的曼彻斯特发来一封贺电。对此，林肯也回复了一封激情饱满的信，表达了他衷心的感激之意：

> 宪法的尊严和精神是政府现在和未来采取任何行动或制定任何法规政策都要谨遵的一个原则，但是政府对于扩大或削弱这些法规所引起的道德反应却是有心无力了。平心静气地研究历史可以让我们坚信，从总体上来说，合众国的行为政策及其作用对人类社会还是有利的。所以，我衷心建议所有国家的政府都最好采用相对小心谨慎的政策。欧洲的产业工人们之所以饱受严酷的折磨，正是因为我们一部分不忠实的公民们的所作所为。因为有人逼迫他们承认上述的所作所为，所以我才把你们在这一问题上表现出来的坚决看作是任何时候任何政府都未曾有过的最崇高的例子。这也的的确确地证明了一点，在我们生存的世界上，真理、正义、人性和自由必将打败一切！

今天，当我们再次打开那些尘封已久的信并让它们重现昔日光彩时，我们必须掸去那些蒙在它们身上的所有灰尘。林肯就是这样做的，他一直都没有忘却去寻求让它再次绚烂夺目的机会，即便他的目光在经历多年的挫折之后变得浑浊。

他找到了一个全新的切实可行的目标去协调各个阶层的问题。当纽约工人邀请他成为工会荣誉会员时，他兴奋地说道：

"正如你们在贺电中所提到的一样，现在的这场叛乱不仅仅是为了维护奴隶制的继续保存，更是在向全体人民的劳动进行挑衅，我想这一点你们也已经明显意识到了！为了让大家明白，在战争之初我就思考过这样一个问题。在这里，我想向大家宣读1861年11月致国会咨文中的一段话。对于这个问题，我再也不会比那次讲述更加深入了。"

于是，他便给代表们宣读了那份咨文中关于"劳动和资本"的论述。之后，他说：

没有任何人像劳动人民一样深刻地关心着这场战争，但是不要让偏执、敌对和内斗在你们之间存在和滋生，这一点你们一定要小心。一些工人被另一些工人活活绞死了，这可怕的一幕就发生在去年夏天的动乱中。这样的悲剧原本是不应该发生的。人与人之间的同情怜悯可以算得上是除了家庭关系之外人类相互联系最密切的纽带了。通过它，任何民族、语言和血统的劳动人民都可以团结一心、众志成城。当然，这也不应该导致产生仇恨财富和工厂主们的心理。财富是由劳动所创造出来的一种世界上非常特殊的，并具有向上意义的东西。一些人拥有财富就意味着另外一些人也可以拥有财富，所以只要辛勤劳动，任何人都可以拥有财富。那些背井离乡的失业者并没有任何理由去损毁别人的房屋，相反，他们应该洗心革面、勤奋劳动、认真工作，用双手为自己搭建起一个温暖的家，同时也可以为他人做出榜样。还可以向别人证明一点，只要辛勤劳动，就可以安居乐业、生活美满。

林肯在这儿讲话时好似并不是本人在发言，而是他那伟大的思想在说话一样，因此他的表达水平在这里得到了淋漓尽致的展现。没有人可以简洁扼要地把这个问题解释清楚，可他却做到了。而且，即便是在60年以后经过了一番异常激烈的争论，这番话听起来依旧和它第一次被讲出来时一样通俗易懂，这实在是件难得的事情啊！造成这种现象的原因是，他是以一种和老百姓站在同一条战线上的姿态，以一种具有远见卓识的农民的身份说出的这番话，而不是居高临下，以一个思想家的身份向工人们训话的。即便是经历了几十年的风雨飘摇和人情冷暖，他那纯朴的本色仍旧未变。

十、葛底斯堡演讲

因为工作性质的关系，他几乎没有任何私人生活的空间。忙碌的工作、内部的争斗、外界的压力、祖辈们的伟大事业以及他那坎坷的理想之路将他的生活挤得满满当当，几乎没有一点多余的空间。他甚至连喘息的机会都没有，这样的生活一直延续4年左右。这个高大的伐木工人身体开始出现各种问题，面容渐渐苍白。他曾在阅兵时染上天花，在床上躺了几天。从此之后，便落下了腿疾的毛病。即便如此，他仍寸步不离他的岗位。即使满面愁容地熬了一个通宵，第二天也依然全力投入工作，并没有借口太过劳累而拒绝拜访。"我不习惯悠闲，也不喜欢安静和平静。我认为忙碌对身体更有好处，但是，我更多的劳累来源于内心，那是无法捉摸的。"

时间慢慢流逝，他的生活也越来越紧张：前线军队获得胜利的时候，他不断地遭到后方反对派的攻击。但是当后方局势好不容易稳定下来，前线军队又打得落花流水。即使有片刻的平静，征兵工作的麻烦事、内阁部长们之间的你死我活、钩心斗角也令他忙得焦头烂额，根本没有喘息的时间。另外，华盛顿里安置着所有的伤员，而且每天都有伤员从前线被运送至首都。伤员的临时医院就在离白宫不远的一座小山上，那里满地是伤员帐篷。总统只要一出门就会碰见被担架抬着的伤员，因此，战争带来的苦难每天都在折磨着他。

林肯喜欢骑马，并且技术还不赖，却累坏了不少马匹，那是因为他的骑马动作太过激烈了。最后，他采纳了斯坦福的建议，派一支卫兵队专门保护他和马匹。然而，当战况紧急时，他经常会在半夜被电报唤醒，然后立刻从床上蹦起来，骑上马就一个人跑向了国防部。这个时候往往是最容易得手的时候，如果有人想趁机暗杀他的话。

8月的一个晚上，大约在11点左右，"砰"的一声枪响从士兵疗养院中传出，紧接着是一阵急促的马蹄声。三分钟后，林肯独自骑马跑回了白宫。那天，他回来很晚，头上的帽子也不见了。他跳下马来，并对上前扶他的士兵说："它几乎要挣脱缰绳了！我来不及抓住缰绳，受了惊吓的它已经不安起来了！"士兵问他帽子去哪了，他回答："帽子可能落在那儿了，刚才有人在山下朝我的方向开了一枪，马受了惊吓，可能就在那个地方。"于是，两位士兵一起到了枪响的地方，果然找到了总统的那顶帽子。不过，他们惊讶地发现帽子已经被子弹打穿了一个洞。第二天早上，林肯在收到士兵上交的帽子后喃喃自语了几句，之后便叮嘱两位士兵千万不要宣扬这件事情。但是，从此之后，林肯再也没有单独骑马外出过。

一直到半夜或者凌晨，林肯一般都会先在白宫读书、写字，然后才会骑马出门。他从来不会因为胜利而沾沾自喜，也不会对敌人恨得咬牙切齿，所以这场战争给他带来的压力远超过其他人，毕竟他的敌人就是他的亲人啊！林肯在去年的一次演说中说过："连上天都会为这场战争给每个家庭所来的痛苦和悲伤而深感难过！"

但是，他的内心深处正在强力抵抗这种哀伤的情绪，这与他独来独往的作风和诗人般忧郁的性格是分不开的。直到现在为止，他还是习惯一个人，习惯用自己的舌头舔舐内心的悲痛。既然他的行为准则就是他自己，那除此之外，他还能做什么呢？"直至生命的最后一刻，我都会一直奋斗，尽全力解决这个问题。如果结果证明我是正确的，那么现在人们对我的质疑就毫无意义。如果结果证明我是错误的，那么即便是所有的神都来证明我的无罪，也是于事无补的。"他当着一位下属的面讲了这番话，看上去似乎安之若素，又好像是喃喃自语，实则内心澎湃不已。

密苏里州派来了一个近乎偏执的访问团，他们威胁林肯说："如果林肯不愿意解散军团，他们就将起兵造反。"甚至在林肯拒绝他们的过分要求后，访问团的其中一位成员竟然无比自大地说："如果出现什么后果，那么首当其冲的就是林肯！"面对这种情形，林肯是怎么解决的呢？是对他们恶语相向，还是将他们全部扫地出门？都不是。当代表们滔滔不绝地演讲时，林肯就站在他们对面，双眼饱含泪水，然后他突然说："这样说来，只要我答应你们的条件，你们还是愿意和我以朋友相称的。那些维护我的方针和政治纲领的人就是我的朋友，否则就不是我的朋友。我知道，或许你们其中就有人，公开指责我凭借国家权力来谋取私利，说我是'专制的暴君'。事实上，我一点都没有兴趣成为暴君。至少我认为，我自己从未把自己当作过暴君！"后来，他留下了代表团中几个认识的人进行交谈。而当其他代表准备走出大门时，却从房间里传来了林肯舒心的笑声，这是当时的目击者对我们说的。这就是林肯，他现在的情绪波动很大，心情也容易受到影响，但是为了承受住巨大压力，他必须这么做。

曾经有一位议员急匆匆地跑来找他，说是有重要的事情要跟他汇报。可还没等来访者开口说话，林肯先给他讲了一个笑话。那位议员抱怨道，他并不是来这听笑话的，他没那么悠闲！听完这番话，林肯立马正色，严肃道："先生，请你坐下来听我说。我一向敬重您的人品和作风，也明白您一定为战事操碎了心。但是我敢大胆地说，自战争爆发后，您承受的压力一定不会比我还多！现在请您听清楚，如果我不适当地调节一下心情，早就被压力打垮了！"

当时政府上下担忧一片，伯恩赛德率领的军队被敌人包围，长时间失去联络，并且不知道战况现状战局也不知道如何了，林肯担心他会缴械投降。只有当电报中传来科诺斯威尔方有炮声的消息时，林肯才放下担忧说："现在我才可以松一口气，知道为什么吗？因为这让我想起了我的老邻居华德太太。她有很多孩子，每当她听见某个角落传来孩子的声音时，她就会安心地做别的事，因为孩子的声音告诉她：'噢，那儿有我的孩子，他还活着！'"

即便战争时期他几乎没有时间看书，但一有时间，他还是很愿意看上一会儿的，尤其是陪小儿子塔德一起读书，这对他来说是一件无比愉悦的事情。他十分熟悉莎士比亚的作品。用莎翁的话说，林肯的语气就像他经常念《理查三世》里的台词一样，总有那么一股讥讽的味道。对于莎士比亚的戏剧，他有着专属于自己的独到见解，他说："虽然我并没有读过莎士比亚的所有作品，但是其中一些剧本我却反复读了很多遍，比如《李尔王》《理查三世》《亨利八世》《哈姆雷特》等，尤其是《麦克白》。我认为，《麦克白》是他最为优秀的一部作品。另外，我同那些专业人士的看法不一样，我认为哈姆雷特的那句'啊！我的罪恶臭名昭著！'为开始的大段独白，要比那段以'生存还是毁灭'开始的独白精彩许多。"这简短的评论中蕴含了多么丰富的内容啊！他一向谦逊有礼，从不掩饰自己的无知。他经常被一帮伪善的政客打击，当他对现状不满时，他自然就站在反面人物的立场考虑问题，进而理解反面人物的苦衷。既令人惊奇，又在情理之中的是，他对麦克白的痛苦感同身受。

在平常的交谈中，他经常会迸发一些惊人之语。在一次旅行中，林肯一行人就树的名称展开了激烈的讨论。林肯说：

"我说几句，好吗？在这方面，我应该称得上是一个内行了。我十分了解树的一切，因为我从小在树林旁长大……任意两棵树都十分相似，就好像人和人之间很难辨别一样，只有擅长相面术的人才能看出他们的品性有所不同。如果在学校里开设这样一门实用课应该会产生很好的效果，因为只有用转动着的头脑来判断，才能发现他的内心世界。现在我是在说人，而不是树，判断一个人可要比判断一棵树难多了。

开这种实用课程的作用和意义只是我偶尔想起的。假如学校真的开了这样的课，那么在踏入社会之前，学生们就已经经历了一些磨难与挫折，以后他们才会成长为聪明、不易受骗，同时又能应对一切困难和压力的勇敢坚强的政治人才。如果这种念头有可行性，那么即便结果是失败我们也应该尝试一下。因为没有任何东西比分析一个人更冒险、更弥足珍贵了。"

因为当时很多话没有被记录下来，所以也就无法捕捉林肯那些思想的闪光点了。从林肯关于一个人的分析论述中，我们可以预料到，如果他的这些想法可以付诸实践的话，那结果必定是让人大吃一惊的。我们可以这么说，如果上帝愿意给予林肯多几年生命的话，那他肯定会在教育领域有所作为的。

现在，林肯的演讲措辞只用了很少的时间去仔细打磨，而且就连这一活动也成为了他调节放松的一种享受。因为每当这时，他都会搜肠刮肚、想方设法地去寻找最适当的词汇和语气，以便迅速赢得听众的支持。现在，这篇在葛底斯堡国家公募落成典礼上的演讲是最让林肯头疼的了，为此他花费了不少心血。

1863年11月，近万名听众聚集在广场上。当时有名的演讲家埃弗雷特先行上台演讲，他热情洋溢地一直讲了两个小时。然后，在听众情绪高昂的状态下，林肯走上了讲台。他从口袋里掏出一张讲稿，戴上眼镜，用雄厚的声音开始了演讲。演讲稿大约只有200多字，而且演讲时间更是少得可怜——大约只有3分钟，迅速得连一旁的摄像师都还没来得及调好机器拍下一张照片。在讲台上，他说：

"87年前，我们的祖先们在这片土地上建立了一个全新的为自由和人人平等而战的美利坚合众国。现在，我们正在进行一场伟大的战争，这是对我们的一次重大考验，考验我们这个以自由为基础的国家是否能够生存下去。这场战争中的一个伟大战场就是我们今天聚会的地点。无数烈士为保卫国家而牺牲了自己宝贵的生命，现在，我们来这哀悼他们，同时把这片战场的一部分作为他们灵魂的栖息之地奉献给他们。我们应该这么做，而且这么做也是十分正确的。可是，从广泛的意义上来说，我们没有权利把这片土地献给任何人，更不能把它神化，因为在这里浴血奋斗过的烈士们已经把它神圣化了，所以我们不需要再去做这件事情了。从今以后，烈士们的英勇行为将被人们永远铭记，即便全世界都不会注意到也不会记得我们今天在这儿说过的话。

我们这些活着的人应该将这一崇高的事业进行到底，即便竭尽我们全身的力气。在这里，我希望，我们能从烈士们的事迹中汲取更多力量，去完成他们不惜以生命为代价的崇高事业；在这里，我希望，我们能够坚定地用我们的实际行动证明他们的牺牲是值得的；在这里，我希望，我们能够从上帝手中获得自由和民主的新生活，并建立一个永远民主的政府"。

在当时，人们并没有对林肯的演讲留下什么深刻的印象，而所有有一定文学修养的人都会认为埃弗雷特的演讲才是最出色的。但是埃弗雷特后来亲自写信给林肯，称林肯简短的几句话早已盖过了他的长篇大论。

在此之前，葛底斯堡一直默默无闻，也仅仅与历史上一场战役的名字有关。但在这场战役结束半年后，因为林肯在这里发表了一篇简短的演讲，让这个地方远近闻名、彪炳史册，尽管这篇演讲当初并未引起人们多大的关注。

十一、痛苦中的第一夫人

玛丽越来越失望了。战火纷飞，战争还没有结束，白宫也无法做到像她以前想象中那样，日日歌舞、夜夜笙歌。更何况，战争的局势也不允许这位第一夫人这样做。即便是偶尔为了庆祝某个节日而举办的一个什么宴会或者晚会什么的，也完全没有轰动性效应，甚至似乎一点也听不到人们的掌声和喝彩声。她的神经质和林肯不受约束的搭配使他们夫妇两人无法平和的同时接待上百位客人。连他们的密友也曾经说过，他们两个人只会把事情弄得一团糟。权力一直是玛丽做梦都想要的，但是直到现在，她所拥有的也仅仅只是权力的象征而已，而并非是实际在手的权力。如果她能够在丈夫危机四伏时帮助他化解烦恼，倾听他的内心，给予无限关怀和安慰的话，她的生活或许会充实得多。现在，她的生活缺少一个温暖家庭必备的因素，也就是那份淡然，但是这是明显办不到的。

玛丽出生于南方，所以有人怀疑她与南方勾结，偷取北方的情报，虽然这么说是没有证据的。但是很多人都知道这样一个事实，第一夫人的许多兄弟和亲人都在南方军队中任职。人们还编造了一些歌谣，捏造了一些故事来戏谑她，甚至还把她和杰斐逊·戴维斯扯上了关系。与林肯恰恰相反的是，因为人们的不信任，她越来越发现自己与北方格格不入。

事实上，即便是听到了自己兄弟在战场上阵亡的消息，她也不能表现出丝毫的伤心。玛丽的二哥在维克斯堡战役中阵亡，许多南方城市沦陷在北军手上，对此她只能掩藏住内心的悲痛，强颜欢笑。紧接着，林肯取得的第三场胜利又导致了她的第三个兄弟阵亡。没过多久，她的妹夫也被送进了地狱。当年，林肯曾劝说这位妹夫留在北方，可他执意南下，并加入了南方军队。后来，玛丽的这位同父异母的妹妹想去肯塔基州看望母亲，格兰特将军二话没说就给她签了通行证，但是因为失去丈夫她拒绝宣誓。林肯听闻消息后立刻发去电报："让她来我这里！"于是，她来到了首都，她们姐妹俩终于又见面了，在内战开始3年后，在失去3个兄弟之后。最终，林肯还是允许她在北方自由活动，即便她依旧拒绝宣誓。

但是，第二年夏天，就有人揭发这位赫尔姆夫人在肯塔基州干不正经的勾当，但是因为她手里有林肯的特许公文，当地的驻军司令无法将她拘捕。为此，林肯立刻给那位司令发去电报："我绝对不会包庇她在肯塔基州的任何违法行为。如果她用我的公文进行威胁，那么您有权取消这一公文的有效性，请您不用姑息养奸，依照规定处理便好！"

玛丽的另外一位姐妹也从林肯手上取得了通行证，但没过多久就有人告密说她借此倒卖货物。林肯再也不想见到她，因此，玛丽也和她断绝往来。当这位女士愤愤不平地在旅馆宣扬有利于南方的言论时，林肯派人去告诉她：如果24小时之内她不离开华盛顿的话，那么北方的监狱会随时欢迎她的到来。

这一连串的事件又加重了人们对玛丽的不信任。政府为保护玛丽免受非议，规定玛丽的来信一律由一位专门的秘书来负责。这样做与其说是为了保护她免受非议之苦，倒不如说是给两人本就不和谐的夫妻生活蒙上了一层厚重的阴影。

有一次，林肯夫妇两人同乘一辆车出门。他们上车时，维尔斯十几岁的儿子正好站在车旁，碰巧听到了他们之间的一次谈话。当时，玛丽态度强硬地要求林肯升某位军官的职位，而林肯表示不答应，她像疯子一样大声嚷嚷起来："如果你不答应我，我就钻到那片沼泽地里去！"最后，林肯无可奈何，只好答应她了。

在以后和以前的无数次记录中，玛丽歇斯底里的发作确实很可怕。在她儿子夭折时，她差点就发了疯，直到现在都不愿意去死去儿子的房间。每每当她悲痛到无以复加时，林肯便会指着远处的疯人院对玛丽说："看见前面的白色房子了么？如果你再这样闹下去，我不介意让你住进那所'白宫'里！"

玛丽和自己的妹妹曾多次说起过，她的眼前经常出现幻象，她看见夭折的儿子和阵亡的哥哥们的影子总是在她的床前晃荡。另外，她也一直担心林肯。一是因为迷信，二是因为害怕有人会来暗杀他。有一次，她与几位客人一起去福特剧院看剧，在回来的路上，车轮碰到石头颠簸了一下，她就想象成有人在袭击他们。事实上，玛丽的担忧也是可以理解的。当她们到达剧院时，门前人满为患，不得不派专人在前面为他们开道。后来，玛丽的那位黑人女友说，那种情况确实是很有可能发生事情的。

但是，在这气氛紧张、危机四伏的四年里，林肯一直都没有遇到什么危险，尽管敌人有无数次机会可以暗杀他。为此，玛丽却更加忧虑了。迷信的她至今为止还不能忘记当年林肯在镜子中看到的双重幻影，当年她就在猜想，这第二重幻影不就意味着林肯活不过他的第二任期么？但是，在她回忆以前时，她应该问自己为什么没有在丈夫因为是否连任而犹豫时帮助他，让他更加有信心呢？她甚至从来没有说过一句夸奖丈夫有能力的话！当她逐渐发现外表华美的白宫实际上布满阴云，并对她失去了吸引力时，她为什么还要留下来呢？在丈夫一个人激烈地做着思想斗争时，玛丽的一句劝说就一定可以让他退出这场没有硝烟的战争。

但是她并没有这样做，没有向林肯伸出援助之手，也没有宽慰和鼓励他。现在这座宫殿和当年的那所小宅子一样冷冰冰。在林肯的一生中，玛丽赐予他的礼物便只有那几个孩子而已。

林肯深深地爱着他的儿子们。他经常会梦见那两个身处天国的早夭儿子，而活下来的两个儿子中，大儿子罗伯特正在念大学，小儿子塔德则陪在父母的身边，一直都是林肯的心肝小宝贝。有一段时间里，小塔德和他如影随形，简直成了他的"贴身小保镖"！小塔德会给士兵们讲笑话，和士兵们一起用青草喂山羊，身穿小制服，骑上他的小马"鲍民"和林肯一起视察军营，还当着林肯的面和士兵们玩闹，所以士兵们都很喜欢他。小塔德只要离开一段时间，林肯就会格外想念他，他会给玛丽发电报说："请转告小塔德，爸爸和山羊都很好，特别是山羊！"

能与林肯荣辱与共的只剩下三位老朋友了，其他朋友们不是上天国了，就是与他分道扬镳了。一次，他给纽约的维德写信说："最近，我十分担心自己的所作所为会伤害到你。我对你一直很友善，也从未反驳过你的观点。如果我的举动让你产生误会的话，请一定要相信我不是有意为之的。只要我们见面开诚布公地谈一次，一切都会冰释前嫌了。您忠实的亚·林。"

赫尔顿和斯皮德这两位老朋友虽然都不在林肯身边，但多年以来一直与他患难与共，情谊深厚，而且，这两位老朋友从来没有向他提过什么要求。林肯连任总统后，任命斯皮德的兄弟做总检察长。有一次，他突然给汉娜·阿姆斯特朗发了一封电报，里面谈道："听说您的儿子已经被释放了，现在正在肯塔基州的路易斯维尔。"无论是老朋友，还是一直与他敌对的家乡都已经离他那么远了。

如果他要帮某位老朋友的忙，他有时也会去求助一位中间人。听说有一位代理商把国家的木材和石料卖掉却将钱中饱私囊了，这位代理商因此被撤了职。想要帮他的林肯并没有写信给该州的州长，而是写信给当地的一位邮政局长，信中说："这位代理商与我是故交，如果您愿意用一两天的时间为此收集证据的话，我将非常高兴，请您务必帮我这个忙！"

从这封信中，我们又看到了林肯那久违了的幽默感。他每天都会写几封信，但是如此幽默的信却很罕见。

"亲爱的迪克上校：很久以前，我已经告诉大家绿色钞票的来历了。我一直想让所有人知道，那是迪克·泰勒的设计。您一直对我很友善，记得在那段最困苦的日子里，虽然我认为我的肩膀十分宽阔有力，但是仍然势单力薄，各种人和事经常压得我无法喘息，甚至根本不知道应该相信谁。在那时，我就说我要去找泰勒将军，他一定有好主意！那是1862年的1月份，大约是16号，我请您过来，而您果真来了。我问您，首先应该做什么呢？您反问我，为什么要放弃最好的银行汇票，转而去发行什么无利可图的国库券呢？应该把汇票宣布为一种合乎法律的支付方式，然后用它来支付军队花销。虽然蔡斯认为这是危险的做法，但最终我还是按照您的方法去办了，这为我们合众国人民带来了巨大的利益。名副其实的'绿色钞票之父'就是您，您应该名载史册。一想到您调侃我太过懒惰,除了律师什么都做不好,我都会情不自禁地捧腹大笑起来。"

您忠实的亚·林。

和以前一样,在林肯的头脑中,迷信和宿命论一直都占据了重要的位置。有一次,军队失败而归,对此林肯并没有表现得很惊讶,他说他早已料到是这样的结果。有一次,他在演讲中向众人解释7月4日"美国独立日"为什么长期以来受人重视,他表示:"杰斐逊和亚当斯是当年起草和拥护《独立宣言》的两个代表性人物。有55个人拥护这一宣言,但是只有其中两个人当选了总统,他们就是杰斐逊和亚当斯。而正好是在这一文件起草了50年以后,他们又被上帝拉下了历史的舞台。又过了5年,在这同一个日期里,上帝又把另一位总统拉下了舞台。而现在,刚刚过去的7月4日,我们又把叛军打得片甲不留,如此而言,这真是一个特殊的日子啊!"

和以前一样,他常常会在噩梦中惊醒。一天夜里,他做了一个噩梦,第二天早上便发电报给玛丽:"我做了一个关于枪的噩梦,你最好把塔德的手枪给收起来。"于是,玛丽就把手枪丢在了旅店,自己则带着塔德回到了华盛顿。可是没过多久时间,林肯就向那家旅店发去电报:"不知道您是否能够把手枪寄过来,因为塔德一直缠着我要那把手枪。"就这样,林肯一直在迷信、爱、预见和亲情之间踌躇。或许是上帝的意思,塔德最终拿到了他的手枪。

十二、宽容之心

在四年内战中,赦免犯人为林肯带来了最大的轻松感。他的正义感早就超越了他那强烈的同情心。

历史上从来没有人可以像林肯一样在这样短的时间内就批准了这么多的赦免申请,这些赦免对象大都是一些逃兵。令人庆幸的是,这些逃兵有仁慈的亚伯拉罕,他一贯是以菩萨心肠出名的,于是就有人建议让总统本人来审阅卷宗,所以他们才得以逃脱死刑。在战争的最后两年里,林肯向国防部发了几百封电报,这些电报的内容都相差无几,无非是推迟某某人的判决执行等等。偶尔,林肯会在电报上加上一张便条给邮政局长:"请把这封电报用最快的速度发出去，否则，这个人就会被执行判决了！"

将军们不止一次地劝说他要注意军纪严明，这样宽待逃兵只会让士兵们更加懦弱的。但林肯的回答从来都是冷冰冰的："懦弱？如果我自己处于那种情形下，我不知道自己是不是也会当逃兵？"还有一次，他说道："既然上帝造人时给了人类两条怯弱的腿，那么人类就有权利用这两条腿来逃跑。"有一次，一位老人找到林肯，恳求他赦免自己那已经被判了死刑的独生子，林肯只好把巴特勒将军发来的电报拿给那位老人看，那上面清楚地写着："我由衷地希望您，以后请不要再干涉军事法庭的日常事务了，否则军纪不严，军队无法团结一致！"看到这里，这位老人情不自禁地大哭起来。林肯看到眼前这悲伤的一幕，他突然站起来说："让巴特勒的电报都见鬼去吧！"然后，他立马下了一道命令："约翰·史密斯不能被处决，在我下这一道命令之前！"老人仍旧有所顾虑，说："如果这道命令已经发下去了，那又该怎么办呢？"林肯拍拍胸腹说："我想您对我还不怎么了解，您的儿子肯定会比《圣经》里那个玛世萨更加长寿，如果在我下达枪决命令之前他还没有死的话。"

一个叫斯科特的少年士兵因为晚上执勤时睡着了，所以被抓了起来。当林肯得知这一情况后，便找到了那位少年并告诉他说："孩子，我是不会允许他们判你的刑的，特别是死刑。我完全相信你所告诉我的事实，你是因为实在是太困乏之极睡着的，我会帮你重返军队的。为了赦免你，或许会有许多人为难我，但是我现在想要知道，你日后准备怎么做？"

突然之间，那位少年还理不清思绪，腆着脸说："如果能把抵押也算上，我们家能够凑到600美元。"

"不不不，这不是我想要的答案。我只想你能够尽全力做好一名士兵！"

因为林肯经常在将军面前为逃兵辩解，所以他必须要有一个理由，年纪尚轻就是他唯一的理由了。"我绝对不能容忍对未满18岁的士兵判刑！"如此一来，常常有许多哭着来向林肯求情的女人们故意缩小她们孩子的实际年龄，谎称他们还未满18岁。不过有的时候，林肯还是会找其他理由来赦免某个士兵："xx士兵因为逃避兵役而被判枪决。虽然他的行为应该被人们唾弃，但是他却十分后悔当初自己的所作所为，这一点让我十分感动。他平时表现不错吧？另外，他应该还没有超过18岁吧？"有时，他甚至会为了赦免他们而撒谎："他是我一位老朋友的儿子，我怎么忍心看着他被判刑呢？"

这位"人民之父"即便遇到艰难和险阻，也会拼尽全力地帮助他人，当牛做马地为人民操劳着。他自己也承认，这种行为中也包含了或多或少的个人意愿在里面，因为"如果在一天紧张的工作之后，我能够亲自下命令解救一个人的生命时，我会感到极大的满足和宽慰。"

在这场战争的最后一年里，大概有267人被军事法庭判决死刑，其中有160多人所犯的是谋杀罪，而林肯所赦免的人就已经高达800多人。

有一位老妇人，她的五个儿子全都为国捐躯了，林肯听说这件事情后，立即写了一封信给这位母亲：

"我认为无论是什么样的语言都无法安慰您，也无法消除您所经历的无比痛苦的悲伤。但是，我还是要说，您的儿子们是为了国家的前途而牺牲的，您作为他们的母亲理应受到国家的无限感激。我乞求上帝能够减轻您的痛苦，把您对儿子的想念长埋心底。在自由的祭坛前，您做出了那么伟大的奉献。为此，您完全可以从上帝那里获得崇高的自豪感。您忠诚的亚伯拉罕·林肯"

林肯的这一番话，人民永远都不会忘记。另外，同样令人难以忘记的是他给上百人写的推荐信，其中在给陆军部长的那封推荐信里他写道："这位来自匹兹堡的小伙子还很年轻，我想他一定可以在您那儿做些什么。请听一听他的想法吧，如果可以的话，我将感激不尽。"他一定要帮助这个出身贫寒的人，即便他自己欠下许多人情。

这就是林肯，他之所以这么做的原因是当他和人民待在一起时，他就可以获得无穷无尽的力量，而民众就是他的力量源泉，与民众保持这种亲密关系也一直是林肯奋斗的目标和理想。

现在，前来请求林肯帮助的人仍然络绎不绝，有时林肯也会因为他们而忙得不可开交，分身乏术。虽然如此，是当有人劝他减少接见拜访者的次数时，他却回答道："为了他们我只能这样做，要多多为请愿者考虑。"有一次，有人讲了这样一个故事，说一个人无亲无敌，孤苦伶仃，这时林肯突然插上一句："我可以把他当朋友啊！""在我们那里，上帝和亚伯拉罕都是我们大伙儿所信任的。"一位从纽约赶来的老者在拜访林肯时这样说道。听到这句话，林肯喜形于色，是议会上获得再多票也难以比拟的，甚至是比听到格兰特打胜仗还要愉悦得多。

十三、结尾

圣诞节之前，谢尔曼用大炮和棉花攻下了萨瓦特城，林肯十分开心得到了这份圣诞礼物。这支由谢尔曼统领的6万人军队已经在南方步步紧逼，攻无不克战无不胜了，并在最后时刻和海军汇合向新的据点发起进攻了。这次战役同时也让谢尔曼声名大振，而与此同时，格兰特则牵制着李将军的兵力。事实上，相比于格兰特的军队，李将军的军队人数要少得多，甚至可以说难以与之对抗。2月中旬，北方军队攻占了南方的文化中心——查尔斯顿。由此看来，北方大可左右夹击，将李将军的部队围攻了。紧接着，格兰特将南方的主要铁路线都阻断了，从而切断了李将军与南方的联系。里士满摇摇欲坠，南方就只有李将军是战还是降这一个问题了。

没过多长时间，南方颁布了一项新法案，规定只要黑奴们自愿参加军队，那他们就相当于被释放获得自由了。做出这样一个决定对于南方而言是一件极其艰难的事情，在议会的投票中，这项法案是以微弱的多数票才得以险胜的。

这是多么巧妙的讽刺呀！南方以对自身制度的放弃为代价来保卫这种制度，真是令人难以相信。虽然这样的事情并不少见，但是像南方这样180度大转弯的急剧变化却不得不叫人目瞪口呆！对此，林肯发表了他的见解：

"我至今还没有对这一举措发表过任何评论或演讲，因为那都是他们的事情，与我无关，当然就算我表示反对也于事无补。对南方而言，那些被他们征召进军队里的黑奴们难道会心甘情愿地为他们战斗么，这是他们最主要的问题。我一生中听到过无数种解释黑人为什么要充当奴隶的原因，如果他们真的心甘情愿为奴役他们的人去战斗的话，那么这将比我听过的任何理由都更具说服力，更能够证明黑人之所以被当成奴隶的原因。他们决定在四个黑奴中征召一个入伍，而这个四分之一如果甘愿被别人当成奴隶驱使去打仗的话，那么即便他侥幸活着回来，他还是继续会被当成奴隶奴役的！我经常说，自由是任何人与生俱来的权利，但是对于我刚刚提及的那些人，我同意他们继续以奴隶的身份活下去。另外，还有那些拥护奴隶制的白人们，我也同意让那些白人亲自做一回奴隶来品尝一下其中的酸甜苦辣！他们已经走投无路了，我现在已经看到了他们失败的样子。战争的胜利指日可待，我无比快乐。但是，我现在所说的已经比原计划多了许多，就请大家允许我和你们道别吧！"

在视察一个兵团时林肯对将士们说了这段话，从对方的举措本身存在的问题出发，揭示出了它的荒谬之处。他的第二次就职演讲也是这种风格，既没有得意扬扬，也没有目中无人。最近，在林肯就职时出现了两件新奇的事情：第一件事就是总统防卫队里被编进了一个黑人小分队，这也是那段时间里解放奴隶运动进展成果的一次表现；第二件事情是一座自由神像在国会大厦上矗立了起来，它好像在宣告一个崭新时代的来临。因为林肯的第二次就职演说不需要像第一次那样介绍自己，所以他这次的演说也比第一次简短了许多。

"关于我们的战事进展，这一点我想大家都和我一样十分清楚。对于任何人而言，我相信它都是令人欢欣愉悦的。我们十分迫切地希冀未来，即便我不做任何预测你们也能够感觉到。这是一件不可思议的事情，战争的双方竟然都手持同一本《圣经》，向同一个上帝请求赐予力量，并给予对方失望和痛苦！但是，如果我们先不去评论别人，那么他们也就没有资格来评论我们了。我认为双方的祈祷可能都无法得到回应，事实上也并没有得到什么回应。万能的上帝有他自己的想法。罪过是不可能回避的，但是，让那些犯罪的人去承担罪过吧！如果我们假设奴隶制就是这里所说的罪恶之一，而又无法逃避上帝的旨意的话。那么在过了期限以后，上帝就决定要消灭它了。或者，上帝把南北双方进行的这场战争作为是那些犯罪者理应得到的惩罚，那么我们能够看出和信徒们赋予上帝的神性相违背的地方吗？我们衷心地希望，虔诚地祈祷，这场历时已久的战争可以早点结束。但是，如果上帝要让这场战争持续下去，直到奴隶们250年以来所受到的不公平的奴役和无偿劳动所积累起来的财富化为虚有，直到奴隶们每一滴被抽打出来的血被偿还，那么我们还是不得不再说一次那句3000年前人们讲过的话：'上帝的裁判是公正无私的！'对所有人都保持一颗善良的心，对所有人都坦诚相待。维护正义是因为上帝让我们明白什么是正义，它促进我们不停奋斗，去完成我们正在进行的伟大事业，重建我们的家园，安慰那些为国家拼死奋战的将士们，照拂那些孤儿寡母，在我们和所有国家的人民中实现永久的自由，维护永恒的和平！"

这是一位"人民之父"的演讲！在这篇就职演讲中，哲理代替了所有政治问题，而所有的哲理又与宿命论紧密相连。他鼓励北方人民坚持到底，让他们相信胜利迟早是属于他们的，即便他对胜利也没有把握。到了现在，胜利在即，他却把胜利的功劳全部算到了上帝和命运身上。令人迷惑不解的是，他表示说如果上帝让战争持续下去，让战场上继续杀声震天，为局势所迫，他必将竭尽全力运筹帷幄。而现在，他恢复了天生的容忍，甩掉了重任，默默等待着接受命运的安排。同时，这也是一篇寓教于人的演讲，它使用了一种千帆阅尽的老者洞悉一切的语言，这是一种圣经式的语言。总体而言，它更像一首叙事诗。

但是，当一位朋友向他表示祝贺时，他却在回信中用了另外一种口气来评价自己的这篇就职演讲："我希望这篇就职演讲可以和我第一次的演讲一样优秀，甚至更加漂亮，但是它并没有迅速得到大家的认同。他们当然会反抗，因为你让他们看到了上帝的意图和他们自己的意图有所不同。但是在这种情况下，否认这一点就意味着否认上帝的意志统治着世界。我认为，不管这番言论会引来什么样的攻击和埋怨，我都可以一个人去承担，所以我一定要给大家讲明白这个事实。我想大家还是能够承受得住的。"

十四、和谈

战争已经接近尾声时，国会山上礼炮喧嚣，那是100响礼炮在轰鸣，长久以来这还是第一次鸣放礼炮。不过，值得注意的是，这并不是为了庆祝战场上打了漂亮的胜仗，而是祝贺国会通过了《第十三条宪法修正案》，这一法律的通过也就意味着林肯终于把战时临时法律《解放奴隶宣言》变成了永久性法律。这一天，解放奴隶终于被写进了合众国的宪法。要知道7年前，人们还曾经为道格拉斯在堪萨斯州所发表的反黑奴宣言而鸣礼炮。4年前，政府还在议会大厅里一致决定禁止制定任何有损或废止奴隶制的法案。那天早上，决议还没有通过，到中午的时候，也没有人能够预测表决的结果，而到了最后，这项法案却以119票对56票的绝对优势获得通过。当然，这项法案早晚都要在议会通过的，这是毋庸置疑的，但是如果被搁置下来，就不知道要等到猴年马月了。

这也是林肯的个人胜利！当天晚上，他开心地对人们说："我们终于找到了一剂良药来惩治这一罪恶，但是，只有获得四分之三的州的支持，它才会成为一部真正意义上的法律。"令林肯高兴的是，这项法案在伊利诺伊州获得了州议会的通过，但可惜的是，林肯再也无缘见到这项法案在全国推行的那一天了。

过了几天，南北双方在一艘轮船上进行了一次会晤。4年来，林肯还是头一次坐在自己的敌人——南方副总统斯蒂芬斯的对面。当年他们两人的关系就非同一般，那时他们还在众议院同为议员共事。双方开战不久后，林肯也曾劝说过这位朋友。这一次，林肯亲自参加南北双方有关停战谈判的行为确实有些不妥，但是他一向如此特立独行，他的这种行为虽然让当时的政客们摸不着头脑，但却让后辈们心生敬意。

早在秋天，斯蒂芬斯就在南方四处奔走、游说，试图与北方讲和。现在他终于得到了回应：南方同意与北方谈判。他通过格兰特把自己引荐给了北方领袖，虽然他一向独立自持。而林肯仅仅依靠着一种直觉的指引，就带着格兰特和赛华德上了船，事先并没有告知内阁，甚至没有向他人询问，三人和斯蒂芬斯以及他的两位同伴一起进行了会谈。老朋友见面，互相问候，尴尬之情早已消失得无影无踪。在这个安静的地方，他们互相关切地问候起老朋友的近况，好像是自己出门游玩刚刚回来一样，即便外面现在还是战火纷飞。然后，他们又聚在一起畅想未来。他们的谈话足足进行了四个小时，没有记录员，也没有备忘录，这完全可以称得上是一次真正的林肯式会谈——因为这根本就不是在开会。

当斯蒂芬斯问林肯，有没有可能避免战争继续下去时，林肯回答说，"如果想要战争自然结束，其实只要南方放下武器就可以了。"而斯蒂芬斯现在并不想谈论这个问题。他说，希望未来各州可以建立一种自由联合制度，但这一建议被林肯立马拒绝了。他诚恳地谈起了发表《解放奴隶宣言》时的情形，并表示他实际上从未期望过南方能够认同这一宣言，而且也不打算强迫他们认同，而他必须保全联邦，这就是他坚持这种立场的原因。他甚至谈到，他也不排除对南方的黑奴实行有偿解放的可能性。"有这样一些消息我可以透露给你，你们绝对会因为听到一些人的名字而大感惊讶，他们已经准备接受我们的法案了，这也就意味着他们将支持废除奴隶制，尽早结束战争。"当然，林肯同时强调说，决定权在于国会而不是他，所以他的话并不能作为最终结论。除此之外，赛华德还补充说，如果他们现在就让南方无条件加入联邦，那么刚刚通过没多长时间的新的宪法修正案就又变成空头支票了。

当斯蒂芬斯渲染着战争所带来的悲惨景象时，他发现这种方法已经无法打动这位北方领袖了，他已经不是自己当年认识的林肯了。当初那个会在众议院里被斯蒂芬斯的演讲感动得涕泪横流的林肯众议员已经不复存在了，经历了这场旷日持久的战争后，他已经不会轻易就被政客的言论所迷惑了，他毅然决然地甚至没有一丝犹豫地拒绝了对方提出的和谈条件，这是因为他绝对不会答应与手持武器的叛军进行谈判。

斯蒂芬斯的一位同行者辩证说："连卡尔一世都曾经和武装着的敌人谈判过呢！"

林肯回答说："我对历史知识知道很少，无法用它来为自己辩护。在历史方面，您可以和赛华德先生一较高下，至于卡尔一世么，我只知道他最后丢掉了性命。"

紧接着，斯蒂芬斯问道："在您的眼里，难道我们就是叛军，就应该以叛国罪论处吗？"

"是的。"

"我们早就想到了这种情况，但是，坦白说，只要总统还是你，我们就不必担心会被绞死。"

最后，斯蒂芬斯再次向林肯建议联合南北军队，共同进攻墨西哥，但是林肯再一次拒绝了他。斯蒂芬斯表示说他还是会坚持自己的意见。就在他们快要离开的时候，林肯拍了拍斯蒂芬斯的肩膀说："好吧，斯蒂芬斯，我答应你再考虑一下这个问题，但是我坚信我是不会改变现在的态度的。"

历史中，从来没有一次交战双方的谈判是在这样一种气氛中进行的。如果林肯没有参加谈判，那么它必定和别的任何一场谈判一样，成为一场没有任何感情的谈判，正是林肯唤醒了谈判代表们人性深处那一抹温和善良和他们的幽默情绪。在谈判过程中，他仔细打量着对手，因为后来他曾经这样描述过他那位身材矮小的老朋友："斯蒂芬斯的那件高领外衣至少要比他大三个号还要多，异常宽松。船舱里空气很清新，也很温暖，所以没过多久他就把那件大外套脱了下来，这时的他就像是一只剥了外壳的玉米一样。那个时候，我不禁想到，这可能是我看到过的搭配在一起的最大的外皮儿和最小的玉米了。"他用幽默描述了他的对手，但是他的朋友对林肯却没有这样友善。

在斯蒂芬斯上交给戴维斯的谈判报告中，他只看见了他对林肯的一个称呼："亚伯拉罕一世国王陛下。"

在回去的途中，林肯一直在思考怎么样才能够维护民众的利益，让南方尽快弃械投降。南方已经维持不了多久了，他们的处境已濒临险境，或许，某种许诺或妥协可以加快战争结束的进程。这场战争到底要持续到什么时候才可以结束呢？至少需要100天。对北方来说，这100个日日夜夜就意味着3亿美元的开支。于是林肯想到，如果可以让数以万计的老百姓免受战争之苦，即便是把这3亿美元拱手白送给南方来换取停火的话也是十分值得的。第二天，他便草拟了一份提案并备提交国会表决。内容是，提供给南方4亿美元，赔偿南方奴隶主因奴隶解放所带来的损失，4月1日先支付其中的一半，并于宪法修正案生效时付清另一半。与此同时，北方将归还除奴隶以外的所有财产，并赦免所有政治犯。第二天，当他在内阁会议上说明他如此而为的原因时，引来了内阁成员的强烈反对。他沮丧地说："实际上，这份提案本身就已经充分说明问题了，但是你们谁都不支持我！"

在林肯的一生中，这一次的决定将他善良的本性、政治家的聪慧、求真的头脑和杰出的才能都较好地统一起来了。既然胜利指日可待，而他也已经拒绝了与叛军公开谈判的要求，那么他为何不平心静气地坐等胜利的到来呢？因为这个时候，他内心深处的道德和良知再一次催促他，使他决心竭尽全力减少战争引发的灾难和问题。100天，这场战争还需要100天才能结束。实际上，这场战争确实又持续了100天；与其白白扔掉大把大把的4亿美元钞票，还不如直接送给那些即将重新回到联邦的南方同胞们呢！这的的确确是一个特别的想法，不但变通而且充满了慈悲，甚至还符合道德精神，但是北方的民众是不会爽快答应这样做的。一想到这些，那些内阁成员们对于林肯的想法都感到很疑惑。

十五、走访

林肯身上所背负了四年之久的大山现在终于开始慢慢松动了，林肯在这四年间所承受的压力也开始慢慢减轻。所有熟悉他的人都说，在他生命接近尾声的最后几周里，他的心情还是比较愉悦的。

当然，就算生命快要结束，他也依然每天被焦虑和疲累包围着。有一次，他埋怨说，"每天的工作几乎都是重复再重复，开始于一个议员提议对法国宣战，结束于一个女人请求在财政部任职。我觉得，这些人就好像冲到我身边，从我身上挖走一块叫作生命的东西，然后又从我这里逃离了一样。完成一天的工作，我的感受只有一个字，那就是：累。"

老朋友经常会看到他双目无神，脸色发白，好像有很多烦心事一样。"有时候他会摊开手掌，让手指伸长，仔细地聆听别人说话。"还有一些见过他的人说他就像一只困在笼中的野兽一样。"他是一个可以承受压力的人，而且不会锱铢必较。"他经常穿着宽大的睡袍，在一条狭窄的走廊里走来走去，从一个窗口走到另一个窗口。他的画师经常看见他双手放在背后，头微微下垂，双眼布满忧郁，脸上总是一副难过、恐惧的表情。"看到他这样子，那些诅咒他是专制的独裁者的人也会非常痛心的。"当他的朋友斯威特将军来拜访他，请他给伤员办点事儿时，却看到他正站在一扇窗子旁边，好像在听小鸟唱歌。斯威特说清楚缘由以后，林肯说，"难道你不觉得鸟儿的歌声好听吗？"听完，斯威特吓得魂飞魄散，说了一句话就要走。林肯马上叫住了他，对他说："坐到这里来，斯威特。难道你没有发现，就算我身处这个位置，也不可能对美景熟视无睹啊！几周以来，你所提议的事情都已经开始办了。"他不得不抽出这样空闲的时间，来好好享受一下生活。有一次，他私底下对他的手下说，"我觉得我现在是最快乐的。"

之后，他第一次给自己放了假，因为来自五湖四海的求职者又和四年前一样涌过来，他根本无暇应对，白宫的门槛都要被淹没了，他不得不到外面避上一阵子。3月份，北方的军队来势汹汹，里士满随时都有可能被抢占。这时，格兰特请求总统到前线做一次战争视察，同时也可以作为战略的建议者。于是，林肯带上玛丽和几名随从一起坐轮船赶到格兰特大军营地，在那里安然享受了十天的假期。林肯的大儿子罗伯特也在那里，在这场战争的最后几个星期，这位年轻的博士生一毕业就被分配到了格兰特军队指挥部，去实际观摩打仗的情形。谢尔曼和谢里登也陆续到了这里，和格兰特一起商量计谋。在这里，林肯依然每天去电报室，在那里一待就是老半天，就是为了把格兰特的通知第一时间传回给斯坦顿。有时，他还会和鲍特一起坐着船到河上游玩。最令他兴奋的就是骑着马在兵营里四处溜达了，有时一转就是几个小时。只要他一出现，士兵们就会大声呼喊："向国父亚伯拉罕致敬！"除去和士兵聊天以外，他最喜欢做的事情就是坐在椅子上眺望整座军营。

本来给他准备的是海军上将的床，可是他婉言谢绝了，只选了一间六英尺长的小舱房。"我住在那里非常好，只不过我不能将一把比鞘更长的剑插进这把剑鞘里。"那是因为，他的身长要比小舱房长了四英寸还多。有一次，海军上将私底下请木匠将他的小舱房扩宽了，长度也加了不少。第二天早晨，林肯高兴地说："昨天晚上真是太奇怪了，我整个人不仅矮了，还瘦了。"

尽管这是玛丽第一次在军队中停留这么长时间，第一次在外人面前尽情展露自己，和驻法大使，还有很多与自己情投意合的朋友一起去旅行，可是这样的生活，玛丽却一点都高兴不起来。他们要到距码头20公里的波托马克军团的大本营去，队伍拉得很长，林肯和格兰特也一起前去。一位保卫他们人身安全的军官和玛丽闲聊了起来，无意之中谈到同行的还有另外一位女士：格利芬将军的夫人，也就是格兰特夫人的女友，而且总统还特批她去前线看望她的丈夫呢！听到这儿，玛丽大吃一惊，"什么时候冒出来这样一个女人，我怎么不知道？""将军，您是说，总统和那位女士曾经单独会面吗？难道您不清楚，我是不允许总统单独会见女士的吗？"听到玛丽的质问，那位将军一时间不知所措，想改变措辞，可是玛丽只叫嚷着下车，根本不听他的任何解释。这时，一旁的人都围拢过来，想知道发生了什么事情。玛丽说，她要马上见到总统。

一位军官看到这一场景，马上飞奔去告诉林肯。回来时他说，当时那张不确定的通行证是斯坦顿签发的，不是总统。

第二天，他们按原计划去视察奥德将军的军团。这位将军的妻子为了能和总统多一点共处时间，有意让马车慢一点，可是却被细心的玛丽发现了。她马上就怒发冲天，让马车马上掉头，直直奔向林肯，让林肯的马都差点受惊跳起来。当奥德夫人骑马去和玛丽打招呼时，玛丽言辞恶劣，斥责她故意勾引总统，以至于奥德夫人羞辱交加，掉头就走。之后，当他们回到船上，玛丽还在大声吵个不停。这时，一位船长走过来维护奥德夫人，气得玛丽当场甩袖而去。林肯马上把那位船长叫过来，名义上说是看地图，其实是感谢他的大胆表现。

和平时期，这种事情屡见不鲜，它实实在在地彰显了玛丽心里的极度缺失。她根本没必要这样到处吃醋。当年在斯普林菲尔德，她还只是偶尔发作。可是现在，她一心只想将所有权力都牢牢抓在自己手里，包括那些别人根本不想从她手里抢走的东西。这几件事影响巨深，当时根本看不出来。但也许两周以后，是她救了格兰特的命。

十六、获胜

几天以后，匹兹堡和里士满就陆陆续续被北方军队占领，李将军和戴维斯狼狈逃走。北方的人们齐聚里士满，看看这座传奇城市。经过长时间的浴血奋战，这里终于被占领了。河道里的水还没完全被清理干净，但已经有胜利的旗帜从这里经过，人们争相跑出来庆祝，到处都是锣鼓喧天的新景象。可是，经过一条沙坝时，所有的船只都动弹不了了。当林肯和小儿子塔德被海军上将护送至里士满时，也被搁浅在这儿了。他们从船上下来，坐到一只皮划艇上，水手们则用拖拉机将船拉走。没有响礼乐，也没有人们举行的大肆庆祝活动，一切都和平常一样。林肯也非常高兴地笑着，这个星期以来，他的心情一直都很好。他还兴致勃勃地给大家讲笑话。说有一个人一门心思想做大使，结果只弄回来几条旧裤子。水手们只能凭直觉在这条河里划行，因为无论是谁都没有真正来过这儿。在这种和谐的氛围中，林肯回想起了自己曾经在纽萨勒姆村的事情，而一时忘记了帮他们一把。

船终于到第一个码头停住了，他们爬上一个斜坡，又经过几座小屋，才终于到了河岸。出现在他们眼前的是这样一幅宁静的画面，具有浓郁南方特色的小房子一个挨着一个，整齐地排列在这片平原上，好像这里根本没有发生过战争，可是房子里却没有人。只有十几位黑人在一位老者的监督下挥汗如雨。这位老者看到有人过来，仔细端详了一下林肯，然后突然放下手里的工具，跪下来大声说道："主啊，这就是我们伟大的主啊！"那十几位黑人也跟着老者一起跪了下来。

身世悲惨的黑人们依然在辛苦劳动，似乎他们根本不知道自己的命运已经发生了翻天覆地的变化。高大的林肯站在他们中间，一副不知所措的样子，双手不停地摆动，嘴里不停地说着，"你们不要跪我，这样不行！你们应该跪的人是上帝，我只是帮他完成使命而已。当然，只要我还在世一天，你们就会过上正常人的生活，和所有人一样，享受自由的阳光。"这不是一次精心准备的演讲，只是临时发挥而已。可是黑人非常明白他的意思，就算只是他投递过去的一个眼神，他们也非常明白。海军上将让黑人离林肯远一点，这时，老者又用从传教士那学会的口吻说道："先生，请原谅我们的粗俗吧！我们是因为长久困在荒漠，如今好不容易看见山涧的泉水，实在是太兴奋了。我们这样做并不是无礼，而只是表示由衷的感激。"之后，那些黑人便围着林肯唱起了圣歌。后来，那位海军上将回想到当时的情形说，大概四分钟以后，突然涌过来一群黑人，街道上顿时人声鼎沸。黑人们从各个方向朝林肯的方向奔过来，他们像朝拜上帝一样朝拜林肯。为了确保总统的人身安全，海军上将只好让水兵们在枪上装上刺刀，可是这些人根本不在乎，他们都疯了。没多长时间，这里就人头攒动，像赶集一样热闹了。这时，林肯必须站出来说两句了。全场顿时鸦雀无声，黑人们都伸长脖子盼望着：

"我可怜的黑人朋友们，你们现在是自由身了，就像空气一样，你们自由了。再也不会有人叫你们奴隶，奴隶制被彻底废除了，你们受压榨的日子也一去不回了。所有人生来就拥有自由的权利，上帝给了每一个人自由，如今也同样给你们。很长时间以来，奴隶制束缚了你们的自由，现在是你们去开创幸福生活的时候了。让全世界人民都明白，你们通过合理的途径获得了自由。不要以暴制暴，过多的仇恨只会让暴行加重，要遵从宪法的旨意，听从上帝的安排。感谢上帝，他赐予你们自由，所有的功劳都应该归于他。好，现在我可以过去了吗？时间很紧，我还有很多工作要完成。我还要去一趟里士满，然后回到华盛顿。在那里，我依然会全力保护你们的自由。"

平生第一次，林肯被一群黑人围在中间，听他们呼喊自己的名字，好像隐约有一种难以抑制的兴奋感，似乎林肯也从来没有这么充实过。他像一位尊敬的长者一样，站在那里，有时引导他们，有时劝说他们，可是不管怎样，他都是和善的，充满爱心的。他站在那里，高大、瘦削、满脸倦容。是的，等这一天，他已经等得太久，长达十年。在这个过程中，他受到过无数的奚落，被人批评，现在总算扬眉吐气了。

那位海军上将后来也说："我认为黑人并不会威胁到总统的安全，相反，他们只会保卫他的安全。我们当时只能减速慢行，一里路竟然花了整整一个小时的时间。当时，正好是火热的夏天，街道上灰尘密布，空气浑浊。林肯个子很高，所以人们一眼就能望见他。他手里拿着礼帽，不停地扇风，没多长时间，他身上就全部湿透了。看他当时那样，如果当时能有一杯水，他宁愿不要总统的位置。"林肯就是这样在无以计数的黑人的拥护下进的城。城市街道上，窗户全部打开了，所有白人都极其仇视地打量着这个让他们遭受了四年痛苦的人。这时，那位海军上将显然比任何人都要紧张，因为只要一颗子弹，就可以终结了总统的性命。他们一行人走访完戴维斯的府邸以及议会大厦以后，便坐车朝河边去。街道周围全部都是人，将军也因此更加小心，因为这时只要有人对总统图谋不轨，是很容易得逞的。

那段日子，通过电报沟通，政府决定于4月14日占领萨姆特城，并打算同一天在当地举办一次开战纪念日的庆祝活动。刚开始，林肯一直说萨姆特战役发生在4月13日，而不是14日，斯坦顿等人在查阅了日历以后，才确定是4月14日。没有人知道，他本人当然也不知道，在确定这个日子的同时，也是确定了他自己的死期。

十七、刺杀阴谋

因为谁都不能料到在那样复杂的形势下，林肯还会前往里士满。所以在里士满没有发生的事情，就即将在华盛顿发生。

这很令人惊讶吗？我们的先辈们不也是经常因为看到不想出现的事情而惨遭谋杀吗？历史上哪个英勇牺牲的人不是因为被人误会呢？南方人极其仇视林肯，他们认为，当他第一次坐上总统位置时，战争就被引燃了。可他们又怎么会知道，为了全国人民的和平，他曾经多少个夜晚辗转反侧，不停地思索良策呢？就在一个星期以前，他还准备给南方赔偿一大笔金钱呢！南方人只知道林肯是他们的敌人，并认为林肯要付出生命的代价。

两年以前，一些富翁就共同出资，在里士满训练谋杀团队，想要刺杀林肯。一年以后，听说他们精心挑选了150名年轻有为的刺客，准备秘密杀害林肯。当时一位画师问林肯，看到这些消息，你有什么想法。林肯只是不置可否地笑笑，然后说，"如果这些消息是真的，我也不觉得刺杀我对他们有什么好处。因为，北方胜利已不用再怀疑，无论如何，事情都会顺利进行下去。在芝加哥我刚被确定为候选人时，就有人给我寄恐吓信，刚开始我觉得难以接受，可后来当这样的事越来越多时，我就麻木了。现在我依然会收到这样的恐吓信，不过除此以外，他们也没对我采取过什么行动。"

平常，林肯怎么也不愿意相信有人会谋杀他。有一次，他还说："美国不会出现谋杀。"可是，他如果记得，他也会听从玛丽的叮嘱，出门时带根拐杖。除此以外，他的宿命论思想也无法让别人保护自己。"我觉得，如果有人真要刺杀我，他一定可以做到。我就算穿上盔甲，有再多的防卫队员保护都无济于事，刺客总会想到别的办法来杀你。"随着北方军队的连连告捷，他的处境也越来越让人担心。可是他和他的同事们显然还没有意识这一点，对于去年八月中旬窗子上刻下的奇怪字迹，他们也全然不知情。11月的某一个晚上，一个剧院正在上演《尤利乌斯·恺撒》的戏剧，主演是布恩三兄弟。三兄弟中有一个人非常出名，另外两个人只是配角。哥哥当时被称之为第一号悲剧演员，他在这出戏中扮演恺撒；他的一个弟弟扮演马克·安东。这个弟弟今年26岁，虽然演技一般，可是长相很好，拥有古典橄榄色的脸庞，双眼迸射出璀璨的光芒，长着罗马式的鼻子。因为这些外在条件，再加上哥哥的名声在外，他的演技一般也就不那么重要了。戏剧的第三幕，他站在罗马的议会大厅上，向人们诉说恺撒的专制统治。根据剧本的需要，他会用下面这段令人心潮澎湃的台词将戏剧推向一个高潮：

> 如果我是布鲁吐斯，
> 布鲁吐斯也是我，
> 那么就会有这么一个人，
> 启发你们的心灵，
> 揭发恺撒的罪恶行径，
> 那时，就连罗马的石头，
> 都会愤怒地起义的！

在这段观众非常熟悉的台词后面，他又新增了一句话，"专制的魔王"。

听说，历史上布鲁吐斯在刺杀恺撒时讲的就是这句话。而在美国，它却是弗吉尼亚当地非常盛行的一句俗语。内战期间，南方经常有人会说出这样的话，借以鼓舞士气。

当时，台下的观众好像谁也没有注意到这个细节。后来据说，当时一位观众觉得很诧异，就问旁边的，"莎士比亚的剧本里有这句台词吗？"另一位观众回答道，"那是弗吉尼亚的一句俗语。"

就在这时，突然有人高声喊道："着火了！"一时间，整个剧院的人都慌了，观众们到处逃窜。后来人们又听说在同一时间段，纽约一共有16家剧院和旅店同时着火。从这可以明显看出，这件事情是一早就策划好了的。

大火所带来的不安让人们将那句台词彻底忘记了，事后人们还能回想起一些证据来。当时，亚拉巴马州的一家报表曾刊载过一份捐款人名单，他们之所以捐款，就要想筹到更多的资金，为刺杀林肯、赛华德和约翰逊做准备。除此以外，林肯再次当选以后，南方的一位将领曾经写信给戴维斯，准备谋杀包括林肯在内的北方领导人。

对布恩① 来说，他刺杀林肯有两个方面的原因。他出身于演员世家，哥哥是当时全国最有名的悲剧表演大师。虽然他本人演技一般，可是他那俊俏的外表却给他加了不少分，他也因此成了许多妇女膜拜的对象，同时他还是一位非常狂妄的冒险家。战争让他产生了新的理想：他想成为一名伟大的刺客。在他的生命快要走到终点时，从他写下的日记中我们可以看出，他觉得，林肯解放奴隶的行为和古代英雄的行为大相径庭。这次，他没能成功扮演伟大的刺客布鲁克斯，也许这也让他内心很失落。于是，他决定去刺杀林肯，也许这个行动会让他声名远播。

林肯连任总统以后，布恩去了加拿大一个间谍窝。在那里，他决定先将林肯绑票，然后再带到里士满。为了实现这个计划，他还拉拢了几个同伙，筹集到了一笔钱。就像他说的那样，一切都准备就绪了。然后，他回到华盛顿，想要在林肯就职当天实施他的计划。他先是在东门引起纷争，以吸引卫兵的注意力，不料却是这一举动让他的计划落空。

---

① 布恩：19世纪美国一个最著名的演员世家的成员，同时也是刺杀林肯的凶手。在林肯遇刺后的11天，也就是1865年4月26日死于乱枪之下。

他觉得，白宫和舞台上的罗马议会大厦不是一样的吗？而让那位美国的恺撒死在自己的手上，他会觉得自己比布鲁吐斯还要了不起。第一次谋杀失败以后，他并没有放弃他的计划。从 3 月份起，他就一直待在华盛顿，寻找机会刺杀林肯。他的同伙中有一个名叫鲍威尔的退伍军人、一个名叫阿诺尔德的小痞子、一个马里兰州奴隶主的妻子，他们有一个共同的特点，那就是都来自于南方。他们每个人分工不同，鲍威尔负责刺杀赛华德，另外一个去刺杀副总统约翰逊，阿诺尔德负责在外面接应，房东和她的女儿们打杂。这简直就是莎士比亚戏剧的现实版本，而布恩刚扮演这出戏剧的主人翁，去谋杀总统。一切准备好以后，只等着确定"表演"日期了，但有一点可以肯定的是，一定是林肯返回华盛顿以后。

可是一个意外状况的发生，却让他们的刺杀计划提前了。赛华德出了车祸，而且伤得很严重。林肯紧急从前线赶了回来，这可真是天助我也。而林肯呢，就是他赶回首都的第二天，也就是复活节前的星期天，李将军宣布投降，林肯没有亲眼见到南北双方的历史性会面，就离开了那里。当时是 1865 年 4 月 9 日，南北战争终于画上了句号。

十八、献身

4 月 14 日中午，萨姆特城响声震天，和四年前一样。不过有一点不同的是，这次换成了北方来放礼炮。当年驻守这里的安德林将军升起了星条旗，军乐队奏响了国歌，大家齐呼口号。庆祝活动中，演讲者在致辞中说，"我们衷心感谢我们的总统，也感谢上帝在这四年中虽然让他公务缠身却依然平安健康，合众国重新合为一体，这也是他的目的所在。他一直在为这个国家不懈奋斗，最终他完成了这项伟大的事业。"

当天上午，林肯和几位部长一起坐在办公室里。几个礼拜以来，战争结束后的第一次内阁会议和以往完全不同，赛华德没能来，可是格兰特却来了。人们纷纷向他表示祝贺。维尔斯后来回忆说，"总统看上去非常高兴，因为他的理想实现了。"格兰特还在忧心谢尔曼，林肯说，"没事，谢尔曼一定会打败约翰斯顿的。"

接着，他们开始商议国家重建问题。林肯说："在新一届议会组成前，如果我们小心行事，周密计划，就可以劝说各州重建政府，合众国重新组建。"之后，他又提到了所有人都在传的叛军要进行报复的事情，他说："我是不会对那些叛乱分子处以极刑的，就算只是处决他们的领导我也不干。""我们有些朋友的想法太过于冒进了，他们急切地想让南方人做自己的奴隶，不把他们看作自己的同胞。我是绝对不会允许这样的事情发生的，因为这是对他们所享有的权利的侮辱。"

现在，那些想要刺杀林肯的人跑到哪里去了？他们为什么不过来偷听一下林肯的发言，如果他们亲耳听到了的话，那他们还下得去手吗？只有尊重南方的人才能说出这样的话，布恩现在在哪里？他为什么不过来听一听？

布恩听说总统和格兰特今晚要去剧场看节目，因为格兰特明天就要回到驻地，所以只能今天晚上。可是格兰特不喜欢华盛顿，所以他表现得很是焦灼。而这时，剧院的经理已经将总统和格兰特将要光临这里的消息传出去了，剧院里正在做着准备工作，人们也翘首以盼这个不同寻常的夜晚。

布恩马上就将任务下发出去了，鲍威尔去行刺赛华德。他们最后将刺杀副总统的计划临时改变了，因为布恩昨天竟然给了他一张自己的名片。为了计划顺利实施，布恩准备了一匹快马，他在中午时就偷偷到了剧院，和剧院里本来勾搭好的一个工作人员取得联系，于是他根据布恩的计划摆好了总统包房里椅子的位置。布恩又在包房的门上面钻了一个孔，这样可以更加清楚地看到里面的情形。为了今晚的刺杀行动，他准备了两件武器，一把手枪，一个匕首。在此之前，他还将自己写好的一封信提前交给了自己的一名心腹，信中对他的伟大行动进行了解释，并叮嘱他的心腹第二天将这封信刊登在报纸上。他那想要宣扬自己的欲望是多么赤裸裸啊！

当天下午，林肯夫妇还一起坐车到外面转了一圈，玛丽显然高兴极了，和平时代终于来临，她也可以过几年舒适生活了。可与此同时，他们又听说格兰特夫妇不来了，他们说时间很紧张，不想再耽误了。这样一来，林肯夫妇只好自己前去福特剧院看戏剧了。他们出现时，戏剧已经开始表演，名字叫《我们的美国兄弟》，这是一出喜剧。总统夫妇刚一出现，全场掌声雷动，夫妇俩鞠躬表示感谢，这时乐队奏响了国歌，全场起立致敬。然后，戏剧继续表演。因为格兰特夫妇突然改变行程，林肯夫妇只好邀请另外一位朋友作陪，一位上校和他的准新娘，一行四人坐在包厢里。很快，两个小时转瞬即逝。

这时，刺客也在向包厢靠近，当时快十点钟。这个家伙先喝了一瓶威士忌酒，借以壮胆。然后，他安静地坐在剧院角落里观察，确保没有人认出他。过了一会儿，他慢慢靠近总统房间，门口有几名守卫，他递给守卫一张名片，说总统正在等待他的一个好消息，然后就进去了。

进入里面幽深的走廊以后，他马上用一小块木板将中午就已经挖好的那个小坑挡住。然后他又通过门上的小孔看了一眼视线距离，包厢里的一切都被他看得清清楚楚，林肯就挨着门口坐着，旁边是他的妻子，再旁边是一位年轻女士，总统右边则是他不认识的一名军官。因为总统包房离舞台很近，所以行刺以后，他只要从那里蹦下舞台，就可以从舞台出口逃出去，坐在早已准备好的马上，消失得无影无踪。看看，这一切安排得多么周密啊。那么接下来，他就只需要完成一个他崇拜已久的布鲁吐斯式的英勇行为了。

就在他推开包厢门的那一刻，他顾不得下面已经有人发现他的危险，直接对准总统的后脑勺开了一枪。总统身边的那位军官马上朝凶手扑去，凶手对着他猛刺了一刀。趁军官还没有反应过来，他急速跳上了包房前的栏杆，当他想要从那里奔上舞台时，他被栏杆上的星条旗绊住了。就是这样一个看似不经意的动作，在他跳上舞台时，他和舞台来了个亲密接触，舞台发出了强烈的碰撞声，他也摔断了胫骨。可是他依然努力地站起来，冲着惊慌不已的观众叫道："专制的魔王！"之后，他就从两位吓晕了的演员身边一闪而过，从舞台的出口往外逃。

"总统被杀了！"不知道是谁首先叫了一声，可是一切发生得太快，人们还没有反应过来。只听见玛丽绝望地叫了一声后，人们才反应过来。包房里那位遇刺的少校追到门口，却发现门被从外面锁上了，他用力将门打开，可凶手早已逃之夭夭。这时，医生、军官、吓昏了的女人，统统围在一起。士兵们闯了进来，想要人群安静一点，可是却是越来越糟。遇刺的总统从椅子上掉下来，头上全是鲜血，已经昏迷不醒。士兵们将他抬出了剧院，却不知道该去住何处。对面一户人家出来问是不是有病人，士兵们说是，然后他就让士兵们把总统抬进了自己的家。

同时，凶手的同伙依照计划闯进了赛华德家中。他们手里拿着匕首，接连刺伤了四人，还在本已重伤的部长身上又连捅了几刀后才匆忙逃走。

对林肯来说，这张床太小了，根本无力放置他高大的身躯。这位伟大的总统和这颗子弹整整做了九个小时的顽强斗争，到第二天凌晨，他终于熬不住了。早上七点，他永远地闭上了眼睛。这一天是1865年4月14日，当天正是复活节。

巨人不会再苏醒了。美国人民举国哀痛，人民给这位国家的最高领导人举行了国葬。经过长时间的奔波，他的棺木被运回了家乡，所走的正是他在任职总统之前回归故乡的道路。数以万计的人自发来到他位于斯普林菲尔德的公墓。在他的棺木下葬以前，人们安静地从他身边走过，静静地看着他的身躯消失在泥土里。他的两个儿子也长眠于此，他们都安详地睡了。

他生前的朋友、对手，全部都来了，来见他最后一面，为他送行。

全国上下动用了全部的力量来抓捕凶手。根据一个医生提供的线索，人们将这位刺客围在一个谷仓里，这个罪恶滔天的人一把火烧了仓库，而自己死于乱枪之下。他的三个同伙被处以绞刑，另外一个人逃到了欧洲。此时，连南方人都意识到他们失去了一位多么伟大的领袖，有人称这次刺杀是"弑父"。

在这之后，李将军当了几年教授，一直以教书为生。戴维斯写了一本回忆录，25年后也与世长辞。格兰特最终当选为美国第十八任总统。而玛丽则精神错乱，将所有漂亮衣服都卖了，住进了疯人院，最后死于当年和林肯结婚的房子里。

林肯的死，受打击最大的应该是黑人了。他们是唯一一群林肯在世时就祈祷他幸福安康的人。他们唱着写给林肯的歌谣，他们说，他们救世主的灵魂去了天堂。对于这一点，林肯的小儿子塔德也是这么认为的。面对父亲的棺木，他问："爸爸真的去了天堂吗？如果是这样话，我会觉得比较欣慰了。因为在世时，他过得并不开心。"几年以后，塔德也死了。

在亚伯拉罕·林肯以后，再也没有人被称之为奴隶，被剥夺自由。在他生活、工作和牺牲以后，根据法律规定，"一切人生来自由，这是上帝的恩赐！"

林肯年表

1809 年

2 月 12 日出生于美国肯塔基州霍金维尔以南约 3 英里的一个偏僻林区的小木屋。父亲托马斯·林肯是 1637 年从英格兰移民至马萨诸塞州的一个织工学徒的后人,远远比不上其他同族祖先们富有。母亲南茜·汉克斯肤黑、驼背、平胸,而且还是个私生女。父亲于 1806 年 6 月 12 日结婚,后来生有三个孩子,分别是萨拉、亚伯拉罕和托马斯,托马斯很小就死了。

1811 年,2 岁

被带到附近诺布溪谷的一个农场。这是他记忆中最早的家。印象最深的是有一次突然发大洪水,将他帮助父亲撒下的玉米和西葫芦种子全部冲走了。

1816 年,7 岁

12 月,因为肯塔基州的农场所有权问题,托马斯·林肯和他人发生争执,举家迁往印第安纳州西南部。全家住在窝棚里,不过很快就建成了长久性的小木屋。亚伯拉罕帮助种地,他从小就不喜欢捕鱼和狩猎。

1818 年,9 岁

秋天,母亲去世,衣衫破烂的亚伯拉罕看着母亲入土,然后度过了一个没有母爱温暖的冬天。

1819 年,10 岁

冬天还没有到来,父亲就从肯塔基州带回来一个新妻子,名为萨拉林肯。本来他是一名寡妇,已经育有二女一男三个孩子。她精力旺盛,非常热情,很善于料理家务，对待两边的孩子一视同仁，尤其喜欢亚伯拉罕。亚伯拉罕也很喜欢她，以后他提到她时，都称她为"天使母亲"。她让亚伯拉罕继续读书，使他在父亲几乎大字不识的情况下，经常跑几公里去借书来读。

1830年，21岁

林肯一家开始第二次大搬迁，迁往伊利诺伊州。这时的亚伯拉罕身高1.93米，非常瘦削，又高又瘦，可是体格非常强壮，力气很大。他讲话带有偏远地区方言浓重的鼻音，走起路来风风火火。脚底板是平的，举止带有庄稼人的小心。脾气很好，可是有点性情多变。很擅长模仿和讲故事，善于交朋友。到伊利诺伊州后，不想当农民的他，尝试着去做了很多工作，像平底船船员、小店主人、邮政管理员以及土地测量员等。

1832年，23岁

黑鹰战争爆发，亚伯拉罕自愿参加作战，当选为他所在部队的小队长。战争期间他没有看到"生龙活虎，敢于作战的印第安人"，可是却和蚊子大战了几百回合。这期间，他非常想当议员，可是第一次竞选以失败告终。后来又重新入选州议会。

1834年至1840年，25—31岁

4次当选为伊利诺伊州议会议员。作为州议会中的辉格党成员，林肯一再倡议用该州资金修建铁路、公路以及运河的网状系统的远大规划。辉格党人和民主党人合力通过一项实现这些事业的综合议案。

1836年，26岁

在新塞勒姆居住时认识了一位女友，名叫A.拉特利奇小姐，可是却在19岁最美好的年华时去世。据说林肯和她有过一段非常美好的故事，可是史学家认为这些故事没有可靠的历史来源。

1836年，27岁

通过律师资格证考试，正式开始营业。本来想以打铁为生，可最终还是走入了律师这一行。开始自学语法和数学，并钻研法律书籍。诚心向 M. 欧文求婚，因为不注重一些幸福女人的小细节而惨遭回绝。

1837 年，28 岁

搬往伊利诺伊州新首府斯普林菲尔德，最早的合伙人是 J. 斯图尔特，后来和 S. 洛根合伙。

因为经济低迷，生意不好做，林肯放弃了原本准备发展起来的大部分项目。在州议会中，他表明自己虽然反对奴隶制，可是却不是废奴主义者。年州议会针对暴民杀害奥尔顿的反对奴隶制报人 E. 洛夫乔伊事件提出几项方案，并没有批评私刑。借助联邦宪法拥护南方各州内的奴隶制，说它是庄严的、神圣的。林肯在过方案表决时投了反对票，并和另一位议员一起拟定了一份反对决议的抗议书，宣称奴隶制是以非正义和不好的政策为基础的。可同时又说，广泛传播废奴学说容易增加这一制度的危害。

1841 年，32 岁

元旦，林肯请求和 M. 托德小姐解除婚约。M. 托德小姐是林肯一生中第一位也是唯一一位真正爱过的情人。她出身高贵，受过良好教育，精神高尚，机智聪明。

1842 年，33 岁

11 月 4 日，林肯和 M. 托德小姐结婚，共育有四个儿子，长子罗伯特托德，勉强长大成人，可是和父亲不亲。次子爱德华贝克，还不到四岁就死了。三子威廉华莱士十一岁时不幸夭折。最小的儿子托马斯有腭裂，说话不太清楚，可是却深受林肯喜欢。

1844 年，35 岁

开始和 W. 赫尔顿合作，后者比林肯小将近十岁，可是知识渊博，出庭讲话也比较好听。他们的合伙近乎完美，不管谁办案，最后的费用均平半分，所以两人从来没有因为钱起过纷争。几年间，林肯的年收入就从 1200 美元上升到 1500 美元。那时州长一年的薪水只有 1200 美元，巡回法庭的法官每年只有750美元的薪水。

1846年，37岁

在竞选国会议员时，曾发出一份告示，肯定自己从来没有说过有关诋毁宗教的话。随着年龄的增长，尤其是当上总统以后，看到让人烦恼的内战责任，他的宗教意识越来越强烈，越来越把所有的都人格化为上帝。

1847—1849年，38—40岁

林肯任职国会议员。在这期间，他作为伊利诺伊州选出的唯一一名辉格党成员，对立法本身并没有兴趣。

1849年，40岁

在政治上不顺利，好像不想在官场上继续混下去。

1854年，45岁

离开政坛五年以后，一场新的地区性危机的爆发，让林肯卷土重来，一下子变成具有治国伟略的才子。其当年的政治对手道格拉斯运用政治阴谋在国会上通过一项议案，这使得共和开始登上历史舞台，辉格党加速解体。

1856年，47岁

林肯和数以万计的惊慌失措的辉格党人一起，加入了共和党。

1858年，49岁

林肯一再声称要在各州禁止实行奴隶制，他说，"分崩离析的大厦很难站得稳。我相信，如果一半奴隶一半自由，这个政府也很难长久维持下去。"他预测，国家最后一定会倒向一边。

因为争夺道格拉斯在参议院的席位，有名的"林肯与道格拉斯的辩论"展开了。

1860年，51岁

5月18日，林肯和他的朋友们经过细心的准备，在芝加哥举行的共和党全国代表大会第三轮选举中被提名为总统候选人。11月6日被选为国家总统。南方没有人投他的票，全国投票的选民不超过总数的40%。因为选票不够集中，他在总统选举团中赢得了绝大多数席位。

1861年，52岁

3月4日，林肯发表任职演讲，除大声呼吁联邦不可分离和地区和平以外，他还重复了他的萨姆特政策，然后在演说快完时，对不在场的美国南部人说："你们自己如果不挑起战争，就不会发生战争。"7月21日，邦联军在布尔溪被打败，战线全部向后撤退。经过连续几个不眠不休的奋战，林肯写出了一整套关于军事策略的备忘录。

1862年，53岁

林肯写道："在目前的内战中，很可能上帝的旨意和南北任何一方的目的都不一样。虽然这样，人类作为工具像这样行使权力是符合上帝的旨意的。"林肯喜欢《圣经》，并烂熟于心。

9月22日发表了《解放奴隶宣言》草案，这是他采取的一项非凡的策略。

1863年，54岁

1月1日，正式颁布《解放奴隶宣言》，林肯认为公布这一著名法令是他总统权力的体现，完全是合法的。年底，他提出了自己的10%计划。根据这项计划，如果有10%的投票人发誓今后效忠合众国，那么新的州政府就可以据此成立。

1864年，55岁

以高票再次当选，打败民主党候选人麦克莱伦将军。和1860年时一样，林肯是自己竞选的主要活动家。他亲自主持共和党宣传站，对各州竞选委员们进行战术指挥，招募和辞退一些公务员以增强党的凝聚力，并尽可能多地让更多的士兵和水手投票。大多数军装的公民投票支持共和党。在就职演说中,他说道:"对任何人无恶意,对所有人仁爱"。

3月,林肯晋升格兰特为中将,让其拥有联邦军最高指挥权。到现在为止,他终于找到一位既能干又可以完成自己作战思想的得力下属。

1865年,56岁

2月3日,在汉普顿锚地一艘轮船上会见南部联邦的特派代表,并声称如果南方愿意放下武器,一切都可以免除,可是他依然坚持重新组成联邦政府是和平的前提条件。春天,在重建问题上,本党冒进代表的态度和一年前相比相差很大。4月,开始在某些问题上更正自己的态度,以减少和冒进派之间的差异。

4月14日晚,布恩刺杀了坐在华盛顿剧院观看戏剧的林肯,第二天早晨林肯就永远离开了人世。暗杀发生在受难节,所以许多人认为林肯是一位殉难的烈士。他的死亡时间和具体情节让其在身后美名远播,也为他赢得了类似圣徒这样的美名。